Thomas Klein
Wilfriede Otto
Peter Grieder

Visionen

Repression und Opposition in der SED
(1949 - 1989)

Teil I

FRANKFURTER ODER EDITIONEN

ISBN 3-930842-05-X

2. überarbeitete Auflage
Umschlaggestaltung: Ateliergemeinschaft Prust & Bärisch
Schrift: Garamond ITC
Satz: Verlag und Medienagentur Matthias Kirchner
Druck: Druckerei Wolfgang Greschow, Welzow

Inhaltsverzeichnis

WILFRIEDE OTTO: VISIONEN ZWISCHEN HOFFNUNG UND TÄUSCHUNG

Vorwort

Die hier vorgelegten Studien wollen keine abgeschlossene Geschichte von Repression und Opposition in der SED darstellen. Sie verstehen sich als Beiträge zur Diskussion und weisen selbst auf Forschungsdefizite hin. Den Leser konfrontieren sie mit drei ganz verschiedenen Sichtweisen, die ebenso unterschiedlich sind, wie die Biographien der Autoren: Wilfriede Otto war selbst langjähriges Mitglied der SED und begann im Aufbruchsjahr 1989 neue Positionen zu finden. Thomas Klein hat wie Wilfriede Otto in der DDR gelebt, war jedoch nie Mitglied der SED und machte seine Erfahrungen mit dieser Partei als oppositioneller Linker in der DDR. Peter Grieder, ein junger Doktorand an der Universität Cambridge, Großbritannien, stellt sich gewissermaßen mit dem Vorzug des unbelasteten Außenseiters dem Thema.

Die beiden Texte von Thomas Klein und Wilfriede Otto machen den Versuch, mit erst seit kurzer Zeit zugänglichem Material, vor allem aus dem Parteiarchiv der SED, den Blick auf früher unbekannte bzw. verdeckte Zusammenhänge zu lenken, und den Umgang mit bisher vermeintlich Bekanntem zu hinterfragen. Über den rein deskriptiven und historiographischen Zugang hinaus versucht Thomas Klein auch eine Interpretation der Logik innerparteilicher Säuberungen und ihres Platzes im System politbürokratischer Gesellschaftsformierung. Wilfriede Otto sucht zugleich Stationen alternativer Konzepte, insbesondere in bezug auf das Parteiverständnis und deren stalinistisches Schicksal auf. Peter Grieder hat mit großer Sorgfalt inzwischen zugänglich gewordene Archivalien der „Anti-Ulbricht-Opposition“ von 1956-58 ausgewertet und präsentiert neue, zum Teil überraschende Ergebnisse. Unabhängig voneinander gelangten die Autoren in Grundfragen auch zu einem gewissen Konsens.

Den Beitrag von Peter Grieder übersetzte dankenswerterweise der in Deutschland lebende Amerikaner Philip Hill.

Das Buch stützt sich vorrangig auf Archivmaterialien, zeitgenössische Dokumente und Erinnerungen. Wertvolle Anregungen entnahmen die Autoren neueren Publikationen. Für Informationen über Personen benutzten sie zum Teil biographische Lexika. Zur technischen Anlage ist zu bemerken, daß falsche Schreibweisen in Zitaten korrigiert in eckige Klammern gesetzt wurden sowie Hervorhebungen in Zitaten kursiv erscheinen. Während der Abschlußarbeiten an den Beiträgen änderte sich im Bundesarchiv die Zuordnung des bisherigen SED-Bestandes (Zentrales Parteiarchiv/ZPA). Die angeführten Signaturen SAPMO, BArch, ZPA, ... lauten nunmehr SAPMO, BArch, DY 30 ...

Die Autoren danken dem Verlag für die Möglichkeit der Publikation. Besonderen Dank richten sie an die Stiftung Archiv der Parteien und Massenorganisationen der DDR im Bundesarchiv und an das Archiv bei dem Bundesbeauftragten für die Unterlagen des Staatssicherheitsdienstes der ehemaligen DDR.

Für sachdienliche und kritische Hinweise ihrer Leser sind die Autoren sehr aufgeschlossen.

Die Autoren

Parteisäuberungen und Widerstand in der SED

Die innerbürokratische Logik von Repression und Disziplinierung

1. Die hauptsächlichen Fragestellungen

Es ist weithin bekannt, daß die in der Sozialistischen Einheitspartei Deutschlands (SED) Herrschenden vielfältige Unterdrückungsmaßnahmen nicht zuletzt auch gegen Mitglieder der eigenen Partei richteten. Die Spannweite reichte von innerparteilichen Disziplinierungen gemäß dem SED-Statut über abgestufte Repressionen jenseits der Reichweite des Sanktionsrahmens einer Mitgliederpartei, vor allem in Form von Berufsverboten und anderen staatlichen, insbesondere strafrechtlichen Maßnahmen, bis hin zum nackten Terror. Zu bestimmten Zeiten waren sogar in erster Linie Mitglieder dieser Partei Opfer härtester Maßnahmen aller Art.

Wenig untersucht ist dagegen die Logik dieser Repressionen gerade gegenüber SED-Mitgliedern und -Funktionären sowie der Zusammenhang zu dem in der DDR und anderen nominalsozialistischen Ländern praktizierten Typ von Gesellschaftsformierung. Unter diesem Aspekt erweist sich dann der vielfach als „irrational" bezeichnete Terror stalinistischer Parteiführungen gegenüber den Mitgliedern der eigenen Partei und ihrer Apparate als im System durchaus „rational". Dieser Frage wird in dem hier vorliegenden Beitrag bei der konkreten Analyse innerparteilicher Repressionen besondere Aufmerksamkeit zukommen.

Das Stattfinden von Repression in der SED verführt zu der Vermutung, daß es in dieser Partei auch Widerstand gegeben hat - gerade dann, wenn der Unterstellung gefolgt wird, Terror sei logischerweise immer die Antwort auf widerständiges Verhalten. Der

Autor dieses Beitrags geht eben unter Berücksichtigung seiner Antwort auf die oben gestellte Frage nicht davon aus, daß dies deshalb auch zwingend so gewesen sein muß. Er entwickelt die Logik dieses Terrors aus einem anderen Begründungszusammenhang. Zunächst soll an dieser Stelle nur darauf verwiesen werden, daß rein empirisch vereinzeltes widerständiges Verhalten vielmehr sogar erst als Folge von Repressionen zu verzeichnen gewesen ist. Und schließlich ist „Widerstand" ebenso differenziert wie Unterdrückung geübt worden, und beide können nicht frei von der Analyse ihres Inhalts und ihrer Ziele beschrieben werden.

Der Autor verwendet für die Form vieler typischer Repressionen insbesondere während der Konstitutionsphase des politischen Regimes in der DDR bewußt den Begriff „Terror". So gerechtfertigt diese Qualifizierung für eine Vielzahl von Ungeheuerlichkeiten gerade dieser Zeit sein mag, so entschieden soll jedoch dem gängigen Klischee wiedersprochen werden, ein Vergleich mit dem Terrorregime der Nazis könne eine Gleichsetzung beider Diktaturen begründen. Eine solche Gleichsetzung liefe auf eine Verharmlosung des Naziregimes hinaus, ebenso wie die Gleichsetzung des Terrors während der stalinistischen Phase der DDR und der Repressionen poststalinistischer Entwicklungsetappen als Geringschätzung der Leiden von Opfern stalinistischer Willkür ausgelegt werden kann.

Inwieweit Widerspruch und abweichendes Verhalten in der SED oder sogar Widerstand innerhalb dieser Partei stattfanden, ist als Gegenstand vorliegender Analyse deshalb auch verbunden mit Untersuchungen zur Frage, in welchem politischen Kontext diese erfolgten und ob bzw. welcherart oppositionelle Betätigung innerhalb der SED möglich und sinnvoll war. „Politischer Kontext" schließt dabei sowohl das politische Selbstverständnis der Agierenden als auch die reale politische Situation in der DDR zum jeweils gegebenen Zeitpunkt ein. Was „sinnvolle politische Opposition" innerhalb der SED genannt wird, ist zweifellos selbst eine hochpolitische und keineswegs wertneutrale Frage. „Politischer Widerstand" ist immer inhaltlich bestimmt und wird stets ausgehend vom politischen Standort des Analytikers auch einer direkten oder indirekten Bewertung unterworfen sein. Dies sollte daher auch nicht verschleiert werden, wobei der Autor dieser Untersuchung den Widerstandsbegriff im Kontext der SED-Geschichte in Kategorien des linken Widerstands entwickelt und sich auch selbst zu ihm bekennt. [1] Dabei erweist sich die Untersuchung, ob und warum parteigebundene Opposition offen oder konspirativ, organisiert oder spontan, individuell oder gemeinschaftlich geübt wurde, als ein Aspekt der Frage, welche wirkliche Funktion die SED unabhängig von ihrer legitimatorischen Selbstdarstellung bei der Reproduktion der politischen Verhältnisse in der DDR hatte und in welchem Grad diese tatsächliche Rolle der SED den opponierenden Parteimitgliedern auch bewußt war.

Eine politische Bewertung dieser Opposition, auch in Zusammenhang mit der Untersuchung, ob Verbindungen mit oppositionellen Strömungen außerhalb der SED existierten, wird die Chancen und Defizite, die Schwächen und Grenzen der „SED-Opposition" und auch (soweit hier Gegenstand) der ihr nahestehenden unabhängigen oppositionellen Gruppierungen deutlicher hervortreten lassen. Die Untersuchung wird sich in diesem Zusammenhang auch der Frage zuwenden, warum die meisten in der DDR öffentlich wahrgenommenen Disziplinierungen zu allererst Personen betrafen, die das Mitgliedsbuch dieser Partei besaßen. Damit sind nicht nur und noch nicht einmal in erster Linie jene martialischen Parteisäuberungen der frühen Jahre, und auch nicht die weniger spektakulären aber durchaus demonstrativen Strafaktionen der späteren Jahre innerhalb der SED gemeint. Vielmehr wurde seitens der Politbürokratie zum Beispiel das Verbot von Filmen, Büchern und Theaterstücken usw. vor allem gegenüber Regisseuren und Autoren verhängt, die zugleich Mitglieder der SED waren. Ob dies damit im Zusammenhang stand, daß die öffentliche Kritik und Abstrafung von Künstlern, Wissenschaftlern und Politikern gerade innerhalb der SED demonstrativen Charakter haben sollte, oder ob dies nur banaler Ausdruck der Tatsache war, daß in der DDR vor allem und vielfach sogar nur Mitglieder der SED in die Lage kommen konnten, als Prominente dann auch solchen öffentlich wahrnehmbaren Verbotsverdikten unterzogen zu werden, ist nicht zuletzt im Interesse einer realistischen Würdigung der Rolle und des Gewichts von SED-Dissidententum gegenüber unabhängiger politischer Opposition in der DDR zu untersuchen. Der vorliegende Beitrag will daher auch herausarbeiten, daß in der Tat die Besonderheit innerparteilichen Dissidententums darin lag, gemäß der Logik politbürokratischer Herrschaft immer als besonders bedrohlich eingeschätzt und geahndet zu werden. Schließlich soll geklärt werden, ob aus damaliger und heutiger Sicht jener Opposition diese Bewertung durch die Herrschenden zu Recht erteilt wurde.

2. Der Umfang widerständigen Handelns in der SED und die Grenzen der Möglichkeiten seiner Beschreibung

Um ein halbwegs aussagefähiges Bild über die Substanz und den Umfang oppositionellen Handelns innerhalb der SED-Parteistrukturen zu erhalten, müssen zwei wesentliche Randbedingungen Berücksichtigung finden: Zum einen wird jeder, der sich mit dem Ziel der Analyse des Umfangs und Inhalts innerparteilicher Opposition auf Dokumente oder Befragungen von Zeitzeugen oder Verantwortungsträgern stützt, sofort mit der Tatsache konfrontiert, daß die Begriffe der in der DDR Herrschenden von dem, was sie unter Opposition und Widerstand in der SED verstanden und mit wechselnden Schwerpunkten und unterschiedlicher Härte in der eigenen Partei verfolgten, sich über die Zeit ständig änderten. Dies läßt etwa den Aussagewert statistischer Zeitanalysen durchgeführter Parteiverfahren mit Parteistrafen - sei es auf der Grundlage der mit zum Teil akribischer Pedanterie von der Zentralen Parteikontrollkommission (ZPKK) unter Matern oder Mückenberger[2] erstellten Jahresberichte an das Politbüro, oder sei es mit Hilfe eigener Berechnungen, wie sie der Autor dieser Untersuchung aus den ihm unvollständig zugänglichen Berichten dieser Art zu erstellen bemüht war - äußerst unbefriedigend und gerade bei Vergleichsversuchen unscharf erscheinen (siehe dazu Abschnitt 10). Zum anderen muß der Standpunkt des Analytikers dazu, was er selbst und unabhängig vom politisch instrumentalisierten Verständnis der SED-Mächtigen als „Widerspruch“, „Widerstand“ oder sogar „organisierte politische Opposition“ anzuerkennen bereit ist, unmißverständlich nachvollziehbar sein, denn die bisherige Diskussion hat sehr deutlich gezeigt, wie weitgehend hier die Auffassungen inhaltlich voneinander abweichen und wie darüber hinaus oft vordergründige aktuell-politische Ambitionen bedient werden, ohne daß der verdeckte Charakter ihrer Voraussetzungen ans Licht treten soll. Eine „wertfreie" Sicht ist hier freilich auch gar nicht möglich, jedoch sollte für Klarheit in den angelegten Kriterien und Voraussetzungen sorgen, daß die Ergebnisse auch inhaltlich nachvollziehbar sind - unabhängig davon, ob der Leser die darauf aufbauenden Wertungen des Autors teilt. In jedem Falle ist die Analyse des politischen Begründungszusammenhangs von Opposition oder von Bestrafungen in der SED anhand konkreter Fallstudien vorzunehmen, und dies nicht etwa nur als Ergänzung des ausgewerteten statistischen oder dokumentarischen Materials bzw. von Zeitzeugenaussagen anzusehen. Vielmehr wird diese konkrete Analyse sich als Voraussetzung für das bessere Verständnis dokumentarischen Materials erweisen.

Der Autor hat für seine Arbeit unter anderem eine Vielzahl der Anfang 1994 zugänglichen Protokolle und Arbeitsprotokolle von Sitzungen des Zentralsekretariats, des sogenannten kleinen Sekretariats, des ZK-Sekretariats und des Politbüros für den Zeitraum 1947-1987 sowie Unterlagen der ZPKK vor allem aus dem bis jetzt erschlossenen Bestand der 50er Jahre ausgewertet. Er ist Frau Nestler von der Stiftung Archiv der Parteien und Massenorganisationen der DDR im Bundesarchiv für ihre Wegweisungen im Dokumentendschungel der SED-Hinterlassenschaft zu Dank verpflichtet. Namentlich unter dem Aspekt der bevorstehenden Auswertung noch nicht zugänglicher Archivalien kann mit vollem Recht gesagt werden, daß die Klärung vieler offener Fragen noch am Anfang steht.

3. Die Randbedingungen der Analyse

Grundsätzlich ist zu betonen, daß die kampagnenhaften terroristischen Säuberungen in der SED bis weit in die 50er Jahre hinein nicht nur eine andere Intensität der Verfolgung von SED-Mitgliedern und des demonstrativen Charakters der Abstrafung von führenden Funktionären widerspiegelte, als dies später der Fall war. Hier gilt darüber hinaus auch, daß zum Zwecke der Säuberung massenhaft „Delikte" als politisch deklariert wurden, die nicht nur keinerlei Substanz hinsichtlich des unterstellten Vorwurfs aufwiesen, sondern sowohl aus heutiger, als auch aus der damaligen Sicht der Betroffenen, keinerlei oppositionelles Motiv und vielfach noch nicht einmal Widerspruch zur herrschenden Politik ausmachten. Man wird sich folglich vor zwei Fehlern hüten müssen: Zum einen darf jener zu Zeiten des Hochstalinismus auch in der DDR von der Parteiführung periodisch beschworene und für Säuberungen zum Vorwand genommene „Abgrund von Verrat" in der SED nicht zum Indikator etwaiger Widerstandsbereitschaft oder gar Opposition in dieser Partei gemacht werden, zumal die martialischen Säuberungen gerade präventiv-disziplinierenden Charakter hatten und im Dienste der Umwandlung der SED in eine stalinistische Partei „neuen Typs" standen. Der Autor wird in diesem Zusammenhang sogar für die gesamte SED-Geschichte den Nachweis führen, daß dem Ausmaß innerparteilicher Verfolgung nur zu einem geringen Teil wirklich Widerstand entsprach, wobei die Natur dieses Widerstands in jedem Falle erklärungsbedürftig ist. Der Grad an Repression korrespondierte also nur sehr partiell mit tatsächlicher Opposition, wobei nicht selten im nachhinein von Opfern dieser Repressionen solche Opposition entgegen den wirklichen Zusammenhängen geltend gemacht wird. Wie schon erwähnt, lassen sich in vielen Biographien spätere widerständige Haltungen im Gegensatz zum parteioffiziellen Mythos häufig erst als Folge solcher Repressionen erkennen, und in Selbstdarstellungen teilen mitunter die Betroffenen im nachhinein die damalige parteioffizielle Legende vom „Parteifeind". Um so wichtiger ist es also, die Logik dieser Säuberungen und ihren Zweck klar herauszuarbeiten. Zum anderen muß man sich davor hüten, den Mut gerade jener einfachen Parteimitglieder gering zu schätzen, die zum Beispiel, ob nun ehemals der SPD zugehörig, sich in der SED etwa gegen die „Sozialdemokratismus-Kampagnen" wehrten, oder, früher in der KPD organisiert, sich nicht dem zynischen Kurs ihrer Führung ausliefern wollten. Dies gilt auch und gerade dann, wenn sie sich in dieser Zeit trotz solcherart Distanz zur herrschenden SED-Politik im eigenen Selbstverständnis keineswegs als „Parteioppositionelle" verstanden. Sie riskierten auch bei moderater Kritik als SED-Parteimitglieder im allgemeinen sehr viel mehr als Parteilose oder Blockparteiler, ohne daß aus dem Blick geraten darf, daß für alle damals die Gefahren kritischer Haltungen sehr groß waren.

4. Die Logik des innerparteilichen Terrors während der Transformation der SED in eine „Partei neuen Typs"

Wenn sich also gerade zu Zeiten des Hochstalinismus die Parteiführung keineswegs als Kronzeuge für die eigene Behauptung existierender parteiinterner Verschwörungen heranziehen läßt, so verdient der bereits erwähnte Aspekt der präventiven Disziplinierung für die Entschlüsselung der „Rationalität des Terrors" insbesondere in der Partei - das heißt, ihren Mitgliedern gegenüber - um so mehr Aufmerksamkeit. Sie wird als ein wesentliches herrschaftstechnisches Element politbürokratischer Gesellschaftsformierung nachgewiesen werden.

Der Mythos „trotzkistischer Verschwörungen"

Im Gegensatz zum fehlenden Realitätsbezug zynischer Mythen angeblicher partei- oder volksfeindlicher Verschwörungen in der SED der späten 40er und frühen 50er Jahre waren die damit verbundenen Kampagnen jedoch von hoher politischer Zweckrelevanz: Die Opfer des „Kampfes gegen die Tito-Faschisten", der „Abwehr imperialistischer (zumeist anglo-amerikanischer) Agenten- und Spionagetätigkeit", des „Kampfes gegen den Sozialdemokratismus" und schließlich auch der „Entlarvung zionistischer Verschwörungen" in der Partei wurden als Geiseln in den Dienst der SED-Stalinisierung und der Transmission wechselnder sowjetischer außenpolitischer (insbesondere ost- und südosteuropapolitischer) Interessen während der Entfaltung des Kalten Kriegs gestellt. Eine besondere Rolle bei der Wahrung des Charakters der stalinisierten Partei spielte der für die Betroffenen besonders gefährliche Vorwurf „trotzkistischer Verschwörung". Im Gegensatz zu den meisten anderen genannten Kampagnen (deren instrumentell-politischer Zusammenhang mit den eigentlichen Zwecken in vielen Arbeiten erschöpfend belegt ist) sollte diese Denunziation über die Zeit des Hochstalinismus hinaus auch in allen poststalinistischen Bürokratien seine permanente und demonstrative Drohbestimmung behalten, wie im weiteren noch belegt wird. Auch in der DDR wurde über die gesamte Zeit ihres Bestehens diese Anklage gerade in solchen Fällen, wo die demonstrative Abstrafung von Mitgliedern der SED mit besonderem Nachdruck betrieben werden sollte, in Anwendung gebracht. Einige Beispiele aus der DDR-Anfangszeit mögen dies zunächst verdeutlichen, bevor mit der Darstellung der Kontinuität insbesondere antitrotzkistischer Kampagnen in der SED die Frage ihrer herrschaftstechnischen Logik untersucht wird.

So wurde in der Sitzung des Politbüros (PB) der SED vom 3. Mai 1949 in dem von Fred Oelßner[3] eingebrachten und vom PB bestätigten Antrag an den Parteivorstand zur Verbesserung des Studiums des kurzen Lehrgangs der Geschichte der KPdSU(B) die Kritik mangelnder Klassenwachsamkeit an der Parteihochschule „Karl Marx" wegen des Falles Wolfgang Leonhard[4] mit einer Polemik gegen angeblich trotzkistische Tendenzen an der Hochschule und der Behauptung verbunden, in der Berliner Parteiorganisation existierten trotzkistische Elemente und Stimmungen. Daher, so hieß es in Oelßners Antrag, „ist in Berlin ein besonderes Seminar der Propagandisten über die Frage des ideologischen Kampfes Lenins und Stalins gegen den Trotzkismus und über den Kampf der bolschewistischen Partei gegen die Trotzkisten, als eine Bande von Spionen und Mördern, durchzuführen."[5]

Laut einem vom Politbüro am 26. Juli 1949 bestätigten Vorschlag des kleinen Sekretariats sollte „auf Grund der Berichte und Vorlagen über die von den Trotzkisten in allen Zonen Deutschlands betriebene Zersetzungsarbeit" eine Arbeitsgruppe zur ideologischen Auseinandersetzung mit dem Trotzkismus auf höchster Ebene tätig werden. Gleichzeitig wurde der Parteivorstand der

KPD angewiesen, eine parallel zu dieser Kommission arbeitende eigene Kommission zu bilden.[6]

Wer nicht hinter den Vorhang der bizarren Sprachregelungen dieser Kampagnen schaut, wird meinen, solcherart Richtlinien wären nur der Ausdruck irrationalen Wachsamkeitswahns und die darauf aufbauenden manischen Exorzismen seien ohne jeden Bezug zur innerparteilichen Realität gewesen. Tatsächlich aber hatte es die Parteiführung namentlich seit der Verschmelzung von KPD und SPD zur SED permanent mit dem Problem zu tun, wie Tendenzen zu „liquidieren" seien, die dem Apparat gefährlich werden konnten. Die „Lösung" mußte von Anfang an so konsequent und abschreckend organisiert werden, daß abweichende Auffassungen (ob nun vermeintlich oder tatsächlich mit oppositionellem Gehalt behaftet) in der Partei keinen Boden gewinnen konnten. Und aus dieser Sicht machen dann die absurd anmutenden Denunziationen durchaus Sinn. Und solcherart Herausforderungen gab es nicht nur in der Einbildung der Reinheitswächter: So lenkte zum Beispiel der Resulutionsentwurf eines Mitglieds der SED-Parteigruppe der juristischen Fakultät an der Humboldt-Universität zum 2. SED-Parteitag 1947 die Aufmerksamkeit der Parteileitung auf eine dann als trotzkistisch eingestufte „parteifeindliche Gruppe", deren Untersuchung später die ZPKK bis 1950 fortsetzte. Der Resolutionsentwurf forderte unter anderem „die Öffnung der Presse für eine allseitige innerparteiliche Diskussion, Wahl der Vorsitzenden und der Sekretariate unmittelbar durch die Delegierten und nicht mehr wie bisher durch den Vorstand, ... freie, nicht vorher bestimmte Diskussion auf Parteitagen, Delegiertenkonferenzen usw., ... Abschaffung der übermäßigen Verpflegung und sonstiger materieller Besserstellung des höheren Funktionärskörpers, Unterlassung der Beweihräucherung führender Genossen in Wort und Bild, in Gips und Bronze."[7] Die Antwort auf diese scheinbar harmlose Forderung nach innerparteilicher Demokratie war die mehrheitliche Wertung einer eigens eingesetzten Kommission, solche Auffassungen seien verunglimpfend und parteischädigend. Nur mit großer Mühe gelang es dem Kommissionsmitglied Wolfgang Heise durch seine Ablehnung der Qualifizierung „parteischädigend", den Parteiausschluß des Delinquenten zu verhindern. Jedoch wurde der Resolutionsverfasser später als „eigentlicher Kopf der trotzkistischen Gruppe", die gemäß eines Aktenvermerks bei der ZPKK 1948/49 an der Humboldt-Universität wirkte, identifiziert.

Die ZPKK und ihre Gliederungen (Landes- bzw. später Bezirks- und Kreiskontrollkommissionen sowie zahlreiche unter ihrer Anleitung tätige Sonderkommissionen) arbeiteten dann über vier Jahrzehnte hinweg mit wechselnder Intensität, aber gleicher Zielsetzung als innerparteiliche Polizei nach Maßgaben dieser und ähnlicher Sorte. Gerade in den 50er Jahren und namentlich bei vermeintlichen oder tatsächlichen trotzkistischen Tendenzen ermittelten die Kontrollkommissionen akribisch. Auch bei geringstem Anlaß waren in den seltensten Fällen die Konsequenzen für die Beteiligten so glimpflich, wie im Falle eines Dozenten der Humboldt-Universität, wo eine der 1951 arbeitenden Überprüfungskommissionen nur seinen sofortigen Abzug aus dem Lehrverhältnis und den Parteiausschluß wegen „bewußten Aufbewahrens trotzkistischer Bücher" [8] empfahl. Nur wenige Indizien reichten im allgemeinen aus, um zu Verdächtigungen zu schreiten, wie etwa gegenüber Professor Walter Markov von der Leipziger Universität, der in einem Bericht der LPKK Sachsen vom Januar 1950 als Trotzkist beargwöhnt wurde. [9]

Der beflissene Eifer, mit dem das Politbüro die Anregungen der Prozesse gegen Kostoff [10] in Bulgarien und Rajk [11] in Ungarn zur Inszenierung einer Jagd auf „Partei- oder Volksfeinde" in der SED aufnahm [12], führte in der Politbürositzung vom 22.8.1950 zu dem Beschluß, die vorgesehene „Erklärung der ZPKK und des ZK der SED zu den Verbindungen ehemaliger deutscher politischer Emigranten zu dem Leiter des Unitarian Service-Comitee Noel H. Field [13] nach seiner Annahme im ZK für jede Grundorganisation als Leitfaden für Entschließungen in der eigenen Arbeit verbindlich zu machen. [14] In diesem Dokument heißt es im Abschnitt „Schlußfolgerungen" unter anderem: „In manchen Parteiorganisationen in wichtigen Industriegebieten und Großbetrieben sind frühere Mitglieder trotzkistischer Organisationen (Brandleristen, ISK-Leute usw.) tätig und führen in Form von Cliquen ihre Tätigkeit in neuer Form weiter." Die mit diesem Hinweis verbundene Aufforderung zum Ergreifen von Maßnahmen in jeder Parteigrundorganisation war eindeutig als Startschuß zum Aufspüren unter anderem von SED-Mitgliedern zu verstehen, die früher in zur KPD-Politik sich oppositionell verhaltenden Organisationszusammenhängen tätig waren. Mit beispielhafter Offenheit kommentierte seinerzeit das Zentralorgan „Neues Deutschland" (ND) den erwähnten ZK-Beschluß unter anderem mit den Worten: „Es ist nicht übertrieben, wenn man feststellt, daß er der Beginn einer neuen Etappe in der Geschichte unserer Partei bedeutet, eine neue Stufe in der Entwicklung der SED zu einer Partei von neuem Typ."

Alte Feindschaften machen neue Parteifeinde: Der Mythos von Agenten

Da es wohl kaum die Gefahr einer in diesem ZK-Dokument behaupteten organisierten trotzkistischen Opposition gegeben hat, wohl aber eine Anzahl von zum Teil noch unerkannten Mitgliedern aus solchen oder anderen früheren Zusammenhängen, die wegen ihrer damaligen kritischen Haltung zur KPD von den Parteiführungen in Berlin und Moskau als potentielle Störfaktoren für die Umformung der SED in eine stalinistische Kaderorganisation gesehen wurden, liegt es auf der Hand, welche Rolle die Jagd auf solche Parteimitglieder im Kalkül der Parteisäuberung zu spielen hatte. Um nachzuvollziehen, wie der legitimierende Zusammenhang zwischen der Suche gerade nach früheren Mitgliedern linksoppositioneller oder sozialdemokratischer Organisationen und dem beliebten Tatbestand der Agententätigkeit konstruiert und beides in den Dienst der sich wandelnden sowjetischen Politik gegenüber den früheren westlichen Alliierten oder gegenüber Jugoslawien gestellt wurde, ist ein Blick in den Entwurf des Berichts der ZPKK vom 9.5.1950 an den 3. Parteitag hilfreich. Hier heißt es unter anderem: „Mit der Neubildung der Arbeiterparteien im Jahre 1945 sind aber auch eine ganze Reihe alter oppositioneller Elemente von vor 1933 in die Partei hineingelangt. ... Gerade in der Zeit des sich verschärfenden Klassenkampfs mußte die Partei erkennen, daß die Gegner an diesen schwachen Stellen mit ihrer Agenten-, Sabotage- und Zersetzungstätigkeit einsetzen werden und auch eingesetzt haben."[15] Angesichts der Tatsache, daß die Nachrichtendienste der Westalliierten natürlich unzweifelhaft in ganz Osteuropa und auch in der DDR aktiv waren, erwies sich die

Instrumentalisierung dieses Sachverhalts im Dienste der Parteisäuberungen als besonders plausibel, und ihre Durchführung war weniger Ausfluß manischer Agentenhysterie, als kalkulierte Ausnutzung sich bietender Chancen für die Zurichtung der SED in eine von Abweichungen gereinigte Partei.

Das KPO-Gespenst

Besonders gefährlich erschienen der KPdSU- und SED-Führung früher von der KPD zur KPD(O) (KPO) [16] gewechselte Kommunisten. Tatsächlich haben ehemalige KPOler in nicht ganz unbeträchtlichem Umfang nach 1945 in allen Besatzungszonen wieder den Kontakt untereinander hergestellt und die politische Lage sowie die organisatorische Zukunft der oppositionellen Kommunisten diskutiert. Im Januar 1947, als „eine systematische Beobachtung der feindlichen Gruppen in der Partei ... noch nicht (existierte)“ [17], wurden laut einem „Bericht über Aktivitäten oppositioneller Elemente in Berlin, der Ostzone und den Westzonen“ vom 28.1.1948 in fast allen Berliner Stadtbezirken reorganisierte Gruppen der KPO, aber auch Gründungen von Spartakus, der KAP, der Gruppe „Neu Beginnen“ und Zusammenschlüsse trotzkistischer Tendenz, zum Teil mit Beteiligung und in mindestens einem Fall sogar unter der Führung von SED-Mitgliedern (so die Gruppe unter Führung von Weiland, SED, im Bericht als ehemaliger KPOler bezeichnet, tatsächlich aber der AAU zuzuordnen) ausgemacht. Die Aktivitäten der Hamburger KPOler (britische Zone) und die Arbeit von Wollenberg und dem ehemaligen SAPler [18] Sternberg (München/amerikanische Zone) wurden vor allem in Hinsicht auf die besonders gefürchtete Agitation, namentlich von KPOlern, in die Ostzone hinein ängstlich beobachtet. [19] Spätere genauere Erhebungen der ZPKK rekonstruierten zum Beispiel die Versuche der vom Naziterror relativ wenig dezimierten KPOler Berlins, 1946 ihre Verbindungen wiederherzustellen, ohne allerdings die KPO als solche zu reorganisieren. [20] Hier spielen ganz sicher die eindeutige Positionierung des aus den USA zurückgekehrten Jacob Walcher[21], jede Fraktion oder Gruppierung ehemaliger oppositioneller Genossen sei schädlich und sogar verbrecherisch, sowie ähnliche

Verlautbarungen von Hermann Duncker[22] gegenüber ihren ehemaligen Gefährten im Jahre 1947 eine gewichtige Rolle.[23] Nach den Ermittlungen der ZPKK reorganisierte jedoch Waldemar Bolze in Westdeutschland die KPO, und die ZPKK behauptete im oben erwähnten Bericht, die Taktik der KPOler in der SED bestünde darin, kleine Gruppen zu bilden, die Unzufriedenen in der SED kennenzulernen und daraufhin mit ihnen direkte Verbindung aufzunehmen. So ist leicht nachvollziehbar, wie ängstlich die Parteiorgane von Anfang an nach Beispielen solcher in der Tat erfolgversprechenden und klugen Taktik Ausschau hielten. Im ZPKK-Bericht heißt es auch, daß aus Befragungen ehemaliger KPOler hervorging, sie lehnten in der Mehrzahl nach 1945 die Aufrechterhaltung der KPO oder von Fraktionsarbeit ab, jedoch wäre niemand bereit gewesen, Mitteilungen über Wahrnehmungen bezüglich der KPO zu machen, wie der Fall Draeger zeige. Käthe Draeger, KPO-Aktivistin in der illegalen Arbeit nach 1933, wurde 1947 aus der SED ausgeschlossen und aus dem Volksbildungsministerium entfernt. Ihre Arbeit als Erzieherin im Berliner Fröbel-Haus wurde im Frühjahr 1950 durch Entlassung beendet. Sie stand in Verdacht, in zentralen KPO-Verbindungen zu stehen und in diesem Sinne zersetzend zu wirken. Die Angst vor der überaus kritischen KPO-Haltung gegenüber den Besatzungsmächten, der SED-Politik und den Umständen der SED-Gründung, namentlich in Aufsätzen Brandlers und Thalheimers verbreitet, führte von Anfang an zu weitreichenden Bestrafungen: So war die Weitergabe einer Thalheimer-Broschüre an der Berliner Fröbelhaus-Schule im Oktober 1950 auf Anweisung der LPKK mit dem Ausschluß eines Schülers und einer Lehrerin von dieser Schule sowie der Relegierung einer nur am Rande beteiligten Schülerin von der ABF geahndet und von Erkundigungen über Verbindungen sowie Vernehmungen der Mitwisser begleitet worden, zumal die Spur bis zu Käthe Draeger zurückverfolgt werden konnte.[24]

Heinz Krause, ein anderer Verteiler von KPO-Material, aufgefallen durch seine kritische Haltung zur SED-Politik und gegenüber Stalin sowie als Verfechter der Aufrechterhaltung einer KPO-Fraktionstätigkeit in der SED, weigerte sich, von seinem Wohnsitz Westberlin aus zur „Aussprache“ in die ZPKK zu kommen. Er trat 1951 aus der SED aus. In seiner schriftlichen Erklärung hieß es:

„Auf Grund von Ankündigungen und Artikeln im ND in letzter Zeit kann meine Vorladung nur den Zweck haben, organisatorische Maßnahmen gegen mich einzuleiten, weil ich einmal der KPO angehörte und weil ich auch manchmal in den Mitgliederversammlungen kritische Ausführungen gemacht habe. Die Genossen der Kreisleitung werden zugeben müssen, daß ich immer ein offenes Wort gesprochen habe, um der Partei zu helfen."[25]

Exemplarisch war die Abrechnung mit dem früheren KPD- und dann KPO-Landtagsabgeordneten und späterem SED-Mitglied Alfred Schmidt. Dieser stellte in der SBZ Kontakte zu alten KPO-Genossen her und diskutierte in der SED die hier unterdrückten Fragen insbesondere des sowjetischen Nachkriegskurses und auch die Exil-Schriften von Thalheimer. Schmidt war als zweiter Vorsitzender der IG Nahrungs- und Genußmittel aktiver Gewerkschaftler und zudem linker Kritiker der sowjetischen Besatzungs- und insbesondere Reparationspolitik. SED-Parteivorstandsmitglied Hans Jendretzky warnte die Thüringer Partei vor Schmidt und schlug mit Bekanntwerden der Tatsache, daß Schmidt in Gewerkschaftskreisen ein Flugblatt der „trotzkistischen Opposition" verteilte, am 18.7.1947 in seiner Funktion als Mitglied des Bundesvorstands des FDGB dem Zentralsekretariat der SED folgendes vor: „Wir werden ihn bei den kommenden Gewerkschaftswahlen versuchen, auszubooten, doch muß hier eine intensive Unterstützung, insbesondere durch die Landesleitung Thüringen, einsetzen."[26] Doch schon im August 1947 erfolgte Schmidts Amtsenthebung wegen „falscher Gewerkschaftspolitik", was von vielen Protesten aus Thüringer Betrieben begleitet war. Gemäß einer Mitteilung an das Zentralsekretariat der SED zu Händen Dahlems vom 4.9.1947 hatte sich herausgestellt, daß Schmidt angeblich in Thüringen KPO-Dreiergruppen aufgezogen hatte und in Verbindung mit dem aus dem Kubanischen Exil nach Hamburg gereisten Brandler stand[27]. Wegen Reorganisation der KPO in Erfurt und Teilnahme am Aufbau der KPO in Thüringen wurde er im Juni 1948 aus der SED ausgeschlossen und einige Tage später mit anderen zusammen von der sowjetischen Besatzungsmacht in Erfurt verhaftet.[28] Er wurde von einem sowjetischen Militärtribunal wegen antisowjetischer Propaganda zum Tode verurteilt und dann zu 25 Jahren Arbeitslager begnadigt. Auch mit den „nur" 8 Jahren Haft, die er bis zu seiner Begnadigung 1956 in Bautzen verbüßte, wurde er hinsichtlich der Strafdauer nominell härter bestraft, als es Weimarer Republik und Nazideutschland zusammen mit ihrer Zuchthaus-, Gestapo- und KZ-Haft gegen ihn vermochten.[29] Schmidt hielt bis zu seiner Verhaftung von Erfurt aus Verbindung unter anderem mit dem ehemaligen KPOler Paul Elflein in Saalfeld. Elflein erfuhr im September 1948 aus der Zeitung von seinen SED-Ausschluß und entkam der drohenden Verhaftung durch die Flucht nach Westdeutschland.[30]

Die Furcht der SED-Führung vor einer Revitalisierung von KPO-Opposition schien also alles in allem keineswegs abwegig. Der Literaturwissenschaftler Werner Krauss verbreitete sich schon 1947 in zwei Aufsätzen unter dem Titel „Über marxistische Abweichungen älterer und jüngster Zeit" wütend vor allem über die Schriften Thalheimers und verglich die den Besatzungsmächten gegenüber kritische KPO-Linie mit der faschistischen Werwolf-Ideologie.[31] Eine Kampagne gegen KPO-Agitation in der SED ließ sich zudem wirksam mit dem Kampf gegen den Sozialdemokratismus in der Partei verbinden. So verbreitete Fred Oelßner am 19.7.1950 im Zentralorgan der SED „Neues Deutschland" (ND) unter der Überschrift „Konkreter Kampf zur Überwindung des Sozialdemokratismus" folgende Auffassung: „Während das Ostbüro Schumachers sich vornehmlich Gegenden für seine Zersetzungsarbeit aussucht, die früher einmal Hochburgen der rechten SPD waren, suchen sich die Brandlerianer ehemalige KPO-Gruppen aus, um ihre Parolen an den Mann zu bringen. Die von den Brandlerianern ins Leben gerufene KPO vertrat den Sozialdemokratismus, den sie in die KPD hineintragen wollte. Soweit heute noch diese KPO-Traditionen in der Partei vorhanden sind, bilden sie ohne Zweifel ein Einfallstor für Agenten des amerikanischen Imperialismus, in dessen Dienst heute Brandler selbst steht." In einem Beschluß des Sekretariats des ZK vom 24.8.1950 hieß es dann auch: „Die ZPKK wird ersucht, unverzüglich alle früheren Mitglieder der KPO, ihre Beziehungen und Tätigkeit festzustellen und die notwendigen Maßnahmen zu beschließen." Im Ergebnis einer Überprüfung der Parteiapparate der Kreise mit ehemals starkem KPO-Einfluß durch sechs Parteikontrollkommissionen fand man solcherart Verschwörungen, wie erwähnt, zwar nicht, wohl aber argwöhnte man sie im Verwaltungs- und Wirtschaftsapparat sowie in den Massenorganisationen besonders in Oschatz und in Oelsnitz/Vogtland. Im diesbezüglichen „Bericht über die Tätigkeit von Genossen ehemaliger parteifeindlicher Gruppierungen“ vom 16.11.1950 wird die fehlende entschiedene Distanzierung vieler ehemaliger KPOler von ihrer Organisation bemängelt, gleichzeitig aber kein Anhaltspunkt für eine breitere Fraktionstätigkeit ausgemacht. Angesichts der mageren Ergebnisse mutmaßten die Berichterstatter, viele KPOler befolgten eine angeblich Anfang 1946 von Brandler gegebene Anweisung, den Eindruck jeglicher Fraktionstätigkeit zu vermeiden, aber in enger Fühlung zu bleiben.[32] Zur Rekonstruktion früherer KPO-Verbindungen wurden von den Parteikontrollorganen sogar die Akten der Gestapo Thüringens vom Februar 1935 ausgewertet. Deren Ermittlungen vom August 1934 führten damals Ende 1934 zur Zerschlagung der KPO Jena und Umgebung. Dies führte die Gestapo zur namentlichen Feststellung der am KPO-Neuaufbau im Sommer 1933 beteiligten Personen, der Struktur von KPO-Auslandsverbindungen und der Reichsleitung der KPO Berlin.[33] Auch der aus faschistischem Zuchthaus und KZ in die KPD und dann SED zurückgekehrte Robert Siewert, Innenminister des Landes Sachsen-Anhalt, gehörte zur KPO. Er wurde 1950 wegen dieser KPO-Vergangenheit seiner Funktionen enthoben.

Die SAP

Ebenso wurden die ehemaligen SAPler durchleuchtet. Solche „Ehemaligen“ waren zum Beispiel in Sachsen im Kreis Zwickau stark vertreten. Welcher Parteimitglieder sich die SED auf diese Weise auch entledigte, zeigt das eindrucksvolle Beispiel des Briefes eines ehemaligen SAP-Mitglieds aus Jena an die Überprüfungskommission vom 19.2.1951. Hier heißt es unter anderem: „Ich erkläre meinen Austritt aus der Partei. ... Ich war früher in der SAP und möchte nicht später in den Verdacht kommen, wie es im ‘Volk’ vom 6. Februar heißt: ‘Die Imperialisten versuchen frühere Mitglieder von Spaltergruppen innerhalb der SED als Agenten zu benutzen.’ Ich war 2 1/2 Jahre wegen Vorbereitung zum Hochverrat im Gefängnis. Alle meine Genossen taten gute illegale Arbeit. Meine Kraft werde ich, soweit noch möglich, der VVN wie bisher geben. Als Mensch, der ehrlich sein will, tue ich diesen Schritt. Eine Rücksprache erübrigt sich dadurch." In einem weiteren Schreiben erklärte dieser Genosse: „Ich möchte in aller Freiheit, wie ich einst zur Partei ging, wieder austreten. Die Punkte kann ich nicht unterschreiben, auch bin ich in dem Sinne kein Marxist, wie es in Zukunft von der Partei verlangt wird."[34]

Anderen prominenten SAP-Mitgliedern wurde, sofern sie nicht wie Max Seydewitz den öffentlichen Offenbarungseid ablegten, der Hexenprozeß gemacht. So ist etwa Jacob Walcher, Chef der Gewerkschaftszeitung „Tribüne", in einer Stellungnahme der Landesüberprüfungskommission vom 29.4.1951 als seit Jahrzehnten „zu den ärgsten Feinden der revolutionären Arbeiterklasse und ihrer Partei" gehörend für den Parteiausschluß vorgeschlagen worden.[35] Walcher, der im Sommer 1947 seine alten Freunde noch agitierte, man dürfe nur als Mitglied der SED wirken und ausschließlich dort kritisieren, denn „man sollte die alten Sachen von früher vergessen"[36], wurde nun selbst von der SED-Kontrolle mit diesen „alten Sachen" konfrontiert. Vor allem seine frühere Verbindung zu Trotzki[37] prädestinierte ihn für den demonstrativen Rausschmiß. Er erfolgte, nachdem den Inquisitoren auch seine bis an die Grenze der Selbstachtung gehende Unterwerfung noch immer nicht ausreichte. Nur seine Popularität sowie die Tatsache, daß seine politische Biographie offen zutage lag und 1947 kein Hindernis für seine Aufnahme in die SED war, bewahrten ihn vermutlich vor weitergehenden Maßnahmen.

Die Westemigranten und das Beispiel von Merkers Entlarvung als Trotzkist

Besonders geeignet für Verschwörungslegenden erschienen auch jene Genossen, bei denen sich aufgrund ihrer ehemaligen Westemigration außerordentlich leicht parteifeindliche Verbindungen behaupten ließen. In diesem Licht entschlüsselt sich zum Beispiel auch die nachträgliche Deklarierung Paul Merkers[38] als Trotzkist.

Im ursprünglichen Entwurf der ZPKK für die erwähnte ZK-Erklärung zu den Verbindungen ehemaliger deutscher politischer Emigranten mit Field war lediglich davon die Rede, daß der frühere West-Emigrant Merker im Zusammenhang mit dem Abschluß des Hitler-Stalin-Pakts auf „Verleumdungen der trotzkistischen Agenten des Imperialismus gegen die Sowjetunion hereinfiel" (Seite 7 des dem PB am 29.8 1950 vorliegenden Textes).[39] Bei der Schlußredaktion des ZK-Dokuments im Politbüro an jenem Tag wurde nun zum einem der Text an dieser Stelle dahingehend verschärft, daß nunmehr auch von „trotzkistischen Positionen" die Rede war, die Merker und andere bezogen haben sollten. Und zum zweiten wurde schließlich im offenen Widerspruch zur Legende der im Dokument versuchten Entlarvung der „Hauptschuldigen" und „Verräter" Bruno Goldhammer, Maria Weiterer, Lex Ende, Leo Bauer und Willi Kreikemeyer[40] vom Politbüro angewiesen, die im Textentwurf ursprünglich vorgesehene Einordnung Merkers in die Reihe der nur mittelbar Verantwortlichen für die Verbindung zu Field (welche - wie etwa Bruno Fuhrmann[41] und Wolfgang Langhoff[42] - deshalb nur mit Funktionsverbot zu bestrafen seien) dahingehend abzuändern, daß „Merker an die Spitze der aus der Partei Auszuschließenden gestellt" werden solle.[43] Sein durch die Endfassung der ZK-Erklärung noch nicht einmal formal plausibel legendierter Ausschluß aus der Partei war als Signal für den Umgang mit „trotzkistischen Elemente" und die so präsentierte Entlarvung eines hohen Funktionärs als Hinweis auf die Gefährlichkeit solcherart Parteifeinde zu verstehen.[44]

Merker war Westemigrant, und bereits im Jahre 1949 verfügte das Politbüro auf seiner Sitzung vom 18. Oktober die systematische Überprüfung aller früheren Westemigranten oder ehemals in westalliierter bzw. jugoslawischer Kriegsgefangenschaft befindlichen führenden SED-Funktionäre. Die Hintergründe (also die sowjetische politische Orientierung nach der Verschärfung des Kalten Krieges und die in Osteuropa durchgesetzte sowjetische Linie in der Jugoslawienkampagne) sind heute allgemein bekannt. Damals wurden auf Politbürobeschluß bereits pauschal alle beim Berliner Rundfunk tätigen ehemaligen Westemigranten entlassen.[45] Mit dem bei dieser Gelegenheit nur gerügten Bruno Goldhammer (zu dieser Zeit Chefredakteur beim Berliner Rundfunk) sollte dann ein

Jahr später abgerechnet werden: Matern empfahl Ulbricht am 24.10.1949 die Einsetzung einer Kommission zur Überprüfung der Verbindungen Fields zu Genossen aus allen Zonen, in der auch Genossen aus dem Westen vertreten sein müßten: „Von der ZPKK schlage ich vor: Matern und Herta Geffke. Dazu müßte die Westkommission zwei Genossen benennen." Ulbricht antwortete Matern am 25.10.1949 in einer Hausmitteilung bestätigend. Herta Geffke forderte bereits am 15.11.1949 neben den Personalunterlagen von Goldhammer auch die von Weiterer, Kreikemeyer und Bauer sowie von anderen dann im Juli/August 1950 im Zusammenhang mit der Field-Sache Disziplinierten an. [46]

Bemerkenswert ist das Protokoll der Befragung Leo Bauers durch die ZPKK vom 12.7.1950. Bauer bestätigte Rudolf Herrnstadts Angaben bei der ZPKK [47], er (Bauer) hätte ihm (Herrnstadt) gegenüber unter anderem Field als Verbindungsmann unter den Amerikanern zu sowjetischen Stellen empfohlen. Auf den Vorhalt der ZPKK-Vernehmer, daß die von Bauer geschilderte eigene Verbindung mit Field so harmlos doch nicht abgelaufen sein könne, antwortete ihnen Bauer: „Es lag doch damals der Beschluß der Partei vor, daß wir mit allen Mitteln die Lage der Emigration verbessern sollten. So sind wir auch zu den Komitees gekommen. 1935 wurde ich von eurem heutigen Chef, Hermann Matern in diese Arbeit geschickt." [48]

Die Kontrollorgane nötigten selbst Hans Mayer[49] alle irgendwie verdächtigen Wahrnehmungen zu Bauer (Protokolle vom 11.10. und 18.10.1950) sowie Goldhammer, aber auch zum „Dulles-Agenten" Robert Jungk und zum „Schweizer Trotzkisten" Francois Bondy (Protokoll vom 4.12.1950) ab. [50]

Goldhammer, Bauer und Kreikemeyer wurden im August 1950 verhaftet. Kreikemeyer wählte 1950 in der Haft den Freitod, Lex Ende verstarb im Januar 1951 nach seiner „Umsetzung" in den Bergbau. Bauer wurde zusammen mit Erica Glaser im Dezember 1952 von einem sowjetischen Gericht zum Tode verurteilt und beide dann zu 25 bzw. 15 Jahren Zwangsarbeit begnadigt. Der Umstand, daß Merker vorerst auf freiem Fuß blieb, wirft ein bezeichnendes Licht auf die Dürftigkeit selbst der konstruierten Indizien, die jedoch an seiner politisch-propagandistischen Einordnung als „Hauptverantwortlicher" nichts änderte.

Eine wichtige Grundlage für die Erarbeitung von Konstruktionen des beschriebenen Zwecks bildete ein auf der Sitzung des kleinen Sekretariats vom 28.10.1949 verabschiedeter detaillierter Plan jener am 18. Oktober vom Politbüro angewiesenen Überprüfung ehemaliger Westemigranten oder früher in westalliierte bzw. jugoslawische Kriegsgefangenschaft geratener Funktionäre.[51] Es darf dabei nicht aus dem Blick geraten, daß auch diese politische Tendenz der anstehenden Ausforschungen gerade von ehemaligen Westemigranten unter dem vordergründigen Etikett der Wachsamkeit dem übergeordneten herrschaftstechnischen Aspekt der Transformation einer noch unzureichend formierten SED in eine gegen innerparteilichen Widerspruch immunisierte Kaderpartei diente. Und doch ist, entgegen der heute noch weit verbreiteten Auffassung, jene damals angewiesenen Überprüfungen hätten ausschließlich ehemalige und vermeintlich andauernde Westverbindungen betroffen, darauf hinzuweisen, daß die für die Säuberung zuständige „Zentrale Kommission“ in ihrer Sitzung vom 6.1.1951 ebenso beschloß, „bei der Überprüfung von Genossen, die in der Sowjetunion waren und bei denen Unklarheiten im Lebenslauf auftauchen, ... die Unterlagen der Zentralen Kommission zur Entscheidung zu überweisen.“[52] Damit ist klar, daß sich alle exklusiven Zwecke spezieller Überprüfungen, seien es die Suche nach ehemaligen Mitgliedern linker „parteifeindlicher“ Gruppierungen, die Verhöre früherer Westemigranten, die Ermittlung „verdächtigen“ Verhaltens deutscher Emigranten in der Sowjetunion während dortiger Säuberungsexzesse oder schließlich die Jagd auf Agenten in der SED, sich bruchlos miteinander verbanden und im eigentlichen Zweck der Stalinisierung dieser Partei aufgingen. In der vom Sekretariat des ZK auf seiner Sitzung vom 20.4.1951 bestätigten Anweisung an die Landes- und Kreissekretariate zur Verbesserung der Arbeit der Kommissionen zur Überprüfung der Parteimitglieder und Kandidaten hieß es: „Es ist ... dringend erforderlich, parteifeindliche und zersetzende Erscheinungen anhand konkreter Fälle aus dem jeweiligen Kreis oder Land bis ins einzelne zu behandeln und den Zusammenhang aufzuzeigen, der zwischen dem jetzigen schädlichen Auftreten dieses oder jenes Mitgliedes mit seiner früheren parteifeindlichen Zugehörigkeit oder mit Erscheinungen in seiner Vergangenheit besteht.“[53]

Daß die ZPKK von Anfang an ihre Arbeit richtig verstand, zeigt schon die im Berichtsentwurf an den 3. Parteitag 1950 enthaltene ausdrückliche Berufung auf Otto Grotewohls Einlassungen auf der 1. Parteikonferenz der SED vom Januar 1949. Grotewohl, durchaus wissend, daß sich seine Sätze auch gegen ehemalige SPD-Mitglieder in der SED richten würden, sagte damals: „Die Schlagfertigkeit und Zuverlässigkeit hängen mit davon ab, ob wir die zersetzenden Elemente ausnahmslos abstoßen. Weichherzigkeit und Vertrauensseligkeit werden hier zu einem Vergehen gegen die Partei und damit gegen den Bestand einer gesunden Arbeiterbewegung." [54] In schöpferischer Anwendung solcher Prinzipien heißt es zum Beispiel in Arthur Ullrichs [55] Kritik an Siewerts als unzureichend zurückgewiesenem Artikelentwurf „Der Weg der KPO - von parteifeindlicher Gruppierung zum Verrat an der Arbeiterklasse" über Personen, die früher parteifeindlichen Gruppierungen angehörten und 1946 in die SED schlüpften: „Sie stimmen doppelzünglerisch den Beschlüssen der Partei zu, mißbrauchen das Vertrauen der Partei und nutzen ihre Positionen erneut zu parteischädlicher, zersetzender Tätigkeit aus. In fast allen solchen Fällen führt ihr Verhalten in gleicher Richtung zu staatsschädlichen und zersetzenden Handlungen. ... Es waren nur recht wenige derjenigen Mitglieder unserer Partei, die zum Beispiel früher in der parteifeindlichen KPO gegen die KPD und ihr ZK unter der Führung des Genossen Ernst Thälmann kämpften, gegen die Sowjetunion hetzten, den Klassenfeind in seinem Kampf gegen die Arbeiterklasse unterstützten, die nun nach dem Beschluß des ZK vom 24.8.1950 zur Partei kamen und zu diesen Fehlern offen und überzeugt Stellung nahmen. Es bedurfte vielmehr der höchsten Wachsamkeit, die hartnäckigen Feinde in ihren Schlupflöchern aufzustöbern, ihre Verbindungen aufzudecken, sie der Doppelzünglerei zu überführen und als Feinde der Partei zu entlarven. Es waren vielfach jene Elemente der Partei, die sich in Positionen in der Verwaltung, in der Wirtschaft, in den Massenorganisationen eingeschlichen hatten, Verbundenheit mit der Partei vortäuschten, die Parteiarbeit in den dort vorhandenen Massenorganisationen hemmten und alle mit ihren Positionen verbundenen Möglichkeiten zu einer mehr oder weniger 'unsichtbaren' Gruppenarbeit ausnutzten." [56] Sonderkommissionen untersuchten unter Aufsicht der

ZPKK dann auch besonders intensiv den Partei-, Regierungs- und Verwaltungsapparat nach Parteifeinden. Auch in diesem Sinne sollte die ZPKK künftig den, wie es dann hieß, „Kampf um die Einheit und Reinheit der Partei" führen. Vorerst sprach der am 22.4.1952 vom Politbüro bestätigte Abschlußbericht der Zentralen Kommission von 150.696 ausgeschlossenen oder gestrichenen Mitgliedern und Kandidaten der SED. [57]

Die Logik der Säuberungen

Es ergeben sich nun zwei relativ schwer zu beantwortende Fragen: Die erste Frage ist, ob und in welchem Umfang insbesondere unter den als trotzkistisch oder wegen ehemaliger Westemigration bzw. Gefangenschaft als „unzuverlässig" abgestraften und oft sogar kriminalisierten Mitgliedern tatsächlich widerständige SED-Genossen waren und nicht „nur" zu Unrecht parteifeindlicher Umtriebe beschuldigte oder zwar hier und da kritische aber im Grunde linientreue Mitglieder. Zwar liegt es auf der Hand, daß in dieser Zeit die Gelegenheit günstig war, kritische Geister in der SED über konstruierte Anklagen ganz anderen Inhalts gründlich loswerden zu können. Die zweite Frage lautet jedoch, ob und in welchem Umfang der Inhalt dieser Säuberung nicht vielmehr darin bestand, auf dem Kreuz von solchen Genossen, die zu ihrem Unglück wegen ihrer politischen Biographie dafür besonders geeignet schienen, mittels konstruierter Anklagen den Inhalt anstehender politischer Umformungen der Partei nach außen hin klarzumachen. Dabei wäre dann die Frage, ob es sich hier um linientreue oder um real bzw. potentiell unangepaßte oder sogar oppositionelle SED-Mitglieder handelte, von untergeordnetem Rang gewesen.

Beide Fragen sind allein schon deshalb schwer zu beantworten, weil der damals ausgesprochen drakonische Sanktionsrahmen auch von oppositionellen SEDlern das Leugnen solcherart Aktivitäten geradezu erzwang. Nach Ansicht des Autors dieses Beitrags spricht viel dafür, daß die in der zweiten Frage angedeutete (sehr viel zynischere) Tendenz die in der ersten Frage unterstellte überwog.

Hier jedoch den Beweis zu führen, ist sehr schwer und steht noch aus. So ist zum Beispiel die im schon zitierten Berichtsentwurf der ZPKK an den 3. Parteitag konstatierte und besonders in Thüringen bis in die oberste Parteileitung hinein verzeichnete Durchsetzung mit „linkssektierererischen" Kräften keineswegs gleichzusetzen mit dem ihnen unterstellten oppositionellen Selbstverständnis oder einer dementsprechenden Praxis. [58] Maßgeblicher war in diesem Zusammenhang wohl „das Erkennen von fehlerhaften Konzentrationen von Mitgliedern, die sich aus ihrer früheren Zugehörigkeit in oppositionellen Gruppierungen kennengelernt haben, deren Bekanntschaft aus Emigration oder Kriegsgefangenschaft stammte." [59] Diese aufschlußreiche, eindeutig auf Prävention ausgerichtete Maßgabe war natürlich um so wirksamer, je weitreichender die damit verbundenen Unterstellungen waren. So bemühte sich beispielsweise Ullrich mit willkürlichen Interpretationen um den Nachweis, daß im graphischen Gewerbe der Stadt Leipzig und im Kreis Oelsnitz/Vogtl. die ausgemachte Konzentration ehemaliger KPOler auch mit der Gefahr oppositioneller Stützpunktbildung einherging. [60]

Wie gering das Gewicht wirklicher innerparteilicher Opposition auch immer gewesen sein mag - der Wert jener noch zu schreibenden Geschichte des offenen oder konspirativen Widerstands gerade in dieser Zeit und vor allem von einfachen Parteimitgliedern, besteht dann unter anderem in der Möglichkeit, zwischen Parteioppositionellen und linientreuen Mitgliedern zu unterscheiden, die im gleichen Topf erfundener Anklagen nach Rezepten herrschaftspolitischer Zweckmäßigkeit gekocht werden sollten und zum großen Teil auch wurden. Dabei ist es müßig, im Falle von durch Stalinisten abgestraften Stalinisten eine besondere Tragik oder das zynische Walten einer besonderen Art von „Gerechtigkeit" zu sehen. Klar ist lediglich, daß die Kommunisten unter den Opfern des Stalinismus, welche von den Herrschenden tatsächlich für ihre antistalinistische Opposition, wenn auch zumeist unter falschen Anklagen, terrorisiert wurden, ein Recht darauf haben, im Sumpf der Säuberungen als das kenntlich zu werden, was sie wirklich waren. Denn der hysterische Wahn, nach welchem jede persönliche Verbindung mit einem „entlarvten" Parteifeind den Betreffenden gemäß dem Dominoprinzip selbst als Parteifeind entlarvte oder in eine Untersuchung verwickelte, hat zweifellos auch Sanktionen gegen Personen bewirkt, die nicht nur hinsichtlich der ihnen zur Last gelegten Verfehlungen oder „Verbrechen“ völlig unschuldig waren, sondern sicher mit Recht auch jeden Vorwurf oppositioneller Betätigung in der sich stalinistisch entpuppenden SED weit von sich weisen konnten. Der Autor geht im Vorgriff auf noch darzustellende Fälle von Bestrafungen namentlich hoher SED-Funktionäre soweit, den meisten dieser Personen unbeschadet der persönlichen Tragik ihrer Schicksale nicht zuzubilligen, in Opposition zur stalinistischen oder poststalinistischen SED-Politik (höchstens noch in Opposition zum Beispiel zu Ulbricht) gestanden zu haben - so etwa bei Oelßner, Schirdewan, Zaisser, Wollweber, Dahlem. Auch in den Fällen, wo bei den Disziplinierten innerbürokratische Differenzen im Partei-, Staats- oder Wirtschaftsapparat eine Rolle gespielt haben, ist der Stellenwert solcher Differenzen von geringerem Gewicht gegenüber ihrem in den Parteiakten oder der SED-Geschichte nachgewiesenen Anteil an der Festigung von Verhältnissen politbürokratischer Gesellschaftsformierung in der DDR.

Die Praxis der Untersuchungen

Bei der manischen Jagd zur Aufdeckung möglicher Schwachstellen waren, wie schon erwähnt, allein persönliche Verbindungen zu entlarvten Parteifeinden hinreichend, um zumindest Untersuchungen auszulösen. Ein Beispiel ist etwa das am 19.10.1950 im Sekretariat des ZK beschlossene Ersuchen an die ZPKK hinsichtlich Maßnahmen gegen Wieland Herzfelde. Herzfelde war ebenso wie sein Bruder John Heartfield (dessen geplante Ausstellung postwendend abgesetzt wurde) wegen seiner Verbindung zu Field aufgefallen [61] und wurde aus der Partei entfernt.

Ebenso sollte die Staatssicherheit auf Anweisung des Politbüros vom 25.11.1952 auch gegen Gerhart Eisler wegen „Verbindungen“ anläßlich Rundfunkmeldungen über den in der CSR laufenden Slánsky-Prozeß [62] ermitteln. [63] Die weitere Untersuchung seiner Angelegenheit (bei ruhenden Funktionen) wie auch die Untersuchung von Verbindungen der Professoren Kuczynski und Rompe durch die ZPKK geschah wieder auf Beschluß des Politbüros in seiner Sitzung vom 17.3.1953.[64] Selbst Kulturbundsekretär Alexander Abusch, damals und später jedem Verdacht kritischer Haltungen fleißig vorbeugend, verlor bei der Überprüfung vom Juli 1950 vorübergehend alle Funktionen.[65] Er wurde, seit 1951 wieder hauptamtlich im Kulturbund, vom Sekretariat des ZK am 15.1.1953 genötigt, im Kontext der Merker-Entlarvung eine Erklärung zu „zionistischen Tendenzen" in der von ihm im mexikanischen Exil als Chefredakteur betreuten Zeitschrift „Freies Deutschland", die Merker herausgab, abzugeben.[66]

Gerade für die Zeit des Prager Slánsky-Prozesses dokumentieren die ZPKK-Akten, wie eilfertig manche Supergenossen ihre Denunziationsphantasien als „Wachsamkeit" verpackt Materns ZPKK andienten und wie furchtsam kontaktbelastete Ex-Emigranten jede Meldung aus Prag zum Anlaß überstürzter vorbeugender Selbstanzeigen nahmen, zumeist, um ihre eigene Harmlosigkeit durch pflichtschuldigst abgesonderte Empörung über den Verrat ehemaliger Genossen und Freunde herauszustellen. Hier finden sich Briefe, in denen zum Beispiel Elli Schmidt über Verbindungen Gerhart Eislers und Alexander Abuschs zu Andre Simoné[67] Auskunft gibt, Max Zimmering um eine möglichst komplette Auflistung der ihm erinnerlichen Begegnungen mit Parteifeinden ringt und Jürgen Kuczynski die Unverfänglichkeit seiner verfänglichen Bekanntschaften betont, bevor er nach ihnen gefragt werden konnte.[68] In der Tat war allen mitdenkenden Genossen klar, daß es hier um nichts geringeres als um ihren Kopf gehen konnte.

Selbst Mitglieder westeuropäischer kommunistischer Parteien (wo solche physischen Gefährdungen nun wirklich nicht akut waren) standen bei der ZPKK Schlange, um ihre Wachsamkeit unter Beweis zu stellen. So tat sich schon im Dezember 1950 Mario Montagnana von der Kommunistischen Partei Italiens bei der Denunziation Merkers hervor und bewies zudem noch prophetischen Instinkt bei der Bewertung Simonés: „Franzose, Deutscher, Tscheche, ebenso Jude; Katz machte mir den Eindruck eines typischen Kosmopoliten ohne Wurzeln in irgend einem Lande oder in irgend einem Volke. Ich ... habe immer (d. h. seit Ende 1941) den

Verdacht gehabt, daß er der Agent einer imperialistischen Macht sei: wahrscheinlich Englands." [69]

Derartig unappetitlich äußerten sich die in der DDR lebenden Mitglieder der österreichischen Partei Rapoport, Knepler und Hollitscher über ihre Bekanntschaft mit Smolka [70] nicht, als sie der ZPKK ihre Bekanntschaft mit ihm beichteten. Anzumerken wäre noch, daß es Wolfgang Harich mit seinen insgesamt drei Briefen an die ZPKK vom Dezember 1952, Hollitschers Verbindungen und seine Parteibiographie betreffend, nicht gelang, dessen Selbstanzeige zuvorzukommen. [71]

Besonders bizarr ist auch ein Brief des KPDlers Emil Carlebach an Paul Laufer (ZPKK) vom 26.8.1952 wegen des gegen Carlebach anhängigen Prozesses in Sachen Margarete Buber-Neumann [72]. Nachdem die SED-Führung bereits im Januar 1951 die Bildung einer Kommission, bestehend aus Max Reimann (bzw. seinem Stellvertreter), Erich Mielke, Hermann Axen, Bruno Haid und Paul Laufer beschlossen hatte, um eine Kampagne gegen den „Buber-Neumann-Prozesß" zu organisieren, schrieb Carlebach an Laufer: „Wir haben uns in den zurückliegenden Verhandlungen im wesentlichen auf die Zerschlagung der trotzkistischen Lügen gegen die UdSSR konzentriert. ... In dem Prozeß Faust [73] gegen Carlebach wird die Linie unseres Auftretens insoweit geändert, daß Genosse Carlebach sich vor allem auf die Entlarvung der USA-Agentin und ihren Terrorismus konzentriert." Carlebach fordert sodann von der ZPKK Materialien an, die insbesondere „die Zusammenarbeit zwischen der Faust und der Tillich-Gruppe zeigen." [74]

Dies also war die makabre Atmosphäre von Furcht und Denunziation zu Zeiten des Prager Prozesses. Sie war natürlich schon mit den 1949/50 begonnenen Untersuchungen und Verhaftungen entstanden. Jedoch ist der möglicherweise entstehende Eindruck, die Abschreckung selbst nur schattenhaft unzuverlässig erscheinender SED-Mitglieder hätte die gesamte disziplinierende Energie des Apparats absorbiert, verfehlt: Ein Beispiel ist die in der bereits erwähnten ZK-Sekretariatssitzung vom 15.1.53 ausgesprochene Weisung an das Ministerium des Inneren, das Verbot des Vertriebs der jüdischen Zeitung „Der Weg" auszusprechen und zu überwachen. Diese Anordnung wurde noch übertroffen durch die Beauftragung der Abteilung Staatliche Verwaltung beim ZK, „die Leitung der Jüdischen Gemeinde zu überprüfen und dem Sekretariat notwendige Vorschläge zu unterbreiten." Dies alles geschah, als auf Weisung des PB neuerlich „Lehren" zu ziehen waren; diesmal „aus der Aufdeckung der terroristischen Tätigkeit einer Ärztegruppe in der Sowjetunion". In gewohntem Eifer wurden in diesem Zusammenhang auch eine Reihe von Maßnahmen zur Überprüfung des Personals in den Gesundheitseinrichtungen, an der Spitze das Regierungskrankenhaus, beschlossen. [75]

Das Ergebnis: Säuberungen als Terror

So glimpflich wie die meisten zuletzt erwähnten SED-Mitglieder kamen andere ebenso zu Unrecht Beschuldigte jedoch nicht davon. Wie groß die Furcht der Parteiführung vor unerkanntem widerständigem Potential innerhalb der SED war, zeigt die Verlaufsform der Fortsetzung des Kampfes um die „Einheit und Reinheit der Partei", namentlich als Kampf gegen den Trotzkismus. Im bereits erwähnten Beschluß des PB vom 25.11.1952 wurde die Staatssicherheit unter anderem auch mit Ermittlungen gegen den bereits aus der SED ausgeschlossenen Paul Merker und gegen Hans Schrecker [76] beauftragt. Aufgrund der diese Weisung auslösenden Rundfunkmeldungen vom Prager Prozeß wandte sich Merker am 30.11.1952 vergeblich an Pieck um Hilfe und bestritt die ihm unterstellte persönliche Bekanntschaft mit Slánsky. [77] Am 2. Dezember 1952 wurde er verhaftet. Beflissen stellte das PB in seinem am 20.12.1952 für das ZK verabschiedeten Beschluß „Einige Lehren aus dem Prozeß gegen das Verschwörerzentrum Slánsky" die Verbindung zur DDR und zum bereits als Trotzkisten bezichtigten Merker heraus. In der Erklärung heißt es zunächst unter anderem: „Ebenso fand die Agentenrolle der Trotzkisten in diesem Prozeß eine erneute Bestätigung. Den Trotzkisten kam unter der Führung Slánskys eine bedeutende Rolle zu." Dann wird unter Berufung auf Malenkows Rechenschaftsbericht des ZK der KPdSU an den XIX. Parteitag „... die Bedeutung des unversöhnlichen Kampfes, den unsere Partei im Verlaufe einer Reihe von Jahren gegen ... den trotzkistisch-bucharinschen Abschaum, gegen die Kapitulanten und Verräter ... (führte)" gewürdigt. Nachdem betont wurde, daß auch „die SED keine ungeklärten Verhältnisse mehr dulden (darf)", heißt es entsprechend der antizionistischen Tendenz [78] des Slánsky-Prozesses: „Die Entlarvung der Zionisten als einer Agentur des amerikanischen Imperialismus entlarvt zugleich die feindliche Rolle des Agenten Paul Merker in der Deutschen Emigrantengruppe in Mexiko von 1942 bis 1946. Während dieser Zeit arbeitete Merker eng mit dem im Prager Prozeß verurteilten Verbrecher Andre Simoné zusammen." [79] An dieser Stelle muß erwähnt werden, daß die ZPKK bereits am 5.9.1950 Simoné beim ZK der KP der CSR denunziert hatte, wie aus dem Protokoll der PB-Sitzung vom 25.11.1952 [80] hervorgeht. Die nun in der ZK-Erklärung folgende beispiellose Denunziation Merkers als „Feind der Sowjetunion und Feind des eigenen Volkes" sowie als Titoist bestimmte sein weiteres Schicksal für Jahre: Merker sollte bis März 1955 in Untersuchungshaft der Staatssicherheitsorgane auf seinen Prozeß warten. Schrecker erhielt seinen Prozeß im Februar 1954.

Zusätzlich finden sich in der PB-Erklärung vernichtende Anklagen gegen Fritz Sperling (bis zu seiner Ablösung am 18. September 1950 zweiter Vorsitzender der KPD in Westdeutschland [81]) als „eines der führenden Mitglieder der Züricher Emigrationsleitung, die unter trotzkistischer Führung stand". Dann heißt es: „Kurt Müller, der eine zeitlang Mitglied der Leitung der KPD in Westdeutschland war, gehörte früher zur trotzkistischen Gruppe von Heinz Neumann/Remmele. Im Kommunistischen Jugendverband organisierte er einen illegalen Kampf gegen Ernst Thälmann und gegen das Thälmannsche Zentralkomitee. In Moskau nahm er Verbindung zum trotzkistischen Klüngel auf und organisierte illegale Zusammenkünfte mit Mitgliedern der deutschen Delegation der Kommunistischen Jugendinternationale. Müller hatte Verbindung mit dem Trotzkisten Fedotow, dem er sich verpflichtete, an der Organisierung und Durchführung der Schädlingsarbeit, Diversionsarbeit und von Terrorakten gegen Führer der KPdSU(B) teilzunehmen. Im März 1934 wurde er zur illegalen Arbeit nach Deutschland geschickt und stellte dabei im Auftrag des Fedotow die Verbindung zu einem belgischen Trotzkisten her. Nach 1945 suchte er sich das Vertrauen der Kommunisten in Westdeutschland zu erwerben. Er nahm seine alten trotzkistischen Beziehungen wieder auf. ... 1949 kam er mit Hilfe der westlichen Agenturen in Verbindung mit ausländischen Trotzkisten wie Ruth Fischer und Buber-Neumann." Und schließlich heißt es mit nicht zu überbietendem Zynismus: „Inzwischen ist seiner Agententätigkeit ein Ende bereitet worden."[82]

Die Logik terroristischer antitrotzkistischer Kampagnen

Die Tatsache, daß in diesen wie auch später noch zu betrachtenden Fällen kaum die unterstellte Nähe zu trotzkistischen Positionen oder Zusammenhängen vorhanden war, führt erneut zur eingangs gestellten Frage nach der Rolle gerade dieses Szenariums bei innerparteilichen Abstrafungen. Das in der ZK-Erklärung zitierte Credo Malenkows aus seinem Referat auf dem XIX. KPdSU-Parteitag kann als Schlüssel für die Frage nach der Rolle gerade des Vorwurfs trotzkistischer Aktivitäten in den diversen Vernichtungsauslesen der sowjetischen und osteuropäischen kommunistischen Parteien verstanden werden: „Durch die Zerschlagung der illegalen trotzkistisch-bucharinschen Gruppe, die der Hauptanziehungspunkt für alle antisowjetischen Kräfte im Lande war, durch die Säuberung unserer Partei- und Sowjetorganisationen von den Feinden des Volkes hat die Partei jede Möglichkeit des Auftauchens einer Fünften Kolonne in der UdSSR rechtzeitig zunichte gemacht ...".

Hier drückt sich die für alle stalinistischen Parteiführungen obligate Angst vor dem Infragestellen ihres Monopols gesellschaftsstrategischen Zielsetzens aus, für die der Trotzkismus mehr und mehr Symbol ohne politischen Inhalt geworden war. Zum Symbol konnte er aber tatsächlich nur dadurch werden, weil der Trotzkismus in der Sowjetunion für sehr kurze Zeit die einzige den Stalinismus herausfordernde bedrohliche Alternative zu sein schien. Selbst als es 1954 im SED-Politbüro in der nächsten Runde des „Ziehens von Lehren" um die Auswertung des Prozesses gegen die „Verschwörergruppe Berija" ging, entblödete man sich nicht, diesen berüchtigten Henker, der in der UdSSR massenweise Parteimitglieder unter dem Vorwurf des Trotzkismus abholen ließ, unter anderem dafür zu verurteilen, daß er angeblich Trotzkisten zur Freilassung verholfen habe. [83]

Die neue Funktion der Anschuldigung trotzkistischer Betätigung als Inkarnation des Verrats gegenüber Opponenten oder potentiell unsicheren Mitgliedern überwog bei weitem die politische Bedeutung der kleinen trotzkistischen IV. Internationale und erst recht die der diversen trotzkistischen Splittergruppen, welche trotz ihrer Berufung auf Trotzki vielfach ebensowenig mit diesem zu tun hatten, wie Stalin mit Lenin, auf den sich beide gern beriefen. Und daß die Kategorie des Verrats bereits im Falle von Differenzen über Zielsetzungen innerhalb der Parteiführungen von den stalinistischen Gewinnern gegenüber der letztlich unterlegenen Position geradezu naturgesetzlich in Anwendung zu bringen sei, enthüllt unfreiwillig ein letztes Zitat aus dem bemerkenswerten ZK-Beschluß zum Slánsky-Prozeß: „Die Entlarvung und Unschädlichmachung von Agenten wie Merker ist für die Partei heute von größter Wichtigkeit. In der Periode des sozialistischen Aufbaus kann die Partei keine Abweichungen, keine doppelten Meinungen in ihren Reihen dulden." Folgerichtig fordert, wie schon im Falle der Auswertung des Rajk-Prozesses 1950, die am 8.1.1953 bestätigte Direktive des Sekretariats des ZK zur Behandlung des „Slánsky-Beschlusses" in allen Parteiorganisationen getreu der Logik dieser Säuberung: „Im Ergebnis ihrer Stellungnahme nehmen die Mitgliederversammlungen der Grundorganisationen eine Entschließung an, in der sie ihre konkreten Aufgaben in Auswertung des Beschlusses des Zentralkomitees zur Erhöhung der politischen Wachsamkeit der Partei und der Bevölkerung festlegen." [84]

Hier wird auch der eigentliche Zweck der Inszenierung von Abstrafungen hoher Parteifunktionäre unter schwersten Anklagen deutlich: Die Parteimitgliedschaft hatte sowohl zu lernen, welche Folgen Verrat nach sich zog (wobei die Frage, ob es sich hier tatsächlich um Verräter handelte, selbst schon fast dem Verrat gleichkam) als auch sich daran zu gewöhnen, daß nur die Parteiführung befugt ist, jeweils neu zu entscheiden, was Verrat ist.

Dahlem

Auch über dem Politbüromitglied Franz Dahlem[85], ähnlich wie Merker aufgrund seiner politischen Biographie geradezu prädestiniert für Schaustücke revolutionärer Wachsamkeit, zogen sich die Wolken der ZPKK zusammen. Das Politbüro beschloß am 17.3.1953, diese zu beauftragen, Dahlems Verbindungen zu Field zu untersuchen.[86] In den Akten der ZPKK findet sich übrigens die Niederschrift des Rundfunkabhördienstes der Presseabteilung von einer Sendung des RIAS vom 11.9.1950, in der Herbert Wehners[87] Sicht auf die geschilderten Exorzismen gegen Merker, Bauer und andere vorgestellt wurde. Zu Dahlem bemerkte Wehner damals: „Franz Dahlem hat jetzt unruhige Nächte, weil er nicht sicher sein kann, daß Ulbricht nicht plötzlich auf Dahlems für kompromittierend und unzulässig gehaltene Briefe an den französischen Ministerpräsidenten Daladier zurückgreift.“[88] Tatsächlich erfolgte nun über zwei Jahre später eine solcherart angelegte Untersuchung. Zunächst wurde das Ruhen von Dahlems Parteifunktionen, dann der Ausschluß aus PB und ZK im Mai 1953 verfügt.[89] Von nun an folgte die schleppende Fortsetzung jener Klärung seiner Verantwortung unter anderem für Handlungen der deutschen kommunistischen Exilleitung in Frankreich, während der sich die Inquisitoren neben Verdächtigungen einer Zusammenarbeit Dahlems mit dem amerikanischen und französischen Geheimdienst bis hin zu unklaren Vorwürfen einer Zusammenarbeit mit der Gestapo während der Nazi-Haft verstiegen.

Die Frage der Prozesse und der 17. Juni 1953

Es kann kein Zweifel mehr daran bestehen, daß die in der SED im Vergleich zu Ungarn und der CSR bis dahin relativ zurückhaltende Praxis, über Parteistrafen hinaus auch zur drakonischen Kriminalisierung verfemter Spitzenfunktionäre überzugehen, mit dem Prager Slánsky-Prozeß intensiviert werden sollte. Die bereits 1950 in „schöpferischer Anwendung“ der damals erdachten Konstruktionen parteifeindlicher Verschwörungen um Field verhafteten Kreikemeyer und Bauer waren tot bzw. in sowjetischem Gewahrsam. Müller wurde 1953 von einem sowjetischen Gericht zu 25 Jahren Zwangsarbeit verurteilt. Es gab 1952 auch in der DDR zielstrebige Vorbereitungen für Schauprozesse nach sowjetischem, ungarischem und tschechoslowakischem Vorbild. Insbesondere Merker sollte nach seiner 1952 erfolgten Verhaftung dafür benutzt werden.

Doch zunächst beanspruchten die Turbulenzen in der SED nach dem Scheitern des harten Kurses der 2. Parteikonferenz vom Juli 1952 unter dem Titel „Aufbau des Sozialismus“ [90] und die Schwächung Ulbrichts im Ergebnis der 1953 daraufhin folgenden Kritik durch die neue Moskauer Führung unter Molotow, Malenkow und Berija [91] sowie seitens Rudolf Herrnstadt (ZK-Mitglied und Kandidat des PB) und Wilhelm Zaisser (Staatssicherheitsminister und Politbüromitglied) die Aufmerksamkeit der Parteiführung. Der verspätet eingeleitete „Neue Kurs“ konnte den Aufstand des 17. Juni 1953 nicht mehr verhindern. Die maßgebliche Beteiligung von Mitgliedern und Funktionären der SED an den Streiks und zum Teil die Führung von Streik- und Protestaktionen durch sie ist erwiesen. Am 14. Juli 1953 war zum Beispiel die Duldung oder Unterstützung der Proteste in der Warnow-Werft in Rostock durch verantwortliche Parteimitglieder sogar Politbürosache (mit Anordnung eines Parteiausschlusses). An diesem Tage wurden durch das PB auch der Parteiausschluß, die Amtsenthebung und die Verhaftung (!) des Justizministers Max Fechner wegen seines moderaten Interviews für das ND in Sachen Straffreiheit bei Streikführerschaft beschlossen. Weiterhin sollte eine vom PB eingesetzte Kommission, der außer dem ZPKK-Chef Matern auch Karl Schirdewan [92] angehörte, die Verhältnisse in Dresden und Görlitz untersuchen. [93]

Herrnstadt/Zaisser: „Opposition“ als innerbürokratischer Rationalitätskonflikt

Zu diesem Zeitpunkt hatte Ulbricht die heikle Situation, am 7. Juli 1953 in der Politbürositzung nur Honecker und Matern (bei unklarer Haltung Mückenbergers und Oelßners) auf seiner Seite zu wissen, bereits überstanden.[94] Ein Wechsel der diskreditierten Ulbricht-Führung während der Krise schien aus sowjetischer Sicht infolge des anhaltenden Machtkampfes zwischen Berija und Chruschtschow bei damals ungewissem Ausgang zu riskant, und dies rettete die alte Führung. Im Politbüro wurde nach wie vor an der „Entlarvung" Dahlems gebastelt, die Veröffentlichung einer Sammelbroschüre mit den erwähnten ZK-Erklärungen zu Verbindungen deutscher Emigranten in der Sache Rajk/Field und Slánsky angewiesen[95] sowie gegen Fechner und Merker „ermittelt". Die Abrechnung der Schuldigen an der Krise (unter ihnen Ulbricht als Hauptschuldiger) mit ihren schärfsten Kritikern erfolgte in einer Situation, wo die verunsicherte Parteiöffentlichkeit von ihrem Zentralkomitee Klarheit erhoffte. Ausgerechnet der vom PB mit Ausarbeitungen zur Vorbereitung der entscheidenden 15. Tagung des ZK beauftragte Herrnstadt sollte sich mit seiner Konzeption für eine Parteierneuerung als Verschwörer anbieten. Dabei spielten die Entwicklungen in der Sowjetunion wieder eine Ulbricht begünstigende Rolle: Die am 10. Juli 1953 erfolgte offizielle Mitteilung, Berija sei wegen „partei- und staatsfeindlicher Tätigkeit" verhaftet worden[96], signalisierte, daß der Machtkampf in Moskau entschieden und damit auch Zaissers und Herrnstadts Schicksal besiegelt war. Die allerdings sehr wahrscheinliche enge Verbindung Zaissers mit dem KGB und damit zu Berija sowie die Tatsache, daß beider Sturz einer Äußerung Ulbrichts gegenüber Schirdewan zufolge von Moskau mitgetragen wurde[97], stützen Schirdewans Vermutungen[98] und die sich aus Herrnstadts Aussagen gegenüber der ZPKK in der Sache Bauer ergebenden Mutmaßungen, daß auch Herrnstadt in Verbindung zum sowjetischen Geheimdienst stand und die Interessen Berijas in der SED unterstützte.[99] Damit wäre der Sache nach die scharfe Kritik Herrnstadts und Zaissers an Ulbrichts Kurs vor dem Juni 1953 natürlich keineswegs obsolet, jedoch war sie es offensichtlich im Kontext der Logik politbürokratischen Machtkampfes. Der Absetzung Zaissers und Herrnstadts von ihren Funktionen auf der 15. Tagung des ZK vom 24.-26. Juli 1953 folgte (nach Berijas Verurteilung und Hinrichtung im Dezember 1953) am 12. Januar 1954 auf PB-Beschluß auch ihr Parteiausschluß „wegen fraktioneller Tätigkeit und Bedrohung der Einheit und Reinheit der Partei." Ihre Kritik an

Ulbricht und die Überlegungen zur Entlastung der SED durch Ulbrichts Absetzung wurden in der Sprache des Ausschlußverdikts umgemünzt in die Vorbereitung eines innerparteilichen Putsches zur Eroberung der Parteiführung. Dies wurde bei Herrnstadt mit dem Vorwurf des Sozialdemokratismus angereichert. Zaisser fand sich als Vertreter der Linie Berijas in der SED wieder, also als Verfechter der Auslieferung der DDR an Westdeutschland und der Isolierung der Sicherheitsorgane gegenüber der Parteikontrolle. Im übrigen wurden die Unruhen des 17. Juni auch auf mangelnde Wachsamkeit von Zaissers MfS zurückgeführt. Ackermanns „versöhnlerische Position" und zeitweilige Teilnahme an der Fraktion war eine strenge Rüge, Jendretzkys Verbindung mit den Ausgeschlossenen eine Rüge wert. Elli Schmidts deutliche Kritik an der SED-Politik anläßlich des 17. Juni [100] wurde ebenfalls gerügt [101], und alle drei wurden aus dem ZK entfernt. Die auf dieser Sitzung ebenfalls ausgespochene strenge Rüge an Dahlem wegen seiner uneinsichtigen Haltung zu den ihn betreffenden nach wie vor unklaren Vorwürfen (Fehler während der illegalen Arbeit in Frankreich und Blindheit gegenüber inzwischen entlarvten Parteifeinden) wurde durch eine Parteiausschlußdrohung ergänzt.

Die beschriebenen, sich 1953/54 in den Führungsgremien der SED abspielenden Auseinandersetzungen sind typischer Ausdruck innerbürokratischer Rationalitätskonflikte im Unterschied zu den überhängigen und noch zu vollziehenden demonstrativen Abstrafungen des verhafteten Max Fechner und des immer länger einsitzenden Paul Merker. Am Falle Merkers sollte die Unduldsamkeit gegenüber vermeintlichen parteioppositionellen Ansätzen, am Falle Fechners die unnachsichtige Bestrafung eigenverantwortlichen politischen Handelns innerhalb der SED exekutiert werden. Beabsichtigt waren hier erziehungsdiktatorische Effekte, jedoch nicht etwa bei den Anzuklagenden, sondern gegenüber der Parteiöffentlichkeit. Es spielte hier keine Rolle, daß im Sinne der jeweiligen Anklage Merker unschuldig und Fechner „schuldig" war. Im Falle der Zaisser/Herrnstadt-Gruppe kann ebensowenig wie bei Merker von innerparteilichem oppositionellem Handeln, sondern muß (allerdings anders als bei Merker) von apparatkonformer Konfliktbereitschaft gesprochen werden, wobei die „politischen Unkosten" einer Niederlage gemäß der Logik des bürokratischen

Zentralismus unter Verhältnissen einer stalinistischen Diktatur ebenfalls auf den Parteiausschluß oder Schlimmeres hinausliefen.

Die harte Linie von 1954: Säuberungen und Geheimprozesse

Zweifellos orientierte die gereinigte Parteiführung unter dem wieder in seiner Position gefestigten Ulbricht während des Jahres 1954 erneut auf eine harte Linie. Aus dem ZPKK-Bericht über die Parteiverfahren der Jahre 1954 und 1955, dem PB in seiner Sitzung am 20.3.1956 vorgelegt, ergibt sich ein überaus hoher Anteil der Parteiausschlüsse und Streichungen an den Parteiverfahren mit Parteistrafen (69,8%) und (nach dem 17. Juni 1953 kaum verwunderlich) ein hoher Anteil an Arbeitern an den aus der Partei entfernten Mitgliedern (über ein Drittel). Die „Deliktstruktur" ist in Materns Bericht allerdings äußerst defizitär ausgewiesen: Der Anteil politischer Delikte ist nicht ermittelbar. [102] Der Argwohn gegenüber Resten kritischen Denkens in der SED drückte sich in den Säuberungen ab Ende 1953 und während des Jahres 1954 aus: 60% der 1952 gewählten Bezirksleitungsmitglieder und über 70% der ersten und zweiten Kreissekretäre wurden ausgewechselt. [103]

Unbeschadet der Tatsache, daß nach Stalins Tod und mit der Ausschaltung von Berija der Instinkt der Parteiführung immerhin dahingehend wirkte, daß die in Vorbereitung befindlichen Prozesse besser nicht als Schauprozesse stattfinden sollten, ist das vom Autor dieser Untersuchung im Parteiarchiv der SED aufgefundene Material zur Vorbereitung der Verfahren gegen Merker und Fechner beispiellos: Die mit dieser Vorbereitung befaßte Justizkommission beim ZK schlug dem Politbüro die zügige Durchführung dieser Prozesse als Geheimprozesse vor. Im Falle Fechners stellte diese Kommission (unter Teilnahme von Plenikowski, Benjamin, Melsheimer und Kern) angesichts des ihr vom Staatssekretariat für Staatssicherheit vorgelegten Schlußberichts fest, daß dieser „nicht in genügendem Maße die staatsfeindliche Tätigkeit Fechners ausweist. Was im Schlußbericht als Ergebnis zusammengefaßt ist, bedurfte nicht der Untersuchung von der Dauer eines Jahres. Es wurde empfohlen, die Anklage stärker zu fundieren durch die Ausführung einiger Tatsachen, die die staatsfeindliche Tätigkeit Fechners im Ministerium für Justiz noch besonders deutlich machen. Der Genosse Mielke soll gebeten werden, etwaiges Material (T. K.) in dieser Beziehung dem Generalstaatsanwalt zu übergeben. ... Die Anklageschrift wird vor Durchführung des Prozesses von der Kommission beraten." Im Falle Merkers legte die Kommission fest, „daß in der Anklage die Verbrechen des Merker nach 1945 gegen die deutsche Arbeiterklasse und gegen das deutsche Volk stärker hervorgehoben werden sollen, wobei seine Verbindungen zu Agenten westlicher Geheimdienste und seine Versuche, unter Ausnutzung seiner Funktion solche Agenten in das Gebiet der ehemaligen sowjetischen Besatzungszone einzuschleusen und somit dem amerikanischen Imperialismus personelle Positionen zu verschaffen, als besonders verbrecherisch zu werten sind." Tatsächlich sind beide der Kommission vorgelegte Abschlußberichte nichts anderes als Konvolute nicht justiziabler politischer und persönlicher Verleumdungen. Dies ist aber für die Kommission lediglich Anlaß für die Befürchtung, die unter allen Umständen zu erhebende Anklage sei gefährdet. Beide Kommissionsvorlagen für das Politbüro gipfeln daher in den Empfehlungen, daß das Untersuchungsorgan dem Generalstaatsanwalt gegenüber im Falle Fechner „nachzulegen" hätte und im Falle Merker die Anklage noch tendenziöser umgeschrieben werden solle, wobei sogar schon die Richtung dieser Interpretationsverschärfung angegeben wurde! Und ungeachtet der dünn untersetzten Anklage, etwa gegen Merker, informiert die Vorlage der Kommission das Politbüro dahingehend, daß der Generalstaatsanwalt beabsichtige, eine Strafe von 15 Jahren Zuchthaus zu beantragen. Das am 17.8.1954 zusammentretende Politbüro verfügte, daß angesichts dieser entlarvenden Mängel beide Vorlagen überarbeitet und erneut einzureichen seien. [104] Merker wurde ohne Publizität im März 1955 in einem Geheimprozeß zu 8 Jahren Zuchthaus verurteilt - also zu einem Zeitpunkt, wo Field in Ungarn seit November 1954 bereits entlastet war! [105] Die schäbige Rolle, welche Abusch in diesem Prozeß spielte, indem er als Zeuge die Denunziation der Tätigkeit Merkers als Herausgeber von „Freies Deutschland" in Mexiko mit der Selbstkritik verband, als Chefredakteur den Abdruck von Merkers

Beiträgen zur Judenfrage nicht unterbunden zu haben [106], sagt viel über Abuschs moralische Qualitäten, aber auch einiges über die Wirksamkeit der Zwangsmechanismen verordneter Parteiraison aus. Merker selbst hat in der dem inszenierten Prozeß vorausgehenden Untersuchung zwei Jahre lang alle gegen ihn erhobenen Verleumdungen zurückgewiesen. [107]

Die Maßstäbe für solcherart Abstrafungen von SED-Mitgliedern, in deren Verhaftung die Parteiführung auf das intimste verwickelt war, sind schon im Jahr zuvor gesetzt worden: Goldhammer bekam 1954 sein Urteil über 10 Jahre Zuchthaus. Sperling, 1951 wie im Jahr zuvor Müller in die DDR gelockt und seitdem ohne Lebenszeichen in Haft, wurde ebenfalls erst 1954 nach dem Kontrollratsgesetz Nr. 10 zu 7 Jahren Haft verurteilt. Auch Hans Schrecker war im Februar 1954 auf der Grundlage der Direktive Nr. 38 des Alliierten Kontrollrats von 1946 wegen „militaristischer Propaganda und Friedensgefährdung" und als „Agent", unter ausdrücklicher Bezugnahme auf im Slánsky-Prozeß verurteilte oder vernommene Personen, bereits mit 8 Jahren Haft bedacht worden. Dies geschah auch unter Verweis auf seine Verbindung zu dem damals überhaupt noch nicht angeklagten „Agenten Merker". [108]

Einen besonders bizarren Hintergrund ergibt auch die Analyse des Vorgehens gegen das im April 1954 zu 6 bzw. 3 Jahren Zuchthaus verurteilte Ehepaar Friedrich und Anna Schlotterbeck. Die laut Haftbefehl „wegen verbrecherischen Beziehungen zu dem amerikanischen Agenten Noel H. Field" [109] seit Februar 1953 durch die Staatssicherheit einvernommenen SED-Mitglieder hatten bereits 1946/47 vor Field und Bauer, 1949 vor Merker und schon im Mai 1950 vor Sperling gewarnt. Delikaterweise verbanden sie dann später den Hinweis auf ihre prophetischen Warnungen mit dem Vorwurf an Dahlem, ihre Mitteilungen über Field und Bauer mißachtet und an die ZPKK, fahrlässig ihre frühzeitigen Meldungen ignoriert, die Untersuchung fehlgelenkt und deshalb erst im August 1950 die deutsche Field-Filiale entlarvt zu haben. Diese Vorhaltungen gegenüber der ZPKK verschärften die Schlotterbecks, nachdem sie infolge einer 1950 erfolgten Durchleuchtung Anfang 1951 aus der SED - ausgerechnet wegen Verbindungen zu Field! - ausgeschlossen wurden. Dieser Ausschluß wurde aufgrund ihrer eigenen beflissenen Mitteilungen an die ZPKK konstruiert. [110] Ihre dauernden Beschwerden, statutenwidrig aus der SED ausgeschlossen worden zu sein, weil sie frühzeitig klüger als die ZPKK waren, adressierten sie 1952 und 1953 nicht mehr an Matern, sondern voller Vertrauen nunmehr an das Politbüro, an Pieck und Ulbricht persönlich und an die Sicherheitsorgane sowie die sowjetischen Stellen. [111] Die Staatssicherheit antwortete dann mit ihrer Verhaftung: „Sie haben Briefe geschrieben. Briefe an die Partei. Wir sind hier, um die Sache zu untersuchen." - wurde Anna Schlotterbeck am 15. Februar 1953 von der Staatssicherheit erklärt. [112] Von den dann erhobenen ursprünglichen Beschuldigungen (Beziehungen zu Field- und Tito-Agenten) wurde bis zum Prozeß im April 1954 Abstand genommen - nicht aber von der Verurteilung.

5. Innerparteiliche Repression in der poststalinistischen Übergangsperiode

Die ZPKK blieb auch nach Stalins Tod zunächst unbeirrbar auf der Suche nach parteifeindlichen Plattformbildungen und ging in bewährter Praxis jedem diesbezüglichen Hinweis nach. So bemühte sie sich zum Beispiel Anfang 1954, eine SAP-Gruppe beim FDGB-Bundesvorstand aufzuklären, wobei auch die Sicherheitsorgane ermittelten, weil einer der Betroffenen 1948 zu Field Kontakt gehabt haben soll. [113] Noch am 21.12.1954 erließ das Politbüro „Richtlinien zur Durchführung von Parteiverfahren und zur Arbeit der Parteikontrollkommissionen". Namens des ZK der SED heißt es zur erneuten Bekräftigung bisher geübter Praktiken: „Wer in der Partei feindliche Gruppierungen, Fraktionen und Cliquen bildet, wer bewußt feindliche Ideologien in die Partei hineinträgt, vorsätzlich von der Linie der Partei abweicht oder Doppelzüngelei betreibt, wer Partei- und Staatsgeheimnisse verrät, verletzt gröblichst die Absätze 2a und j des Parteistatuts und ist unnachsichtig aus der Partei zu entfernen." [114] Nach diesen Maßgaben praktizierte die SED-Politbürokratie jeweils zweckmäßig erscheinende Disziplinierungen gemäß den Kriterien aktueller politischer Herrschaftssicherung.

Diese Richtlinien stellten übrigens auch eindeutig klar, daß Korruption, persönliche Vorteilsnahme unter Ausnutzung von Parteifunktionen und Unterdrückung von Kritik keineswegs so gravierend geahndet würden, wie die oben genannten Verfehlungen: Hierzu hieß es nämlich im Gegensatz zu oben zitierter klarer Ausschlußweisung, es solle „nur in den schwersten Fällen der Ausschluß aus der Partei zur Anwendung gebracht werden." Solche Einschränkungen begünstigten die Erziehung einer Generation von Parteiarbeitern, die zu beträchtlichen Teilen in extensiver Auslegung dieser Bestimmungen die Opposition gegen die Parteiführung oder Verstöße gegen das Fraktionsverbot für die gefährlichste Verirrung, Korruption und Amtsmißbrauch dagegen für eine läßliche Sünde hielt.

Das Dilemma des XX. Parteitags der KPdSU

Die selbstverständlichen Praktiken der Jagd auf Parteifeinde gerieten erst ins Zwielicht, als sich mit den Enthüllungen Chruschtschows auf dem XX. Parteitag der KPdSU im Februar 1956 die Furcht der SED-Parteiführung einerseits vor der berechtigten Kritik der Parteiöffentlichkeit an den bisher geübten Praktiken, andererseits vor den unangenehmen Folgen oder unwägbaren Schwierigkeiten der Regulierung von zum Teil noch andauernden Unterdrückungsmaßnahmen, namentlich gegen eigene Parteimitglieder, wieder verstärkte. Obwohl der verharmlosende Trend selbst von Chruschtschows vertraulichen Darlegungen alle Fragen nach den gesellschaftlichen Ursachen des Terrors verbot und die euphemistische Formel vom „Personenkult" die enthüllte Wahrheit sogleich wieder mystifizierte, wagte es auch die SED-Führung aus berechtigtem Eigeninteresse nicht, der Parteiöffentlichkeit den Inhalt der Chrustschowschen Geheimrede zu präsentieren. In aller Eile und nach sowjetischem Vorbild beschloß das Politbüro auf seiner Sitzung vom 20.3.1956 anläßlich des dort gegebenen „Bericht(s) der ZPKK über Probleme, die vor der ZK-Sitzung bzw. Parteikonferenz geklärt werden müssen", dem ZK „die Bildung einer Kommission zur Überprüfung von Angelegenheiten von Parteimitgliedern und ehemaligen Parteimitgliedern vorzuschlagen." Karl Schirdewan, der bei dieser Sitzung beauftragt wurde, wenigstens dem ZK auf der bevorstehenden 26. Sitzung die heikle Wahrheit Chruschtschows über Stalin beizubringen, sollte zusätzlich noch die später dann von Ulbricht geleiteten Kommission personell auswählen. [115]

Kurs halten !

Der im Parteiarchiv der SED vorgefundene Referatentwurf Schirdewans für die ZK-Tagung läßt auch in der veränderten Lage keinen Zweifel an den unveränderten politischen Fronten. An einer Stelle heißt es über die KPdSU: „Die Partei erstarkte und wuchs in der harten Auseinandersetzung mit den parteifeindlichen Strömungen und Auffassungen der Trotzkisten, Bucharinleute und bürgerlichen Nationalisten. ... In der Zeit von 1935 bis 1937 setzten Massenrepressalien gegenüber den Gegnern des Leninismus, den Trotzkisten, Sinowjew- und Bucharinleuten ein, gegen frühere Anhänger der politisch zerschmetterten Parteien und später auch gegen viele ehrliche Kommunisten, die ... aktiv gegen die Trotzkisten und Rechten ... gekämpft haben." [116]

Die Verurteilung des Stalinschen Terrors gegen unschuldige Parteimitglieder, nicht aber die Überprüfung der gesamten Politik der sowjetischen Partei, die Kritik der Härte seiner Vernichtungsauslese gegenüber nach wie vor als Parteifeinde zu betrachtenden Parteimitgliedern, nicht aber die Frage nach den Gründen solcher Verfolgungen - dies sollte also die Optik der Umbewertung bleiben. Es ist bemerkenswert, wie auch unter den veränderten Bedingungen die halbherzige Rücknahme selbst verfügter Repressionen unter Ausschluß jeder Diskussion der eigenen Verantwortung für diese gelang. Überdies wurden selbst die Überprüfungen noch zu einem Beitrag für die Bekräftigung der nach wie vor ungebrochenen Option auf unbedingte Gefolgschaftstreue umfunktioniert. So heißt es in den Kommissionsunterlagen: „Bei der Aufhebung von Ausschlüssen und Streichungen ließ sich die Kommission in jedem Falle davon leiten, wie sich die Betreffenden in der Zeit nach 1945 verhalten haben. Von diesen Erwägungen ausgehend wurden z. B. bei Wieland Herzfelde (KPD seit 1918), Gertrud Herzfelde (KPD seit 1924), Lisa Kierbach (SPD vor 1933) die Streichungen bzw. Ausschlüsse wegen Verbindungen zu Noel und Hertha Field während der Emigration in Frankreich und Amerika aufgehoben." [117] Dies bedeutete nichts anderes, als daß der eigentliche Ausschlußgrund - ehedem in militantester Weise zum Anlaß für Untersuchungen und Parteistrafen oder Schlimmeres herangezogen - nun ungeprüft gegen parteikonformes Wohlverhalten aufgerechnet werden konnte. Viele Betroffene werden dies auch so interpretiert haben, daß Nachfragen bezüglich der Berechtigung damaliger Verfolgungen in ihrem eigenen Interesse auch künftig zu unterbleiben hätten, wenn „ihr Verhalten nach 1945" weiter als korrekt eingeschätzt werden und sich in einer befriedigenden Parteikarriere niederschlagen sollte. In der Sache selbst hätte man abzuwarten, bis die nach wie vor fest im Sattel sitzenden Einpeitscher dieser Säuberungen (an erster Stelle Ulbricht und sein Vollstrecker Matern als Chef der ZPKK) sich von der Höhe des Politbüros aus selbst dazu zu äußern geruhen.

Wie konsequent diese zynische Arroganz der Macht gegen das ohnmächtig-naive Beharren von auf Entlastung bestehenden „verbannten" Opfern der Field-Kampagne durchgehalten wurde, zeigt das in den ZPKK-Akten dokumentierte bizarre Ringen von Fuhrmann gegen die ZPKK um die Wiederaufnahme seines Falles. Schon seit Mai 1955 „bombardierte" Fuhrmann Ulbricht, Matern und Herta Geffke mit Gesuchen um Wiederherstellung seiner Parteiehre und erreichte Ende 1955 lediglich, daß ihm nach über viereinhalb Jahre wenigstens der ihn betreffende Beschluß der ZPKK von 1950 vorgelesen wurde, ohne daß damals schon an seine Aufhebung zu denken war. Als dies ohne jede öffentliche inhaltliche Klarstellung und erläuternde Rücksprache mit Fuhrmann dann im März 1956 auf PB-Beschluß schließlich doch geschah [118], war Fuhrmann waghalsig genug, um in einem Schreiben vom 9.6.1956 an die ZK-Überprüfungskommission unter Hinweis auf die damalige breite Popularisierung der gegen ihn verfügten Maßnahmen, auf die Verweigerung von Gelegenheiten, zu den Beschuldigungen des Beschlusses in eigener Sache Stellung zu nehmen und schließlich auf die ihn betreffenden Überwachungsmaßnahmen, von Verstössen gegen das Parteistatut zu sprechen. Letztendlich wurde der trotz aller starrsinnigen Beharrung auf Rehabilitierung sich stets als braver Parteisoldat andienende Fuhrmann in einer abschliessenden Aussprache von Matern und Geffke wie folgt abgespeist: „Zum Schluß wurde Genosse Fuhrmann aufgefordert, einen Artikel über seine Arbeit als Arbeitsdirektor, die 45-Stunden-Woche oder über die Arbeit der Komitees zu schreiben, der dann im 'Neuen Weg' oder 'Neuen Deutschland' veröffentlicht würde. Damit würden nach draußen die Genossen erkennen, daß bei ihm sein Verhältnis zur Partei in Ordnung sei. Eine besondere Veröffentlichung in der Presse über seine Parteiangelegenheit könnte dagegen nicht erfolgen. Mit dieser Regelung war der Genosse Fuhrmann einverstanden." [119]

Weiterhin verfügte man z. B. gnädig: „Auch der Ausschluß von Margarete Merker (KPD seit 1921) wurde aufgehoben. Sie war 1953 ausgeschlossen worden, weil sie es ablehnte, ihren Mann (Paul Merker) als imperialistischen Agenten zu bezeichnen."

Notgedrungen aber verstand sich die Kommission auch zu der Empfehlung an das PB, „die ZPKK zu beauftragen, die Rehabilitierung von Genossen, die in der Sowjetunion verhaftet waren, auch wenn sie nicht mehr am Leben sein sollten, zu prüfen und zu entscheiden. Diese Maßnahme, die von besonderer Bedeutung ist, ergibt sich aus den Feststellungen des ZK der KPdSU über die verbrecherischen Umtriebe der Berija-Bande in der Sowjetunion." Hier also - im Falle der Aufklärung fremder Verantwortung am Terror gegen eigene Genossen durch Funktionäre einer anderen Partei - waren Fragen nach den SED-Verstrickungen nicht so sehr zu befürchten, und man sprach deshalb sogar von Rehabilitierungen. Dies sollte 73 deutsche Opfer des Stalinismus in der Sowjetunion betreffen.

Und auch die Entlassung von in der DDR inhaftierten SPD-Mitgliedern (damals im Namen des Kampfes gegen das Agententum der im Solde des Imperialismus stehenden Sozialdemokratie verfolgt) wurde flugs politisch instrumentalisiert, um dem gerade angesagten Trend der Modifikation von Beziehungen der SED zur westdeutschen SPD zu dienen: „Im Sinne der Verständigungsbereitschaft mit der SPD und der Beseitigung aller Hindernisse für eine Zusammenarbeit zwischen den Arbeiterparteien in Deutschland (ist) der Beschluß der Kommission, die Listen der SPD-Angehörigen zu prüfen, die wegen Agententätigkeit verurteilt waren." [120]

In dem auf der PB-Sitzung vom 2.5.1956 bestätigten Bericht der zweiten Sitzung der Kommission wurden 86 ehemalige Funktionäre der SED, unter ihnen der 1954 zu 8 Jahren Zuchthaus verurteilte Max Fechner und auch Bruno Goldhammer zur Begnadigung vorgeschlagen mit der Maßgabe, ihre Strafen aus dem Strafregister zu streichen. Zu Fragen der politischen Rehabilitierung äußerte sich die Kommission nicht. Im Bericht heißt es weiter unter anderem: „Der der Kommission vom Genossen Grotewohl übergebene Brief von Marthe Kreikemeyer, betreffend ihre Mann, wurde behandelt. Die Kommission beschloß, den Brief von Frau Kreikemeyer zur Kenntnis zu nehmen und den staatlichen Organen zu empfehlen, der Frau Kreikemeyer keine Antwort zukommen zu lassen, da sie selbst Ausländerin ist und im Ausland lebt." [121]

Es liegt auf der Hand, daß trotz dieser verlogenen und halbherzigen Maßnahmen die verfügten Haftentlassungen für die Betroffenen von entscheidender Bedeutung waren, auch wenn die erforderliche Genugtuung in Form einer vollständigen Rehabilitierung überwiegend ausblieb. Bis Oktober 1956 wurden etwa 21000 Personen aus der Haft entlassen, überhöhte Strafmaße korrigiert und die Rechte der Verteidigung erweitert. Dabei ist unschwer nachzuvollziehen, wie groß die Verunsicherungen bei den Handlangern des hausgemachten SED-Terrors in der Justiz und den Staatssicherheitsorganen angesichts dieser Entwicklungen waren. So heißt es im Bericht der Kommission: „Ausgehend von den Fragen, mit denen sich die Kommission beschäftigt, ergeben sich bestimmte Probleme (T. K.) für die Arbeit unserer Justiz und Staatssicherheitsorgane. Zur Beratung dieser Probleme wurde die Abt. Staatliche Organe beauftragt, eine Tagung der aktivsten und verantwortlichsten Parteigenossen in der Justiz vorzubereiten, die am 10.5.1956 stattfinden soll. Gen. Wollweber wurde beauftragt, eine Parteiaktivtagung des MfS vorzubereiten, die am 11.5.1956 durchgeführt werden soll. Die Thesen zu den Referaten für diese Tagungen sind dem Politbüro vorher vorzulegen." Das Politbüro beschloß aufgrund des Kommissionsberichts, daß die Politbüromitglieder

Grotewohl, Ulbricht, Stoph, Schirdewan und Ebert an diesen Konferenzen teilzunehmen hätten. [122]

Der Ernst, mit dem hier Schadensbegrenzung im Sinne der Parteiräson versucht werden sollte, ist offensichtlich. Und dieser Schaden schien in maßgeblichem Umfang vor allem in den Universitäten und wissenschaftlichen Einrichtungen aufzutreten. Viele Parteiintellektuelle begannen hinsichtlich der innerparteilichen Demokratie- und Diskussionsdefizite sowie der Stalin-Problematik Fragen zu stellen, die über die Grenzen dessen hinausgingen, was die Parteiführung als Maßstab zu setzen gedachte. Der Beschluß des PB zur „Lage an den Parteiorganisationen der Institute, Hochschulen und Universitäten" vom 2.5.1956 orientierte angesichts dieser Entwicklung auf die disziplinierende Wirkung von zum Teil dort noch zu bildenden Partei- und FDJ-Aktiven, von denen man offenbar erwartete, die fraglichen Genossen wieder unter Kontrolle zu bekommen. Sofern dies nicht gelang, wie im Falle der „Parteiorganisation für deutsche Geschichte", schaltete das Politbüro gleich die ZPKK ein. [123] Diese Parteiaktive bildeten bereits seit 1954 das Rückgrat des innerparteilichen Transmissionsprozesses. [124] Ulbricht nahm am 13.6.1956 selbst an einer Tagung des Parteiaktivs der Humboldt-Universität Berlin teil, um zu Fragen des XX. Parteitags der KPdSU und der 3. Parteikonferenz der SED Stellung zu nehmen. Einerseits hieß es in seiner Rede: „Genosse Havemann hat sehr treffend gesagt: 'Manche suchen das Fehlerhafte und sehen das Neue nicht.' ... Die Klärung einiger Fragen ist an den Universitäten und Hochschulen so weit gediehen, daß die eigentliche Diskussion, nämlich der wissenschaftliche Meinungsstreit über das Neue beginnt und ernsthaft dem Dogmatismus zu Leibe gerückt wird." Andererseits erklärte Ulbricht: „Die 'Fehlerdiskussionen', die manche Genossen führten, zeigten, daß die betreffenden ihren Blick ausschließlich nach rückwärts wandten und Fragen, die bereits auf dem IV. Parteitag und in Tagungen des ZK der SED entschieden worden waren, nochmals aufrollen wollten." [125] Damit wurde deutlich, daß die Aufforderung zum undogmatischen wissenschaftlichen Meinungsstreit vor der Grenze kritischer Nachfragen zur Verantwortung der Parteiführung für vergangene Säuberungen haltzumachen hatte. Dies war natürlich nicht durchzuhalten - zumal solcherart Restriktionen bei SED-Mitgliedern wie Robert Havemann von vornherein wirkungslos waren. Als sich schließlich in Ungarn die Ereignisse überschlugen, waren es letzten Endes doch wieder Drohgebärden in Form von Kampfgruppenaufmärschen gegenüber Studenten der Berliner Humboldt-Universität und Maßnahmen der Staatssicherheitsorgane, die ab Oktober 1956 mittels Verhaftungen von Studenten und antistalinistische Kommunisten erneut aus dem Leim gehende Verhältnisse zu richten versuchten. [126]

Es erfolgte übrigens auch die Löschung bereits erwähnter Parteistrafen betreffs Elli Schmidt, Jendretzky und Ackermann wegen guter Führung. Dabei legte das Politbüro in seiner Sitzung am 2.5.1956 hinsichtlich Ackermann Wert darauf, in der nach Vorschlag der Kommission den ZK-Mitgliedern vollständig und den Parteimitgliedern gekürzt zur Kenntnis zu gebenden Mitteilung klarzustellen, daß die gelöschte Parteistrafe nichts zu tun habe mit dessen Stellungnahme über den besonderen deutschen Weg zum Sozialismus aus dem Jahre 1948. [127]

Bei Dahlem redete man sich in dem vom PB am 5.6.1956 behandelten Abschlußbericht der Kommission darauf hinaus, die strenge Rüge und das Funktionsverbot von 1954 seien lediglich wegen seines Verhaltens während der Untersuchung von Fragen seiner Aktivitäten in der Emigration erteilt worden und nicht wegen der Untersuchungsergebnisse. Nach der Umwandlung in eine Rüge und der Aufhebung des Funktionsverbots durch die 21. Tagung des ZK im November 1954 könne jetzt auch die Rüge gestrichen werden. [128]

Die heikle Frage nach der Verantwortung

Es verdient Erwähnung, daß sich Dahlem, ab 1957 wieder ZK-Mitglied und ab 1967 stellvertretender Minister für Hoch- und Fachschulwesen, im Januar 1975 mit einem persönlichen Brief an den Ersten Sekretär des ZK der SED, Erich Honecker wandte. In diesem Brief verwies Dahlem darauf, daß er - wie 1956 vor dem Politbüro - immer noch darum kämpfe „daß die revolutionäre Ehre jener standhaften Kommunisten vollständig wiederhergestellt wird, denen im Verlaufe der Jahre 1950 bis 1953 so schweres Unrecht zugefügt worden ist. Im Unterschied zu den Parteien unserer Bruderländer haben wir noch immer keinen Schlußstrich unter jene innerparteilichen Vorgänge der genannten Jahre gezogen. Die damals gemaßregelten Genossen, in der Mehrzahl im Kampf während Jahrzehnten erprobte Kommunisten und ihre Angehörigen, sind zumindest in politisch-moralischer Hinsicht noch belastet, denn die damals gefaßten Beschlüsse des Zentralkomitees existieren nicht nur noch, sondern es besteht keineswegs darüber Klarheit, in welchem Maße sie noch als gültige Dokumente der Partei anzusehen sind." [129] Das Politbüro erwiderte im Januar 1975 daraufhin ganz trocken: „Dahlem ist mitzuteilen, daß kein Grund besteht, entsprechend den Vorschlägen seines Briefes zu verfahren, da die entsprechenden Beschlüsse, die die angeschnittenen Fragen betreffen, bereits gefaßt wurden." [130] Dies stimmt insofern, als das PB auf seiner Sitzung am 19.6.1956 beschloß, dem ZK zu empfehlen, wenigstens einen der drei von Dahlem erwähnten ZK-Beschlüsse, nämlich den vom August 1950, teilweise aufzuheben. Zu diesem Beschluß empfahl das PB dem ZK: „Der Inhalt dieser Erklärung, soweit er sich aus den Prozessen gegen Rajk in der Volksrepublik Ungarn und gegen Kostoff in der Volksrepublik Bulgarien ergibt, wird aufgehoben." [131]. Dahlem war aber insofern im Recht, als diese Formulierung überhaupt keine Schlußfolgerungen über den Umfang, den Inhalt und die Grundlage gültig bleibender Bestandteile der Erklärung vom August 1950 zuließ. Weder hinsichtlich des aufgehobenen noch der unerwähnt gebliebenen Beschlüsse des ZK der SED zum Slánsky-Prozeß von 1952 und 1953, für den die Parteispitze ja sogar denunziatorische Beihilfe leistete und auf dessen Grundlage auch die hausgemachte Lawine von innerparteilicher Repression losgetreten wurde, folgte 1956 oder auch später eine breite Auswertung zur Bekanntmachung der veränderten Einsichten. Wie kampagnenhaft dagegen 1950-53 die nun in Verruf geratenen Beschlüsse in allen Parteigliederungen publik gemacht wurden, erklärte sich ja gerade aus ihrer damaligen Droh- und Säuberungsfunktion. Um so verständlicher die spätere Zurückhaltung der Verantwortlichen bei der Korrektur dieser von ihnen verabschiedeten Erklärungen. Beispielsweise enthielt die während der PB-Sitzung vom 19.6.1956 verabschiedete Mitteilung des Presseamtes über die Ergebnisse der Tätigkeit der Kommission des ZK kein klärendes Wort über die Umstände der SED-Parteisäuberungen. [132] Die deshalb auch überaus devoten Vorschläge Dahlems in seinem Brief 1975 an Honecker, wie in der Partei mit der Bereinigung dieser Angelegenheit „ein Aufleben sie behindernder Fehlerdiskussion ... nicht provoziert werden darf“, weil „es im Interesse der Wahrung der Einheit der Partei und der entschlossenen Lösung der aktuellen Aufgaben des Aufbaus der entwickelten sozialistischen Gesellschaft in unserer Republik sicher notwendig sein (wird), die Verantwortlichen und ihre Helfershelfer für jene Vorgänge nicht zur Verantwortung zu ziehen“, gewinnen nur an einer Stelle seines Briefes an Schärfe: Es „sollte eine interne Untersuchung gegen den Hauptverantwortlichen dieser Vorfälle in unserer Partei, Hermann Matern, durchgeführt werden, deren Ergebnisse nur der Parteiführung zur Kenntnis gebracht werden sollten, damit sie die unausweichlichen Schlußfolgerungen daraus ziehen kann. Meines Erachtens sollte jedoch die Parteiführung unabhängig davon sofort die weitere Verwendung dieses Namens für öffentliche Einrichtungen, Straßen usw. unterbinden.“ [133] Dahlem hatte seine Lektionen gut gelernt: Die Entlarvung von Schuldigen an der Verfolgung von Unschuldigen kann mit Rücksicht auf den Ruf der Führung am besten dann erfolgen, wenn diese Schuldigen tot sind (Matern starb 1971), hat aber aus den gleichen Rücksichten heraus ebenso geheim zu erfolgen, wie die Verfolgung Unschuldiger ehedem einer öffentlichen Jagd glich!

Es ist kaum bekannt, daß die Honecker 1975 von Dahlem zugemutete Beschäftigung mit der dunklen Vergangenheit seiner Partei fast 20 Jahre zuvor bereits Ulbricht in viel empfindlicherem Maße von Noel H. Field selbst angetragen wurde. Dies bezieht sich nicht nur auf Ulbrichts und Materns unmittelbare persönliche Verantwortung, sondern gleichermaßen auf die im Gegensatz zu Dahlem viel klarere Sprache Fields. Die am 10. September 1956 vom ZK der ungarischen Partei offiziell übergebenen beiden Briefe Noel H. Fields an das ZK der SED dürften mit einiger Unruhe aufgenommen worden sein, weil nicht absehbar war, ob die im Strudel des Umbruchs steckende ungarische Partei der Angelegenheit weitere Öffentlichkeit zu geben gewillt sein könnte.

Im ersten über Ulbrichts Tisch gegangenen und an Matern weitergereichten Brief Fields vom 31. Juli 1956 hieß es unter Bezugnahme auf die berüchtigte ZK-Erklärung vom August 1950: „Ich erkläre hiermit in aller Form, daß sämtliche in diesem Dokument gegen mich und damit auch gegen alle anderen darin genannten Genossen erhobenen Beschuldigungen von A bis Z erfunden sind und jeglicher Wahrheit entbehren. Ich stelle hiermit als Mensch und Kommunist an die SED-Parteileitung die Forderung, diese ganze Angelegenheit gründlichst und schnellstens zu revidieren und daraufhin ohne Verzug mich selbst und alle in meine Angelegenheit verwickelten deutschen Genossen ebenso öffentlich zu rehabilitieren, wie sie öffentlich verleumdet wurden."

Im zweiten Brief Fields vom 4. August 1956 erklärt dieser zu der seine Angelegenheit betreffenden Passage des Kommuniques der 28. Tagung des ZK der SED: „Ich muß den Genossen mitteilen, daß die erwähnte Erklärung in keiner Weise meinem Brief Genüge leistet. Im Gegenteil, indem der Beschluß nur insoweit aufgehoben wird, als er sich aus den Rajk- und Kostoffprozessen ergibt, stellt das Kommunique eine ausdrückliche, wenn auch indirekte, Bestätigung aller im Beschluß enthaltenen sich nicht auf diese Prozesse beziehenden Verleumdungen dar. Ich halte deshalb meinen Brief vom 31. Juli vollinhaltlich aufrecht." [134]

Die Erleichterung der SED-Parteispitze, im ungarischen Krisenjahr 1956 von der dortigen Partei nicht weiter in dieser Angelegenheit behelligt zu werden (und vor allem nicht öffentlich), dürfte nach dem betretenen (öffentlichen und internen) Schweigen der herausgeforderten SED-Verantwortlichen nur zu verständlich sein.

Im Unterschied zu Dahlem, bei dem das ZK, wie erwähnt, Wert auf die Feststellung legte, er sei wegen der Vergangenheit angehörender Fragen noch nicht einmal gerügt worden [135], war Merker wegen solcher Fragen bekanntlich nicht nur ausgeschlossen, sondern sogar in dem erwähnten Geheimprozeß verurteilt worden. Merker, im Januar 1956 aus der Haft entlassen, wandte sich offenbar brieflich an die Parteiführung. Auf der zweiten Kommissionssitzung in Sachen Überprüfung von Angelegenheiten (ehemaliger) Parteimitglieder am 25.4.1956 erhielt Herta Geffke den Auftrag, mit Merker eine Aussprache zu führen. [136] Im

Reinschriftprotokoll der Sitzung des PB vom 5.6.1956 wurde nun bezüglich der Sache Merker von einer „Nachprüfung unter Berücksichtigung neuer Gesichtspunkte" gesprochen. [137] Unverfroren ignorierte das Politbüro in seinem für das ZK gedachten Beschlußvorschlag die eigene Verantwortung für die Verfolgung Merkers und die kriminelle Energie, mit der seine Denunziation betrieben wurde: Seine Verhaftung sei angeblich auf Grund der Aussagen von Angeklagten im Slánsky-Prozeß erfolgt und habe eine gründliche Untersuchung notwendig gemacht. Das Arbeitsprotokoll der gleichen PB-Sitzung enthüllt unfreiwillig die Schwierigkeiten des Erfindens einer paßfähigen Legendierung seiner bereits zu Jahresbeginn erfolgten Freilassung. Zunächst wurde vorgeschlagen, die ursprüngliche Formulierung „ ... zur Last gelegten Anschuldigungen ungenügend bewiesen sind" sei zu streichen zugunsten von „eine strafrechtliche Verfolgung nicht rechtfertigen, weil sie in der Hauptsache politischer Natur sind." Schließlich hieß es, der Zusatz „Das Urteil ist nun aufzuheben und Merker durch Freispruch zu rehabilitieren" sei zu streichen zugunsten der Formulierung „Wiederaufnahme des Verfahrens". [138] Auch bei der Schrecker betreffenden Entscheidung wurden nach seiner Entlassung im Juni 1956 weder seine Verhaftung, noch die Tendenz und die Methoden der gegen ihn geführten Untersuchung revidiert, sondern lediglich seine Verurteilung aufgrund nicht ausreichender Beweise bemängelt - obwohl die ZPKK dann im Dezember 1956 seine Parteimitgliedschaft wiederherstellte! [139]

Dem Autor der vorliegenden Analyse ist es noch nicht gelungen zu klären, wie der PB-Beschluß vom 19.6.1956 im Fall von Sperling umgesetzt wurde. [140] Hier hieß es: „Die Kommission, die die Fragen der KPD behandelt, wird beauftragt, ein Dokument über die Beziehungen zu amerikanischen und englischen Besatzungsstellen und über die Folgen, die sich daraus ergaben, auszuarbeiten. ... In Verbindung damit soll der Brief von Sperling mitbehandelt werden. Die Genossen der Staatssicherheit und die Genossen der KPD legen jeder für sich eine Einschätzung der politischen Hintergründe der damaligen Verhandlungen vor." [141] Auch Schirdewan, der in seinen Erinnerungen darauf verweist, als Kommissionsmitglied eindringlich die Entlassung bzw. Rehabilitierung verhafteter oder verurteilter Parteimitglieder gefordert zu haben, wurde auf entsprechende Nachfrage von Mielke nur mit dem Hinweis auf noch laufende Untersuchungen im Fall Sperling abgespeist.[142]

Harichs und Schirdewans „Anti-Ulbricht-Opposition"

Vor dem Hintergrund des XX. Parteitags in der SU, der Turbulenzen in Polen, wo sich Gomulka gegen Chruschtschow durchsetzte und der blutigen Intervention sowjetischer Truppen in Ungarn war klar, daß einer unverändert unter Ulbricht amtierenden Parteiführung höchste Gefahr drohte, wenn eine innerparteiliche Opposition personelle und inhaltlich-politische Alternativen zu präsentieren und zu propagieren begänne. Die Umstände der im November 1956 erfolgten Verhaftung sowie der sehr schnell inszenierten beiden Prozesse gegen Harich-Steinberger-Hertwig und Janka-Zöger-Just-Wolf ab März 1957 sind durch die nach 1989 erfolgten Publikationen, namentlich von Janka und Harich, weithin bekannt geworden.[143] Der Vorwurf „konterrevolutionärer Gruppenbildung", maßgeblich für dann ergangene langjährige Haftstrafen, findet sich im parallel zu dem Gerichtsverfahren erstellten Bericht der ZPKK vom 26.3.1957 „über die Entstehung und Entwicklung der konterrevolutionären Gruppe um Wolfgang Harich in der Parteiorganisation des Aufbau-Verlages" als eine Beschreibung von folgerichtigen Diskussionen über die Ursachen stalinistischer Deformationen in der Sowjetunion und des 17. Juni 1953 in der DDR, die Ereignisse in Polen und Ungarn sowie (allerdings weniger folgerichtig und vor allem von Harich initiiert) über die deutsche Frage und das Verhältnis zur Sozialdemokratie. Großes Gewicht wurde in der ZPKK-Untersuchung auf die kritische Bewertung des Verhaltens am Rande Beteiligter (wie J. R. Becher) gelegt, wobei Maßstab parteimäßigen Verhaltens die Bereitschaft zur Denunziation ungewöhnlicher Auffassungen von Genossen bei den übergeordneten Parteileitungen war. In der Begründung des Parteiausschlusses von Zöger wird dessen Versuch, ein Zusammentreffen mit dem gerade aus der Haft entlassenen Paul Merker als harmlos hinzustellen, die Glaubwürdigkeit abgesprochen. Möglicherweise hat diese Sammlung zum Teil läppischer „Schuldbeweise" das PB auf seiner Sitzung vom 26.3.1957 auch veranlaßt, das MfS zu beauftragen, „eine eigene Analyse über die konterrevolutionäre Gruppe Harich vorzulegen." Die von der ZPKK verfügten Parteiausschlüsse wurden natürlich bestätigt. [144] Auch Ralf Schröder, 1953-57 Lehrbeauftragter für russische Literatur und Geschichte an der Karl-Marx-Universität Leipzig, wurde im Zusammenhang mit der Harich-Sache aus der SED ausgeschlossen und verhaftet. Er saß von 1957 bis 1964 im Zuchthaus Bautzen ein.

Zuvor war in der DDR bereits auf der 30. ZK-Tagung Ende Januar 1957 der antirevisionistische Kampf in den Wirtschafts-, Staats-, und Rechtswissenschaften eröffnet und Bloch als Repräsentant des „philosophischen Revisionismus" kritisiert worden. Das Mißtrauen, unter DDR-Parteiintellektuellen könne sich nach dem ungarischen Vorbild des „Petöfi-Kreises" eine informelle Strömung herausbilden, war in der Parteiführung virulent. Wirtschaftswissenschaftler übten erste vorsichtige Kritik am praktizierten Wirtschaftsmechanismus. Im Juni 1956 hatte sich bereits Professor Fritz Behrens, Direktor der Zentralverwaltung für Statistik, gegen polemische Ausfälle der Professoren Lemmnitz und Naumann wegen der in einem seiner Artikel enthaltenen Darstellungen des Reallohnvergleichs BRD/DDR zur Wehr zu setzen. PB und Sekretariat des ZK beschäftigten sich zur Jahreswende 1956/57 mit der „Angelegenheit Behrens/Benary" anläßlich deren Broschüre „Zur ökonomischen Theorie und ökonomischen Politik in der Übergangsperiode". Nachdem der ehemalige ZK-Sekretär Kurt Vieweg, bis 1957 Professor an der Akademie für Landwirtschaftswissenschaften, von der ZPKK beschuldigt wurde, „konterrevolutionäre Vorschläge für die Agrarpolitik ausgearbeitet" und den Versuch unternommen zu haben, „zur Verbreitung dieser Vorschläge die Parteiorganisation des Instituts für Agrarökonomie zu einer parteifeindlichen Gruppe zu organisieren", wurde er auf PB-Beschluß im März aus der SED ausgeschlossen. Der Inhalt der erhobenen Vorwürfe: Ein Agrar-Programm zur Stärkung der kapitalistischen Elemente auf dem Lande entgegen der Generallinie der Partei. [145]

Das Strafrechtsänderungsgesetz vom Dezember 1957 verschärfte das politische Strafrecht insbesondere durch Einführung einer zusätzlichen Palette neuer Straftaten. Im März 1958 beschäftigte sich das PB erneut mit dem Fall Vieweg. Mielke berichtete über das Verfahren gegen ihn, und Albert Norden wurde beauftragt, mit den Staatssicherheitsorganen über die öffentliche Auswertung des Materials zu sprechen. [146] Vieweg wurde später zu 12 Jahren Zuchthaus verurteilt.

Die brisanten Entwicklungen der Jahre 1956/57 in Osteuropa führten auf der Beratung der kommunistischen und Arbeiterparteien der sozialistischen Länder im November 1957 wieder zur Losung des „Revisionismus als Hauptfeind". In der DDR wurde der Boden selbst moderater Kritik an der aktuellen Politik der Parteiführung, namentlich wenn sie aus dem engen Führungskreis kommen sollte, immer dünner. Die Kritik des Politbüromitglieds Schirdewan, als ZK-Sekretär für Kaderfragen zuständig, und des Staatssicherheitsministers Ernst Wollweber, Mitglied des ZK, war, wie zuvor auch die von Herrnstadt/Zaisser, eine aus innerbürokratischen Rationalitätskonflikten erwachsende Orientierung auf innerparteiliche Reformen, die weiter gehen sollten, als es die Mehrheit des PB unter Ulbricht zuzulassen bereit war. Gerhart Ziller, ZK-Sekretär für Wirtschaft, war ebenfalls dieser neuen Fraktion zuzurechnen. Sie agierte bis zu ihrer Ausschaltung ausschließlich im Apparat. Die Parteimitgliedschaft erhielt erst mit den gegen sie ergriffenen Maßnahmen Kenntnis davon. Diese Apparatfraktion verdient unter anderem deshalb noch weniger als die „parteifeindliche Gruppe" von Harich/ Janka und anderen die Bewertung „innerparteiliche Opposition". Abgesehen davon, daß Harich/Janka und Genossen auch nie von jener Fraktion unterstützt wurden und die Fraktionäre ansonsten die schwere Verantwortung für innerparteiliche Verfolgungen der Vergangenheit stets mittrugen, fiel etwa Fred Oelßner, der ihr auch zugerechnet wird, Herrnstadt bei der vorausgegangenen Abrechnung diesem besonders feige in den Rücken [147]. Übrigens war Oelßner früher als „Parteiideologe" an den einschlägigen Feierorgien der Person Stalins besonders beteiligt. Die „Opposition" von Schirdewan, Wollweber, Ziller, Oelßner und Selbmann war tatsächlich eine vorsichtige apparatimmanente Gegnerschaft zur Ulbricht-Linie in der Parteiführung. Dabei gaben Ulbricht ebenso wie seine Kreaturen Matern und Honecker u. a. in der Tat wegen ihrer rigiden Verweigerung noch so kleiner Öffnungen des innerparteilichen Diskurses zu Fragen der Parteivergangenheit und des Demokratismus mehr als genug Anlaß zur Infragestellung ihres Kurses selbst in den Grenzen politbürokratischer Rationalität.

Nach einer außerordentlichen Sitzung des PB am 13.12.1957, auf der Gerhart Ziller und Fritz Selbmann, ZK-Mitglied und stellvertretender Vorsitzender des Ministerrats, zu ihren kritischen Bemerkungen über die politische Linie der Parteiführung im Anschluß an die Vorstandssitzung der SDAG Wismut am 9.12.57 befragt wurden, verübte Ziller am 14.12.1957 Selbstmord. [148]

Der inzwischen veröffentlichte Abschiedsbrief Zillers an Grotewohl dokumentiert die Erschöpfung, die den Skeptiker Ziller angesichts des von ihm als aussichtslos angesehenen Kampf um Vertrauen in seine Lauterkeit und der ihm unberechtigt abverlangten Selbstkritik befallen hatte. [149] Sein Verzicht auf eine direkte Anklage Ulbrichts zeugt keineswegs, wie Schirdewan meint, „von seinem hohen Verantwortungsgefühl für die Einheit der Partei"[150], sondern dokumentiert vielmehr die Tragik seiner Selbstbindung in den Fesseln verinnerlichter verkehrter Loyalität: Zillers Freitod war das Ergebnis der Verfälschung kommunistischer Treue zur gemeinsamen Sache in die ausweglose Unterwerfung gegenüber einer nur durch sich selbst legitimierten diktatorischen Führung.

Als in der PB-Sitzung vom 1.11.1957 über die Zusammensetzung einer Delegation für Gespräche mit dem Präsidium des ZK der KPdSU abgestimmt wurde, entschied die Mehrheit gegen die Teilnahme von Schirdewan und Oelßner. Beiden sollte die Gelegenheit verwehrt werden, vor dem ZK der KPdSU zum Plan der PB-Mehrheit Stellung zu nehmen, Schirdewan wegen des Vorwurfs der versuchten Zersetzung der Parteiführung von seiner Funktion als ZK-Sekretär abzusetzen. Hier stimmte allerdings auch Grotewohl gegen die Absicht der PB-Mehrheit, dies dem ZK der SED vorzuschlagen. Das Protokoll dieser Sitzung vermerkt wieder Einmütigkeit darüber, die Vorgänge bei der Wismut und die Diskussionen mit Schirdewan und Oelßner zum Gegenstand des Bericht des PB im ZK zu machen. [151] Gemäß dem Vorschlag des PB auf seiner außerordentlichen Sitzung am 1.2.1958 enthob das ZK auf seiner 35. Sitzung Schirdewan wegen Fraktionstätigkeit seiner Funktionen als Mitglied des PB und als Sekretär des ZK und sprach ihm eine strenge Rüge aus. Oelßner wurde wegen Verletzung der Politbürodisziplin und „der Weigerung, sich in das Kollektiv des Politbüros einzufügen“, ebenfalls aus diesem Gremium ausgeschlossen. Wollweber, Ende 1957 als Minister für Staatssicherheit von Mielke abgelöst, schied wegen Verstoßes gegen das Parteistatut aus dem ZK aus. Das PB beschloß am 1.2.1958 auch, Grotewohl zu ersuchen, Fritz Selbmann wegen seines Auftretens vor der SDAG Wismut aus deren Vorstand und dem Forschungsbeirat abzuberufen und dem ZK vorzuschlagen, Selbmanns Verhalten schärfstens zu mißbilligen.

In diesem Zusammenhang ist ein Brief Fritz Selbmanns an das PB vom 9.3.1959 interessant. Dieser Brief ist ein Musterbeispiel für die Unterwerfungs- und Selbstbezichtigungsrituale in den Verdacht der Fraktionsmacherei geratener Parteifunktionäre, die ihrer Ächtung vorzubeugen suchten. Gleichzeitig gibt er Auskunft über die von der Politbürokratie damals besonders gefürchteten Haltungen innerhalb der SED. So heißt es in Selbmanns Brief über seine Verbindungen zu Schirdewan unter anderem: „Als alter Parteifunktionär mußte ich wissen, daß es sich um fraktionelle Gruppenarbeit handelte, in die ich mich, ob dies mir nun bewußt war oder nicht, hineinziehen ließ. Ebenso hätte ich schon damals erkennen müssen, daß diese fraktionelle Gruppenbildung die Partei schädigte, die Einheit der Führung der Partei gefährdete und die Geschlossenheit und Schlagkraft der Partei gerade in den schwierigen Situationen in den Jahren 1956 und 1957 schwächte. Daß ich dies nicht erkannte, ist mein Fehler und meine Schuld gegenüber der Partei, die ich zutiefst bedaure. Aus langjähriger Parteierfahrung weiß ich, daß Fraktionsarbeit und Gruppenbildung in der Partei unzulässig und ein der Partei gegenüber feindliches Verhalten ist. Aus voller Überzeugung verurteile ich darum auf das Schärfste die fraktionelle Arbeit der Gruppe Schirdewan und auch mein eigenes Verhalten ihr gegenüber. Ich verurteile sie vor allem auch deshalb, weil ich mir heute darüber klar bin, daß die Partei durch sie daran gehindert wurde, an die Lösung wichtiger und zur Entscheidung herangereifter Aufgaben heranzugehen, wie auf dem Gebiet der Landwirtschaftspolitik, des Schulwesens und all jener Aufgaben zur Beschleunigung des Tempos des Aufbaus des Sozialismus, die in dem auf dem 30. Plenum beschlossenen großen Programm enthalten sind."

Wenn Selbmann, ähnlich wie Schirdewan zuvor, die verhängnisvollen Konsequenzen einerseits der Reformfeindlichkeit und andererseits eines 1958 auf dem V. Parteitag dann tatsächlich eingeleiteten, wieder forcierten ehrgeizigen Wirtschaftskurses mit der irrealen Zielsetzung, Westdeutschland bis 1961 im Pro-Kopf-Verbrauch bei Nahrungsmitteln und Konsumgütern zu übertreffen, erkannte, so war diese Erklärung in höchstem Maße verlogen. Tatsächlich führte dieser Kurs die DDR dann auch 1960/61 in die nach 1952/53 zweite große wirtschaftliche Krise.

An anderer Stelle heißt es in diesem Brief: „Die Schirdewan-Gruppe zog, für mich erkennbar seit Beginn des Jahres 1956 an, eine falsche Lehre aus den Feststellungen des XX. Parteitages und ich muß zugeben, daß hierin auch bei mir Schwankungen bestanden. Diese falsche Schlußfolgerung bestand darin, daß behauptet wurde, daß auch in unserer Partei Erscheinungen des Personenkults und der Verletzung der Leninschen Normen des Parteilebens vorhanden seien, über die die Partei diskutieren und die man beseitigen müsse."

In Anbetracht der Tatsache, daß sogar einfache Parteimitglieder mehr und mehr die gesamte bisherige Geschichte der SED als eine unablässige Folge der Verletzung Leninscher Parteinormen zugunsten Stalinscher erkannten, ist auch diese (Selbst-)Bezichtigung besonders heuchlerisch. Trotzdem war das PB selbst mit einem solchen Brief nicht zufriedenzustellen: Es empfahl Selbmann in seiner Stellungnahme vom 23.6.1959, nach Einsicht in Schirdewans Erklärung, die seine zu ergänzen. [152]

Die Rekonstruktion der Machtarroganz

Dem V. Parteitag im Juli 1958 gingen wieder umfangreiche kaderpolitische Umordnungen voraus. In Neuwahlen wurden kritische Funktionäre abgelöst und nahezu ein Drittel der hauptamtlichen Parteiarbeiter in den SED-Bezirksleitungen ausgewechselt. [153] Gemäß der auf dem IV. Parteitag beschlossenen Statutenänderung war inzwischen die Parteibeschlußkontrolle als eine bisherige Hauptaufgabe der ZPKK im Vollzug kontrollfreier innerbürokratischer Arbeitsteilung nun allein Sache der Führungstätigkeit leitender Parteiorgane, und die Kontrollkommissionen konzentrierten sich ausschließlich auf „den Kampf um den Schutz der Einheit und Reinheit der Partei, die Entlarvung und Vernichtung feindlicher Agenturen, den Kampf gegen fraktionelle Tätigkeit und die Entfernung von Verrätern aus den Reihen der Partei", wie es im Rechenschaftsbericht der ZPKK an den V. Parteitag hieß. [154]

Ein bemerkenswerter Fall war die auf Beschluß der ZPKK vom 17.3.1958 verfügte und vom PB auf seiner Sitzung vom 1.4.1958 bestätigte Ablösung von Bruno Haid als Stellvertretender Generalstaatsanwalt der DDR. Haid nahm 1956 unter anderem auch an den Sitzungen der Kommission des ZK zur Überprüfung von Angelegenheiten von Parteimitgliedern teil. [155] Die Ablösung zuzüglich der Rüge als Parteistrafe wurde ausgesprochen, „da er den notwendigen Kampf gegen Feinde der DDR vernachlässigt hat." Sein Einsatz für die Freilassung Schreckers 1956 und seine Bemühungen um materielle Hilfe für den - wie es dann hieß - „vorübergehend inhaftierten Genossen Schrecker" wurde, da dieser nicht vollständig rehabilitiert war und insofern keinen Anspruch auf Entschädigung hatte, als politische Demonstration gewertet. Gerügt wurde insbesondere, daß diese Unterstützung „im Wohnbezirk des Genossen Schrecker in Leipzig allgemein bekannt geworden" sei. Diese entlarvende Begründung verdeutlicht unfreiwillig die Furcht selbst vor indirekter Kritik früherer Disziplinierungen. Zum zweiten war ein von Haid im Dezember 1956 an Ulbricht gerichteter Brief, in dem er rechtliche Bedenken in Form von Zweifeln an der strafrechtlichen Relevanz der damals gegen Janka und Steinberger erhobenen Vorwürfe äußerte, eineinhalb Jahre später(!) Anlaß für den nun gegen ihn gerichteten Vorwurf, hier hätte Haid Positionen der entlarvten Schirdewan/Wollweber-Gruppe bezogen. Und schließlich warf ihm die ZPKK vor, die Prozeßwiederaufnahme des Falles eines unberechtigterweise zu einer drakonischen Haftstrafe verurteilten Bürgers zugelassen zu haben, bei dem „das Bezirksgericht in Leipzig ... sich alle Mühe (gab) in diesem Prozeß zu beweisen, daß das

Ministerium für Staatssicherheit unzulässige Untersuchungsmethoden anwandte." Die seitens Haid vorgenommene Beratung der prozeßführenden Juristin, die „von ihm ein Vorgehen in seiner Eigenschaft als Staatsanwalt gegen das Ministerium für Staatssicherheit zu erreichen" suchte, wurde als Behinderung des „richtigen politischen Kampfs der Bezirksleitung der SED Erfurt" gegen die auf eine „falsche Entscheidung des Obersten Gerichts" zurückzuführende Haftentlassung des betreffenden Bürgers verurteilt.[156]

Daß die ZPKK auch den Kampf gegen die „Tendenz ideologischer Koexistenz an der Kulturfront" zu führen verstand, zeigte die Untersuchung gegen leitende Genossen im Ministerium für Kultur und im Staatlichen Rundfunkkomitee, weil sie „auf allen Gebieten des kulturellen Lebens, vor allem nach dem XX. Parteitag der KPdSU und der 3. Parteikonferenz der SED das Eindringen der amerikanischen Unkultur und damit das Eindringen der bürgerlichen Ideologie (duldeten)."[157]

Ulbrichts Kurs schien wieder unangefochten. Wie trotzdem die Impulse der sowjetischen Distanzierung von Stalin fortlaufend die Stabilität der Partei erschütterten, belegt der von Sens verfaßte Bericht der ZPKK vom Dezember 1958 an das Politbüro zu den Erfahrungen der Parteikontrollkommissionen bei der Durchführung der Beschlüsse des V. Parteitags. Hier ist davon die Rede, daß an den Hochschulen und Universitäten immer wieder jene für die Zeit nach dem XX. Parteitag der KPdSU typischen revisionistischen Auffassungen (u. a. Nationalkommunismus, jugoslawischer Weg) auftauchten.[158]

6. Parteidisziplinarische Normalität unter Ulbricht

Mehr Realismus oder neue Herrschaftstechniken ?

Die Jahrzehntwende brachte auch moderatere und sogar selbstkritische Tendenzen im Umgang mit den Mitgliedern der eigenen Partei. Ein Beispiel für Ersteres ist die Frage der „Anerkennung der durchgehenden Mitgliedschaft bei Parteimitgliedern, die vor

1933 einer parteifeindlichen Gruppe angehörten." Die 1951 tätige Überprüfungskommission (vgl. auch S. 29 des vorliegenden Textes) rechnete damals diese Mitgliedschaft im Falle des Ausschlusses oder Austritts aus der KPD oder SPD zugunsten der Beteiligung an parteifeindlichen Gruppierungen erst ab Wiedereintritt an. Wer als SAP-Mitglied früher weder der KPD, noch der SPD oder wer früher nur der SPD angehörte, bekam die ununterbrochene Mitgliedschaft ebenfalls angerechnet.[159] Oben wurde entwickelt, wie gefährlich eine Parteivergangenheit mit ehemaliger Mitgliedschaft in solchen als parteifeindlich eingestuften Organisationen während dieser Zeit der massiven präventiven Säuberungen war. Im Januar 1959 schlug nun das PB dem ZK vor: „Bei der Überprüfung von Anträgen von Parteimitgliedern auf Anerkennung der durchgehenden Mitgliedschaft, die vor 1933 parteifeindlichen Gruppierungen angehörten, darf man nicht allein nach der Zugehörigkeit zu einer parteifeindlichen Gruppierung entscheiden. Im Vordergrund der Beurteilung muß stehen: Hat dieser Genosse politisch richtige Schlußfolgerungen aus seinem damaligen Verhalten gezogen; war sein Verhalten während der Nazizeit einwandfrei und hat er in den illegalen Gruppen aktiv mitgearbeitet? Ferner sollte man sich auch davon leiten lassen, wie sein Verhalten nach 1945 war und was er bis heute in Produktion und Gesellschaft geleistet hat."[160]

Diese unscheinbare Verfügung hatte über die Befriedigung von Bedürfnissen mancher SED-Mitglieder nach einem höheren Parteialter hinaus eine nicht zu unterschätzende politische Bedeutung: Ungeachtet der hier enthaltenen Aufforderung zur Fortschreibung von Subalternität als Verrechnungseinheit für politische Sünden demonstrierte diese Anweisung tendenziell das Ende der potentiellen a-priori-Verurteilung von früherem organisiertem Abweichlertum, also das Ende von bisherigen Praktiken der 40er und 50er Jahre. Man hielt offenbar die Zeit für gekommen, die Furcht vor terroristischer Disziplinierung zugunsten von Integration abzulösen. Daß dies keineswegs den Verzicht auf Repression in Fällen politischer Zweckmäßigkeit bedeutete, sollte sich noch erweisen.

Ein anderes Beispiel, diesmal für ein bemerkenswertes Maß an Selbstkritik, ist der zur Sitzung des PB am 21.2.1961 vorliegende „Bericht der ZPKK über die Ergebnisse und Erfahrungen ihrer Arbeit im Kampf um die Einheit und Reinheit der Partei". Im Vorspann dieses Berichts wird gleich zu Beginn darauf verwiesen, daß Sektierertum und Dogmatismus sich zeigten unter anderem „in einer Kaderarbeit, bei der Genossen zu einseitig, nur nach vorliegenden Unterlagen eingeschätzt werden, wobei häufig Fehler aus der Vergangenheit oder sogar nicht erwiesene Anwürfe zu ihrer Beurteilung genommen werden." Der Bericht zählt dazu eine große Anzahl von eindrucksvollen konkreten Vorgängen solcherart hysterischer Maßregelungen und willkürlicher Untersuchungen durch Parteiorgane und Fälle von Arroganz der Macht von Parteileitungen, auch bei Parteikontrollkommissionen, auf. Selbstverständlich geht die Offenheit nicht so weit, zu verdeutlichen, daß diese kritisierten Praktiken folgerichtiges Ergebnis über 10-jährigen Wirkens unter anderem gerade der kritisierenden ZPKK waren.

Der Bericht enthält aber auch eine Fülle von Beispielen für Widerspruch und zum Teil sogar organisierten Widerstand in Parteigrundorganisationen und aus Parteileitungen heraus. So heißt es unter anderem: „Von ehemaligen Mitgliedern der KPD wird verschiedentlich noch eine solche Meinung vertreten, daß der Aufbau des Sozialismus in der DDR nicht ihren Vorstellungen entspricht. Persönliche Enttäuschung und Verbitterung darüber, daß die Parteileitungen sie nicht genügend zur verantwortlichen Mitarbeit herangezogen haben, förderten dabei manchmal ihre negative und passive Einstellung". Es war im Bericht von unerkannten Erscheinungen feindlicher Ideologien in Parteiorganisationen Karl-Marx-Stadts, Magdeburgs und Neubrandenburgs sowie von Auffassungen wie denen vom undemokratischen Charakter der Wahlen, der nötigen Wiederzulassung der SPD und diktatorischen Verhältnissen in der SED, vertreten in der Ortsparteiorganisation Gornau, die Rede. Es hieß: „In der Parteiorganisation im Holzverarbeitungswerk Klosterfelde wurde offen die Forderung nach einem 'menschlichen Sozialismus' erhoben und mit einem neuen 17. Juni gedroht." Es „konnte in der APO Entwicklungsbau Pirna ... eine parteifeindliche Gruppe eine offene Hetze gegen Partei und Regierung entfalten, die von dem größten Teil der Mitglieder unterstützt und geduldet wurde. Diese parteifeindlichen Kräfte gehörten der Parteileitung an und bereiteten das Referat mit der feindlichen Konzeption vor. In diesem Referat forderten sie, daß der aufgeblähte Partei- und Staatsapparat eingeschränkt werden muß. Es wurden solche Äußerungen gemacht, daß die DDR kurz vor dem Zusammenbruch stände und unsere Zeitungen die Massen beschwindeln. ... Die Hauptprovokateure wurden aus der Partei ausgeschlossen." Der Bericht spricht von der Entsendung von Delegationen und von Unterschriftensammlungen sowie von Streiks mit unterschiedlicher Beteiligung und Dauer: „Vom 1.6.1960 bis 7.1.1961 gab es in den Betrieben der Stadt Magdeburg 20 Streiks mit 177 Beteiligten." In einer unvollständigen Übersicht ist für das Jahr 1960 im Bezirk Dresden von 84, im Bezirk Karl-Marx-Stadt von 48 und im Bezirk Erfurt von 23 Streiks die Rede. „Die Analyse der Streiks zeigt ..., daß Mitglieder der Partei sich an ihnen beteiligten und in einigen Fällen zu Organisatoren von Streiks wurden." Es wurde eingeräumt, daß „bei einem Teil der Genossen, die sich an den Streiks beteiligten oder sie sogar organisierten, ... die Handlungsweise, wie die Untersuchungen ergaben, nicht immer aus einer feindlichen Einstellung zur Partei oder zum Arbeiter- und Bauernstaat (entsprang). Sie hatte manchmal ihre Ursache in der falschen Auslegung der sozialistischen Demokratie durch diese Mitglieder." [161]

Diese neuen und moderateren Töne waren wohl kaum das Resultat geläuterter subjektiver Einsicht und auch nicht auf etwaige Furcht vor unliebsamen Fragen nach alten Sünden zurückzuführen. Sie waren in erster Linie herrschaftsbewußter Ausdruck des Wissens um die Grenzen terroristischer Gesellschaftsformierung unter den neuen Bedingungen poststalinistischer Entwicklung. Die bald nach dem Mauerbau 1961 beginnende innenpolitische Entspannung und die Ablösung des Terrors durch dosierte Repression waren verbunden mit Versuchen, durch eine erfolgreichere Wirtschaftsentwicklung und die Erhöhung des Lebensstandards auch oppositionelle Stimmungen gerade unter der Parteimitgliedschaft abzubauen. Begünstigend und vertrauensbildend wirkte sich hier auch die zweite Welle allerdings wieder nur formaler Entstalinisierung aus, deren Impuls erneut aus der Sowjetunion mit dem XXII. Parteitag der KPdSU kam und die die SED in größerem Umfang als 1956 mitmachte. Medien- und kulturpolitische Lockerungen der Jahre 1962/63 taten ein übriges. Die Effektivierung des Wirtschaftsmechanismus und die dann relativ weitgehenden Versuche, ein „Neues Ökonomisches System der Planung und Leitung der Volkswirtschaft“ zu induzieren, versprachen die Voraussetzungen für eine flexiblere Politik zur Sicherung des gesellschaftlichen Zusammenhangs zu schaffen. Herrschaftsstabilisierende Integration statt terroristischer Formierung und flexible Anpassung an die Realbedürfnisse statt autoritärer Indoktrination funktionierten jedoch nur bis zu systemimmanenten Grenzen des sich nun herausbildenden poststalinistischen Politbürokratismus. Dessen autoritärer Kern war das unangetastete Monopol der Richtlinienkompetenz einer durch nichts als durch sich selbst legitimierten Parteiführung.

Kulturkampf und ideologische Abweichler: Havemann und andere

Die ersten Probleme ergaben sich zu Zeiten relativer Ruhe an klassenkämpferischen Fronten und während des kreativen Aufbruchs im Wirtschaftsbereich dann auch folgerichtig in der Kultur und der Wissenschaft. Ulbricht forderte im Dezember 1963 auf einer PB-Sitzung in seinem Redebeitrag zu Verners Bericht „über die Maßnahmen, die sich aus der Bezirksleitungssitzung Berlin ergeben“ an die Adresse der BL: „Ich bin dafür, daß die Abteilung Parteiorgane feststellt, welche Veranstaltungen in den Bezirken stattfinden, welche Wissenschaftler dort sprechen. Ihr müßt in Berlin das geistige Leben organisieren, sonst wird euch das der Havemann organisieren. Wenn Havemann solche Sachen organisiert, dann kann sich die ZPKK damit befassen, wenn ihr aber nicht das geistige Leben organisiert, dann werden wir euch kritisieren.“ [162]

Soweit sich Disziplinierungen wieder kampagnenhaft gegen Personen richteten, war das Vorgehen gegen Robert Havemann beispielhaft - nicht so sehr wegen der Schärfe dieses Vorgehens, sondern als Beispiel für neu gesetzte Schwerpunkte parteipolitischer Repression. Der Vorwand eines Interviews Havemanns für das „Hamburger Echo“ führte in der Sitzung des Sekretariats des ZK am 12.3.1964 zu Beschlüssen hinsichtlich seiner Ablösung als Fachrichtungsleiter und Abberufung als ordentlicher Professor mit Lehrstuhl an der Humboldt-Universität, der Anordnung eines Parteiverfahrens gegen ihn an der HU mit anschließender Parteiaktivtagung zwecks Stellungnahme in der Sache Havemann und Beschlußbegründung sowie einer Parteiversammlung an der Grundorganisation Chemie. Verbunden wurde dies mit einschlägigen von Hager zu veranlassenden Pressemitteilungen. Die Begründung für die Entlassung lautete: Verletzung der Treuepflicht; die Begründung für das Parteiverfahren: statutenwidriges Verhalten. [163] Dieser Sekretariatsbeschluß ist am 17.3.1964 vom PB bestätigt worden. [164] Das Sekretariat des ZK bestätigt in seiner Sitzung am 16.7.1964 auch die Ablehnung des Einspruchs Havemanns gegen seinen Parteiausschluß vom 13.3.1964. Die ZPKK bescheinigte ihm in ihrem Beschluß vom 24.6.1964 parteifeindliches Verhalten, wobei vor allem seine Publikationstätigkeit in der BRD ins Gewicht fiel. Tatsächlich aber werden seine Vorlesungen an der Humboldt-Universität für sehr viel gefährlicher gehalten worden sein. In der beigefügten Information über die Aussprachen mit Havemann hieß es zu seinen „offenen und versteckten Angriffen gegen die Linie und Beschlüsse der Partei“: „Diese fortgesetzten Angriffe beziehen sich auf die Wirtschafts- und Kulturpolitik der Partei und auf Grundfragen der marxistisch-leninistischen Weltanschauung. ... Bereits 1956, zur Zeit der Ungarn-Ereignisse, vertrat er parteifeindliche Auffassungen. Er meinte damals: ‘Die Ereignisse in Ungarn und Polen würden lehren, daß die Volksmassen nach Demokratisierung drängen. Sollte die Partei das zu bremsen versuchen, wird sie von den Massen getrieben und über diese Bremser (die Partei) wird die Geschichte hinweggehen.’“ Zusätzlich legte das Sekretariat Wert auf die Sicherung der Abberufung Havemanns als Leiter der Arbeitsstelle für Photochemie der DAW und die ideologische Bearbeitung der Mitglieder und Mitarbeiter der Akademie. [165]

Hier sollte die gesellschaftliche und politische Isolierung durch Berufsbehinderungen und Berufsverbote, früher als selbstverständliche, aber eher ergänzende oder flankierende Maßnahme bereits üblich, zum Hauptinstrument der Repression werden, wenn die politischen Unkosten einer Inhaftierung zu hoch schienen.

Das im Dezember 1965 durchgeführte berüchtigte 11. „Kulturplenum" des ZK ist inzwischen weithin ausgewertet worden. Mit dieser Offensive gegen „Skeptizismus", „ideologische Aufweichung" und „Diversion" sollten nicht nur Schriftsteller, Wissenschaftler wie Heym, Havemann und Biermann oder Filmemacher und Drehbuchautoren als Personen getroffen werden. Vielmehr wurde unter der Legende einer stärkeren Einflußnahme der demokratischen Öffentlichkeit auf Literatur und Kunst zugleich der bürokratische Durchgriff der Parteiführung auf diese Bereiche verstärkt. In der Folgezeit wurde ein Beirat für Film beim Ministerium für Kultur geschaffen und die Gründung der Verbände der Theater- sowie der Film- und Fernsehschaffenden veranlaßt.

Danach, im Februar 1966, ging es schon um die „weitere Taktik zur politisch-ideologischen Zerschlagung der Ansichten Havemanns, Heyms, Biermanns und Bielers und ihrer politischen Isolierung." So lautete ein Tagesordnungspunkt der Sitzung des Sekretariats des ZK am 23.2.1966. Unter Bezugnahme auf das 11. Plenum hatten die Abteilungen Wissenschaft und Kultur beim ZK weitere Kampagnen zu organisieren. Ein Presseplan zur „Zerschlagung der philosophischen und politischen Ansichten Havemanns" sollte von der Abteilung Wissenschaft ausgearbeitet und ein „detailliertes Material über Biermanns schädliche Auffassungen und eine Analyse seiner Machwerke" vom Sekretariat des Deutschen Schriftstellerverbandes (DSV) dessen Bezirksverbänden zur Verfügung gestellt werden. Zusätzlich sollte Biermann auf die strafrechtliche Relevanz des Vertriebs seines Buches „Die Drahtharfe" oder anderer seiner Schriften hingewiesen und auf ein Arbeitsverhältnis in einem kleineren oder mittleren Betrieb orientiert werden. Verantwortlich für die Verwirklichung jener letzten, vom Leiter der Hauptverwaltung Verlage im Ministerium für Kultur (MfK) zu vollziehenden Maßnahme war nach dem Willen des Sekretariats übrigens Bruno Haid.

Weiterhin hatte der DSV in Verantwortung seines Sekretariats „eine Arbeitsgruppe zu bilden, die Heyms politische Auffassungen ... besonders seit 1956 analysiert. Von dieser Gruppe muß nachgewiesen werden, daß es sich nicht um diese oder jene Einzelerscheinung handelt, sondern um ein zusammenhängendes System politischer Auffassungen Heyms." Die Agitation im Ausland sollte ebenfalls das Sekretariat des DSV mit Hilfe des MfAA organisieren. Die Bearbeitung Heyms zum Zwecke der Unterbindung seiner „Propaganda gegen die Politik der DDR und der weitere(n) Propaganda für sein Buch 'Tag X'" sollte wiederum Bruno Haid seitens des MfK organisieren.

Dem Autor Manfred Bieler sollte sein CSSR-Visum genommen werden, und der DSV hatte ihn in ein festes Arbeitsverhältnis einzureihen. Darüberhinaus hatte der DSV zu eruieren, ob Bieler die in der DDR verfemten „Machwerke" ('Das Kaninchen bin ich' und 'Zaza') im Ausland unterzubringen versuchte oder entsprechende Angebote hatte. [166]

In diesen Maßnahmen zeigte sich im übrigen auch die in der DDR nun überwiegend praktizierte Form des Berufsverbots: Nicht die Unterbindung, sondern die administrative Verfügung restriktiver Zuweisungen von Beschäftigung nach Kriterien politischer Zweckmäßigkeit war der Inhalt solcherart Disziplinierung. Hier war die berufsgebundene Möglichkeit oppositionellen Handelns zu verhindern. Diese Form von Repression sollte im Nachbarland CSSR nach der militärischen Intervention zur Beendigung des „Prager Frühlings" in bis dahin nicht gekanntem Ausmaß praktiziert werden. Tausende von Wissenschaftlern, Journalisten, Künstlern und ehemaligen Parteifunktionären wurden dort im Vollzug von Husaks „Normalisierungspolitik" aus ihren Berufen geworfen. Die DDR hat in den 70er Jahren hier dem Prinzip nach ganz sicher von der CSSR gelernt. Dabei wurden die Möglichkeiten der strafrechtlichen Verfolgung politischer Opposition nicht abgeschrieben: Das 1968 angenommene Strafgesetzbuch der DDR brachte, so fortschrittlich es auch ansonsten war, eine Ausweitung und Verschärfung des politischen Strafrahmens mit sich.

Neue Linke und die tschechoslowakische Herausforderung

Die Renaissance linken und marxistischen Denkens in der BRD und die in den Diskussionen der Außerparlamentarischen Opposition sowie der „Neuen Linken" seit Mitte der 60er Jahre thematisierten Inhalte haben gerade auf jüngere Intellektuelle der damaligen DDR zumindest punktuellen Einfluß gehabt. Namentlich die Wiederentdeckung von durch die stalinisierten kommunistischen Parteien verfemten linken Theoretikern, die Anti-Vietnam-Kriegsbewegung und der neue Politikstil in diesem Milieu hatte vor dessen Versektung in diversen K-Gruppen der 70er Jahre auch für junge kritische SED-Mitglieder eine hohe Attraktivität.

Die Ereignisse in der CSSR während des Jahres 1968 und ihre Besetzung im August hatten jedoch gerade für die Mitgliedschaft der SED erheblichere Auswirkungen. In den Unterlagen der Zentralen Auswertungs- und Informationsgruppe (ZAIG) des MfS findet sich zum Beispiel eine „Auskunft über das System und die Methoden der Feindtätigkeit zur Durchsetzung der Ziele der sog. neuen Ostpolitik, besonders gegenüber der CSSR, über ihre Auswirkungen in der CSSR und über die Versuche zur Ausnutzung der Vorgänge in der CSSR zur Forcierung der politisch-ideologischen Aufweichungs- und Zersetzungstätigkeit gegen die DDR" von Anfang Mai 1968. Es heißt hier, infolge der Entwicklung in der CSSR „... kommen bei Teilen der Studenten und der Lehrkörper der Universitäten und Hochschulen, der Kulturschaffenden und der Angehörigen der Intelligenz solche Tendenzen wieder zum Durchbruch, wie sie im Zusammenhang mit den Auseinandersetzungen über Havemann und vor dem 11. Plenum des ZK der SED festzustellen waren." Insbesondere „... bemängeln Mitglieder der SED und andere progressive Kräfte, daß es ihnen schwerfällt, mit den durch unsere Publikationsorgane veröffentlichten Fakten und Einschätzungen den Einschätzungen,0 und Argumenten ... des Tschechischen Rundfunks und der CSSR-Presse entgegenzutreten." Der Bericht konstatierte vor allem an der HfÖ und im DSV größere Unruhe. [167] Nach dem Einmarsch der Truppen der Warschauer Vertragsstaaten informierte das MfS über vereinzelte Parteiaustritte bzw. deren Ankündigung. [168] In beiden Dokumenten ist davon die Rede, daß sich im Querschnitt die innerhalb der Partei geäußerten kritischen Haltungen zu den Vorgängen in der CSSR nicht von denen in der Bevölkerung unterschieden. Es gibt noch keine Übersicht zum Ausmaß der insbesondere Parteimitglieder betreffenden Repressionen wegen ihrer Haltung zur CSSR-Problematik.

7. Anpassung und Widerstand im „real existierenden Sozialismus“ der 70er Jahre

Neuer Sozialvertrag und alter Zynismus

Die Ereignisse in Polen hatten ebenfalls einen nicht zu unterschätzenden Einfluß auf die Entwicklung in der DDR. Die eskalierende wirtschaftliche Krise und der offensichtliche Verrat an den Arbeitern Polens (1971 wurden sie auf Veranlassung Gomulkas zusammengeschossen und dann von Gierek betrogen) machten drastisch klar, wie gefährlich soziale Friktionen aufgrund wirtschaftlicher Einbrüche werden konnten. Die wirtschaftlichen Probleme ausgangs des Ulbrichtschen NÖSPL deuteten sich in der DDR gerade an. Hier schlugen sich beide Sachverhalte nun auf ihre Weise nieder: Die Furcht der DDR-Bürokraten vor „polnischen Ereignissen“ im eigenen Land leitete die innenpolitische Befriedungsstrategie der „Einheit von Wirtschafts- und Sozialpolitik“ unter Honecker ein: Obrigkeitsstaatlich gewährte Wohlfahrt für jeden gegen politisches Wohlverhalten aller sollte der Furcht der Bürokratie vor Massenempörung abhelfen. Dieser zynische „Sozialvertrag“ schien lange Zeit auch nicht schlecht zu funktionieren. Doch der Schein war trügerisch. Er produzierte nicht nur massenhaft (durchaus gewollte) politische Apathie, sondern setzte auch die flächendeckende Leistungsverweigerung und „passive Sabotage“ der immer stärker demoralisierten subalternen Schichten der Bevölkerung in wachsendem Ausmaß fort. Die Arbeiterklasse war trotz allumfassender politischer Überwachung und Disziplinierung durch den Apparat des MfS ökonomisch so gut wie überhaupt nicht erpreßbar, und die technische Intelligenz blieb in Erfahrung verstärkter dilettantischer Gängelei durch Bürokraten absolut demotiviert. Der scheinbare Ausweg sollte sich als Sackgasse erweisen: Leistungsschwäche und Innovationsträgheit waren die Kennzeichen einer disregulierten Ökonomie, die immer weniger im fehlgestalteten „Systemwettbewerb“ zu bestehen vermochte und schließlich in den 80er Jahren auch zunehmend die vielgepriesenen sozialen Errungenschaften gefährden sollte. Aus der wachsenden gesamtgesellschaftlichen Desillusionierung erwuchs aber damals keineswegs die Sprengkraft subversiver oder gar revolutionärer Massenpotentiale. Auch das andererseits zunehmende intellektuelle Protestpotential blieb abgeschottet von den eigentlichen Opfern dieser Entwicklung. Auch für innerparteiliche Oppositionelle, nach wie vor unter erheblichem Verfolgungsdruck stehend, gab es in den siebziger Jahren so gut wie keine Möglichkeiten, sich anders als konspirativ zu betätigen.

Die Intellektuellen und die Macht

In der DDR kam es Anfang der siebziger Jahre, nach dem Abflauen der Disziplinierungswelle im Zusammenhang mit den Prager Ereignissen und dem Wechsel zur wirtschaftspolitischen Rezentralisierung in Gestalt der Ablösung Ulbrichts durch Honecker, zu einer kulturpolitischen Öffnung. Auch die überwinternden Parteioppositionellen aller Coleur hatten endlich wieder Anlaß zu verrückt-verzweifelten Hoffnungen: Gerade unter Parteiintellektuellen und Künstlern wollte man wohl daran glauben, daß Honeckers Parole von Tabufreiheit in der Kultur ebenso ernst gemeint wie auf die ganze Gesellschaft gemünzt war. Eine Reihe von selbstbestimmten Kulturveranstaltungen, wie etwa in Berlin der „Kramladen“ und der „Eintopp“ unter der Regie der Liedermacherin Bettina Wegner und des Schriftstellers Klaus Schlesinger, öffneten bis zu ihrem Verbot bemerkenswerte Artikulationsräume. Als dann 1976 erneut das böse Erwachen mit dem Ausbürgerungsdiktat gegen Biermann kam, warf man die intellektuellen Protestler nach dem Prinzip „teile/korrumpiere/diszipliniere“ leicht aus der brüchigen Einheitsfront, schritt zu Verhaftungen mit dem Ziel der Erzwingung der Ausreise (wie im Falle von Jürgen Fuchs und Gerulf Pannach) und leitete eine die ganze Gesellschaft erfassende Welle von Heuchelei, Zynismus und verlogenem staatsoffiziellem Selbstbewußtsein ein.

Kaum bekannt ist aber, daß das PB bereits 1975 in seiner Sitzung vom 24. Juni das Szenarium der Zwangsausbürgerung für einen anderen früher aus der SED kommenden Oppositionellen ausarbeitete: Es wurde beschlossen, Robert Havemann durch den zuständigen Staatsanwalt der Abteilung I, strafrechtliche Maßnahmen wegen staatsfeindlicher Hetze im schweren Fall androhen zu lassen. Weiterhin wurde beschlossen, daß im Falle der Fortsetzung dieserart Publikationstätigkeit in westlichen Publikationsorganen die zuständigen Organe nicht etwa das angedrohte Ermittlungsverfahren, sondern „seine Ausweisung aus der DDR entsprechend § 13 des Staatsbürgergesetzes vornehmen und daß innerhalb der gesetzlich zulässigen Frist von 24 Stunden Havemann mitgeteilt wird, daß er aus der Staatsbürgerschaft der DDR entlassen wird und von den zuständigen Organen über die Staatsgrenze zu setzen ist."[169]

Diese dann an dem im Westen auf genehmigter Konzertreise befindlichen Biermann „heimtückisch" exekutierte Maßnahme führte im November 1976 zur schwersten Krise der Beziehungen zwischen der wissenschaftlichen und künstlerischen Intelligenz und der Politbürokratie seit 1965. Unter den in der Folgezeit in die Bundesrepublik getriebenen Autoren waren eine ganze Reihe von ehemaligen Parteimitgliedern, die zum Teil auch in Partei- und Berufsverbandsfunktionen tätig waren. Eine neue Methode bestand in diesem Zusammenhang auch in der Aushändigung von Dauervisa für den Aufenthalt im westlichen Ausland bei gleichzeitiger Behinderung der Arbeits- und Veröffentlichungsmöglichkeiten in der DDR. Man versprach sich davon, die Glaubwürdigkeit der Kritik unangepaßter Autoren an den Zuständen in der DDR durch ihre privilegierte Ferne zu untergraben, und sie langfristig ganz loszuwerden zu können, ohne sie mit hohen politische Unkosten (wie im Falle Rainer Kunzes 1977) ausbürgern zu müssen. Wenn gar nichts half, drohte man wie im Falle der Liedermacherin und Lyrikerin Bettina Wegner, noch zusätzlich mit strafrechtlichen Maßnahmen, um die ständige Ausreise zu erzwingen. Die Disziplinierung von noch in der DDR lebenden Personen, die im Westen publizierten, erfolgte ab Mai 1979 nun auch durch die Inszenierung von Strafverfahren wegen sogenannter „Devisenvergehen" wie im Falle Heym und Havemann, um nach außen hin den Eindruck zu erwecken, diese Schriftsteller lebten nicht nur im fetten Westspeck, sondern würden zusätzlich noch die DDR betrügen.

Konzertierte Aktionen der Abteilung Kultur des ZK der SED, der Hauptverwaltung Verlage und Buchhandel, des Schriftstellerverbandes und des MfS sind inzwischen über jetzt zugängliche Akten belegt. [170] Autoren, die sich durch solche Manöver nicht abschrekken ließen, sich also immer noch kritisch zur Kulturpolitik und dem parteigedeckten Machtmißbrauch äußerten oder sich öffentlich solidarisch mit solcherart gemaßregelten Kollegen erklärten, wurden im Juni 1979 in Verbindung mit einer öffentlichen Kampagne auch aus ihrem Berufsverband geworfen, um die Rutschbahn in Richtung Westen noch steiler zu machen und mit den erwähnten Dauervisa zu schmieren. In Vorbereitung der Ausschlußinszenierung wurde über die Parteigruppe des Schriftstellerverbandes und in seiner Zentralvorstandssitzung die Linie vorgegeben: Organisationsleitung und Parteischiene waren hier wie in anderen gesellschaftlichen Bereichen logistische Träger der Machtexekution. Dann gab es aber eine wie selten zuvor klare Scheidung innerhalb der Schriftstellerzunft zwischen protestierenden und auf mitunter beschämendem Niveau applaudierenden Akteuren. Die Sicherheitsorgane flankierten den damals nicht unbeträchtlichen Widerspruch auch mit Verhaftungen von Personen, die nicht durch ihre Popularität geschützt waren. Da diese Proteste öffentlich, unter Teilnahme nicht weniger SED-Mitglieder und in mindestens einem Fall mit der Perspektive weiteren Zusammenhalts und fortgesetzter politischer Zusammenarbeit stattfanden, entschloß sich in letzterem Fall das MfS im September 1979 sogar zum Einsatz eines Provokateurs zum Zweck der Inhaftierung von Organisatoren solchen Protests. Durch Beihilfe eines ihrer in Westberlin tätigen inoffiziellen Mitarbeiter, dem es oblag, in Ostberlin Beweismittel zu plazieren, mit deren Hilfe die zur Diskreditierung solcher Proteste immer geeigneten Westverbindungen nachgewiesen werden sollten, wurden die beschlossenen Verhaftungen regelrecht inszeniert.

Der Autor dieser Analyse hat ebenso selbst erlebt, wie in den Jahren 1976-78 an der Akademie der Wissenschaften der DDR vor allem die befürchtete oder vollzogene Beteiligung von Parteimitgliedern an den Protesten gegen politisch motivierte Repressionen von den Partei- und staatlichen Leitungen mit panischem Eifer als besonders gefährlich abzuwiegeln versucht und die Berufung parteigebundener oder parteiloser Wissenschaftler auf Marx, Luxemburg oder jene sozialistischen Essentials, die die Parteiführung fortlaufend mißachtete, hysterisch verfolgt wurden. Ein weiteres Problem entstand durch die eurokommunistischen Umorientierungen vieler westeuropäischer Parteien. Die weitgehende Ablehnung dieser Entwicklungen durch die SED-Parteiführung kollidierte mit dem Bestreben, die dahinter liegenden politischen Widersprüche nicht zum Thema von Diskussionen in der SED werden zu lassen.

Parteiopposition in konspirativen Zirkeln

Die Einsicht, als Marxist in der DDR geradezu folgerichtig zum Staatsfeind werden zu müssen, wenn man nicht Abstand von jeder politischen Aktivität nehmen wollte, hat sich auch bei einer kleinen Minderheit von Parteimitgliedern durchgesetzt. In Berlin arbeiteten zu dieser Zeit parallel wenigstens drei aus SED-Mitgliedern bestehende konspirative Gruppen bzw. Zirkel, die zum Teil mit anderen Zirkeln und untereinander vernetzt waren und von den Sicherheitsorganen als Operativer Vorgang geführt bzw. als Einzelpersonen erfaßt wurden. So informierte zum Beispiel das MfS die ersten Sekretäre der SED-Bezirksleitungen Berlin und Leipzig 1978 detailliert „über die staatsfeindlichen Aktivitäten von Personen in der Hauptstadt der DDR, Berlin sowie in Leipzig". In der Hausinformation des MfS vom 14.1.1978 war die Rede von zwei auf einer „gemeinsamen politische Plattform zur Umwandlung der Partei und zur Veränderung der gesellschaftlichen Verhältnisse in der DDR" arbeitenden Gruppen mit statuarisch festgelegten Regeln der konspirativen Arbeit und der Arbeit mit Sympathisanten zum Zwecke der Einbeziehung. [171] Diese Gruppen gingen hauptsächlich hervor aus Absolventen der Wirtschaftswissenschaftlichen Sektion der Karl-Marx-Universität Leipzig, der Handelshochschule Leipzig, der Humboldt-Universität Berlin sowie aus Studenten und anderen Personen. Sie waren fast alle SED-Mitglieder und arbeiteten als wissenschaftliche Nachwuchskader unter anderem am Zentralinstitut für Wirtschaftswissenschaften der AdW Berlin, auf dem Gebiet der Gesellschaftswissenschaften sowie in einem Fall als betriebswirtschaftlicher Fachgebietsleiter in Leipzig. Ihre Zirkelarbeit gestaltete sich im Selbstverständnis marxistischer antibürokratischer Positionen und schloß konspirative Verbindungen, unter anderem zur trotzkistischen „Gruppe internationale Marxisten" (GIM), ein.

Dies ist einer der wenigen Fälle, wo die so oft legitimatorisch unterstellte trotzkistische Verbindung bestand, ohne daß sich aber damit das Selbstverständnis der Beteiligten erschöpfend beschreiben ließe. In die Öffentlichkeit traten diese Gruppen mit der Publikation eines solidarisch-kritischen Offenen Briefes an den ausgebürgerten Wolf Biermann in linken Zeitschriften der BRD. Die angestrebte Intensivierung der Verbindungen nach Osteuropa, insbesondere nach Polen, das Vorhaben eines Offenen Briefes an die Mitglieder der kommunistischen und Arbeiterparteien anläßlich des 60. Jahrestages der russischen Oktoberrevolution und Geldsammlungen für die streikenden polnischen Arbeiter in Radom, veranlaßten die Organe der Staatssicherheit, diesen Personenzusammenhang zu zerschlagen. Hier wagte man es schon nicht mehr, durch Inhaftierungen die offiziell immer wieder beschwörend behauptete Abwesenheit einer innerparteilichen oppositionellen Tendenz Lügen zu strafen, zumal unmittelbar zuvor und ohne jeden Zusammenhang zu dieser Gruppe im Westen ein vom Spiegel als SED-oppositionelles Manifest deklarierter Text Verbreitung fand.

Dieses „Manifest der DDR-Opposition" und die inzwischen publizierten Hintergründe seiner Entstehung[171a] dokumentieren eindrucksvoll die politische Kluft zwischen jenen den mittleren und oberen Etagen der Macht angehörenden wendigen SED-Kadern, die erst unruhig wurden, als sie das sich anbahnende Desaster durch Insiderwissen extrapolieren konnten, und den wenigen parteioppositionellen Gruppen, die ohne Ambitionen machtgeleiteten Wandels von oben ungeschützt auf eine Erweiterung und Stärkung linken Widerstands von unten gegen die politischen Verhältnisse orientierten. Im Gegensatz zur Praxis dieser Gruppen biederte sich dann auch dieses „Manifest" mit seinem Pladoyer „für eine offensive nationale Politik, für ein Konzept, das auf die Widervereinigung Deutschlands zielt, in dem Sozialdemokraten,

Sozialisten und demokratische Kommunisten ein Übergewicht gegen die konservativen Kräfte bilden", ebenso folgerichtig wie erfolglos an die auf Verhandlungskurs mit Honecker festgelegte SPD an. Trotz der informellen Kanäle des Manifest-Autors Hermann von Berg zu Willy Brandt im Auftrag Willi Stophs, abgeschirmt und abgeschöpft von der HVA, und seinen konspirativen, vom Brandt-Berater Leo Bauer zu den Euro-Kommunisten gebahnten Kontakten, desavouierten Kanzler Schmidt sowie Wehner und Bahr im Einvernehmen mit Honecker das Papier, welches sich im deutschlandpolitischen Machtgeklüngel allein des Beifalls von CDU-Politikern erfreute. Dies hinderte natürlich die spätere Regierung Kohl keineswegs daran, die Linie Schmidts gegenüber Honecker fortzusetzen. Ansonsten setzte die Gruppe um von Berg nach dessen Bekundungen auf die reformerische Linie Markus Wolf - Andropow, also auf einen in den Geheimdiensten der DDR und der UdSSR abgestützten Kurswechsel „von oben."

Dieses damals gescheiterte konspirative Unternehmen einiger machtorientierter Reformtechnokraten schließt auf erhellende Weise an die Paradigmen von SED-Reformkräften der 80er Jahre an, von denen im 9. Kapitel noch ausführlich die Rede sein wird. Nichts jedoch verband die Essentials des „Bundes Demokratischer Kommunisten Deutschlands" mit den Vorstellungen der oben erwähnten zeitgleich vom MfS zerschlagenen parteioppositionellen Grppen in Berlin und Leipzig. Mit Rücksicht auf die zu hütende Legende der prinzipiellen Abwesenheit jeder innerparteilichen Opposition wurden in beiden Fällen strafrechtliche Konsequenzen umgangen. Diese Zurückhaltung traf allerdings nicht für die Aktivisten einer maoistisch orientierten konspirativen Gruppe zu, deren Verbindung zur SED jedoch auch nicht derartig stringent war.

Das Elend der „Parteiwissenschaftler"

Das Beispiel des aus der SED kommenden Rudolf Bahro und sein 1977 in der Bundesrepublik erschienenes Buch „Die Alternative" bewiesen, daß gerade die Intellektuellen in der DDR und namentlich die linientreuen Gesellschaftswissenschaftler sich hinsichtlich ihrer Kopflangerschaft weder damals noch heute auf die (ja auch und gerade von ihnen betriebene) systematische Verfälschung marxistischer Theorie in Gestalt des „ML“ und die Praxis der Abriegelung des geistigen Lebens vor „gefährlichen Ideen“ insbesondere linksoppositioneller Tendenz herausreden können. Selbst wer sich freiwillig ausschließlich der offiziellen Indoktrination aussetzte, mußte zusätzlich auch noch das eigene Denken zusammen mit der Fähigkeit des Wahrnehmens der DDR-Realität suspendieren, um diese widersprüchliche Realität nur noch affirmativ reflektieren zu können. In Wahrheit war jener gerade bei privilegierten Parteiintellektuellen gut ausgebildete individuelle Instinkt für die hohen sozialen und materiellen Kosten von Opposition gerade in der SED und gegenüber der Politik der dort Herrschenden maßgeblich. Wer sich also, anders als Bahro, trotz seines kritischen Begriffs von den herrschenden Verhältnissen nicht in Gefahr bringen wollte, konnte unter Verzicht seiner Privilegien nur noch aussteigen oder mußte den für einen großen Teil der DDR-Wissenschaftler typischen zynisch-abgeklärten Erfüllungsvertrag vielfach wider das eigene politische oder wissenschaftliche Gewissen mit den Herrschenden abschließen. Gerade unter den in der Mehrzahl der SED angehörenden arrivierten Wissenschaftlern war dies vor allem anläßlich verordneter Abstrafungen von Kollegen mit der parteioffiziellen Zumutung auch persönlich-moralisch diskreditierender Beihilfe verbunden. Fast immer wurde dann die „parteiliche“ Komplizenschaft mit den Mächtigen aktiv betrieben, und bei jenen solcherart Beteiligten, die nicht dumm oder skrupellos genug waren, dies aus Überzeugung zu billigen, mußten oft abenteuerliche Selbstentlastungen von den Folgen eigenen Tuns oder Unterlassens wider dem hartnäckigen eigenen schlechten Gewissen herhalten. Solche „ehrenwerten“ Rationalisierungen eigener diskreditierender Beihilfe waren meist von der Sorte „Abwendung größeren Schadens von der eigenen Forschungseinrichtung im Sinne der durch solche Skandale gefährdeten Arbeit“, wobei dann gleich auch Schaden von der eigenen Karriere abgewendet wurde. Hier haben die Herrschaftstechniken der Bürokratie überwiegend zuverlässig funktioniert, so daß es für die DDR möglich ist, unter den prominenten Wissenschaftlern die Beispiele entschiedenen individuellen Widerspruchs oder sogar der Opposition gegen den real existierenden Politbürokratismus schnell aufzuzählen. Offen bleibt nach wie vor die Analyse des Umfangs solchen Widerstands oder Widerspruchs unter den einfachen Parteimitgliedern. Hier konnte zudem hemmungsloser zugeschlagen werden, weil die Gefahr der Publizität dort nicht so groß war. Allein deshalb ist diese schwierige Recherche um so wichtiger.

Bahro brachte nun in seinem Buch zum ersten Mal wichtige Strukturelemente des poststalinistischen Politbürokratismus auf den Begriff. Folgerichtig wurde er wegen Geheimnisverrats im Juni 1978 zu 8 Jahren Haft verurteilt: Dieses Strafmaß für die Wahrheit war insofern auch ein Kompliment für die damalige Qualität seines Buchs.

Strafrecht als letztes Maß für Widerspruchsgeist

In Erwartung des Andauerns solcherart Konflikte beschloß die Volkskammer im Juni 1979 im 3. Strafrechtsänderungsgesetz eine weitere Verschärfung des politischen Strafrechts. Die extensive Erweiterung von Spielräumen strafrechtlicher Würdigung unliebsamer Kontakte und Publikationen sollte mit der Maskierung von Willkür durch ein rechtsstaatliches Kostüm gewährleistet werden. Egal, ob dies rechtsstaatliches Unrecht oder unrechtsstaatliches Recht genannt wird - Zweck dieses Gesetzes war die Effektivierung politischer Repression. Bemerkenswerterweise wurde der damals geschaffene Spielraum von den Herrschenden immer weniger genutzt. Die anwachsende unabhängige Friedens- und Menschenrechtsbewegung konnte im Verlaufe der 80er Jahre durch solche Instrumentarien nur noch mit sehr hohen „politischen Unkosten" in den Griff genommen werden, und so verzichteten die Behörden immer häufiger auf die Anwendung von Gesetzen, die sie „von Rechts wegen" eigentlich anzuwenden verpflichtet gewesen wären. Diese merkwürdige Form von Rechtswidrigkeit fiel natürlich überall dort aus, wo unwidersprochen abgestraft werden konnte. Und immerhin trug dieses Strafrecht auch seinen Teil dazu bei, daß bis zum politischen Ende der DDR eine wirksame gemeinsame Praxis der parteioppositionellen Minderheit und der unabhängigen oppositionellen Bewegung nicht zustande kam.

Einblick in die innerparteiliche Widerspruchsbilanz Ende der 70er Jahre gibt ausschnittsweise die „Einschätzung über die vom 1.12.1978 bis 30.11.1979 in der Berliner Parteiorganisation durchgeführten Parteiverfahren" nebst statistischer Analyse. Diese von der Bezirksparteikontrollkommission (BPKK) Berlin am 16.1.1980 vorgelegte Analyse kommentiert unter anderem eine in der GO des Krankenhauses Weißensee mit großer Mehrheit angenommene Resolution, in der Unzufriedenheit über die politisch-ideologische Massenarbeit und Forderungen nach breiterer Information artikuliert wurde. Die BPKK schätzte ein, daß diese Position jene GO „zum Sprachrohr des Klassengegners" machte. Die Erwähnung des Parteiverfahrens gegen Walter Hofmann wegen seiner in Vorträgen innerhalb und außerhalb der Humboldt-Universität verbreiteten „feindlichen Theorien" wurde mit einer scharfen Kritik der „die Partei von innen zersetzenden" Diskussionen an den Sektionen Germanistik und Kunstwissenschaft/Ästhetik verbunden.

Von insgesamt 908 Abgestraften des Jahres 1979 der Berliner GOen mußten sich 48 SED-Mitglieder und -Kandidaten wegen partei- und staatsfeindlicher Handlungen verantworten. Sie wurden alle ausgeschlossen, wobei 10 von ihnen der partei- und staatsfeindlichen Hetze und 2 Mitglieder Abweichungen vom proletarischen Internationalismus bzw. des Opportunismus/Revisionismus bezichtigt wurden. Unter den 139 wegen „Handlungen gegen die Einheit und Reinheit der Partei" bestraften Mitgliedern und Kandidaten wurden 27 „wegen Verlassen des Klassenstandpunkts" und 76 „wegen prinzipienlosen und liberalen Verhaltens" zur Verantwortung gezogen. 50 der 139 wurden aus der Partei ausgeschlossen.[172]

8. Der Kollaps: Blockade und Selbstblockade widerständigen innerparteilichen Reformdenkens

Das Letzte aus dem Politbüro

Seit den 70er Jahren war die Formierung des Apparats und der Führungsspitze der SED im Sinne der nachhaltigen Immunisierung gegen fraktionelle Polarisierungen abgeschlossen. Dabei ist überdies zu konstatieren, daß auch die aus der Vergangenheit bekannten tatsächlichen oder vermeintlichen Fraktionierungen niemals die Logik innerbürokratischer Rationalitätskonflikte durchbrachen. In der immer mehr erstarrenden Politbürokratie hatte sich ein schichtspezifischer Konsolidierungsprozeß vollendet. Die auch sozial konsolidierte Herrschaftsschicht konnte ein sich selbst reproduzierendes System statischen gesellschaftlichen Konservatismus installieren, das immer unfähiger wurde, außerhalb dekretierter praktizistischer Korrekturen auf wirtschaftliche oder politische Herausforderungen flexibel zu reagieren. Im umgekehrten Verhältnis zum Grad der Zuspitzung dieses Dilemmas nahm die innerbürokratische Bereitschaft wenigstens der Problematisierung eigener Führungsmethoden geschweige denn der bisherigen strategischen Essentials der Partei fortlaufend ab. In diesem Sinne kann die Ablösung des Politbüromitglieds Konrad Naumann im November 1985 als eine Parodie auf vergangene Auseinandersetzungen innerhalb der SED-Führungsspitze gewertet werden: Naumanns in der Pose der Arroganz der Macht vorgetragener allwissender Spott über die politbürokratische Erfolgspropaganda und seine saloppen Zweifel am Gebrauchswert der Arbeit intellektueller Kopflanger im Wissenschaftsbereich, präsentiert ausgerechnet in der Akademie für Gesellschaftswissenschaften beim ZK der SED, wurden sofort vom Rektor Otto Reinhold beleidigt an das PB weitergereicht. [173] Unter Ignorierung des durchaus rationalen Kerns solcherart Stunden der Wahrheit eines Mittäters bot Kurt Hager nach Naumanns Ablösung vor den Professoren und Dozenten der GeWi-Akademie ein geradezu zynisch zu nennendes Schaustück selbstzufriedener Beweihräucherung der SED-Politik in allen nur denkbaren Varianten. Dem ausgewählten Publikum gegenüber sollte demonstrativ der bürokratische Konsens parteioffizieller Definitionsgewalt bekräftigt werden, um nach Naumanns Fehlleistungen jeder Irritation massiv vorzubeugen. Postwendend rapportierte Reinhold in einer „Information über die Reaktionen der Mitarbeiter der Akademie für Gesellschaftswissenschaften auf die Erklärung des PB zum Auftreten des Genossen Konrad Naumann" namens der Mitarbeiter der Akademie die „große Befriedigung und volle Übereinstimmung damit, daß das PB sich ohne Ansehen der Person gegen alle Versuche wendet, über die Politik der Partei, des PBs und des Generalsekretärs Zweifel (zu) sähen." Eine gleichartige Ergebenheitsadresse trieb man von den Mitarbeitern der Berliner Bezirksleitung der SED ein. [174] Die Sache war in ihrer Gänze für alle Beteiligten so peinlich, daß man sich in der Öffentlichkeit mit den bekannten gesundheitlichen Gründen dieser Ablösung behalf.

Der Kampf um die Einheit und Reinheit der Wissenschaft

Eine ähnlich schäbige Vorstellung, diesmal allerdings ausschließlich auf Seiten der arrivierten Platzhalter des „ML" und nicht zuletzt auch zur konkurrenzneidischen Befestigung eigener akademischer Richtlinienkompetenz, bot 1981 der Exorzismus gegenüber Wissenschaftlern um Peter Ruben an der AdW und der HU. Für die Konstruktion geradezu abenteuerlicher Revisionismusbeweise machte sich eine ganze Reihe prominenter Gesellschaftswissenschaftler erbötig, wie eine umfängliche Dokumentation inzwischen belegt. [175] Hier wurden alle Register einer parteiideologisierten Ausgrenzung von Wissenschaftlern fernab von elementaren Regeln „wissenschaftlichen Meinungsstreits" gezogen, an der sich die hier weder zum ersten, noch zum letzten Mal exekutierten Methoden eines Verfahrens administrativer Abstrafung exemplarisch studieren lassen: Dem öffentlichen (publizierten) oder nichtöffentlichen Verriß (mittels „Gutachten" für die interne Abrechnung) durften die Angeschuldigten nicht auf gleicher Ebene begegnen, und die Verlaufsform der absolvierten Parteiverfahren war von ihrem vorgefertigten Ergebnis (dem Parteiausschluß) bestimmt. Der Skandal war selbst im Ausland hörbar, und die von dort eingehenden Proteste sorgten in einigen Fällen sowohl für die Verhinderung von Berufsverboten für aus der Partei ausgeschlossene Wissenschaftler als auch für die wachsende Distanz betroffener Wissenschaftler zur SED. Von im Inland geübter Solidarität, wenigstens aus Kreisen informierter Wissenschaftler, vergleichbar mit den anläßlich der Disziplinierung von Schrifstellern ausgangs der 70er Jahre zu verzeichnenden Protesten, konnte beschämenderweise nicht die Rede sein.

Widerspruch an der Parteibasis

Die Verwandlung des Mitgliedskörpers der Partei in eine alle Poren der Gesellschaft durchdringende Transformationsmaschine politbürokratischer Herrschaft hatte in den 40er und 50er Jahren mit terroristischen Mitteln begonnen und wurde später mit Methoden selektiver Repression fortgesetzt. In welchem Ausmaß dies tatsächlich gelungen war, hatte sich auch in den 80er Jahren an der Resistenz der SED gegenüber den wirklichen Widersprüchen zu erweisen. Gemäß der beschriebenen Verfassung der Parteiführung befand sich also deren Option auf wirklichkeitsverleugnende Immunisierung der Mitgliedschaft gegen ein drohendes kritisches Bewußtsein von immer eklatanter werdende gesellschaftlichen Widersprüchen auf dem Prüfstand.

Es kann als sicher gelten, daß gerade dort, wo die Konsequenzen des von der Parteiführung zu verantwortenden verfehlten wirtschaftlichen und politischen Handelns oder Unterlassens in erster Linie spürbar waren, nämlich in der Bevölkerung, dieser Kurs zu allen Zeiten immer auch Widerspruch hervorrief. Und es ist folgerichtig, daß die einfachen Genossen an der Parteibasis, nicht weniger Leidtragende dieses Kurses als Parteilose, besonders argwöhnisch daraufhin überwacht wurden, ob sie den überall anzutreffenden Bevölkerungsunmut nun auch innerhalb ihrer Parteistrukturen artikulierten. Auch in den 80er Jahren und trotz des über drei Jahrzehnte vorangetriebenen Subordinationsprozesses der Parteibasis unter ihre sich als unanfechtbar darstellende bürokratische Führung hat gerade in den Grundorganisationen der SED eine Minderheit von Parteimitgliedern immer wieder in sehr klarer und entschiedener Weise Widerspruch geübt. Für die Parteikontrollorgane kam es darauf an, solchen Widerspruch so zu behandeln, daß sich Kritik innerhalb der Parteistrukturen nicht in organisierten politischen Widerstand verwandelte. Tatsächlich war in den seltensten Fällen innerparteilicher Widerspruch mit einem oppositionelen Selbstverständnis verbunden. Aber natürlich war sein Entstehen dort, wo eigentlich die Transmission machtgeleiteter bürokratischer Strategien in die Gesellschaft hinein erfolgen sollte, besonders gefährlich. Dieser richtigen Einsicht gemäß handelten auch die Kontrollorgane. Dies lief keineswegs immer auf drakonische Abstrafungen hinaus, sondern das Bemühen um konforme Integration kritischer Ambitionen erwies sich häufig als die klügere Taktik. Doch auch hier waren die Grenzen klar gezogen. Als exemplarisch kann die Untersuchung der BPKK Berlin in den Abteilungsparteiorganisationen (APO) 16 und 17 der Betriebsparteiorganisation (BPO) Flugtechnik (Parteiorganisation Interflug) vom Dezember 1980 gelten. Die von der BPKK geprüften Rechenschaftsberichte beider APO-Leitungen übten „massive Kritik wegen der angeblich schlechten Informationspolitik der Partei", insbesondere „zur Lage in Polen"; „es würde rosarote Malerei herrschen, statt offen über unsere Fehler und Mängel zu sprechen", „wir sollten eingestehen, daß wir uns wirtschaftlich übernommen hätten und offen Preiserhöhungen zugeben." Der Sekretär der APO 17 wurde „offen parteifeindlicher Positionen" überführt, weil er schlitzohrig behauptete, „... bei uns haben sich im Propagandaapparat antisozialistische Kräfte breitgemacht, die durch diese unterdessen eingeschliffene Propagandaarbeit zur Verunsicherung beitragen und die Verärgerungen damit verstärken ... ." Neben Kritik an übergeordneten Leitungen wegen der Duldung solcher Positionen verfügte die BPKK den Parteiausschluß des erwähnten APO-Sekretärs. [176]

Widerspruch ohne Opposition: Der Niedergang der SED

Die gesamtgesellschaftliche Krise kulminierte in den 80er Jahren zunächst in Ausreisewellen und zunehmenden kritischen Aktivitäten innerhalb und dann auch außerhalb der unabhängigen Friedensbewegung, die immer weniger mit polizeistaatlichen Mitteln eindämmbar waren. Die politische, moralische, ökologische und ökonomische Verwahrlosung wurde immer offensichtlicher. Die eskalierenden Widersprüche der DDR-Wirklichkeit und die Unfähigkeit der Politbürokratie, diese Widersprüche überhaupt anzuerkennen, geschweige denn lösen zu wollen, führten auch dazu, daß eine wachsende Zahl früher in der SED organisierter und dann ausgeschlossener oder ausgetretener Personen in diesen unabhängigen Gruppen aktiv wurden oder mit ihnen sympathisierten. Mit zunehmendem Politisierungsgrad dieser zum Teil in Freiräumen der Kirche aktiven Gruppen wurde in ihnen die ganze Palette von tabuisierten Fragestellungen aufgeworfen, welche die offizielle Parteipolitik vermied. Nachdem die alten Kriminalisierungsmuster auch aus der Sicht der Herrschenden als politisch immer weniger zweckmäßig erschienen, belegte die andererseits immer mehr intensivierte Überwachungsarbeit der Sicherheitsorgane indirekt, welchen Stellenwert man solcherart Aktivitäten zuwies.

Spätestens seit 1986 nahmen aber auch innerhalb der SED-Mitgliedschaft Unzufriedenheit, Kritik und schließlich sogar die Ablehnung der herrschenden SED-Politik in Größenordnungen zu. Die Versuche der Parteiführung, das Ausmaß an wirtschaftspolitischem Abenteurertum, ökonomischem Niedergang, ökologischer Verwahrlosung und gesellschaftspolitischem Dilettantismus zu kaschieren, erwiesen sich als immer wirkungsloser. Während die halb- oder illegal arbeitenden informellen Kreise der unabhängigen Friedens- und Menschenrechtsbewegung sowie Teile der SED-Mitgliedschaft seit 1986 überdies die Signale des Umbruchs aus der Sowjetunion sehr sensibel registrierten, dominierten in der SED-Führung und dem Funktionärskörper weiterhin panische Verdrängungs- und schließlich Abgrenzungsmanöver, wie zum Beispiel in den Auslassungen Kurt Hagers zur sowjetischen Reformpolitik im „Stern" vom April 1987 deutlich wurde. Die Politik der Isolierung unabhängiger oppositioneller Gruppierungen von der

Bevölkerung und die permanenten innerparteilichen Strafandrohungen zur Behinderung von Verbindungen innerparteilichen kritischen Potentials zu jener Opposition waren nach wie vor funktionierende strategische herrschaftstechnische Optionen der SED-Führung. Während die Ghettoisierung der unabhängigen Opposition dann ab Ende 1988/Anfang 1989 zunehmend mißlang, blieb ihre Isolierung vor dem innerparteilichen kritischen Potential auch noch 1989 intakt.

Zur Beurteilung der innerparteilichen Situation ist auch die Rolle des Dialogpapiers „Streit der Ideologien und die gemeinsame Sicherheit" von SED und SPD vom August 1987 zu berücksichtigen. Jenes von der Parteiführung nach alten Mustern instrumentell gehandhabte Papier wird auch heute noch als Positionierung im Sinne parteireformerischer Positionen gewertet. Tatsächlich läßt sich zeigen, daß die strategischen Optionen der „Reformsozialisten" (etwa in Gestalt des Textes von Dieter Klein über die „Friedensfähigkeit des Kapitalismus") mit den taktischen Optionen der Dialogpolitiker (Rolf Reißig u. a.) durchaus kompatibel waren und die Crux im Widerspruch dieser Optionen zu den herrschaftspolitischen Zielen der diesen Dialog befürwortenden Politbürokraten lag. Die im Dialogpapier enthaltenen konvergenztheoretischen Attitüden auf dem Feld außen- und insbesondere friedenspolitischen Interessenausgleichs sollten der DDR-Führung neben herrschaftsstabilisierendem Akzeptanzgewinn auch verbesserte Einstiegsbedingungen bei einem revidierten weltwirtschaftlichen Diskurs auf der Grundlage eines gesicherten status-quo bescheren. Folgerichtig war dies zum Beispiel von der klammheimlichen Kooperation der DDR-Oberen mit den Organisatoren des IWF-Gipfels in Westberlin September 1988 gefolgt. Dabei wurde die SED im eigenen Land öffentlich in Form von Protesten der Mehrheit der unabhängigen DDR-Opposition zusammen mit Linken aus der Alternativen Liste Westberlin gegen diesen Gipfel mit den Widersprüchen ihrer eigenen Politik konfrontiert. Vor allem aber geriet das außenpolitische Dialog-Management trotz des als Triumph wirkenden Staatsbesuchs Honeckers in der BRD im September 1987 durch die massive Verweigerung des Dialogs im Inneren (Überfall auf die Umweltbibliothek Ende 1987 und die Repressionen anläßlich der Luxemburg-Liebknecht-Demonstration Januar 1988) auch bei SED-Mitgliedern in eine Glaubwürdigkeitskrise. In dem Maße, wie Ausreisewillige im direkten Verhältnis zum Grad erreichter Öffentlichkeit ihres Vorhabens ihre Ausreise bewilligt bekamen und kritische Ausreiseverweigerer mit allen Mitteln zur Ausreise genötigt wurden, verfestigte sich auch unter SED-Mitgliedern der Eindruck, für die Parteiführung seien nicht so sehr die Antragsteller, sondern die im Land bleibenden Kritiker das Problem.

Für das Verständnis der Entwicklungen in den Jahren 1988 und 1989 können auch eine Reihe von Dokumenten des MfS aus seiner Überwachungstätigkeit insbesondere der SED dienen (etwa Analysen aus dem Bestand der Zentralen Auswertungs- und Informationsgruppe ZAIG). Besondere Bedeutung kommt dabei den Vorgängen um das Verbot des „Sputnik"-Digest vom November 1988, den innerparteilichen Reaktionen auf die von der Opposition transparenter gemachten Kommunalwahlfälschungen vom Mai 1989, den zunehmenden wirtschaftlichen Schwierigkeiten und wirtschaftspolitischen Irrationalitäten sowie der unsäglichen Informationspolitik zu. Proteste gegen das Verbot des sowjetischen „Sputnik"-Digest im Jahre 1988 wegen der dort publizierten historischen Exkurse zur Politik der Kommunistischen Internationale sowie der KPD und noch mehr wegen der verfälschten Kommunalwahlen vom Mai 1989 erfaßten auch immer breitere Teile der SED-Basis. Lageberichte des MfS konstatierten hinsichtlich der Proteste gegen das „Sputnik"-Verbot, daß es „kaum Meinungs- und Argumentationsunterschiede bei sich äußernden Personen zwischen Mitgliedern der SED und Parteilosen" gäbe, und der Unmut eine „Vielzahl z. T. langjährige Mitglieder und Funktionäre der SED" erfasse[177]. Ein Material des MfS vom 11. September 1989 mit „Hinweise(n) auf beachtenswerte Reaktionen von Mitgliedern und Funktionären der SED zu einigen aktuellen Aspekten der Lage in der DDR und zum innerparteilichen Leben" sprach von „angekündigten Austrittserklärungen aus der SED" wegen „Nichtverständnis der ökonomischen Politik der Partei" und „Ablehnung der Informationspolitik." Wegen „der wachsenden Tendenz unter den Werktätigen, die Partei- und Staatsführung für die entstandene Lage verantwortlich zu machen" sei eine „scharfe Kritik von Mitgliedern und Funktionären der SED an der Arbeit der übergeordneten Parteileitungen" zu konstatieren. Die „Abstempelung als Nörgler statt klare Antworten auf Parteiversammlungen" zu geben, war natürlich die Folge der zuvor in Umlauf gesetzten berüchtigten innerparteilichen Information über den Umgang mit Kritikern [178].

Schon 1987/88 war in Bezirksparteikontrollkommissions- und Kreisleitungsberichten über Grundorganisations-Mitgliederversammlungen von Forderungen nach mehr innerparteilicher Demokratie, nach öffentlicher Problematisierung des wirtschafts- und sozialpolitischen Kurses sowie von wachsender Unzufriedenheit über die Reiseregelungen und die Praxis der Erfolgspropaganda die Rede. [179] Diese Situation schlug sich indirekt auch in den internen Parteiinformationen (vgl. etwa die erwähnte berüchtigte Anweisung über den Umgang mit „Nörglern und Meckerern" von 1988) und in einer Welle von Parteiausschlüssen, insbesondere aus Protesten gegen das erwähnte „Sputnik"-Verbot, nieder. Die das ZK bis Dezember 1988 erreichenden 800 Eingaben in letzterer Sache waren zu 75% von SED-Mitgliedern, darunter 57 von ganzen Parteigruppen, verfaßt. Vorwiegend aus Kreisen der Parteiintelligenz stammend, sahen sich Eingabenverfasser vom Apparat in Auseinandersetzungen mit dem Ziel der Rücknahme ihrer Kritik verwickelt. [180] Es verwundert daher nicht, daß der von Mückenberger im Januar 1989 gegebene Bericht der ZPKK über die 1988 durchgeführten Parteiverfahren mit fast 23.000 Parteiverfahren und einer hohen Rate politisch motivierter Parteistrafen eindeutige Signale setzte. Gemessen an der Zahl von 2,3 Millionen Mitgliedern und der niedrigen Sanktionsschwelle ist diese Zahl zwar gering, dennoch markierten diese Zahlen neue Rekordmarken. Hinzu kam eine erste Austrittswelle, die ebenso eindeutig den wachsenden Unmut belegte.

Die letzte Niederlage der Parteibasis

Konform mit der SED-Blockade gegenüber einer Geschichts–diskussion vergleichbar der, die in der SU begann, war die demonstrative Verleihung des Karl-Marx-Ordens an den Reformgegner Ceausescu im November 1988 eine Provokation. Dabei war die Entwicklung in der SU seit Gorbatschows Amtsantritt von durchaus zwiespältiger Wirkung auf die SED. Einerseits korrespondierte die wachsende innerparteiliche Unzufriedenheit mit zunehmenden Sympathien für den neuen Kurs in der SU. Hinsichtlich des zweifellos stimulierenden „Perestroika"-Konflikts zeigte sich aber auch, daß die Mehrheit der innerparteilichen „Nörgeler und Meckerer" die Perspektive der von Gorbatschow damals betriebenen Politik als „Parteireform von oben" akzeptierte und dies zur Selbstbindung in Form der vergeblichen Heilserwartung auf eine „SED-Reformfraktion" im oberen Funktionärskörper beitrug. Ironischerweise dürfte auch die trotz offizieller Leugnung immer deutlicher wahrnehmbare Distanz der SED-Führung zur SU (etwa vermöge Hagers erwähntem „Tapeten-Interview" für den „Stern") Anlaß für Irritationen ansonsten beinharter Dogmatiker der Sorte „unverbrüchliche Treue zur SU" gewesen sein. Andererseits war das Stimmungsbild mit Zunahme der hausgemachten sowjetischen Schwierigkeiten, vor allem auf wirtschaftlichem Gebiet (ebenso wie in Polen und Ungarn) und wegen der anwachsenden Nationalitätenkonflikte, widersprüchlich. Die Mischung aus Durchhaltewillen in Teilen des Funktionärskörpers und Verunsicherung oder passiver Ablehnung der Politbüro-Linie unter großen Teilen der Mitgliedschaft gestattete wegen der nach wie vor funktionierenden Selbstbindung bzw. aufgrund des Disziplinierungsdrucks keine spontane Auflehnung, wäre aber ein guter potentieller Resonanzboden für gegenläufige Konzeptangebote gewesen. Vom kläglichen Schicksal so gemeinter reformsozialistischer Attitüden innerhalb der SED und den Ursachen ihres Scheiterns wird im nächsten Kapitel noch ausführlich die Rede sein.

Statt innerparteilichen Gegendrucks gab es mit dem 7. Durchhalte-Plenum vom Dezember 1988 den letzten und wohl entscheidenden Sieg der Parteiführung über ihre Parteibasis, die sich auch in der Krise und trotz spürbar wachsender Unzufriedenheit weiter nachhaltig entmündigen ließ. Dies zeigte sich 1989 bei der unsäglichen FDJ-Pfingstmanifestation, der Kommunalwahlfarce im Mai und dem parteioffiziellen Jubel über die Niederschlagung des Pekinger Protestes, bei dem sich Egon Krenz unrühmlich hervortat. Wieder gab es Unruhe und Kritik, aber keine Opposition. Dabei begannen 1989 die bewährten Instrumente parteidisziplinarischer Einschüchterung ebenso an Wirksamkeit einzubüßen, wie die politischen Unkosten der noch in den 70er Jahren praktizierten Kriminalisierung öffentlich gewordener politischer Opposition zu hoch zu werden drohten. Während Bahro im Juni 1978 für die Veröffentlichung seines Buches „Die Alternative" noch zu 8 Jahren Haft verurteilt wurde, kam der Autor des Buches „Der vormundschaftliche Staat", Rolf Henrich, im April 1989 mit dem Parteiausschluß und den einschlägigen Überwachungsmaßnahmen davon. Allein dieses Beispiel signalisierte die sich langsam, aber nachhaltig positiv verändernden Wirkungschancen innerparteilicher oppositioneller Positionierung. Inzwischen war eine Infrastruktur halblegaler oder illegaler Publikationen entstanden, die es auch außerhalb der parteiunabhängigen Opposition tätigen kritischen oder oppositionellen Personenverbindungen gestattete, an die Öffentlichkeit zu gehen, auch wenn sie es (zum Teil mit guten Gründen) vorzogen, selbst weiterhin konspirativ zu arbeiten. In der SED blieben solche Chancen ungenutzt. Doch auch die anderen gesellschaftlichen Organisationen und Gremien blieben unabhängig von der Stimmung treu auf Linie - ob dies nun die bei der „Sputnik"-Episode zutiefst verunsicherte „Gesellschaft für Deutsch-Sowjetische Freundschaft" war oder die Volkskammer, welche sich später nicht genug über Mielke und die Übergriffe der Sicherheitskräfte vom Oktober 1989 empören konnte, aber vorher mit ihrer Akklamation zum chinesischen „himmlischen Frieden" brav den ihr zugedachten Blockflöten-Part spielte. Wieder blieb es der marginalisierten unabhängigen Opposition überlassen, den öffentlichen Protest zu artikulieren, und nur eine mutige Minderheit von DDR-Künstlern, zum Teil auch SED-Mitglieder, protestierte erneut öffentlich gegen die parteioffizielle Arroganz der Macht (wie in der P.E.N.-Protestresolution vom März 1989 gegen Havels Verhaftung in der CSSR). Während dieser Zeit konzentrierte sich die Berichtstätigkeit zum Beispiel der Kreisleitungen der SED angesichts der sich häufenden Probleme einer völlig unzureichenden Anleitungstätigkeit auf Durchhalteappelle. [181] Das Politbüro reagierte erst auf die beginnende Fluchtwelle über Ungarn. Die im Sitzungsprotokoll am 29. August dokumentierte Debatte [182] belegt Ratlosigkeit und verzeichnet zugleich die Orientierung auf die während des 7. ZK-Plenum angeordnete und nun beginnende Umtauschaktion der Mitgliedsbücher: Eine neue Säuberung nach bewährtem Muster sollte die Partei wieder in das verwandeln, was sie ihrer Aufgabe gemäß zu sein hatte - in ein vor knieweichen Zweifeln immunisiertes Instrument des Durchgriffs der Herrschenden zur Formierung der Gesellschaft. Tatsächlich führte dies aber zeitgleich mit der Gründung neuer, aus der parteiunabhängigen Opposition hervorgegangener Organisationen im September 1989 zur Verstärkung der Austrittswelle. Statt innerparteilicher Opposition bevorzugten immer mehr nicht anpassungswillige SED-Mitglieder die Teilnahme an außerparteilichen Aktivitäten, wenn sie sich nicht resignierend zurückzogen.

Um so entschiedener wurden die Umbruchsignale in der Opposition verarbeitet. Im „Böhlener Appell für eine Vereinigte Linke" des September 1989 wurde eine Koalition der Vernunft und des Realismus aller demokratischen Kräfte des Landes gegen den Stalinismus gefordert. Diese Aufforderung richtete sich ausdrücklich auch an die kritischen Teile der SED-Mitgliedschaft. Die zeitgleich entstehende erste breite Bürgerbewegung „Neues Forum" forderte offen über das kirchliche Ghetto hinaus den gesamtgesellschaftlichen Dialog zur Erneuerung des Sozialismus. Inzwischen ergänzte sich die Massenflucht über die ungarische Grenze um die Massenflucht über gestürmte osteuropäische BRD-Botschaften.

Der Zusammenbruch: Erster Widerstand in der SED fünf Minuten nach zwölf

Die Rolle der Palastrevolutionäre um Krenz, Stoph, Tisch und Schabowski zu kommentieren, erübrigt sich auf Grund der bis heute vorliegenden Veröffentlichungen. Das Krisenmanagement der wankenden Politbürokratie wurde mit Krenz als Interims-Oberbürokraten zur Farce. Das 9. Plenum des ZK vom 18. Oktober 1989 verdeutlichte nur die Tatsache, daß hinter den personellen Wechseln im PB keinerlei Konzept steckte. Vor allem aber sollte die formalisierte Ablösung Honeckers, der seinen Nachfolger gemäß PB-Szenarium selbst vorschlug, keinesfalls mit einer inhaltlichen Debatte verbunden werden. Noch nicht einmal die Begründung für die Ablösung Honeckers, Mittags und Herrmanns wurde dem überrumpelten ZK gegeben. Krenz, der sich zur Empörung breiter Bevölkerungsteile als Repräsentant der die „Wende" einleitenden SED präsentierte, wurde von nun an teils durch die Ereignisse, teils durch den Druck der eigenen Parteibasis permanent „geschoben". Die Massendemonstrationen in Leipzig und Berlin forderten die Demokratisierung, noch ohne eine sozialistische Erneuerung in Frage zu stellen. Doch dies begann sich angesichts der anhaltenden Schaukelpolitik der SED zunehmend zu ändern. Ein übriges tat das dilettantische Manöver der Grenzöffnung am 9. November. Das Ende der DDR war in Sichtweite.

Unter den Bedingungen einer zwar noch disziplinierbaren, aber in der Krise nicht mehr für die alte Politik mobilisierbaren Mitgliedschaft war die friedliche Verlaufsform des Zusammenbruchs der SED-Herrschaft weder das Verdienst der Politbüro-Palastrevolutionäre, noch Ausdruck neu gewonnener Souveränität der Parteibasis gegenüber ihrer abgewirtschafteten Führung. Vielmehr war dieser Zusammenbruch der krasse Ausdruck einer über jede Grenze hinausgetriebenen Beharrung auf alten Politikmustern bei Verleugnung der Krise unter den Bedingungen des Verlusts gewohnter Handlungsspielräume. An erster Stelle sind hier die nunmehr massiv außerhalb der SED zunehmenden Proteste und Demonstrationen (an denen auch massenhaft innerhalb ihrer Partei weiterhin blockierte SED-Mitglieder teilnahmen) zu nennen, welche in ihrer politischen Bedeutung noch weit vor den Massenausreisewellen rangierten. Die materiell machbare „chinesische Lösung" fiel im Oktober nicht aufgrund plötzlichen Erwachens politischer Verantwortungsethik oder wegen des fehlenden sowjetischen Rückhalts, sondern wegen der Unmöglichkeit ihrer nachhaltigen Realisierung aus. Der zynische Vollzug eines „Normalisierungskonzepts" á la Husak nach einer militärischen „Lösung" á la Jaruzelski hätte in der DDR wenigstens die Anerkennung einer Krise und das Vorhandensein einer Integrationsstrategie zumindest innerhalb der Partei erfordert.

Noch bevor mit der verspäteten Anerkennung der Krise unter Krenz der endlich erwachende offene Widerspruch an der Parteibasis irgendeine Form zu finden imstande war, zeigte sich, daß der Schritt einer endlich handlungswilligen Parteiminderheit über die ratlose Passivität großer Teile des Funktionärskörpers und der Mehrheit der unzufriedenen, aber inaktiven Mitglieder hinaus bereits zu spät kam, und die Initiative verloren war. Die erste von der Parteibasis initiierte große Massendemonstration von über zehntausend SED-Mitgliedern vor dem ZK-Gebäude während der 10. ZK-Tagung am 8. November signalisierte der Interimsführung die massive Unzufriedenheit der Parteibasis angesichts der geplanten halbherzigen Personalentscheidungen und des feigen Ausweichens vor politischen Konsequenzen. Auch jener entgegen massiven Forderungen der Parteibasis nach einem außerordentlichen Parteitag gefaßte Beschluß, nur eine in ihren Kompetenzen beschränkte Parteikonferenz einzuberufen, zeigte erneut, daß die Parteiführung ein weiteres Mal vor dem eigentlich anstehenden radikalen Bruch mit dem System bisheriger Politik zurückschreckte. Das Aktionsprogramm der SED, kaum diskutiert und durch die erfolgte Grenzöffnung erneut hinter der Zeit zurückbleibend, mußte sich als Makulatur erweisen. Das Versagen des ZK auf ihrer 10. Tagung schlug sich in den Losungen der Massendemonstration von 150.000 SED-Mitgliedern nach Beendigung des 10. Plenums im Berliner Lustgarten nieder. Angesichts dieses Drucks von unten war die auf der 11. Tagung eilig vollzogene Revision in Richtung Sonderparteitag nur die Quittung des ZK-Bankrotts. Die Partei war nicht mehr handlungsfähig. Die Erwartungen nicht nur der enttäuschten SED-Mitglieder verlagerten sich nunmehr auf den am 13. November zum Ministerpräsidenten gewählten Hans Modrow. Doch auch dessen demonstrative Distanz zu seiner auseinanderfallenden Partei sollte angesichts der halbherzigen Reformpolitik dieser Regierung nur wenig Vertrauensspielraum schaffen. Die Kombination von Obstruktion des Parteiapparates gegenüber den von der Basis geforderten organisatorischen Konsequenzen, Orientierungslosigkeit in der anstehenden politischen Neubestimmung und Schockwirkung immer neuer Enthüllungen über den Sumpf aus Amtsmißbrauch und Korruption ließ die Austrittswelle in den Monaten November und Dezember anschwellen, anstatt daß der handlungswillige Teil der Parteibasis die Parteihäuser stürmte, den Apparat entmachtete und die Partei in ihrer bisherigen Form auflöste. Allerdings wuchs in der Zeit der Vorbereitung des Sonderparteitages die Konsequenz, mit der sich die erwachende Parteibasis zu Wort meldete. Die erstmals basisdemokratische Delegiertenwahl schuf nun die Voraussetzungen dafür, daß die Beschlüsse des bevorstehenden Sonderparteitages tatsächlich die Handlungs–bereitschaft der Parteibasis und ihren Willen im Umgang mit der SED widerspiegeln könnten. Unter dem Druck ihrer immer schärferen Forderungen trat das ZK auf seiner 12. Tagung Anfang Dezember zurück, nicht ohne zuvor die diskreditiertesten Repräsentanten des alten Kurses (natürlich ohne Krenz und Schabowski) aus ZK und SED ausgeschlossen zu haben. PB und ZK verschwanden von der Bühne, ohne daß zuvor von den ausgeschlossenen Politbürokraten die politisch-inhaltliche Rechenschaft für ihren Anteil an der Krise abgefordert wurde.

Das Ende der SED und alter Anfang in der neuen PDS

Das Tempo, mit dem die Partei zerfiel, kann nach der Schwächung des Zentralismus, der „Bewegungsform" jener SED, verstanden als Politikinstrument der Bürokratie, gerade in der Krise nicht verwundern. Die SED, betrachtet als Mitgliederpartei, stand nun auf dem Prüfstand hinsichtlich der Chancen zur Überwindung von Folgen jahrzehntelanger Erziehung zur Subalternität und politischer Bewußtlosigkeit: Konnte sich die Mitgliedschaft gegen die Reste des kollabierenden Apparates und die Anwälte einer moderaten Rettungsaktion für die alte Partei durchsetzen? Konnte sie sowohl inhaltlich als auch organisatorisch einen vollständigen Neubeginn erzwingen? Es sollte sich zeigen, daß die Kräfte für jenen radikalen Bruch zu schwach waren und sich das von der Krise diktierte Tempo als zu groß erwies, als daß sich diese innerparteiliche Tendenz hätte durchsetzen können. Sowohl die Tiefe der Krise als auch die Schwäche der radikalen Strömung waren unmittelbare Folge politbürokratischer Gesellschaftsdestruktion und entpolitisierender Sozialisation der SED-Mitgliedschaft. Der „Parteitag der Erneuerung" stand in weiten Teilen im Zeichen des Kampfes um die Erhaltung der SED als Organisation. Modrow setzte gegen die Appelle für Auflösung und Neubeginn seine Forderung nach Wiederherstellung der Handlungsfähigkeit der SED. Die Erneuerung sollte sich in der Neuwahl der Parteiführung und nicht in der Auflösung der Partei manifestieren. Das traditionelle Dogma der Verknüpfung von Handlungsfähigkeit der SED und Regierbarkeit der DDR wurde von ihm revitalisiert, indem er die ganze Autorität seiner Funktion als Regierungschef zugunsten der Lebenserhaltung der SED in die Waagschale der Argumente warf: Wenn die SED stirbt, geht das Land unter.[183] Und wieder beugten sich die Delegierten dieser Verknüpfung von machtpolitischem Traditionalismus und dem Ultimatum der Apokalypse. Die Wahl von Gregor Gysi als Vorsitzender, des neuen Parteivorstandes und seines Präsidiums (statt ZK und PB) und der Schiedskommission (statt ZPKK) erfolgte, noch ohne daß dieser erste Teil des Sonderparteitages über den Symbolwert der neuen Troika Gysi, Modrow und Berghofer sowie des Erhalts der SED hinaus Inhalte diskutierte. Die dem zweiten Teil des Sonderparteitages vorbehaltene Diskussion dokumentierte ein weiteres Mal die Halbherzigkeit, mit der die beschworene Erneuerung betrieben wurde. Zwar ließen die Delegierten das Rechtfertigungspapier einiger, sich als Opfer von Honecker und Mittag präsentierender ehemaliger PB- und ZK-Mitglieder abblitzen, jedoch war eine substantielle Auseinandersetzung zur Krise und der Verantwortung der SED nicht erwünscht, obwohl Michael Schumanns Diskussionsbeitrag dafür Anlässe bot. Wichtiger schien die Entlastung der Parteibasis auf Kosten der Betonung persönlicher Verantwortung jener Führung zu sein, derer man sich so schnell entledigt hatte. Die Parteiintellektuellen besetzten rasch das konzeptionelle Vakuum mit der Präsentation des „Dritten Weges“ einer sozialökologischen Marktwirtschaft (Dieter Klein), von der noch zu reden sein wird (vergleiche Abschnitt 9). Anstelle eines Wirtschaftskonzepts verteidigte Wirtschaftsministerin Christa Luft die praktizierte wirtschaftspolitische Öffnung. Der symbolhafte Streit um den Namen der Partei signalisierte mit jenem bis zum ersten ordentlichen Parteitag gültigen Bandwurm „SED/PDS“ nicht nur einen Versuch des Kompromisses zur Verhinderung der Parteispaltung. Er demonstrierte mehr, als es seitens der Reformer gewünscht war, auch die reale Kontinuität unter dem Mantel der Erneuerung. Wie wenig überdies der statuarisch gesicherte progressive Umbau der Parteistrukturen zugunsten innerparteilicher Demokratie und Plattformpluralismus die exklusive Rolle des Apparats zu konterkarieren imstande war, sollte sich spätestens nach einem Jahr anläßlich des Finanzskandals der PDS Ende 1990 zeigen.

Die SED/PDS als Regierungspartei und ihr Verhältnis zur SED

Das passive Verhältnis der PDS zur Politik der Koalitionsregierung unter ihrem Ministerpräsidenten Modrow und das Lavieren am Runden Tisch angesichts der dort stattfindenden harten Konfrontation der Bürgerbewegungen mit der Regierung um die Offenlegung der wirtschaftlichen Situation und um die Abschaffung des AfNS hatte die Frage nach den Chancen eines politischen Bündnisses radikalreformerischer Kräfte in der PDS und Teilen der Bürgerbewegungen negativ beantwortet. Damit war auch die im November noch eine Massenbasis besitzende Option für einen über technokratische Reformen hinausgehenden radikalen Bruch mit der bisherigen SED-Politik zugunsten eines selbstbestimmten Wegs in Richtung demokratischer Sozialismus endgültig gegenstandslos geworden. Anstelle des fortgesetzten Verfalls staatlicher Autorität einer Koalitionsregierung, die aufzuhalten Modrow auch mit der ultimativ eingeforderten Selbstbindung der neuen politischen Organisationen in der „Regierung der nationalen Verantwortung“ [184] nicht gelang, wäre ein solches Bündnis die einzige Alternative zu der sich vor den Wahlen in den Blockparteien politisch formierenden Anschlußoption gewesen. Die SED/PDS blieb passiv. Statt dessen verband Modrow die Kapitulation vor den sich in ihren Westpartnern auflösenden Altparteien mit der traumtänzerischen Begünstigung ihrer Liquidationskonzepte. Kaum mit der Einwilligung der übertölpelten Bürgerbewegungen zur Regierungsbeteiligung ausgerüstet, brach der Ministerpräsident schon am 1.Februar 1990 die den neuen Regierungsteilhabern in spe am 28.1.1990 gegebene Zusicherung, nun alle substanziellen politischen Initiativen nur nach Konsultation mit den Bürgerbewegungen in Erwägung zu ziehen. Vielmehr rückversicherte sich Modrow am 30. Januar bei

Gorbatschow bezüglich seiner als Alleingang beabsichtigten Initiative „Deutschland einig Vaterland" [185], was seitens der Bürgerbewegungen mit billigender Inkaufnahme und nur durch die „Vereinigte Linke" (VL) mit einer Mißtrauenserklärung und der Rücknahme ihrer Zusage vom 28.1.90 quittiert wurde.

Mit Modrows Manöver war nach außenhin nun für alle klargestellt, daß nur noch die Konditionen der DDR-Abwicklung seitens der politischen Akteure ausgehandelt werden sollten. Wie sehr sich Modrow über die Entschlossenheit der bundesdeutschen Regierungsparteien täuschte, ihnen gebotene Chancen zum Diktat von Bedingungen zu nutzen, zeigte sein demütigender Bonn-Besuch am 13. Februar: Mitsamt seinen fassungslosen bürgerbewegten Regierungsstatisten wurde Modrow von Kohl statt erbetenem Solidarbeitrag eine Dosis von Arroganz genau jener Macht verabfolgt, für die man an ihm vorbei zuvor in der DDR vorgearbeitet hatte. [186] Andere als taktierende Konsequenzen wurden nicht gezogen: Als sich während dieses katastrophalen Kurses auch für die Ost-SPD die Wahlchancen zugunsten des Originals CDU verschlechterten, bot Modrow Ibrahim Böhme kurz vor den Wahlen Beratungen „über noch bestehende Möglichkeiten der medienseitigen Unterstützung für die SPD" an, da Modrow „die Chancen für ein späteres Zusammenwirken mit der SPD nicht auslassen wollte." [187]

Im Resultat der quälenden Befreiung von ZK und Politbüro des neuen Oberbürokraten Krenz sowie der 12-Wochen-Debatte um Selbstauflösung, Neugründung oder Nachfolgeschaft hat es die SED bzw. die SED/PDS weder vermocht, 1989/90 das in der Bevölkerung in noch weitaus höherem Maße als in der Partei sich verstärkende Mißtrauen abzubauen, noch die politische Initiative für eine glaubwürdige Alternative zum Anschluß der DDR an die BRD zu ergreifen geschweige denn zu dieser Glaubwürdigkeit beizutragen. Dies gilt auch unabhängig davon, wie man nach 40 Jahren DDR als politbürokratischer Alternative zum Sozialismus die Chancen einer sozialistischen Perspektive beurteilte. Vielmehr ist die Verlaufsform des Anschlusses der DDR an die BRD sowie der Weg der SED/PDS und dann der PDS von der Regierungs- zur Oppositionspartei selbst der Beweis für die historische Verspätung, mit der die Chance eines Bruchs mit der eigenen stalinistischen Vergangenheit zu nutzen versucht wurde. Die Analyse der Unfähigkeit der PDS, 1990 die politische Initiative wiederzuerlangen, ist heute vor dem Hintergrund der Frage, ob sie als gesamtdeutsche (nicht ostdeutsche) Oppositionspartei und als linke Alternative zur Sozialdemokratie wieder initiativ werden kann, nicht nur von historischer Bedeutung.

Die Schiedskommission der PDS bemühte sich nach der Wende tapfer, den Berg an innerparteilichem Unrecht, den die SED hinterlassen hatte, abzuarbeiten. In dem Bemühen um „die Entscheidung über Anträge auf Rehabilitierung" sowie in „der Auseinandersetzung mit ehemaligen Spitzenfunktionären der SED über ihre Verantwortung für die politische Krise in der DDR und in der Partei sowie der Behandlung von Einsprüchen gegen Parteiausschlüsse und andere Parteistrafen" wurde eine große Anzahl von auch in dieser Arbeit genannten prominenten Mitgliedern der SED, aber auch viele einfache Mitglieder rehabilitiert und Parteistrafen aufgehoben sowie die meisten verantwortlichen Spitzenfunktionäre des SED-Politbüros und viele Mitglieder des ZK ausgeschlossen. [188] Die Rehabilitierungstätigkeit der Kommission betraf auch deutsche Kommunisten, die in der UdSSR Opfer Stalinscher Terrormaßnahmen wurden. „In ihrer Erklärung 'Die Tragödie deutscher Kommunisten in der Stalin-Ära' wertete die Zentrale Schiedskommission die Rehabilitierung dieser Genossinnen und Genossen als einen Prüfstein für das Selbstverständnis der PDS." Gleichfalls rehabilitierte die Schiedskommission die nach 1945 in Internierungslagern und Strafhaft umgekommenen Antifaschisten sowie eine Gruppe ehemaliger KPD-Funktionäre der BRD, die Anfang der 50er Jahre zur Vorbereitung eines stalinistischen Schauprozesses in die DDR gelockt und aus der Partei ausgestoßen wurden, wie den oben erwähnten ehemaligen stellvertretenden Vorsitzenden der KPD, Kurt Müller und seinen Nachfolger Fritz Sperling. [189]

Die Schiedskommission unterließ es, die Frage zu thematisieren, ob und für wen der damals abgestraften und nun rehabilitierten Parteimitglieder weniger eine solche Rehabilitierung, als vielmehr die von der PDS nebenbei auch absolvierte entschiedene Verurteilung der innerparteilichen SED-Disziplinierungsmechanismen bedeutsam war. Schließlich dürfte höchstens für die „verfolgte Unschuld" ein Interesse an parteioffiziellem Freispruch bestehen, während oppositionelle ehemalige Parteimitglieder, die nicht „abzuschwören“ bereit waren, ihrem Selbstverständnis gemäß geradezu auf ihrer von der SED ausgeteilten Parteistrafe bestanden haben müßten.

9. Exkurs: Das Versagen der SED-Reformer in den 80er Jahren

Die erwähnten beiden Tätigkeitsberichte der Zentralen Schiedskommission der PDS zwischen dem Außerordentlichen Parteitag Dezember 1989 und dem 2. Parteitag 1990 belegen im Nachhinein anhand des Außmaßes der notwendig gewordenen Rehabilitierungen, namentlich wegen der Abstrafungen der Jahre 1988/89, den enorm angewachsenen Umfang individuellen und zum Teil auch kollektiven innerparteilichen Widerspruchs. Das in der SED zu konzeptionellem Widerspruch fähige und in den Strukturen der Partei operierende Potential hat trotz dieser für einen Bruch mit der herrschenden Politik günstigeren Bedingungen versagt. Unter anderem deshalb ist es den Herrschenden in der DDR auch gelungen, dieses wachsende widerständige Potential innerhalb der SED unterhalb der Schwelle wirksamer, politisch eingreifender Proteste oder organisierter innerparteilicher Opposition zu binden oder auszugrenzen. Insofern waren bis zum Herbst 1989 die bewährten Methoden der Disziplinierung und Eindämmung erfolgreich, ohne daß diesmal allerdings die innerparteiliche Befriedung erreicht wurde.

Das Konzept eines „Modernen Sozialismus“

Inwiefern aufrechterhaltene Parteiloyalität auch des kritischen Potentials in der SED für diese Niederlage verantwortlich war, ist im folgenden zu begründen. Wie bekannt gab es vor der Wende keine die Bürokratie öffentlich herausfordernden innerparteilichen Alternativkonzepte, die natürlich nur auf einen diese Loyalität zur Parteiführung aufgebenden Teil der Parteimitgliedschaft und die Solidarität der unzufriedenen Bevölkerung als Rückhalt hätten rechnen können, wenn sie denn auf eine politisch zu erzwingende Wende aus gewesen wären. Erst mit dem von der parteiunabhängigen Opposition herbeidemonstrierten Umbruch traten die „Reformsozialisten" mit ihrer Konzeption einer „Modernisierung des Sozialismus" auch an die Öffentlichkeit, wobei sich zeigen sollte, daß dies keinen Einfluß mehr auf die weitere Entwicklung in der DDR nehmen konnte, sondern lediglich später auf die konzeptionelle Orientierung der sich zur PDS umgestaltenden SED. Zu klären ist, warum sich zu Zeiten des kollabierenden Nominalsozialismus die Kämpfer für einen „modernen Sozialismus" bis Ok-tober 1989 eigentlich niemals auf einen Konflikt mit den Sachwaltern jener Strukturen eingelassen haben, die sie in ihrer Kritik ebenso subtil, wie vor- und weitsichtig als „modernisierungsbe-dürftig" umkreisten. Zu klären ist auch, welchem Selbstverständnis die Vorsicht dieser Kritiker der realsozialistischen „Vormoderne" gegenüber dem widerständigem Potential außerhalb des akademischen Ghettos, das die „Modernisierer" zu einem Brückenkopf systemimmanenten Wandels auszubauen hofften, geschuldet war. Und schließlich sind die Antworten auf diese beiden Fragen vor dem Hintergrund der eigentlichen Inhalte ihrer Systemkritik an der DDR zu prüfen.

Unter den Parteiwissenschaftlern mehrerer Institute der AdW und an der HU in Berlin sowie innerhalb offizieller Forschungsprojekte staatlichen oder parteigebundenen Charakters aus Jena, Leipzig und Halle „konstituierte(n) sich Ende der 70er und Anfang der 80er Jahre um die Frage der Neubestimmung der Prinzipien des Sozialismus" ein zunächst lockerer Kommunikationszusammenhang von sogenannten „Reformsozialisten", die „zwischen 1985 und 1989 ein Konzept der Modernisierung des Sozialismus (entwickelten)." [190] Die Frage, wie der reformsozialistische „Versuch, eine politisch wirksame Vision zu schaffen, die einen praktischen Durchbruch zu einer neuen Politik ermöglichen sollte" [191], auf die in den 80er Jahren entstandene Situation bezogen war, beantwortet Rainer Land ernüchternd: „Die Reformsozialisten gingen im Laufe ihrer politischen Sozialisation zumeist bewußt auf Distanz zu Politik und Praxis, weil sie auf diesen Feldern keine Möglichkeiten für eine Erneuerung der Gesellschaft oder des Sozialismus sahen." Das Credo reformsozialistischen Modernisierungsdenkens beschrieb Land im Rückblick mit folgender These: „Die ganz versteckte Radikalität bestand darin, die Institutionen der Moderne sukzessive wieder einzuführen, zum Kapitalismus, zur parlamentarischen Demokratie, zum Verfassungs- und Rechtsstaat, zur Gewaltenteilung zurückzukehren, diese zum Angelpunkt einer Reform des Real-Sozialismus zu machen ... auf dem Wege einer Evolution der vorgefundenen sozialistischen Gesellschaft." Hinsichtlich des Verhältnisses der Reformer zur SED und zur parteiunabhängigen Opposition heißt es bei Land: „Ihr politischer Diskurs zog keine scharfen und harten Grenzen zum offiziellen Selbstverständnis der SED." Im Verständnis der Reformsozialisten „(codierte) 'Sozialismus' das Moment des Konsens und der Akzeptanz der vorgefundenen Verhältnisse und ihrer Vorgeschichte." Und: „... die Partei selbst sollte auch bei ihrer Aufhebung Subjekt bleiben, eine SED-externe Opposition war nicht gewollt, erschien als Behinderung. Ein positives Verhältnis zu den Bürgerrechtlern blieb von diesem Selbstverständnis her ausgeschlossen. ... Wir ... hielten deren Weg für gefährlich, weil die Machtfrage als Invariante für Reformen galt."

Hier erübrigt sich eigentlich jeder Kommentar. Nur für jene, die angesichts der heute gewendeten Politik der Grünen und des Bündnis 90 als ihrem rechten Ostrand die Inhalte damaliger parteiunabhängiger Opposition in der DDR vergessen haben sollten, ist in Erinnerung zu rufen, daß nicht nur ein institutionalisiertes Stellvertreterpolitik-Verständnis jedweder couleur, ob nun als eines der SED oder der SPD, verpönt war, sondern auch der Standpunkt einer reflektierenden Avantgarde, ganz zu schweigen von den apologetischen Selbstregulations-Schwadronaden der Marktwirtschaftsanbeter. Ein „konspirativer Avantgardismus", wie Land die Praxis der Gruppe glossiert, konnte als Bestandteil des kritischen, nicht aber des widerständigen Milieus akzeptiert werden. Und selbst die zutreffende Einschätzung des modernen Kapitalismus als entwicklungs- und reformfähig stieß auf mehr Skepsis, als auf Zustimmung, wenn sie als „Moderne-Horizont" benutzt wurde. Darüber hinaus war zumindest in der linken parteiunabhängigen Opposition Mißtrauen gegenüber dem im Konzept inkorporierten Konvergenzdenken angesagt, denn dies kannte man schon aus den abgesonderten SED-offiziösen Spätpapieren zum Thema „Friedensfähigkeit des Kapitalismus" und aus den heuchlerischen, die in Aussicht genommene Umbewertung des IWF vorbereitenden Akklamationen der SED-Wirtschaftsideologen. Zwar verurteilte die linke Opposition ähnlich wie die Reformsozialisten (wenn auch viel direkter) jene politbürokratische Herrschaft, die sich als Sachwalter des allgemeinen Interesses präsentierte. Anders als die Reformsozialisten antizipierten die Linken jedoch die Überwindung solcherart durchaus gegenmoderner Herrschaft nicht in den Formen der Bürgerlichkeit. Der Herrschaftscharakter bürgerlich-parlamentarischer Institutionen war ebenso Gegenstand ihrer Kritik wie die zivilgesellschaftliche Vermittlung bürgerlicher Gewalt. Insofern suspendierte die Erkenntnis, daß der Voluntarismus bürokratischer Kommandowirtschaft im Osten die extremste Form der Abwesenheit von Wirtschaftsplanung ist, keineswegs den Wert der Entschlüsselung der immanenten Dynamik kapitalwirtschaftlicher Destruktivität.

Damit sind die oben aufgeworfenen Fragen vermutlich erschöpfend beantwortet - insbesondere die Frage, warum die unabhängigen oppositionellen Gruppen und die Teilnehmer des SED-gebundenen reformsozialistischen Projekts keinerlei Verbindung hatten und nicht die mindeste Zusammenarbeit oder Abstimmung - auch keine konspirative - stattfand, obwohl gerade am linken Rand dieser Gruppen eine Auseinandersetzung mit den Konzepten der Reformsozialisten angestrebt wurde. Die Differenz sowohl des „Modernehorizonts" der Reformsozialisten als auch ihres Reformidealismus zu den Optionen insbesondere der parteiunabhängigen Linken in der DDR war massiv. Es ist kein Zufall, daß die Verhältnisse in der DDR von den Reformern nicht als Herrschaftsverhältnisse reflektiert wurden und das Projekt als solches im Selbstverständnis der Beteiligten nicht als politisches Projekt gemeint war, sondern sich erst ab Oktober 1989 unter dem Druck der Entwicklungen als solches präsentierte. Die Antwort auf die Frage, warum bis Herbst 1989 laut Segert „von einer deutlichen Opposition innerhalb der SED etwa in Gestalt eines 'Reformflügels' ... allerdings ... keine Rede sein (kann)" [192], ist also nicht nur auf Unentschlossenheit und Disziplinierungsdruck, sondern auch auf den politischen Inhalt des sich selbst als unpolitisch und praxisabstinent deklarierenden Reformprojekts zurückzuführen.

Mit dem Zusammenbruch des Alleinherrschaftsanspruches der SED-Politbürokratie diversifizierten sich auch die innerhalb der SED bis dahin erfolgreich unter Kontrolle gehaltenen verschiedenen Strömungen. Die Parteireformer des Projekts „moderner Sozialismus" zerfielen in mehrere Gruppen. Eine Gruppe bemühte sich nach dem Scheitern ihrer Option auf die befreiende Selbstauflösung der stalinistischen SED zugunsten der Gründung mehrerer inhaltlich-programmatisch unterscheidbarer Organisationen selbst vergeblich um die Gründung einer solchen. Die Anhänger dieser Tendenz kritisieren heute jene Vertreter der anderen Gruppe, die „in einer gänzlich paradoxen Handlungsfigur ... die programmatische Hegemonie beim Umbau der SED zur PDS (eroberten)." [193] Land schreibt über die „Einführung der Moderne in der gegenmodernen ehemaligen Staatspartei": „Der Salto ist vollendet: Statt politischer Selbständigkeit Flucht in die alten vormundschaftlichen Bindungen, nur daß man selbst in die Rolle des Hegemons rückt. Die Reformsozialisten vollziehen an der PDS, was sie eigentlich auch an der DDR hätten vollziehen wollen, die Umbildung eines totalitären Systems in ein demokratisches - mit hegemonialen Mitteln." Land vermißt zu Recht „in der PDS eine offensive Auseinandersetzung mit den bürokratischen Versuchen der Macht-Usurpation unter der Modrow-Regierung" und (wohl zu Unrecht) „eine deutliche Auseinandersetzung um gegenmoderne Gesellschaftsvorstellungen anderer Fraktionen in der PDS." [194] Tatsächlich bahnt sich aber wohl mit der programmatischen Hegemonie der PDS-Modernisten und der Zurichtung der ehemaligen stalinistischen Staatspartei in eine linkssozialdemokratische Gestaltungspartei die konsequente Fortsetzung des alten Reformkonzepts unter neuen (moderneren) Bedingungen an und der Streit mit den dogmatischen Kollegen aus dem gemeinsamen alten Verein SED stärkt die geläuterte Gewißheit eines nicht unbeträchtlichen Teils der PDS, daß eine Revitalisierung Marxscher Ideen nur als Stalinismus denkbar sei. In der PDS verankerte „undogmatischen" Reformsozialisten können jedenfalls für sich verbuchen, daß sie nicht wie die Bürokraten und Kopflanger alter stalinistischer Schule eine Wende verpaßt und aus der Kurve geflogen sind. Die andere Tendenz der

Reformer, soweit Land für sie einsteht, bekennt inzwischen, das „politisch wichtige am Projekt 'moderner Sozialismus' war nicht der 'Sozialismus', sondern das 'Moderne'" und avisieren damit ihre universelle Verfügbarkeit auch bei der Modernisierung des real existierenden Kapitalismus. Hier treffen sich nun wieder beide Strömungen der ehemaligen Reformer, die bei der Modernisierung ihres Modernebegriffs den Reformidealismus, den sie unter „realsozialistischen" Verhältnissen einübten, wieder als machtpolitische Gestaltungsoption zur Verbesserung des Kapitalismus „für welche hegemoniefähigen Mächte auch immer"[195] fortschreiben.

10. Resümee: Zum Ausgang innerparteilicher Alternativenbildung in der SED

Die Führung der SED verteidigte zu allen Zeiten konsequent ihr Monopol auf gesellschaftspolitische Zwecksetzung gegenüber allen anderen Zusammenhängen, die potentiell ein Ort alternativer Ansätze hätten sein können. In diesem Sinne war die Richtlinienkompetenz der SED-Politbürokratie über die anderen Parteien hinaus auch in allen Massenorganisationen, Verbänden und im Staatsapparat gesichert. Nach den zum Teil terroristischen innerparteilichen Disziplinierungen und martialischen Abrechnungen mit „Abweichlern" während der späten 40er und in den 50er Jahren war die SED im zweiten Jahrzehnt des Bestehens der DDR weitgehend immunisiert gegen innerparteiliche Entwicklungen, die für die Führung unberechenbar waren. So war der potentielle Raum oppositionellen politischen Agierens eindeutig bestimmt: Entweder mußten sich die Akteure streng konspirativ und damit illegal organisieren und konnten so gut wie überhaupt nicht darauf rechnen, mit ihren Alternativen ungestraft an die Öffentlichkeit treten zu können, oder sie beschränkten sich darauf, innerhalb der legalen Organisationen Kerne nonkonformer Kommunikation zu installieren. Der Gefahr, auch hier immer an der Schwelle zur politischen Ächtung oder Kriminalisierung zu stehen, wurde meist mit einer lähmenden Gratwanderung zwischen scheinbarer Anpassung, echten Rückziehern oder resignierender Selbstaufgabe begegnet. Insofern kann es nicht verwundern, daß in den 60er Jahren lediglich Turbulenzen innerhalb der zugelassenen Organisationen und Disziplinierungen vermeintlicher oder tatsächlicher „Querdenker" innerhalb der SED, des Staatsapparates oder direkt von ihr abhängiger Organisationen öffentlich wahrnehmbar wurden. Die Geschichte der niemals öffentlich gewordenen Repressionsakte ausserhalb des Spektrums legaler Institutionen und die vielen Widerstandshandlungen Einzelner wird wohl erst jetzt anhand von Zeitzeugen oder mit Hilfe inzwischen geöffneter Archive geschrieben werden können.

Doch wie konnte innerhalb der SED oppositionelles Denken Fuß fassen?

Eines der Stereotype, denen alle ehemals herrschenden Parteien stalinistischer Prägung folgten, war die rigide Abwehr selbstkritischer Reflexion eigener bisheriger Politik. Kurswechsel wurden immer mit abstrusen Legitimationen verbunden, deren Zweck mehr die Verschleierung der wirklichen Umstände solcher jähen Wendungen war, als ihre Erhellung. Die Muster propagandistischer Bemäntelung waren stets die gleichen: „Verschwörungen des Klassenfeinds" waren die Ursache für Rückschläge, sein Eindringen in die eigenen Reihen war der Grund für Säuberungen. Stets hielten Verweise auf den Feind dafür her, sowohl die Allmacht des Apparates in der eigenen Partei zu reproduzieren, als auch das Politikmonopol dieser Partei gegen jede Kritik zu immunisieren. Die einfache Wahrheit, daß draußen ein Feind steht, wurde selbst zum Feind jeder Erneuerung im Inneren gemacht, so daß der ärgste Feind all dessen, worauf die Mächtigen sich immer weniger zu Recht beriefen, schließlich in Gestalt des Parteiapparates sowie der zu seinem Instrument degradierten Partei entstehen konnte. Wer also innerhalb der SED und ihrer Gliederungen durch eigene Anstrengungen politischen Wandel zu bewirken hoffte, mußte sich (meist durch Erfahrungen, deren Ausgang solche Pläne dann ad absurdum führte) von der Illusion lösen, dies unter Aufrechterhaltung der verordneten Loyalität gegenüber dem Parteiapparat tun zu können. Zum zweiten war Abschied zu nehmen von der Illusion, dieser Aufgabe als idealistischer „Einzelkämpfer" oder im langen Marsch durch die Apparate gewachsen, geschweige denn damit erfolgreich zu sein. Zum dritten war der Weg offener solidarischer Opposition von Gruppen dissidenter Parteimitglieder innerhalb der SED die gefährlichste Herausforderung für die herrschende Politbürokratie, was selbst diejenigen, welche diesen Schritt nie bewußt zu vollziehen wagten, zu spüren bekamen, wenn man sie entgegen den Tatsachen „parteifeindlicher Plattformbildungen" zieh und verurteilte. So war also der Weg in die „Konspiration innerhalb der Partei" für jene wenigen SED-Mitglieder vorprogrammiert, die in Kenntnis dieser politischen Rahmenbedingungen darauf beharrten, Ernst zu machen mit dem Anspruch, innerhalb der Partei oppositionell zu arbeiten. Damit war zugleich die für sie geltende Gefährdungsschwelle noch zusätzlich durch den strafrechtlichen Vorwurf der staatsfeindlichen Verschwörung gesenkt. Die Tatsachen nicht nur der 60er Jahre sprechen dagegen, daß solcherart Konspiration in relevantem Ausmaß stattfand.

Hier muß unmißverständlich ausgesprochen werden, welche Rolle die SED im Herrschaftssystem der Politbürokratie zu spielen hatte: Die Parteibürokratie unterschied sich nicht nur in Entstehung und Struktur, sondern auch in der Funktion von der „dienenden" Bürokratie klassischen Zuschnitts, den „verstaatlichten" oder „staatstragenden" Parteien und Institutionen des Westens. Die eigentliche Funktion politbürokratischer Herrschaft bestand nicht einfach nur in der Bewahrung existierender gesellschaftlicher Verhältnisse, sondern viel weitgehender in der Herstellung des gesamtgesellschaftlichen Zusammenhangs selbst, nämlich als politbürokratische Zwangsvergesellschaftung. Ihr Eigeninteresse in der Wahrung der Exklusivität dieser Aufgabe (Verteidigung ihres Monopols der Herstellung gesellschaftlicher Synthesis) kann von diesem ihrem „gesellschaftlichen Sinn" nicht abstrahieren. Daß letztendlich die Politbürokratie als einzige Instanz gesellschaftlicher Synthesis übrigblieb, war damit selbst Bestandteil der Logik des Vollzugs politbürokratischer Herrschaft und ihrer Verteidigung. Auch die konkrete Gestalt politbürokratischer Herrschaftstechniken (von der regelmäßigen Säuberung ihrer Apparate als Zwangsauslese nach Loyalitätskriterien, der terroristischen Disziplinierung der Bevölkerung bis zur Installierung von „Sozialverträgen" mit dem bevormundeten Staatsvolk) konnte ebenso wie der Privilegiensumpf nie als konstituierender Selbstzweck, sondern mußte als Mittel zur Verwirklichung dieses ihres Monopols der Gesellschaftsformierung selbst verstanden werden. Typisch für die konkreten Mechanismen solcherart Gesellschaftlichkeit war deshalb zum Beispiel auch die weitgehende Absorption moderner zivilgesellschaftlicher (nominell „staatsfreier") Strukturen, wie wir sie aus modernen bürgerlichen Ordnungen kennen, durch staatliche oder von der herrschenden Partei dominierte Apparate - selbst dann, wenn sie formal erhalten blieben. Das Ausmaß dieser meist unverblümt parteidominierten oder staatlichen Regulierung zivilgesellschaftlicher Bereiche signalisierte gerade in den poststalinistischen Politbürokratien viel mehr als der offene Terror die Art und Weise der Zwangsstrukturierung dieser Gesellschaften, in denen sowohl geltendes Recht, als auch die herrschende Ideologie rein instrumentelle oder legitimierende Funktion verordneter Politik waren. Jedoch hat etwa die Ideologie, obwohl vor allem der Legitimation dienend, durchaus Funktionen, die Politbürokratien von reinen Autokratien (in denen sich die mit oft terroristischen Mitteln Regierenden nicht um die „Meinungen" ihrer Untertanen scheren) unterscheiden. Ihr entsprang nicht nur die Legitimation aktueller Politik in instrumentalisierter Form, sondern auch die Legitimation der Bürokratie selbst sollte hier in entpersonalisierter Form abgeleitet werden. Kodifiziert fand sich dieser Anspruch dann unter anderem im geltenden Recht wieder und konstituierte damit politbürokratische „Rechtsstaatlichkeit". Die alltägliche Integration der Individuen (ihre Subsumtion unter die bestehende Gesellschaftlichkeit) durch die staatlichen und sonstigen Institutionen funktionierte viel komplexer, als sie in den Begriffen der Repression seitens des darauf spezialisierten Teils des Geheimdienstes oder der Disziplinierung seitens der politischen Justiz in der DDR reflektiert wird. Die Herrschaftstechniken in dieser Gesellschaft und die Unterschiede zu bürgerlichen Integrations- und Herrschaftsmustern lassen sich nur in der Analyse politischer Selbstlegitimation des Parteiapparats und ihrer Praxis einer Zwangsvergesellschaftung politbürokratischen Typs ausmachen. In welchem Umfang die Herrschenden ihre Interpretationsmacht zur Manipulation und Selektion historischer Zusammenhänge und theoretischer Bestände etwa der „Klassiker", auf die sie sich so gern und verfälschend beriefen, nutzten, um jene Selbstlegitimation und die Legitimation ihres politischen Machtmonopols zu befördern, ist auch in der vorliegenden Untersuchung deutlich geworden.

Um heute den Sinn der Fragen nach Opposition und nach dem Ausgang innerparteilicher Alternativenbildung in der SED zu bestimmen, ist es hilfreich, diese Frage vom Ende her, also aus der Perspektive des Ausgangs der DDR, zu präzisieren:

Die DDR war, anstatt sozialistische Alternative zum Kapitalismus zu werden, eine politbürokratische Alternative zum Sozialismus geworden. Der gewöhnliche Stalinismus in der SED erwies sich als Garant dieser Alternative. Die „Verdienste" der SED an der Diskreditierung sozialistischer Gesellschaftsprojektionen sind unbestritten. Die ideologische Substanz dieser Diskreditierung besteht in der Identifikation von bürokratischer Zwangsvergesellschaftung und „Sozialismus". Das Zusammenfallen von alltäglicher Erfahrung und staatsoffizieller Definitionsgewalt in der DDR und die zweckvolle Übernahme des Dogmas der Etikettierung dieser Verhältnisse als „sozialistische" im Westen entfaltete seine politische Dynamik mit dem Kollaps dieses Nominalsozialismus: Die Wiedereinsetzung des gewöhnlichen Kapitalismus als Alternative zum „real existierenden Sozialismus" demonstrierte nur die mangelnde Akzeptanz der von der PDS angebotenen Option, nun endlich den „demokratischen Sozialismus" als diese Alternative zu verwirklichen. Auf dieser Grundlage haben sich nun einschlägige reaktionäre Geschichtsinterpretationen revitalisiert, die in seltsam bekannt anmutenden Verklärungen bestehender Verhältnisse münden und das „Ende der Geschichte" behaupten. Entgegen den beliebten Interpretationen primitiver Marxtöter, der Sozialismus sei endgültig erledigt, weil der Versuch der Umsetzung Marxscher Ideen im Ostblock gescheitert ist, scheint sich in der Untersuchung des gesellschaftlichen Begründungszusammenhangs politbürokratischer Systeme und der Verlaufsform ihres Zusammenbruchs in den Ländern des staatsmonopolistischen „Realsozialismus" zu erweisen, daß der Kollaps des Nominalsozialismus die bisher wohl eindrucksvollste Bestätigung Marx'scher materialistischer Gesellschaftsanalyse ist. Nirgendwo wurde sowohl in der Theorie die Substanz Marxschen Denkens als auch in der Praxis der Inhalt sozialistischer

Vergesellschaftung konsequenter ins Gegenteil verkehrt, als in Gestalt des kanonisierten „ML" oder im Vollzug politbürokratischer Zwangsvergesellschaftung. Wenn dies auch nicht als Beweis für die Richtigkeit Marxscher Methodologie anerkannt werden muß, so kann dieses Argument doch zur Widerlegung solcherart Ableitungen ihres Scheiterns beitragen. Gleichzeitig aber, und dies ist hier wichtig, ergeben sich aus dieser Analyse auch die Ursachen für das Scheitern parteikonformen Reformidealismus und die Gründe für den begrenzten Horizont innerparteilicher Gegenentwürfe.

Die Frage nach dem Ausgang innerparteilicher Alternativenbildung in der SED mündet daher auch in Fragen nach der Art der Verwiklung von SED/PDS und PDS in den geschichtlichen Sinn der Wende und der Entwicklung danach. Solche Fragen sind etwa:

Gab es namentlich in den letzten Jahren der Existenz der DDR innerhalb der SED oder aus ihr heraus die Chance einer sozialistischen Alternative zum Politbürokratismus? Wie standen in diesem Zusammenhang die Chancen der politischen Rehabilitierung jener antikapitalistischen Alternative, die vermöge des „Realsozialismus" in der DDR-Gesellschaft so gnadenlos diskreditiert worden war? Konnte die Aufgabe der SED/PDS und dann der PDS tatsächlich im Versuch dieser Rehabilitierung bestehen oder war die historische Bestimmung der zerfallenden SED und der SED/PDS nicht vielmehr die Sicherung der friedlichen Verlaufsform des Zusammenbruchs der DDR? Inwieweit war der unbegriffene Sinn der Politik der PDS als Regierungspartei die Assistenz beim geordneten Übergang zum Kapitalismus? In welchem Maße war der Verlust der politischen Initiative der PDS 1990 Ausdruck der historischen Verspätung des Versuchs der Befreiung vom Stalinismus oder des mangelnden Tempos ihrer Erneuerung, und inwieweit war er Ausdruck der Nachhhaltigkeit jener Diskreditierung sozialistischer Zielprojektionen?

Die Analyse innerparteilichen Widerspruchs und Widerstands in der SED, namentlich im Zeitraum 1985-89, verbindet sich offenbar mit Fragestellungen, die weit über den Horizont des Studiums eines Abschnitts der SED-Geschichte als Parteigeschichte hinausgehen. Die vorliegende Untersuchung mag dem Leser, so er den Überlegungen des Autors folgen will, die ernüchternden Antworten auf die oben gestellten Fragen erleichtern. Dabei durfte in dieser Analyse die Frage nach „innerparteilicher Alternativenbildung" ebenso wie der Inhalt des Begriffs „innerparteiliche Opposition" nicht in Beliebigkeit versanden. In diesem Sinne mußte über die historische Analyse von möglichen Ansatzpunkten einer wie auch immer gearteten „Wende" oder eines „Neuen Kurses" der alten SED und ihrer möglichen Träger hinausgegangen werden. Es war vor allem die Bilanz der Trägerschaft einer konsequenten innerparteilichen Opposition gegen die Politik der in der Tat „reaktionären SED" (Gysi auf der PDS-Vorstandssitzung vom 12.-13.5.1990) und für eine neue sozialistische Politik, insbesondere in der Endphase der DDR, von Interesse. So negativ diese Bilanz ausfiel, gab doch der beeindruckende Umfang innerparteilichen Widerspruchs gerade in den letzten Jahren der SED mehr als genug Anlaß zur Frage nach den Gründen des Scheiterns innerparteilicher Opposition. Wie „systemimmanent" dieses Scheitern unter anderem mit dem Beharren auf loyalistischer Selbstbindung in und gegenüber dieser stalinistischen Partei verbunden war, sollte gerade am Beispiel des politischen Schicksals der Gruppe „Moderner Sozialismus" deutlich geworden sein. Eine solche Sichtweise baut allerdings auf der oben gegebenen sehr illusionslosen Charakterisierung der tatsächlichen Funktion der SED als Mitgliederpartei bei der Exekution politbürokratischer Herrschaft in der DDR auf. Damit verbunden ist ebenfalls eine nicht mehr beliebige Qualifizierung dessen, was Gehalt und Sinn innerparteilicher Opposition ausmacht. Angesichts der Verfassung dieser Partei im vierten Jahrzehnt ihres Bestehens kann der beschränkte Horizont des aus ihr selbst heraus entwickelbaren Reformdenkens nicht mehr überraschen. Auch dies sollte die Auseinandersetzung mit den Inhalten des Projekts „Moderner Sozialismus" zeigen. Die Selbstisolierung innerparteilichen Widerspruchs gegenüber der wiederum von der SED-Führung über lange Zeit herrschaftstechnisch von der Bevölkerung isolierten außerparteilichen Opposition war nur politischer Ausdruck ihrer inhaltlichen Beschränkung. Jene komplementäre Ghettoisierung erwies sich also nicht nur als herrschaftstechnische Randbedingung, sondern ließ sich als politische Restriktion des Reformkonzepts der Parteiintellektuellen selbst erkennen.

11. Anhang: Einige quantitative Aspekte innerparteilicher Disziplinierung in den 70er und 80er Jahren

Auf die Schwierigkeiten der Bewertung statistischen Materials ist bereits am Beginn des Abschnitts 2 verwiesen worden. Es wurde bei der Analyse der dem Autor zugänglichen Unterlagen der ZPKK für das PB auch deutlich, daß Matern (von 1949 bis 1971 Chef der ZPKK) und Mückenberger (ab Juni 1971 Materns Nachfolger) äusserst vorsichtig argumentierten, wenn sie vor dem PB die Zahlen zu interpretieren hatten. Dies spiegelt sich auch in den zum Teil politisch motivierten Änderungen der Deliktgruppennomenklatur und der daraus erwachsenden Behinderung der Vergleichbarkeit wieder. So werden die äußerst groben Kategorien, nach denen der Autor dieser Untersuchung Vergleichsrechnungen anzustellen in der Lage war, nur ein Bild des innerparteilichen Klimas erlauben und nur sehr begrenzt Rückschlüsse auf die Widerspruchs- oder Widerstandsbereitschaft in der SED zulassen.

Dem Autor standen die ZPKK-Analyse von 1973, beraten in der ZK-Sekretariatssitzung vom 7.2.1974 [196], des Jahres 1975, beraten auf der Sekretariatssitzung vom 7.1.1976 [197], des Zeitraums 1.12.1975 bis 30.9.1976, beraten auf der Sekretariatssitzung vom 26.1.1977 [198], des Jahres 1985, beraten auf der Sekretariatssitzung vom 8.1.1986 [199] und des Jahres 1986, beraten auf der Sekretariatssitzung vom 21.1.1987 [200] zur Verfügung. Dies gestattete mit Hilfe der in allen Berichten (mit Ausnahme des Berichtes über das Jahr 1973) ebenfalls enthaltenen Referenzzahlen des jeweiligen Vorjahres, für die Jahre 1973-76 und 1984-86 einige auf eigenen Berechnungen beruhende quantitative Aussagen über die in dieser Analyse interessierende innerparteiliche politisch motivierte Widerspruchs- oder Widerstandsbereitschaft zu machen.

Die Schwierigkeit bestand darin, alle Parteiverfahren mit Parteistrafen bzw. alle Parteiausschlüsse aus vermutlich nicht politischen Gründen oder unklarer Natur unberücksichtigt zu lassen. Dies war mit Hilfe der vorliegenden Statistiken nur unzureichend möglich und konnte nicht die Problematik der wirklichen Motivation bzw. der tatsächlichen Gründe (z. B. in Fällen von vielen mit der Begründung krimineller Vergehen bestraften oppositionellen SED-Mitgliedern oder umgekehrt in Fällen tatsächlich krimineller Begründungszusammenhänge bei mit politischer Begründung bestraften SED-Mitgliedern) auflösen.

Die angestellten Berechnungen schlossen Parteiausschlüsse wegen versuchter oder vollendeter Republikflucht bzw. Spionage oder Verrat von Staatsgeheimnissen aus der Kategorie „partei- oder staatsfeindliche Handlungen" ebenso aus, wie Parteistrafen aufgrund der ganzen Palette nominell krimineller Delikte wie Unterschlagungen, Korruption usw..

Die Ergebnisse:

1973

- Zahl der Parteiverfahren mit Parteistrafe oder Streichung: 18.554
- Zahl der Parteiverfahren mit Parteistrafe oder Streichung wegen

    * partei- oder staatsfeindlicher Handlungen oder

    * Störung der Einheit und Reinheit der Partei

2.040, das ist ein Anteil von 11 % an allen Parteiverfahren mit Parteistrafe oder Streichung.

Nimmt man zu den betrachteten Kategorien noch die Parteistrafen oder Streichungen wegen

    * Verletzung der Parteinormen, der Partei- und Staatsdisziplin oder der revolutionären Wachsamkeit

hinzu, so ergeben sich 8.091 (43,6 %). In dieser letzten Kategorie dürfte aber, im Unterschied zu den ersten beiden betrachteten Kategorien, die Mehrzahl der Delikte unpolitischer Natur gewesen sein.

Die Zahl aller Parteiausschlüsse betrug 5.162.

Die Zahl der Parteiausschlüsse wegen

    * Hetze,

    * feindseligen Verhaltens gegenüber der KPdSU oder Störung der Einheit und Reinheit der Partei

betrug 908, das sind 17,6 % aller Parteiausschlüsse.

Nimmt man zu den betrachteten Kategorien noch die Parteiausschlüsse wegen

* Verletzung der Parteinormen, der Partei- und Staatsdisziplin oder der revolutionären Wachsamkeit

hinzu, so ergeben sich 1.956 (37,9 %).
In dieser letzten Kategorie dürfte aber im Unterschied zu den ersten beiden betrachteten Kategorien die Mehrzahl der Delikte unpolitischer Natur gewesen sein.

1974

- Zahl der Parteiverfahren mit Parteistrafe oder Streichung: 18.729
- Zahl der Parteiverfahren mit Parteistrafe oder Streichung wegen

* partei- oder staatsfeindlicher Handlungen,
* Störung der Einheit und Reinheit der Partei,
* Verletzung der Parteinormen, der Partei- und Staatsdisziplin oder der revolutionären Wachsamkeit

7.764, das ist ein Anteil von 41,5 % an allen Parteiverfahren mit Parteistrafe oder Streichung.

In der letzten der hier einberechneten Kategorie ist auch die Verletzung der Partei- und Staatsdisziplin implizit enthalten. Insgesamt dürfte in dieser letzten Kategorie aber im Unterschied zu den ersten beiden betrachteten Kategorien die Mehrzahl der Delikte unpolitischer Natur gewesen sein. Die Trennung war hier aufgrund der Statistik nicht möglich.

Die Zahl aller Parteiausschlüsse betrug 7.319

Die Zahl der Parteiausschlüsse wegen

* staatsfeindlicher oder antikommunistischer Hetze,
* Gruppenbildung oder
* Verletzung der Parteinormen, der revolutionären Wachsamkeit oder Störung der Einheit und Reinheit der Partei

betrug 3.329, das ist ein Anteil von 45,48 % an allen Parteiausschlüssen. In dieser letzten Kategorie dürfte aber wegen ihrer ersten beiden Elemente im Unterschied zu den ersten beiden erfaßten Kategorien viele Delikte unpolitischer Natur gewesen sein.

1975

- Zahl der Parteiverfahren mit Parteistrafe oder Streichung: 17.898
- Zahl der Parteiverfahren mit Parteistrafe oder Streichung wegen

    * partei- oder staatsfeindlicher Handlungen,
    * Störung der Einheit und Reinheit der Partei

2.004, das sind 11,2 % aller Parteiverfahren mit Parteistrafe oder Streichung.

Nimmt man zu den betrachteten Kategorien noch die Parteistrafen oder Streichungen wegen

    * Verletzung der Parteinormen oder der revolutionären Wachsamkeit

hinzu, so ergeben sich 8.080 (45,14 %). In dieser letzten Kategorie dürfte aber im Unterschied zu den ersten beiden betrachteten Kategorien die Mehrzahl der Delikte unpolitischer Natur gewesen sein.

Zahl der Parteiausschlüsse insgesamt: 6.931
Zahl der Parteiausschlüsse wegen

    * Hetze,
    * Gruppenbildung,
    * Verletzung der Parteinormen, der revolutionären Wach samkeit
      oder Störung der Einheit und Reinheit der Partei

3.380, das sind 48,76 % aller Parteiausschlüsse. In dieser letzten Kategorie dürfte aber wegen ihrer ersten beiden Elemente, im Unterschied zu den ersten beiden betrachteten Kategorien, die Mehrzahl der Delikte unpolitischer Natur gewesen sein.

1976 (10 Monate)

- Zahl der Parteiverfahren mit Parteistrafe oder Streichung: 16.890

- Zahl Parteiverfahren mit Parteistrafe oder Streichung wegen

* partei- oder staatsfeindlichen Handlungen
* Störung der Einheit und Reinheit der Partei

1.884, das sind 11,15 % aller Parteiverfahren mit Parteistrafe oder Streichung.

Nimmt man zu den betrachteten Kategorien noch die Parteistrafen oder Streichungen wegen

* Verletzung der Parteinormen, der Partei- und Staatsdisziplin
oder der revolutionären Wachsamkeit

hinzu, so ergeben sich 7.644 (45,26 %). In dieser letzten Kategorie dürfte aber im Unterschied zu den ersten beiden betrachteten Kategorien die Mehrzahl der Delikte unpolitischer Natur gewesen sein.

Zahl der Parteiausschlüsse insgesamt: 5.780

Zahl der Parteiausschlüsse wegen

* Hetze,
* feindseligen Verhaltens gegenüber der KPdSU und dem proletarischen Internationalismus,
* Verletzung der Parteinormen, der Partei- und Staatsdisziplin, der revolutionären Wachsamkeit oder Störung der Einheit und Reinheit der Partei

2.883, das sind 49,88 % aller Parteiausschlüsse. In der letzten Kategorie dürfte aber wegen ihrer ersten drei Elemente, im Unterschied zu den ersten beiden betrachteten Kategorien, die Mehrzahl der Delikte unpolitischer Natur gewesen sein.

1984

- Zahl der Parteiverfahren mit Parteistrafe oder Streichung: 19.472

- Zahl der Parteiverfahren mit Parteistrafe ohne Streichung wegen

* partei- oder staatsfeindlicher Handlungen,
* Störung der Einheit und Reinheit der Partei

4.169, das sind 21,41 % aller Parteiverfahren mit Parteistrafe ohne Streichung.

Dieser Prozentsatz betrug im Bereich des MfS 14,99 %, im Bereich des Ministeriums des Inneren (MdI) 30,5 % und im Bereich der Nationalen Volksarmee (NVA) 26,23 %.

Nimmt man zu den betrachteten Kategorien noch die Parteistrafen ohne Streichungen wegen

* Verletzung der Parteinormen

hinzu, so ergeben sich 14.518 (74,56 %). In dieser letzten Kategorie dürfte aber die Mehrzahl der Delikte unpolitischer Natur gewesen sein.

Der Zahl der Parteistrafen wegen

* Verlassen des Klassenstandpunktes

betrug 1.421, das sind 7,29 % aller Parteistrafen.

Die Zahl aller Parteiausschlüsse betrug 7.739

Die Zahl der Parteiausschlüsse wegen

* Verlassen des Klassenstandpunktes,
* Hetze,
* antisowjetischen und gegen den proletarischen Internationalismus gerichteten Verhaltens

betrug 1.353, das sind 17,48 % aller Parteiausschlüsse.

1985

- Zahl der Parteiverfahren mit Parteistrafe ohne Streichung: 19.213
- Zahl der Parteiverfahren mit Parteistrafe ohne Streichung wegen

* partei- oder staatsfeindlicher Handlungen
* Störung der Einheit und Reinheit der Partei

3.640, das sind 18,95 % aller Parteiverfahren mit Parteistrafe ohne Streichung.

Dieser Prozentsatz betrug im Bereich des MfS 14,7%, im Bereich des MdI 25,7 % und im Bereich der NVA 28 %.

Nimmt man zu den betrachteten Kategorien noch die Parteistrafen ohne Streichungen wegen

* Verletzung der Parteinormen

hinzu, so ergeben sich 14.549 (75,72 %). In dieser letzten Kategorie dürfte aber die Mehrzahl der Delikte unpolitischer Natur gewesen sein.

Die Zahl der Parteistrafen wegen

* Verlassen des Klassenstandpunktes

betrug 1.159, das sind 6,03 % aller Parteistrafen ohne Streichung.

Die Zahl aller Parteiausschlüsse betrug 8.087.

Die Zahl der Parteiausschlüsse wegen

* Verlassen des Klassenstandpunktes,
* Hetze,
* antisowjetischen und gegen den proletarischen Internationalismus gerichteten Verhaltens

betrug 1.099, das sind 13,59 % aller Parteiausschlüsse.

1986

- Zahl der Parteiverfahren mit Parteistrafe ohne Streichung: 17.639
- Zahl der Parteiverfahren mit Parteistrafe ohne Streichung wegen

* partei- oder staatsfeindlicher Handlungen,
* Störung der Einheit und Reinheit der Partei

3.437, das sind 19,5 % aller Parteiverfahren mit Parteistrafe ohne Streichung.

Dieser Prozentsatz betrug im Bereich des MfS 15,6 %, im Bereich des MdI 21,4 % und im Bereich der NVA 26,3 %.

Nimmt man zu den betrachteten Kategorien noch die Parteistrafen ohne Streichungen wegen

* Verletzung der Parteinormen

hinzu, so ergeben sich 13.368 (75,79 %). In dieser letzten Kategorie dürfte aber die Mehrzahl der Delikte unpolitischer Natur gewesen sein.

Die Zahl der Parteistrafen wegen

* Verlassen des Klassenstandpunktes

betrug 1.159, das sind 6,57 % aller Parteistrafen.

Die Zahl aller Parteiausschlüsse berug 7.022.

Die Zahl der Parteiausschlüsse wegen

* Verlassen des Klassenstandpunktes,
* Hetze,
* antisowjetischen und gegen den proletarischen Internationalismus gerichteten Verhaltens

betrug 836, das sind 11,91 % aller Parteiausschlüsse.

Anmerkungen

[1] Unabhängig von der Denunziation jedes, auch linken, Widerstands als „antikommunistisch" durch die SED-Machthaber wurde authentischer bekennender antikommunistischer Widerstand in der SBZ bzw. DDR zweifellos auch von Personen geübt, die aus der SED kamen. Namentlich bei solchen ehemaligen SEDlern und späteren erklärten Antikommunisten war er das politische Resultat von erlebter Unterdrückung in der stalinistischen SED, welche die Opfer in das vermeintlich andere Lager überwechseln ließ. Daß sich solcher Antikommunismus lediglich als Kehrseite der Medaille „Stalinismus" entpuppte und diese Antikommunisten ebenso demokratisch sind, wie die Stalinisten kommunistisch, beginnt sich herumzusprechen: Wie verblüffend ähnlich dieser Antikommunismus (als „verkehrter Stalinismus") dem Dogmatismus derer ist, die jenen Antikommunismus bei ihren Konvertiten erzeugten, wird gerade heute immer offensichtlicher. Derartige Konvertiten-Biographien sind (weil die SED so war wie sie war) keineswegs selten. Wenn auch eine Analyse der politischen Sozialisation von ehemals der SED angehörenden Antikommunisten unter dem Stalinismus interessant ist, bleibt diese Dimension von Widerstand im Umfeld der SED in dieser Analyse dennoch unberücksichtigt.

[2] Hermann Matern war von 1949, dem Jahr der Gründung der ZPKK bis zu seinem Tod 1971, ihr Vorsitzender und Erich Mückenberger sein Nachfolger. Obwohl nominell insbesondere mit der Durchführung periodischer Parteisäuberungen beauftragt, wird sich die politische Verantwortung dafür natürlich nicht nur über diese beiden Personen erschließen lassen. Dennoch ist ihre besondere persönliche Verantwortung - zumindest als kreative Vollstrecker solcher Säuberungen - wohl unbestritten. In der Zeit intensivster Parteisäuberungen unter Matern waren neben letzterem in der ZPKK noch Herta Geffke und Max Sens federführend.

[3] Oelßner wurde 1946 zum Leiter der Abteilung Parteischulung im Parteivorstand (PV) der SED berufen und galt als Sachverständiger für Ideologiefragen.

[4] Leonhard kam mit der „Gruppe Ulbricht" im April 1945 aus der Sowjetunion nach Berlin und war unter anderem von 1947 bis zu seiner Flucht nach Jugoslawien im März 1949 an der Parteihochschule „Karl Marx" als Dozent tätig.

[5] Stiftung Archiv der Parteien und Massenorganisationen der DDR im Bundesarchiv, Zentrales Parteiarchiv der SED (im folgenden: SAPMO-BArch, ZPA) J IV 2/2 - 20

[6] SAPMO-BArch, ZPA J IV 2/2 - 35

[7] SAPMO-BArch, ZPA IV 2/4 - 383

[8] SAPMO-BArch, ZPA IV 2/4 - 47

[9] SAPMO-BArch, ZPA IV 2/4 - 385

[10] Traitscho Kostoff wurde 1949 in Bulgarien nach Verlust seiner Partei- und Regierungsämter im März, seinem Parteiausschluß im Mai und seiner Verhaftung im Juni schließlich im Dezember wegen Spionage, Titoismus, Trotzkismus und nationalistischer Demagogie verurteilt und hingerichtet.

[11] Der ehemalige ungarische Außenminister László Rajk wurde nach konstruierten Beschuldigungen im September 1949 zum Tode verurteilt und einen Monat später hingerichtet.

[12] Dies begann in der DDR bereits unmittelbar nach Verkündung der Budapester Urteile in Form von angewiesenen Kampagnen in der Parteipresse unter dem Motto „Durcharbeiten der Lehren aus dem Rajk-Prozeß". Das kleine Sekretariat wies in seiner Sitzung vom 21.10.1949 unter anderem die Herstellung von Artikeln „über die Methoden der feindlichen Agententätigkeit im Partei- und Staatsapparat" an (SAPMO-BArch, ZPA J IV 2/3 - 58).

[13] Der US-Amerikaner Noel Field war während der Nazi-Zeit Beauftragter der Hilfsorganisation USC für Westeuropa und half einer Vielzahl politischer (insbesondere kommunistischer) Emigranten mit Geldmitteln, bewahrte sie vor der Auslieferungshaft im unbesetzten Frankreich durch Interventionen bei den französischen Behörden, besorgte Ausreisevisa und fungierte als politischer Kurier.

[14] SAPMO-BArch, ZPA J IV 2/2 - 105

[15] SAPMO-BArch, ZPA IV 2/4 - 1

[16] Die KPD (Opposition), auch KPO, wurde im Dezember 1928 als Organisation der „Rechtsopposition" gegründet und von August Thalheimer

sowie Heinrich Brandler geführt. „Sie war es, die mit eiserner Konsequenz den Popanz des 'Sozialfaschismus' bekämpfte, als das die Linie Moskaus, der Kommunistischen Internationale und der Leitung der KPD war. Sie war es, die sich für eine wirkliche Einheitsfront zwischen der KPD und der SPD einsetzte, die die Machtergreifung des Nazismus hätte verhindern können." (Aus: Neun Fragen, veröffentlicht im Dezember 1945; auch in der SBZ von KPOlern als Agitationsmaterial verbreitet.)

[17] Ergänzung zum Bericht über organisierte feindliche Oppositionsgruppen, SAPMO-BArch, ZPA IV 2/4 - 385

[18] Die Sozialistische Arbeiterpartei Deutschlands (SAP) wurde als Abspaltung von der SPD nach deren Leipziger Parteitag im Oktober 1931 gegründet. Sie trat für die Aktionseinheit der Arbeiterklasse ein und war relativ gut auf die Illegalität während der Nazi-Zeit vorbereitet.

[19] SAPMO-BArch, ZPA IV 2/4 - 385

[20] Vorläufiger Bericht über die KPO Berlin vom 11.8.1951, verfaßt von Laufer, ZPKK; SAPMO-BArch, ZPA IV 2/4 - 385

[21] Walcher war Politbüromitglied des Brandler-ZK, wurde später aus der KPD ausgeschlossen, war mit Thalheimer/Brandler führend an der KPO-Gründung und -Leitung beteiligt und organisierte nach seinem Ausscheiden aus der KPO zusammen mit Paul Fröhlich die SAP.

[22] Mit Hermann Duncker kehrte 1947 ein überaus angesehener Lehrer und Propagandist der alten KPD aus der USA-Emigration in die SBZ zurück.

[23] SAPMO-BArch, ZPA IV 2/4 - 385

[24] Ebenda

[25] Ebenda

[26] Ebenda

[27] Ebenda

[28] Ebenda

[29] K. P. Wittemann, Kommunistische Politik in Westdeutschland nach 1945, Hannover 1977, S. 394 f. Schmidt wurde nach seiner Übersiedlung in die BRD auch dort auf Grund der Denunziationen antikommunistischer ehemaliger Bautzen-Häftlinge von der politischen Polizei verfolgt - diesmal der Arbeit für die SED und die SU verdächtigt.

[30] Immer noch Kommunist? Erinnerungen von Paul Elflein, Hamburg 1978, S. 110 ff.

[31] Einheit 3/4 1947

[32] SAPMO-BArch, ZPA IV 2/4 - 385

[33] SAPMO-BArch, ZPA IV 2/4 - 385; o. D.

[34] SAPMO-BArch, ZPA IV 2/4 - 48

[35] Ebenda

[36] SAPMO-BArch, ZPA IV 2/4 - 385

[37] Trotzki traf Mitte August 1933 in seinem Bemühen um einen nichtsektiererischen neuen internationalistischen Zusammenschluß mehrfach mit Walcher als einem Vertreter der dritten Kraft der deutschen Arbeiterbewegung zusammen (Ernest Mandel, Das Londoner Büro; Imprekorr 258 1993, S. 15).

[38] Paul Merker, seit 1920 in der KPD organisiert und dort ZK-, Sekretariats- und PB-Mitglied sowie 1934/35 Mitglied der illegalen KPD-Landesleitung in Berlin, wurde 1940 im französischen Exil interniert und emigrierte 1942 nach Mexiko. Nach seiner Rückkehr wurde er Mitglied des PV, des Zentralsekretariats und des PB der SED. 1949/50 war er zudem Staatssekretär im Ministerium für Land- und Forstwirtschaft. Die frühere Verbindung zu Field gab den Anlaß für die Entfernung Merkers aus allen Funktionen und für seinen Ausschluß aus der SED im August 1950.

[39] Anton Ackermann behauptete in einer von ihm am gleichen Tag unterzeichneten Protokollnotitz bei der ZPKK, Merker habe nach Abschluß des deutsch-sowjetischen Nichtangriffspakts im Sekretariat der Pariser operativen Führung der KPD in äußerster Erregung erklärt, „daß es immer wieder dasselbe sei, was die ausländischen Kommunisten aufbauen, wird durch die Außenpolitik der Sowjetunion wieder zerschlagen." Diese überaus hellsichtige Einschätzung Merkers wurde von Ackermann nach der PB-Sitzung vom 22.8.1950 aufgrund der dort erhobenen Verdächtigungen Merkers hinsichtlich seiner Verbindung zu Field bei der ZPKK kolportiert, wobei Ackermann beflissen darauf verweist, er habe schon zuvor über „die antisowjetischen Äußerungen des Genossen Merker ... nach Ankunft in Moskau den dort weilenden Mitgliedern des ZK der KPD wie auch dem Genossen Dimitroff und Guljajew (Leiter der Kader-Abteilung der Komintern) mündlich Bericht erstattet", dies auch schriftlich niedergelegt und nochmals nach Rückkunft Merkers aus der mexikanischen Emigration und dessen Kooptierung in den Parteivorstand der SED wiederholt. Merker selbst beteuerte am 28.8.1950 vergeblich, er hätte „niemals eine falsche Auffassung zum Nichtangriffs-Vertrag zwischen Deutschland und der Sowjetunion gehabt" (SAPMO-BArch, ZPA IV 2/4 - 117).

[40] Bruno Goldhammer war zum Zeitpunkt seiner Ablösung am 14. Juli 1950 Abteilungsleiter im Amt für Information der Regierung. Neben Kontakten zu Field machte ihn unter anderem sein Eintreten für das Ehepaar Steinberger am 4.10.49 bei Matern verdächtig. Ibolya und Bern-

hard Steinberger waren im Mai bzw. Juni 1949 wegen Verbindungen zu Tibor Szöny, angeklagt im Rajk-Prozeß, verhaftet worden. Maria Weiterer war Organisationssekretärin im Frauenverband DFD. Lex Ende, bis Mai 1949 in der Chefredaktion des „Neuen Deutschland" und dann als Herausgeber der DSF-Wochenzeitung „Friedenspost" tätig, landete nach seinem Parteiausschluß wegen „Klassenverrats" schließlich als Buchhalter in einem Hüttenwerk. Leo Bauer, Chefredakteur des „Deutschlandsenders", erwies sich in der Untersuchung der ZPKK sogar als „Agent des Klassenfeinds, der auch heute noch Verbindungen zu Kreisen um Field hat." Willi Kreikemeyer war zum Zeitpunkt seiner „Entlarvung" Generaldirektor der Deutschen Reichsbahn. Alle genannten wurden auf ZPKK-Beschluß vom 18.7.1950 aus der SED ausgeschlossen. Der gleiche Beschluß vom Juli empfahl übrigens hinsichtlich Merker zunächst nur die Abberufung aus allen Regierungs- und leitenden Parteifunktionen (SAPMO-BArch, ZPA IV 2/4 - 106).

[41] Fuhrmann, damals in der Westkommission des Parteiapparats tätig, wurde als Befürworter einer Zusammenarbeit mit dem amerikanischen Office of Strategic Services (OSS) beschuldigt (SAPMO-BArch, ZPA IV 2/4 - 106).

[42] Langhoff wurde in der am 8.7.1950 von der ZPKK durchgeführten Befragung intensiv nach trotzkistischen Tendenzen seiner Schweizer Emigrationsgruppe und nach dem „Trotzkisten Erich Wollenberg" ausgefragt (SAPMO-BArch, ZPA IV 2/4 - 115). Das über ihn verhängte Funktionsverbot klammerte ausdrücklich seine Intendantenfunktion für das Deutsche Theater aus. Am 6.2.1951 wurde entschieden, Langhoff auch seine Mitgliedschaft in der Akademie der Künste zu erhalten (SAPMO-BArch, ZPA IV 2/4 - 106).

[43] SAPMO-BArch, ZPA J IV 2/2 - 106]

[44] Der vom PB am 29.8.1950 beschlossene geänderte Entwurf der ZK- und ZPKK-Erklärung für die Grundorganisationen wurde pikanterweise als von der ZK-Sitzung am 24.8.1950 beschlossenes Dokument in Umlauf gebracht.

[45] SAPMO-BArch, ZPA J IV 2/2 - 51

[46] SAPMO-BArch, ZPA IV 2/4 - 106

[47] Ebenda

[48] SAPMO-BArch, ZPA IV 2/4 - 114. Matern war damals im Parteiauftrag leitend für die „Rote Hilfe" tätig.

[49] Hans Mayer, damals Professor in Leipzig und Berlin, war ehemaliger deutscher Emigrant in Frankreich und der Schweiz. Er gehörte nicht nur zeitweilig der SAP und der KPO an, sondern bemühte sich ab Okto-

ber 1944 in der Schweiz ausgerechnet beim später als „Agent" entlarvten Sperling auch um die KPD-Mitgliedschaft. Seine „provisorische" Aufnahme im Mai 1945 wurde später nicht legalisiert (SAPMO-BArch, ZPA IV 2/4 - 115; siehe auch: Hans Mayer, Ein Deutscher auf Widerruf, Band 1, Frankfurt/M. 1988, S. 304).

[50] SAPMO-BArch, ZPA IV 2/4 - 115. Mayer gibt an, auf Bitten Langhoffs vergeblich Informationen über Bauer zu beider Entlastung weitergegeben zu haben (Hans Mayer, ebenda, Band 2, Seite 47f).

[51] SAPMO-BArch, ZPA J IV 2/3 - 60

[52] SAPMO-BArch, ZPA J IV 2/2 - 125

[53] SAPMO-BArch, ZPA J IV 2/3 - 108

[54] SAPMO-BArch, ZPA IV 2/4 - 1

[55] Ullrich war der 1. Sekretär der LPKK Sachsen.

[56] SAPMO-BArch, ZPA IV 2/4 - 49. Dieser von Ullrich an Sens (ZPKK) geschickte Text sollte laut einer handschriftlichen Notitz von Sens auf einer Hausmitteilung nicht veröffentlicht werden (SAPMO-BArch, ZPA IV 2/4 - 385).

[57] SAPMO-BArch, ZPA J IV 2/2 - 208

[58] In Materns Bericht über die Ergebnisse der Überprüfung der Parteimitglieder und Kandidaten vom Oktober 1951 ist von 669 Mitgliedern ehemals parteifeindlicher Gruppierungen in Thüringen die Rede. Im gleichen Bericht heißt es, im Kreis Plauen seien von ehemals 1200 bis 1400 früheren SAP-Leuten 329 in der SED organisiert (StA IV 2/4 - 1).

[59] SAPMO-BArch, ZPA IV 2/4 - 1

[60] SAPMO-BArch, ZPA IV 2/4 - 49 o. D.

[61] SAPMO-BArch, ZPA J IV 2/3 - 1479

[62] Rudolf Slánsky, Generalsekretär der KPTsch, wurde im September 1951 seiner Parteiämter enthoben, im November 1951 mit anderen zusammen verhaftet und am 3. Dezember 1952 mit 10 weiteren Angeklagten zum Tode verurteilt und hingerichtet. Zudem kam eine große Zahl von „Slánsky-Anhängern" mit hohen Strafen ins Zuchthaus.

[63] SAPMO-BArch, ZPA J IV 2/2 - 249. Wilfriede Otto weist darauf hin, daß im Falle Eisler sogar eine Verwechslung mit dem im Prozeß tatsächlich genannten Otto Eisler, einem Direktor der chemischen Industrie in der CSR, vorlag (vgl. Wilfriede Otto, Antizionismus, in: Mario Keßler (Hg.), Antisemitismus und Arbeiterbewegung, Bonn 1993, S. 99). Angesichts dessen dürfte die Enttäuschung des ersten politischen Beraters des Vorsitzenden der sowjetischen Kontrollkommission Semjonow im Winter

1952/53 darüber, daß die deutschen Sicherheitsorgane kein belastendes Material über Gerhard Eisler beizubringen imstande waren (vgl. N. Stulz-Herrnstadt (Hg.), Das Herrnstadt-Dokument, Hamburg 1990, S. 273), nur auf den ersten Blick grotesk anmuten, wird dann aber eher als bezeichnend für die Zweckinstrumentalisierung solcher Untersuchungen gelten können.

[64] SAPMO-BArch, ZPA J IV 2/2 - 270

[65] SAPMO-BArch, ZPA IV 2/4 - 106

[66] SAPMO-BArch, ZPA J IV 2/3 - 355

[67] Andre Simoné (Otto Katz), einer der Hauptangeklagten in Prag, war Redakteur der Rude Pravo und sowohl im Exil, besonders in Mexiko, als auch bei einem Besuch der SBZ 1947/48 mit vielen deutschen Kommunisten zusammengetroffen.

[68] SAPMO-BArch, ZPA IV 2/4 - 124

[69] SAPMO-BArch, ZPA IV 2/4 - 117

[70] Smolka/Smollett wurde von Löbl im Prager Prozeß als britischer Agent bezeichnet.

[71] SAPMO-BArch, ZPA IV 2/4 - 124

[72] Margarete Buber-Neumanns Buch „Als Gefangene bei Stalin und Hitler" erregte 1949 großes Aufsehen. Sie beschrieb darin die Auslieferungspraktiken des NKWD gegenüber der Gestapo. Buber-Neumann erhob im Juli 1950 Anklage gegen Emil Carlebach, nachdem dieser sie als Trotzkistin und amerikanische Agentin verleumdete. Dieses Verfahren wurde dann im Oktober 1952 nochmals aufgerollt.

[73] Der Name des Ehemanns von Margarete Buber-Neumann war Faust.

[74] SAPMO-BArch, ZPA IV 2/4 - 382

[75] SAPMO-BArch, ZPA J IV 2/3 - 355

[76] Hans-Heinrich Straschitz-Schrecker arbeitete seit 1923 für die KPD in den verschiedensten Funktionen und hielt sich in ihrem Auftrag nach 1933 in der Schweizer, französischen, tschechoslowakischen und englischen Emigration auf. Die vielfältigen Verbindungen, insbesondere zu Kommunisten aus der Tschechoslowakei, sollten ihm nach seiner Rückkehr zum Verhängnis werden. Ausführlichere Informationen über das Schicksal Schreckers finden sich in: Wilfriede Otto, Antizionismus, a. a. O., S. 101 ff.

[77] SAPMO-BArch, ZPA IV 2/4 - 117; vgl. auch Wolfgang Kießling, Paul Merker und der „Sozialismus der dummen Kerls", in: Mario Keßler, a. a. O., S. 88. Ausführlich vgl. auch Wolfgang Kießling, Partner im „Narren-

paradies" - Der Feundeskreis um Noel Field und Paul Merker, Berlin 1994.

[78] Zum Kurswechsel der UdSSR gegenüber Israel und der innenpolitischen antizionistischen Kampagne als Hintergrund dieser Vorgänge vgl. etwa: Wilfriede Otto, Antizionismus, a. a. O., S. 97.

[79] SAPMO-BArch, ZPA J IV 2/2 - 254; veröffentlicht als: „Lehren aus dem Prozeß gegen das Verschwörerzentrum Slánsky" - Beschluß des ZK vom 20.12.1952, in: Dokumente der Sozialistischen Einheitspartei Deutschlands, Band IV, Berlin 1954, S. 210.

[80] SAPMO-BArch, ZPA J IV 2/2 - 249

[81] Bevor Sperling im Oktober 1949 Dahlems Aufforderung folgte, selbst einen schriftlichen Bericht über die Angelegenheit Field anzufertigen, erhielt er von Matern die Weisung, seine in eigener Initiative geplante Überprüfung der KPD-Kader zugunsten einer von Berlin aus zu führenden zentralen Untersuchung zu stoppen. Im August 1950 wurde Sperling von der ZPKK in Berlin einvernommen (SAPMO-BArch, ZPA IV 2/4 - 115).

[82] Bekanntlich wurde Müller, vor Sperling zweiter Vorsitzender der KPD und MdB, 1950 von der Staatssicherheit in die DDR gelockt und inhaftiert.

[83] SAPMO-BArch, ZPA J IV 2/2 - 342

[84] SAPMO-BArch, ZPA J IV 2/3 - 353

[85] Franz Dahlem, seit 1920 ZK- und seit 1929 PB-Mitglied der KPD und von 1933-37 Mitglied ihrer Auslandsleitung, in Spanien und Frankreich tätig und nach französischer Internierung in Gestapo- und KZ-Haft.

[86] StA J IV 2/2 - 270

[87] Wehner war damals der Vorsitzende des Bundestagsausschusses für gesamtdeutsche Fragen und infolge seiner KPD-Biographie bekanntlich bestens mit den Details zeitgenössischer SED-Größen vertraut.

[88] SAPMO-BArch, ZPA IV 2/4 - 106

[89] SAPMO-BArch, ZPA J IV 2/2 - 279

[90] Dieser Kurs, im Juli 1952 von sowjetischer Seite abgesegnet, läßt sich durchaus auch im Kontext Stalinscher Faustpfandpolitik gegenüber den Westmächten interpretieren: Nach Ablehnung der Stalin-Note vom März 1952 für gesamtdeutsche freie Wahlen durch den Westen war aus sowjetischer Sicht eine kalkulierte „Preistreiberei" in Gestalt einer auf Sozialismuskurs gehenden DDR westeuropapolitisch denkbar, wenn auch angenommen werden darf, daß diese Taktik im sowjetischen Politbüro nicht unumstritten war.

[91] Berijas Motive, nach Stalins Tod im März 1953 den Anfang Juni 1953 nach Moskau zitierten fassungslosen Politbürokraten Ulbricht, Oelßner und Grotewohl einen Verriß des von Stalin gedeckten Ulbricht-Kurses zu präsentieren, lassen weniger auf realpolitische Erleuchtungen, als auf einen erneuten Anlauf zur Fortsetzung sowjetischer deutschlandpolitischer Neutralisierungsofferten schließen: Wenn der „Sozialismuskurs" in der DDR schon gescheitert war (was die Sowjets nicht erst im Juni 1953 erfuhren), konnte aus Berijas Sicht eine Neuauflage einer Politik zur Neutralisierung Gesamtdeutschlands zugunsten der Glaubwürdigkeit einer solchen Taktik auch gleich mit einem „Neuen Kurs" weg vom gescheiterten Sozialismusanlauf verbunden werden.

[92] Schirdewan wurde dann auf demselben ZK-Juli-Plenum Politbüromitglied, auf dem die Abrechnung mit Ulbrichts Opponenten erfolgte.

[93] SAPMO-BArch, ZPA J IV 2/2 - 305

[94] Das Herrnstadt-Dokument, a. a. O., S. 126 f.

[95] SAPMO-BArch, ZPA J IV 2/2 - 309

[96] Berija wurde am 26. Juni 1953 im Vollzug einer Verschwörung des Präsidiums der KPdSU mit noch unklarem Ausgang verhaftet. Das ZK-Plenum vom 3.-5.7.1953 befestigte die Zustimmung des Parteiapparats für die Palastrevolutionäre um Chruschtschow (Der Fall Berija, Das Plenum des ZK der KPdSU Juli 1953, stenographischer Bericht, Berlin 1993).

[97] Karl Schirdewan, Aufstand gegen Ulbricht, Berlin 1994, S. 59.

[98] Ebenda, S. 59 ff.

[99] Herrnstadt arbeitete nach 1929 für den militärischen Nachrichtendienst und von 1940 bis Ende 1942 im Generalstab der Roten Armee; vgl. Herrnstadt-Dokument, a. a. O., S. 284.

[100] siehe auch Herrnstadt-Dokument, a.a.O.

[101] SAPMO-BArch, ZPA J IV 2/2 - 341

[102] SAPMO-BArch, ZPA J IV 2/2A - 481

[103] Hermann Weber, DDR - Grundriß der Geschichte, Hannover 1991, S. 57.

[104] SAPMO-BArch, ZPA J IV 2/2 - 377 und J IV 2/2 A - 369

[105] Noel H. Field und Hertha Field waren 1949 in der CSR entführt und nach über 5 Jahren Haft in Ungarn am 1.11.1954 von allen Beschuldigungen freigesprochen sowie ihr Antrag auf politisches Asyl bewilligt worden. Dieses zu melden konnte am 19.11.1954 auch das SED-Zentralorgan „Neues Deutschland" nicht umhin - natürlich in gebotener Unauffälligkeit. Die trotzdem daraus resultierende Verunsicherung bei allen mehr oder weniger unrühmlich in die Säuberungen Verwickelten

spiegelt sich etwa in der devoten Anfrage Henny Stibis vom 24.2.1955 an Matern wieder, ob sie angesichts „gewisser Veränderungen in der Sache Field“ ihre Verbindung zu jenem in ihrem Lebenslauf weiter angeben müsse, weil sie nicht zu erkennen vermag, „worin diese Veränderungen grundsätzlich bestehen“ würden. Matern ließ ihr zwei Tage später verständnisvoll mitteilen, daß dies nicht notwendig sei (SAPMO-BArch, ZPA IV 2/4 - 112). Es darf angenommen werden, daß Matern sehr gut wußte, „worin diese Veränderungen grundsätzlich bestehen“ und daß gerade deshalb die SED-Führung nun ein Problem hatte.

[106] vgl. Kießling, a. a. O., S. 90.

[107] Kießling behauptet unter Berufung auf einen Brief Merkers vom 1. Juni 1956 sogar, Merker wäre nicht nur über die ganze Zeit der Untersuchung, sondern auch im Prozeß standhaft geblieben (Kießling, a. a. O., S. 90; vgl. auch Wolfgang Kießling, „Ich werde mich nicht selbst bezichtigen“, ND 30.11.1993). Dagegen erklärt Charlotte Janka, Merker hätte Walter Janka und ihr nach seiner Haftentlassung berichtet, daß er sich zuletzt schließlich doch als schuldig bekannt habe (Charlotte Janka, Leserbrief im ND 10.10.1994).

[108] vgl. Wilfriede Otto, a. a. O., S. 105 u. 119.

[109] Anna Schlotterbeck, Fallen, aber nicht zerbrechen, NDL 5/1990, S. 50.

[110] SAPMO-BArch, ZPA IV 2/4 124 und SAPMO-BArch, ZPA IV 2/4 - 119. Friedrich Schlotterbeck ist durch seine Erinnerungen an die illegale Arbeit zur Zeit der Hitler-Diktatur unter dem Titel „Je dunkler die Nacht desto heller die Sterne“ bekannt geworden. Unter Hinweis auf dieses Buch wurde sein Parteiausschluß noch mit der Beschuldigung, angeblich Gestapo-V-Mann gewesen zu sein, angereichert, obwohl er von der KPD nach dem Krieg von solchen Verdächtigungen entlastet wurde.

[111] Ebenda

[112] Anna Schlotterbeck, a. a. O., S. 9.

[113] SAPMO-BArch, ZPA IV 2/4 - 28

[114] SAPMO-BArch, ZPA J IV 2/2 - 397

[115] SAPMO-BArch, ZPA J IV 2/2 - 465

[116] SAPMO-BArch, ZPA J IV 2/2 A 481

[117] Zur Entlassung werden vorgeschlagen ... Mit einem Vorwort von Josef Gabert, Berlin 1991, S. 103 ff.

[118] SAPMO-BArch, ZPA J IV 2/2 - 465

[119] SAPMO-BArch, ZPA IV 2/4 - 114

[120] Alle Zitate aus: Zur Entlassung werden vorgeschlagen ... Mit einem Vorwort von Josef Gabert, Berlin 1991, S. 103 ff.

[121] SAPMO-BArch, ZPA J IV 2/2 - 474

[122] Ebenda

[123] Ebenda. Gemeint ist offenbar die Parteigrundorganisation des Akademieinstuts.

[124] Hermann Weber, DDR - Grundriß der Geschichte 1945 - 1990, S. 57.

[125] SAPMO-BArch, ZPA J 2/2 A - 503

[126] Hermann Weber, a. a. O., S. 83.

[127] SAPMO-BArch, ZPA J IV 2/2 - 474

[128] SAPMO-BArch, ZPA J 2/2 - 480

[129] SAPMO-BArch, ZPA J IV 2/2 - 1544

[130] Ebenda

[131] SAPMO-BArch, ZPA J IV 2/2 - 483

[132] Ebenda

[133] SAPMO-BArch, ZPA J IV 2/2 1544

[134] SAPMO-BArch, ZPA IV 2/4 - 106

[135] SAPMO-BArch, ZPA J IV 2/2 - 480

[136] SAPMO-BArch, ZPA J IV 2/2 - 474

[137] SAPMO-BArch, ZPA J IV 2/2 - 480

[138] SAPMO-BArch, ZPA J IV 2/2 A - 499. Merker wurde unter Ausschluß der Öffentlichkeit freigesprochen.

[139] vgl. Wilfriede Otto, a. a. O., S. 105.

[140] Sperling wurde im März 1956 aus der Haft entlassen.

[141] SAPMO-BArch, ZPA J IV 2/2 - 483

[142] Schirdewan, a. a. O., S. 86.

[143] Walter Janka, Schwierigkeiten mit der Wahrheit, Berlin 1990; Wolfgang Harich, Keine Schwierigkeiten mit der Wahrheit, Berlin 1993. Zur Person Bernhard Steinbergers: Steinberger war als Jude und Westemigrant bereits 1949 von den sowjetischen Sicherheitsorganen im Zusammenhang mit dem ungarischen Rajk-Prozeß verhaftet und bis zu seiner Entlassung 1955 nach Workuta verschleppt worden (vergleiche auch Fußnote 40). Er erhielt nun nochmals vier Jahre Zuchthaus.

[144] SAPMO-BArch, ZPA J IV 2/2 - 534. Harich und Janka erklärten später übereinstimmend, Merker wäre gegen beide als Belastungszeuge aufge-

treten. Anders als bei Harich, der sich schuldig bekannte, machte dies Merker zum Denunzianten Jankas, der in seinem Prozeß alles ableugnete (Harich, a. a. O., S. 203; Janka, a. a. O., S. 102 ff). Die Aussage Merkers im Prozeß gegen Harich ist auszugsweise veröffentlicht in der Dokumentation „Der Prozeß gegen Walter Janka und andere", Hamburg 1990, S. 85ff. Hieraus geht jedoch hervor, daß vielmehr Harich, indem er sich zu der eigenen Konzeption bekannte, eher Merker belastete, als daß der überaus vorsichtig auftretende Merker Janka belastete. Dagegen berichtete Janka, Merker habe im zweiten Prozeß unter dem Eindruck der Drohungen Melsheimers seine Janka belastenden Aussagen aus der Voruntersuchung wiederholt (Janka, a. a. O., S. 104).

[145] SAPMO-BArch, ZPA J IV 2/2 - 534

[146] SAPMO-BArch, ZPA J IV 2/2 - 586

[147] vgl. die Aufzeichnungen von Herrnstadt, a. a. O., S.119 f, S.139 f.

[148] SAPMO-BArch, ZPA J IV 2/2 A - 558

[149] Schirdewan, a. a. O., S. 136 f.

[150] Ebenda, S. 137.

[151] SAPMO-BArch, ZPA J IV 2/2 - 575

[152] Die Erklärungen von Schirdewan (der seine Stellungnahme zuvor ebenfalls korrigieren mußte) und Selbmann sind in der Zeitschrift „Neuer Weg" 18/1959 veröffentlicht worden. Selbmanns Brief ist in den Unterlagen der erwähnten PB-Sitzung vom 23.6.1959 erhalten geblieben (SAPMO-BArch, ZPA J IV 2/2 - 655).

[153] Hermann Weber, a. a. O., S. 79.

[154] StA IV 2/4 - 1

[155] SAPMO-BArch, ZPA J IV 2/2 - 474

[156] SAPMO-BArch, ZPA J IV 2/2 587; siehe auch Rechenschaftsbericht der ZPKK an den V. Parteitag der SED 1958, SAPMO-BArch, ZPA IV 2/4 - 1.

[157] SAPMO-BArch, ZPA IV 2/4 - 1

[158] Ebenda

[159] SAPMO-BArch, ZPA J IV 2/2 - 125

[160] SAPMO-BArch, ZPA J IV 2/2 - 626

[161] SAPMO-BArch, ZPA J IV 2/2 - 751

[162] SAPMO-BArch, ZPA J IV 2/2A - 1001

[163] SAPMO-BArch, ZPA J IV 2/3 - 958

[164] SAPMO-BArch, ZPA J IV 2/2 - 924

[165] SAPMO-BArch, ZPA J IV 2/3 - 994

[166] SAPMO-BArch, ZPA J IV 2/3 - 1155

[167] BStU, ZA - ZAIG, o. Nr.

[168] BStU, ZA - ZAIG, Nr. 1568

[169] SAPMO-BArch, ZPA J IV 2/2 - 1568

[170] Protokoll eines Tribunals - Die Ausschlüsse aus dem DDR-Schriftstellerverband 1979, Hamburg 1991. Das abgestimmte Vorgehen gegen die Protestler „in Sachen Biermann" ist in dem von Roland Berbig und anderen herausgegebenen gleichnamigen Buch (Berlin 1994) ausführlich dokumentiert.

[171] BStU ZA - ZAIG - o. Nr.

[171a] Dieses von Hermann von Berg an den Spiegel gegebene und am 2. und 9. Januar 1978 veröffentlichte „Manifest" wurde von der CDU beifällig aufgenommen, von Wehner als „Provokation" bezeichnet und von der SED als Fälschung abqualifiziert. Von einem seiner Verfasser (dem Leipziger Historiker Heinz F. Niemann) als in Affinität zu sozialdemokratischen und eurokommunistischen Ideen stehendes und dem Ziel der deutschen Einheit verpflichtetes Dokument bezeichnet (vgl Heinz F. Niemann, Als Honecker und Schmidt sich einig waren ..., ND 27.7.1994), war seine Veröffentlichung nach Bekundungen Hermann von Bergs Resultat einer „Flucht in die Öffentlichkeit" nach Warnungen des von Berg-Vertrauten Rolf Wagenbreth aus der HVA. Zum sich als „Bund Demokratischer Kommunisten Deutschlands" deklarierenden Urheberkreis des Spiegel-Manifestes gehörten außerdem der Berliner Philosoph Franz Loeser, der wie von Berg später die Ausreise aus der DDR als beste Lösung vorzog, der stellvertretende Ministerpräsident Gerhard Weiß, der Berliner Philosoph und Jurist Peter-Bernd Schulz (u. a. Lehrgangsleiter für SED-Führungskader), der Gesellschaftswissenschaftler Kurt Heuer und der Berliner Physiker Wolfgang Decker (vgl. Andreas Försters Serie zum „Spiegel-Manifest", Berliner Zeitung 16.-18.5.1995).

[172] SAPMO-BArch, ZPA IV D 2/3 - 240

[173] SAPMO-BArch, ZPA J IV 2/2 - 2137

[174] SAPMO-BArch, ZPA IV 2/1 - 642

[175] Gefesselter Widerspruch - Die Affäre um Peter Ruben, Herausgegeben von Hans Christoph Rau, Berlin 1991.

[176] SAPMO-BArch, ZPA IV D 2/3 - 396

[177] BStU ZA - ZAIG, Nr. Z 4244

[178] BStU ZA - ZAIG, Nr. 4256

[179] Heinrich Bortfeldt, Von der SED zur PDS, Bonn Berlin 1991, S. 21 ff.

[180] Bortfeldt, a. a. O., S. 37 f.

[181] Bortfeldt, a. a. O., S. 50 f.

[182] zitiert in: Bortfeldt, a. a. O., S. 53 ff.

[183] Außerordentlicher Parteitag der SED/PDS, 8/9 und 16/17 Dezember 1989, Materialien, Berlin 1990, S. 31.

[184] Der Autor hat am 28.1.1990 als ein Vertreter der Bürgerbewegung „Vereinigte Linke" selbst erlebt, wie bei dem vom Ministerpräsidenten initiierten Treffen der Altparteien und der neuen Organisationen im Hotel „Johannishof" sich einerseits Modrows Ultimatum „Regierungseintritt der Opposition" oder „Chaos in der DDR" und andererseits Ibrahim Böhmes Junktim von Regierungsbeteiligung der SPD und vorgezogenem Volkskammerwahltermin miteinander verbanden. Ganz offensichtlich sollten die ständig von der Koalitionsregierung Rechenschaft fordernden Bürgerbewegungen als Regierungsstatisten neutralisiert und als im Aufbau befindliche politische Organisationen durch den frühen Wahltermin benachteiligt werden. Nur die frisch mit der Westschwester verschmelzende Ost-SPD konnte und wollte als einzige neue politische Partei auf den Import mächtiger Strukturen setzen und wähnte sich zudem trügerisch im Aufwind der Wählergunst.

[185] Modrow erklärte später dazu: „...wollten wir angesichts der Lage keinen Zeitverzug. Deshalb konnte ich auch nicht bis zur offiziellen Bildung der Regierung der Nationalen Verantwortung, d. h. bis zur Bestätigung durch die Volkskammer warten. Der Runde Tisch wiederum war als das demokratische Gremium der Parteien und Bewegungen nicht das geeignete Forum für eine Initiative des Ministerpräsidenten. So habe ich mich entschieden, meine Initiative zur Vereinigung auf einer Pressekonferenz am 1. Februar vorzustellen." (Hans Modrow, Aufbruch und Ende, Hamburg 1991, S. 124.)

[186] A. a. O., S. 132 f. Wenigstens im Nachhinein erklärte Modrow: „Die Idee des schrittweisen Übergangs zur Einheit ist in Bonner Regierungskreisen natürlich auf schärfsten Widerspruch gestoßen und wurde auch von der SPD nicht mehr unterstützt (a. a. O., S. 125)".

[187] a. a. O., S. 105

[188] Günther Wieland, Schiedskommission der PDS, Bericht über die Tätigkeit seit dem Außerordentlichen Parteitag im Dezember 1989, o. Datum.

[189] Zentrale Schiedskommission, Bericht über die Tätigkeit der Zentralen Schiedskommission an den 2. Parteitag der PDS, o. Datum.

[190] Rainer Land, Waren die Reformsozialisten verhinderte Sozialdemokraten?; Präsentation auf der Konferenz „Die real existierende postsozialistische Gesellschaft“, Potsdam, Dezember 1993, unredigierte Vorlage, siehe auch: Rainer Land, Vom „modernen Sozialismus“ zum „libertären Ökosozialismus“? LIFO-Info 1/94.

[191] Dieter Segert, Politische Visionen im Zerfallsprozeß der DDR, utopie kreativ 1993.

[192] Segert, a.a.O.

[193] Rainer Land, a. a. O.

[194] Ebenda

[195] Dieter Klein in: Michael Brie/Dieter Klein, Der Engel der Geschichte“, Berlin 1993, S. 112.

[196] SAPMO-BArch, ZPA J IV 2/3 - 2118

[197] SAPMO-BArch, ZPA J IV 2/3 - 2404

[198] SAPMO-BArch, ZPA J IV 2/3 - 2548

[199] SAPMO-BArch, ZPA J IV 2/3 - 3915

[200] SAPMO-BArch, ZPA J IV 2/3 - 4067

Visionen zwischen Hoffnung und Täuschung

1. Ertragen verschiedener Wahrheiten

Geschichte bleibt Prüfstand

Visionen über Zukunftsentwürfe begleiteten die Menschheitsgeschichte und kannten weder nationale noch zeitliche Schranken. Sie hatten stets ihren historischen Hintergrund, bewegten nicht nur mutige Denker, sondern lebten auch in Vorstellungen des arbeitenden Volkes. Zivile Fortschritte und enttäuschte Hoffnungen lagen immer dicht beieinander.

Doch in keinem anderen Jahrhundert als dem unseren kulminierte das soziale Spannungsfeld zwischen Kapital und Lohnarbeit, zwischen Herrschenden und Beherrschten zugleich in solchen zugespitzten Konfrontationen von Weltanschauungen, zwischen kapitalistischer Machtpolitik und sozialen Interessen der Arbeiterbewegung, zwischen Revolution oder Reform, zwischen Gesellschaftssystemen und militärisch-politischen Machtblöcken, zwischen kolonialer Unterdrückung und nationalen Unabhängigkeitskämpfen, zwischen gewachsenen zivilen, kulturellen und enormen ökonomisch-technischen Fortschritten sowie Zerstörung von Zivilisation und Kultur, zwischen militärisch-nuklearer Bedrohung der Menschheit und Antikriegskampf.

Das NS-Regime mit seiner totalitären Gewaltherrschaft, kriegerischen Weltvorherrschaftspolitik und „industriemäßigen" Methode der Menschenvernichtung drückte dem Jahrhundert seinen eigenen, unvergänglichen Stempel auf.

Wie nie zuvor verbreiteten sich demokratische und sozialistische Ideen als geistige und politische Bewegung. Prägend griff der sozialistische Staats- und Gesellschaftsversuch als eine Alternative zum kapitalistischen System in diese Jahrzehnte ein. Der Ausbruchsversuch aus der Alten Welt, die Befreiung Europas vom Faschismus durch die UdSSR gemeinsam mit den westlichen Alliierten und die Stärkung eines Friedenspotentials gaben der sozialistischen Idee einst mächtigen Auftrieb. Doch die Auswirkungen autoritärer Partei- und Machtstrukturen sowie von Massenrepressalien, das Scheitern des Partei- und Staatskonzepts haben erst einmal jeglichen gesellschaftlichen Neuansatz mit einer schweren historischen Bürde beladen. Weder im Ausgangsland Rußland noch auf dem Kontinent Europa hielt der Real-Sozialismus dem Prüfstein Geschichte stand. Was sich einst als kommunistische Bewegung mit mehr als 100 kommunistischen und Arbeiterparteien sowie über 50 Millionen Mitgliedern auf allen Kontinenten verstand, aber in sich uneinheitlich und sehr differenziert darstellte, geriet in eine Weltkrise. Etwa 26 ehemalige kommunistische Parteien haben sich auf den Weg des Umbruchs für ein neues Partei- und Politikverständnis begeben. Im November 1991 wurde auf Initiative der Vereinigten Linken Spaniens das Forum der Neuen Europäischen Linken mit Reformparteien und - bewegungen links von der Sozialistischen Internationale gegründet.

Die weltweite Arbeiterbewegung - sozialdemokratisch/sozialistischer und kommunistischer Observanz - begegnete dem kapitalistischen System nicht nur mit großen sozialen Kämpfen, sondern rang ihm auch bedeutsame Zugeständnisse ab. Doch der hoffnungsvolle Anspruch, alleinige systemüberwindende Kraft zu sein, ging nicht auf.

So komplex und schroff wie die Geschehnisse und Umbrüche unseres Jahrhunderts auf die Generationen einwirkten bzw. von ihnen verantwortet und mitgetragen wurden, so widersprüchlich gestalteten sich die Erfahrungen und neuen Hoffnungen der Menschen. Vielfältige Analysen und Erkenntnisse sind vonnöten, um alle Ursachen für den eklatanten Widerspruch zwischen dem humanistischen Anliegen der sozialistischen Idee und ihrer mißratenen Umsetzung in unserem Jahrhundert aufzudecken.

Das weltweite Spannungsverhältnis von Visionen zwischen Hoffnung und Täuschung widerspiegelte sich auch in der Geschichte von SED und DDR. Annähernd vier Millionen SED-Mitglieder unterschiedlicher Generationen, die von 1946 bis 1989 der SED dauerhaft oder zeitweilig angehörten, sich in sozialer Herkunft, geistiger Prägung und politischen Motiven unterschieden, engagierten sich in ihrer überwiegenden Mehrheit im Bewußtsein, fortschrittsträchtig zu handeln. Das traf für die ersten Jahre des Lebenskampfes nach 1945 zu, um aus dem Trümmerfeld, der Obdachlosigkeit, der Arbeitslosigkeit und dem Hunger herauszukommen, das prägte die folgenden Jahre im Ringen um eine demokratische, sozialistische DDR.

Der Umgang mit dem Begriff Opposition wirft natürlich Fragen auf: Opposition warum, wogegen, mit welchem Ziel? Wann wäre etwas als Opposition zu bezeichnen? Welche Formen kann bzw. konnte Opposition überhaupt annehmen? Über die hiermit verknüpften historischen und theoretischen Probleme ließe sich sehr viel streiten. Doch nicht eine abstrakte definitorische Suche kann hier Antwort geben. Zu erschließen ist vor allem vielfältiges historisches Material. Obgleich sich in der SED-Geschichte bis jetzt keine durchgängige Opposition als Richtung bzw. Strömung oder eine organisierte Bewegung für tiefgehende reformerische Veränderungen von Partei und Gesellschaft nachweisen lassen, wirkten von 1946 bis 1989 mehr kritische Potentiale als bisher angenommen. Kritische Haltungen, Widerspruch, Renitenz, Dissidenz, opponierende Verhaltensweisen, spontane bis organisierte politische Opposition einzelner Personen bzw. Gruppen, passiver und aktiver Widerstand sowie Flucht widerspiegelten Protestverhalten gegen die Stalinisierung der Partei und gegen parteibürokratische, diktatorische und repressive Macht, für eine demokratisierte SED und demokratische Gestaltung der Staats- und Gesellschaftsordnung in der DDR. Neben Kämpfen in der Führungsspitze der SED, politischen Forderungen, Reformideen und neuen theoretischen Überlegungen einzelner meldete sich gleichzeitig politischer Widerspruch an der Basis. Motivationen, Erscheinungsformen und Ausmaß sowie Möglichkeiten und Grenzen solcher Verhaltensweisen standen immer im Kontext zu ihrer Zeit. In diesem weiten und differenzierten Umfeld ist der Begriff Opposition zu verstehen.

In Rechnung zu stellen ist, daß schon im Selbstverständnis der SED jeder noch so kleine kritische Ansatz in Grundfragen von Partei und Staat in verhängnisvoller Weise auf die Abschußlinie trotzkistisch-imperialistischer Agententätigkeit oder konterrevolutionärer Bestrebungen geriet. Einer Opposition in Partei und Gesellschaft - in welcher Form auch immer - wurde keine Berechtigung eingeräumt. Der Zusammenhang von Demokratie und Opposition wurde nach einem Grundsatzartikel im „Neuen Deutschland" vom 17. Mai 1957 nur für bürgerlich-kapitalistische Staaten anerkannt, nicht für die DDR, wo es „keinen Gegensatz zwischen der Politik unserer Regierung und den Interessen der gesamten Bevölkerung“[1] gäbe. Unfreiwillig vorausschauend hieß es aber auch: „Opposition ist nur der Beweis dafür, daß die Volksmassen gegen die herrschende Klasse für ihr Recht kämpfen müssen.“[2] Nach einer offiziellen Definition für den politischen Sprachgebrauch galt Opposition seit 1967 weitgefaßt als „Gegensatz, Gegnerschaft, Widerstand“ verbunden mit der Präventivnorm: „In sozialistischen Staaten existiert für eine O. gegen die herrschenden gesellschaftlichen und staatlichen Verhältnisse keine objektive politische oder soziale Grundlage.“[3]

Anliegen dieses Beitrages ist es deshalb, an wichtigen historischen Schnittpunkten den konzeptionellen Inhalt, die Absichten und Ziele, Kontinuitäten und Diskontinuitäten, Möglichkeiten und Grenzen kritischer, oppositioneller bis widerständiger Haltungen und Handlungen vor allem in der SED seit Ende der vierziger bis Ende der achtziger Jahre zu skizzieren. Dabei werden auch Formen und Methoden repressiven Umgangs mit den sogenannten Abweichlern in den eigenen Reihen aufgezeigt sowie Einzelschicksale stellvertretend für viele benannt. Ein Anspruch auf eine lückenlose Behandlung der Problematik oder gar auf endgültige Antworten kann nicht erhoben werden. Manches bleibt offen, vieles bedarf weiterer Forschungen, nicht wenig regt zur Diskussion an. Eine Gesamtdarstellung der Problematik kann wohl auch kaum von einem Einzelnen bewältigt werden.

In dem Versuch, mit einem zu DDR-Zeiten unbeliebten Thema offen umzugehen, drücken sich zugleich die kritische Sicht auf ein Stück eigener Vergangenheit und der steinige Weg zum Neuverständnis aus.

Methodologisch folgt die Darstellung einer historischen und problematischen Herangehensweise. Historische Sicht bedeutet jedoch nicht entschuldigende Erklärung. Es werden vielmehr werdende und sich reproduzierende Strukturen und Mechanismen verdeutlicht. In Erinnerung gebracht und für die Geschichte aufgehoben werden jene gesunden, kritischen Potentiale in der SED, die früher verdrängt und diffamiert wurden. Viele Hintergründe, Tatsachen und Zusammenhänge, die sich heute eruieren lassen, stellten sich allerdings dem Zeitgenossen nicht oder nur ausschnittsweise so dar.

Repression und Opposition als Forschungsgegenstand im SED-Verständnis

Solche Kategorien wie Gruppen- und Fraktionsbildung, Opposition oder Revisionismus waren in offiziellen Darstellungen der Geschichtsschreibung der DDR zur Parteigeschichte ausschließlich negativ besetzt. Der Begriff „Repression" fehlte ganz, der von „Anschuldigungen" kam vor. Schicksale von Parteimitgliedern, wenn sie überhaupt aufgeführt werden konnten, schlossen im wesentlichen mit den verhängten Parteistrafen ab, wenn es sich nicht gerade um spektakuläre politische Prozesse handelte. An „weißen Flecken", Halb- und Unwahrheiten fehlte es nicht. Aus Analysen über die Mitgliederüberprüfungen in der SED sowie aus Bezirks- und Basisberichten läßt sich entnehmen, daß es nie gelungen war, kritische oder sogenannte politisch abweichende Stimmen in der Partei gänzlich zu unterdrücken. Neben der dogmatisierten Einheit und Geschlossenheit pulsierten in der SED Kräfte, die von der Sozialismus-Vision überzeugt waren, aber auch wachsam und ohne Borniertheit Gefahren für ihre Verwirklichung sahen. Rückblickende Selbstzeugnisse solcher SED-Mitglieder sollten ernst genommen werden. So erklärte z. B. der ehemalige Spanien-Brigadist und Häftling in einem Konzentrationslager (KZ) Kurt Goldstein in einem Interview 1991: „Und dann stehen Sie da und müssen sagen, für das, was hier geschehen ist, fühle ich Schuld und Scham. Aber wer sich nicht dazu durchringt, das zu sagen, der findet keinen Neuanfang."[4]

Frühere Standardeinschätzungen in der Geschichtsschreibung der DDR zur Problematik von Repression und Opposition halten bekanntgewordenen Erinnerungsberichten[5], nunmehr zugänglichen Archivmaterialien und neueren wissenschaftlichen Publikationen nicht stand. Sie sind zumeist einer grundsätzlichen Korrektur zu unterziehen. Hier greift kein Umschreiben bisheriger Geschehnisse, sondern nur Anerkennung vieler objektiver Wahrheiten über die Vergangenheit, die uns nun einmal ein Arsenal von abgeschlossenen, unkorrigierbaren und unvergänglichen Tatsachen hinterlassen hat. Neue Konzepte und politische Konsequenzen sind erforderlich.

Erinnert sei nur an den Umgang mit den sogenannten Fraktionen Zaisser-Herrnstadt 1953 und Schirdewan-Wollweber 1956/1957, die weder als Fraktionen existierten noch sich als Opposition verstanden. Trotz gewisser Relativierungen, z. B. in der „Geschichte der SED. Abriß“, behielten diese Funktionäre in der offiziellen Parteigeschichtsschreibung das Stigma des Revisionismus, mit dem der Sozialismus hinausgezögert werden und letztlich vor den „deutschen Imperialisten“ kapitulieren sollte.[6] Die Rudolf Herrnstadt angedichtete „antimarxistische Plattform“ wurde nie in der SED - nicht einmal im Zentralkomitee (ZK) - bekannt oder erörtert. Wie brisant es gewesen wäre, die vollständige Wahrheit um das Jahr 1953 zu lüften, läßt sich daran ermessen, daß entscheidende Aktenbestände noch am 14. November 1978 aufgrund einer persönlichen Entscheidung von Erich Honecker mit dem Vermerk „Verbleib zur dauernden Aufbewahrung im ZK“ gesperrt wurden. Und so erfuhr die Öffentlichkeit erst 1990, daß der Neue Kurs von 1953 auf ein sowjetisches Memorandum zurückgegangen war, und es sich bei der angeblichen Herrnstadt-Plattform um einen vom Politbüro in Auftrag gegebenen Entschließungsentwurf gehandelt hatte.[7] Weit über 30 Jahre lebten die Partei und die Geschichtsschreibung mit Lügen.

Diese Art Geschichtsschreibung in der DDR, wie sie sich insbesondere zu Problemen der innerparteilichen Auseinandersetzung entwickelte, ergab sich aus unterschiedlichen Ursachen. Sie war einmal logische Folge des Parteiverständnisses und der statuarischen Grundsätze der SED als bolschewisierte Partei, die die offiziellen Normen für die Zuordnung und Bewertung solcher innerparteilichen Vorgänge vorgaben. Entsprechende Beschlüsse der SED aus den vierziger und fünfziger Jahren legen davon Zeugnis ab. Ausfluß dieser Praxis war der bereits erwähnte Artikel im „Neuen Deutschland“ von 1957. Opposition war demnach absurd. Demagogisch hieß es sogar: „Sie müßte sich gegen die Einheit der Arbeiterklasse, gegen unseren Arbeiter-und-Bauern-Staat richten. Sie müßte für den Einsatz von Faschisten und Militaristen in hohe Machtpositionen, für den NATO-Kriegspakt und für die Vorbereitung eines Atomkrieges sein. Solch eine Opposition zu dulden wäre verbrecherisch.“[8]

Zu berücksichtigen ist, daß sich die Geschichtsschreibung über SED und DDR erst seit etwa Ende der fünfziger Jahre zu entwikkeln begann und für lange Zeit nur auf die Beschlüsse der Partei und andere veröffentlichte Materialien stützen konnte. Ganze Archivfonds und brisante Quellen blieben für die Forschung bis

Anfang 1990 unter Verschluß, zum Teil in dem gesperrten Archiv des Politbüros oder beim Generalsekretär des ZK der SED selbst. Versuche einzelner Historiker seit etwa Mitte der achtziger Jahre, einige innerparteiliche Probleme auf der Grundlage von Archivalien gründlich zu untersuchen und aufzuklären, blieben Ansätze.

Eine weitere Ursache betrifft die Haltung von Parteifunktionären, Historikern und anderen Gesellschaftswissenschaftlern. Insofern bezieht die Autorin jede ausgesprochene Kritik auf sich als Historikerin. Nicht nur für die DDR oder erst seit heute ist erwiesen, daß Geschichtsschreibung immer gewissen ideologischen Prämissen folgt und sich von gesellschaftlichen Umständen bzw. politischen Standorten nie völlig freimachen konnte. Doch inakzeptabel ist, objektive Wahrheitsfindung preiszugeben und Realitäten bewußt einseitig zu verzeichnen, Geschichtsschreibung ideologisch-politisch darauf zu verpflichten, politische Macht „wissenschaftlich" legitimieren zu helfen. Insofern trugen Historiker und andere Gesellschaftswissenschaftler der DDR, die sich mit der Geschichte der SED/DDR beschäftigten, dazu bei, daß SED-Mitglieder und andere Bürger erfahrene und beschriebene Geschichte als Widerspruch erlebten, daß sie kritische oder abweichende bis oppositionelle Haltungen in Partei und Gesellschaft nur in der Lesart der Parteifeindlichkeit oder Konterrevolution kennenlernten. Dafür Verantwortung mitzutragen, selbstkritisch Versäumnisse einzugestehen und sich zu korrigieren, ist ein notwendiger Akt der Aufrichtigkeit - auch ehemaligen SED-Mitgliedern oder DDR-Bürgern gegenüber. Sich diesen Tatsachen zu stellen bedeutet, Neues aufzunehmen und eine alte Sicht zu zerstören, die sich nach den Worten des Schriftstellers Christoph Hein, „gegen uns richtete, da sie uns zu disziplinieren suchte. Sie wollte unser Gedächtnis und unsere Erinnerungen töten."[9]

Es waren zuerst westdeutsche Historiker, Politikwissenschaftler und andere Sachbuchautoren, die sich mit der Genesis der Opposition in der SED beschäftigten.[10] Sowohl diese Publikationen als auch einige andere wissenschaftliche Zeugnisse[11] vermitteln einen gewissen Überblick zum Thema.

Eine vorläufige Analyse für die Sowjetische Besatzungszone (SBZ) und DDR versuchte die Enquete-Kommission des Bundestages „Aufarbeitung von Geschichte und Folgen der SED-Diktatur in

Deutschland“ mit dem VI. Themenfeld über Möglichkeiten und Formen abweichenden und widerständigen Verhaltens und oppositionellen Handelns 1945 bis 1989. Zu dem Thema fanden zwei Öffentliche Anhörungen statt, wurden 23 Expertisen vergeben sowie Gutachten eingeholt. Eingeschlossen war auch die Problematik „innerkommunistische Dissidenz und Opposition“. Der Abschlußbericht der Enquete-Kommission zum Themenfeld VI bündelt das Stoffangebot der Expertisen auf gedrängtem Raum zu einer informativen und sachlichen Analyse.[12] Das Werden einer offenen innerparteilichen Opposition in der SED gerade im Jahre 1989 fand jedoch noch weniger Niederschlag, als der bescheidene Forschungsstand damals hergab.

Die Auswertung der neueren Literatur, verschiedener Fonds der Stiftung Archiv der Parteien und Massenorganisationen der DDR im Bundesarchiv, darunter des Zentralen Partei- und FDGB-Archivs, sowie von Beständen beim Bundesbeauftragten für die Unterlagen des Staatssicherheitsdienstes der ehemaligen DDR ermöglichten eine weitere Aufklärung und Systematisierung von widerständigem und oppositionellem Verhalten in der SED. Einer umfassenden Erschließung aller in Betracht kommenden Fonds wurden jedoch durch die Breite des zu sichtenden Materials sowie durch noch nicht aufbereitete Archivbestände objektiv Grenzen gesetzt. Den Mitarbeitern der genannten Archive schulde ich aufrichtigen Dank für die freundliche Unterstützung.[13]

2. Sieg der Stalinisierung über die SED 1948-1954

Vom „Experiment“ zur Partei neuen Typus

Tiefgreifende Veränderungen, die sich in der Geschichte der SED der fünfziger Jahre vollzogen, übten den größten Einfluß auf den Wandel der Partei aus und setzten Maßstäbe für den Umgang mit sogenannten Abweichungen von der „Linie“ der Partei. Bis zur Gründung der DDR und der neuen Stellung der SED als ausschlaggebende Regierungspartei waren bereits wichtige Entscheidungen für die Umprofilierung der SED gefallen.

Aus allgemeiner Sicht ordnete sich die Gründung der SED in den Prozeß der Neubildung von Parteien ein, die auch in Deutschland als Weltanschauungsparteien existiert, sich an übergeordneten Werten (konservativen, liberalen, konfessionellen, sozialistischen) orientiert und bis zur Errichtung der Naziherrschaft als Wähler-, Programm- und Massenparteien verstanden hatten.

Zugleich widerspiegelte sich in der SED ein Wesenszug unseres Jahrhunderts - die Spaltung der Arbeiterbewegung, die in der Sozialdemokratie begonnen hatte, in zwei selbständigen Hauptströmen. Insofern verkörperte der Zusammenschluß von 680.000 SPD-Mitgliedern und 620.000 KPD-Mitgliedern[14] den Versuch eines neuen Parteityps. Vor allem ausgehend von den bitteren Erfahrungen des Bruderkampfes und der Nazizeit wagten Sozialdemokraten und Kommunisten einen bedeutenden und zur damaligen Zeit erstmaligen historischen Neuansatz. In anderen Ländern wie Polen, der Tschechoslowakei und Ungarn, kam es erst 1948 und auf anderem Wege zur Gründung von Einheitsparteien.[15] Frühere Mitglieder der KPD und der SPD sowie Hunderttausende neue Mitstreiter, die im April 1946 die SED konstituierten, verstanden diese als eine Partei neuer Qualität: als Partei der sozialistischen Einheit auf demokratischer Grundlage. In diesem Sinne erklärte Franz Dahlem auf dem 40. Parteitag der SPD 1946, „daß die deutschen Arbeiter als die ersten in Europa wieder die Spaltung überwunden und die sozialistische Einheit hergestellt haben."[16] Und Wilhelm Pieck sprach auf dem Vereinigungsparteitag vom „Anfang einer neuen Epoche der Arbeiterbewegung."[17] Dieser Anfang war für die Mehrheit der Mitglieder weder die bloße Fortsetzung der alten KPD noch der bisherigen SPD, sondern ein Verständnis als neue Partei, welche entscheidende Lehren aus der Geschichte gezogen hatte. In ihrem Statut bezeichnete sich die SED als politische Organisation der Arbeiterklasse und aller Werktätigen, die ihre Aufgaben nach den angenommenen Grundsätzen und Zielen, nach den Beschlüssen und nach dem Statut der Partei erfüllen wird.

Kraft aus den Potenzen beider Hauptströme sowie aus der ganzen Breite der Traditionen der Arbeiterbewegung zu schöpfen, waren Elemente der Praxis und der Gründungsdokumente der SED. Zur SED gehörten auch Mitglieder der ehemaligen Unabhängigen Sozialdemokratischen Partei Deutschlands (USPD), der Sozialistischen Arbeiterpartei Deutschlands (SAPD), der KPD-Opposition (KPD-O), der Kommunistischen Arbeiterpartei (KAP), des Leninbundes und des Internationalen Sozialistischen Kampfbundes (ISK). In den Grundsätzen und Zielen der SED, die immerhin bis 1963 gültig blieben, stand neben den nächsten demokratischen Aufgaben im Minimalprogramm das sozialistische Fernziel als Maximalprogramm. Erfahrungen der sozialdemokratischen und kommunistischen Bewegung sowie des antifaschistischen Widerstands hatten darin ihren Niederschlag gefunden. Das Programm zielte auf die Eroberung der politischen Macht der Arbeiterklasse im Bündnis mit den anderen Werktätigen, auf gesellschaftliches Eigentum und Anerkennung von Privateigentum an kleinen und mittleren Unternehmen sowie von Gewerken. Es bekannte sich zu einer neuen, freien, parlamentarisch-demokratischen Republik, zu einem friedlichen revolutionären, deutschen Weg zum Sozialismus. Der Zustrom von mehr als 400.000 Frauen und Männern bis Ende 1946 war auch ein Ausdruck der Anziehungskraft, die die neue Partei ausstrahlte.

Auf alle neuen Ausgangspunkte bei der Bildung der SED fielen zugleich - verdeckt oder offen - Schatten von Demokratiedefizit und Stalinismus. Der tatsächlich vorhandene Einheitswille war von äußeren Drücken nicht frei geblieben.[18] Otto Grotewohl hatte im Dezember 1945 mehrere Gründe, sich über die Bevorzugung der KPD durch die Besatzungsmacht zu beschweren. Sowjetische Einmischung und Bevormundung fehlten nicht: so das Forcieren des Tempos der Vereinigung nach der katastrophalen Wahlniederlage der Kommunisten in Österreich am 25. November 1945 sowie nach dem Vorschlag des Zentralausschusses der SPD für eine eigene Wahlliste bei der bevorstehenden Wahl 1946; die Entscheidung über das Programm der SED in Moskau; die Anweisung an die sowjetischen Kommandanturen Ende Januar 1946, auf eine „ortsgruppenmäßige Vereinigung“ von KPD und SPD einzuwirken; das Mißachten der Forderung, einen Reichsparteitag der SPD durchzuführen.[19]

Bis etwa Mitte 1948 waren die zum Teil offenen Fragen noch nicht endgültig entschieden. Es bestand gewissermaßen ein Experimentierfeld, auf dem geklärt werden mußte, ob sich die SED als demokratisch-pluralistische Partei vor allem auf der Grundlage der beiden Hauptströme der Arbeiterbewegung weiterentwickeln, ob sie eine allein sozialdemokratisch oder allein kommunistisch orientierte und dominierte Einheitspartei werden würde.

Die Weichen für den weiteren Weg und den Charakter der SED wurden Mitte 1948 seitens der Sowjetischen Militäradministration Deutschlands (SMAD) abrupt mit dem strategischen Kurs auf die Partei neuen Typus gestellt. Eine 26seitige Ausarbeitung von Anfang Mai 1948, die nach einer handschriftlichen Notiz von Pieck Oberst S. I. Tjulpanow, Chef der Informationsabteilung der SMAD, verfaßt haben müßte, markierte für die SED eine neue Grundrichtung. Gleich vornan trifft sie die bezeichnende Feststellung: „Die Partei bekennt sich offen *zum Leninismus* als einer neuen Stufe in der Entwicklung des Marxismus - eine Angelegenheit, die unter den gegenwärtigen Verhältnissen der Trennungsstrich zwischen der Reaktion - die sich mit dem sozialistischen Gewand schmückt - und dem marxistischen Lager ist."[20] Die Begründung ging von der Aufteilung Deutschlands in zwei Teile aus, „welche sich nach verschiedenen Gesetzen entwickelt[en]", von der Entwicklung der SBZ zu einer Volksdemokratie, von einer *„grundsätzlichen"* Änderung der Funktionen der Staatsmacht und von der Rolle der SED als Machtpartei und den ihr auferlegten großen verantwortlichen Aufgaben *„an der Grenze zweier Welten, dort, wo die Welt des Kapitalismus auf die Welt des Sozialismus trifft."*[21] Die Partei sollte zum Kampfgeist erzogen und *„die Furcht vor entscheidenden Maßnahmen überwunden werden, wenn es gilt, in einen Konflikt zu treten gegen ausgesprochene Feinde der neuen Demokratie*, die in der Sowjetzone aufgebaut wird - gegen die Feinde der SED und der demokratischen Entwicklung Deutschlands."[22]

Weiter wurden für das Parteiverständnis und die Parteiarbeit u. a. in Erwägung gezogen, daß die SED *„keine Parlamentspartei"* sei und eine *„herrschende staatliche Stellung"* einzunehmen habe, daß die Kontrolle über die Durchführung der Parteibeschlüsse besser zu organisieren und das Betriebsgruppenprinzip durchzusetzen seien, Kritik und Selbstkritik zum untrennbaren Bestandteil der Parteiarbeit werden müssen und jedes Parteimitglied zu begreifen habe, „daß es *keine Doppelpolitik* - eine Parteipolitik und Gewerkschaftspolitik - gibt, sondern eine einzige Politik, die Politik der Partei, die überall durchgeführt werden muß".[23] Eine umfangreiche, scharfe Kritik übte Tjulpanow an der ideologischen und Schulungsarbeit der SED, an Muttermalen des *„Reformismus, der Anpassung zum Kapitalismus, des Sektierertums usw."*[24] Und er gab den Hinweis: *„In der Zersetzung der Arbeiterklasse sahen alle reaktionären Kräfte ihre Rettung*. Denken Sie an die *antikommunistischen Feldzüge*, an die Blums und Schumachers, an alle möglichen Arten des freien, demokratischen und christlichen Sozialismus ... in [unter] diesen Bedingungen ist die Frage der ideologischen *Stärkung der jungen sozialistischen Massenpartei die Lebensfrage. Dies ist nicht die Frage des heutigen Tages, sondern die Frage der Zukunft der Partei*, ja - des ganzen Deutschlands."[25]

Wenige Tage nach dieser Vorgabe Tjulpanows hielt Pieck auf der 10. Tagung des Parteivorstandes der SED vom 12./13. Mai 1948 eine damals unveröffentlichte Rede, in der sich Tjulpanows Linie bis in einzelne Formulierungen widerspiegelte. Er sprach von einer strategischen Änderung des Kampfes, von den zwei Teilen Deutschlands, die sich nach eigenen Gesetzen entwickeln, und er übernahm auch die Grundorientierung für die Partei. In ihrem „Wesen werden sich sehr erhebliche Veränderungen vollziehen. Die SED ist eine Partei neuen Typus"[26], so Pieck.

Dem Einschnitt vom Mai 1948 folgten rasch weitere Schritte. Anfang Juni 1948 wirkte Tjulpanow auf die ehemaligen Sozialdemokraten und bekannten Funktionäre Erich Walter Gniffke, Otto Grotewohl und Max Fechner[27] ein. Gespräche von Generaloberst W. S. Semjonow, stellvertretender Politischer Berater des Chefs der SMAD, mit Pieck im Juni beinhalteten den ideologischen Kampf gegen Kurt Schumacher, Vorsitzender der SPD in den Westzonen, und die „versteckte[n] Schumacherleute in der SED."

Auf der 11. Tagung des Parteivorstandes der SED am 29./30. Juni 1948, auf der Walter Ulbricht die beginnende Wirtschaftsplanung und die Aufgaben der Partei begründete, machte Grotewohl den „Krankheitskeim" aus, der in der SED stecken würde. Er bezeichnete es als einen großen Fehler, „daß wir nach unserer Vereinigung geglaubt haben, daß wir es nicht nötig haben, uns mit der Politik der SPD und Schumachers in der Zone zu beschäftigen ... Aber die gesamte Partei war nicht darauf eingestellt, Schumacher und seine Politik ideologisch zu schlagen, bis er vernichtet war ... Wir haben gedacht, wenn die russische Besatzungsmacht sich um diese illegale Betätigung bekümmert und die Leute verhaftet, dann sind wir sie los."[28] Raffiniert zugeordnet war die Information über ein detailliertes „Geständnis" des SPD-Funktionärs Wilhelm

Lohrenz aus Berlin-Spandau. Lohrenz war am 18. November 1946 verhaftet worden, befand sich bei den Organen des sowjetischen Ministeriums des Innern (MWD) und hatte über die Gründung des Ostbüros der SPD 1946, über dessen Mitarbeiter und Finanzierung durch westliche Geheimdienste ausgesagt.[29] Nach Vermerken auf dem Archivdokument zu urteilen, war das 10seitige „Geständnis" als deutsche Übersetzung und „Streng vertraulich!" an Ulbricht übergeben worden, der auch daraus vorlas. Aussagen von Lohrenz bestätigt Wolfgang Buschfort in seiner Dissertation über das Ostbüro. Andererseits mutet einiges zu detailliert und nach einundeinhalb Jahren Haft wie erpreßt an. So, wenn Lohrenz die SPD-Führung als „Bande von Spionen, Verrätern und Verbrechern" bezeichnete. Am gleichen Tag, am 29. Juni, erschien die Aussage von Lohrenz im „Neuen Deutschland".

Entscheidende Beschlüsse nahmen die 12. (28./29. Juli 1948), 13. (15./16. September 1948) und 14. Tagung des Parteivorstandes der SED (20./21. Oktober 1948) an. Die Thesen „Über die Novemberrevolution und die Lehren für die deutsche Geschichte" warfen Grundfragen auf wie Revolution und Reform, Revisionismus und Opportunismus, die Spaltung der Arbeiterbewegung, die Rolle der SPD und der KPD, die Haltung zur Oktoberrevolution, zur KPdSU und zur Sowjetunion. Selbstkritik der Kommunisten bezog sich darauf, daß sie „den Hauptstoß gegen den bürgerlich-demokratischen Staat von Weimar und gegen die Sozialdemokratie auch noch zu einer Zeit [führten], als bereits der Faschismus die Hauptgefahr geworden war".[30] Einseitiges kommunistisches Wahrheitsmonopol wurde beansprucht. Die Thesen forderten die Anerkennung der führenden Rolle der KPdSU und der Sowjetunion, lehnten einen besonderen deutschen Weg zum Sozialismus ab, der nur dazu führen würde, „das große historische Beispiel der Sowjetunion zu mißachten, die Grundlagen des Marxismus-Leninismus über die Fragen des Sieges des Sozialismus aufzugeben. Es würde ein Abgleiten auf den westeuropäischen Scheinsozialismus, d. h. in den Opportunismus und Nationalismus sein".[31] Das Abbiegen von der Idee eines besonderen Weges zum Sozialismus war prinzipieller Natur. „Wir kämpften gegen die These, daß ein besonderer nationaler Weg zum Sozialismus möglich ist oder sich abzeichnete"[32], schreibt Tjulpanow in seinen Erinnerungen.

Angenommen wurden vom Parteivorstand die Entschließung „Für die organisatorische Festigung der Partei und für ihre Säuberung von feindlichen und entarteten Elementen", der Beschluß über „Die theoretische und praktische Bedeutung der Entschließung des Informationsbüros über die Lage in der Kommunistischen Partei (KP) Jugoslawiens und die Lehren für die SED", der Beschluß über das verstärkte Studium der Geschichte der KPdSU sowie Beschlüsse über die Betriebsgruppenarbeit und die Schaffung von Partei-Kontrollkommissionen.

Die Entschließung des Zentralsekretariats vom 3. Juli 1948 im Zusammenhang mit der Jugoslawienfrage akzeptierte die von J. W. Stalin vorgegebene Disziplinierung der kommunistischen und Arbeiterparteien und vollzog den Bannfluch Stalins sowie des Informbüros[33] vom Juni 1948 gegen die KP Jugoslawiens nach. Der Beschluß forderte erstmals offiziell, die „SED zu einer Partei neuen Typus zu machen".[34] Die Entschließung des Parteivorstandes vom 29. Juli über die Säuberung der SED verlangte die „Ausmerzung von schädlichen und feindlichen Elementen"[35] und die Überprüfung aller Parteileitungen. Mit der Entschließung des Parteivorstandes über die Lage in der KP Jugoslawiens und die Lehren für die SED vom 16. September 1948 wurde die von Anton Ackermann im Auftrag der KPD-Spitze im Februar 1946 publizierte Antwort auf die Frage „Gibt es einen besonderen deutschen Weg zum Sozialismus?" zu einer „falschen Theorie" erklärt. Die These Stalins von der gesetzmäßigen Verschärfung des Klassenkampfes wurde auch für die Bedingungen in der Ostzone übernommen und die SED auf das Studium der Lehren des Kampfes um den Sozialismus in der Sowjetunion orientiert.[36] „Wir machten viel Gebrauch von diesem Beschluß der SED", heißt es bei Tjulpanow; denn wir konnten „noch bestimmter und entschiedener die Grundlagen der Partei neuen Typs popularisieren, ohne befürchten zu müssen, daß man uns unterstellte, wir würden die Partei 'sowjetisieren' und die Besonderheiten in Deutschland ignorieren."[37]

Der strategische Kurs, die SED auf eine Partei neuen Typus festzulegen, widersprach den Gründungsdokumenten der SED. Er untergrub den Grundgedanken von einer Partei der sozialistischen Einheit und sollte noch vor einem Parteitag, dem obersten Entscheidungsgremium, vollendete Tatsachen schaffen. Ehemalige Sozialdemokraten von der SED-Spitze bis zur Parteibasis spürten den auf sie zukommenden massiven Druck. Bei den Auseinandersetzungen in diesen Monaten wurde in Abwesenheit selbst Grotewohl von Vertretern der SMAD des Objektivismus bezichtigt. Anton Ackermann mußte die These von einem besonderen deutschen Weg offiziell zurücknehmen.[38] Seine Frage auf der 13. Tagung des Parteivorstandes, „ob die falsche Theorie von einem besonderen deutschen Weg identisch ist mit der Frage der Möglichkeit eines demokratischen Weges zum Sozialismus“[39], blieb ohne Antwort. Doch die Nachfrage Ackermanns reflektiert, daß zumindest er unter einem besonderen deutschen Weg nicht nur eine taktische Variante verstanden hatte.

Mit seinem Parteiverständnis geriet insbesondere Gniffke in das politische Kreuzfeuer. Schon aus Anlaß der 30. Wiederkehr der Oktoberrevolution hatte er nach einer Ansprache Tjulpanows in seiner Rede den Gedanken entwickelt, daß die SED an die Traditionen der alten Sozialdemokratie und August Bebels anknüpfen müsse, wofür er damals zur Verantwortung gezogen worden war. Im Sommer 1948 erhielt Gniffke den Auftrag, für den Pressedienst der SED einen Artikel über „Kritik und Selbstkritik“ zu schreiben. Darin charakterisierte er die SED als Partei des Volkes, des Fortschritts und des Sozialismus, die allen einen Platz bieten solle, die mit den Händen und dem Geist arbeiten und keine Ausbeuter sind, ohne den Klassencharakter der Partei zu verwischen. Er bekannte sich zur marxistischen Theorie als einer unentbehrlichen Waffe, die mit den „Erfahrungen der Großen Sozialistischen Oktoberrevolution zur marxistisch-leninistischen Theorie“ geworden sei. Kritik und Selbstkritik waren für Gniffke nicht nur ein innerparteiliches Prinzip, sondern auch auf das Verhältnis zur Sowjetunion anzuwenden, wobei er Antisowjethetze als Zweckpropaganda zurückwies. Wenige Tage danach erschien im SED-Pressedienst vom 25. September[40] eine scharfe Polemik, die sich gegen die angeblich fehlerhaften Auffassungen Gniffkes richtete. Die Ausführungen über eine sozialistische Volkspartei wurden als reformistisch und opportunistisch diffamiert, weil sie die führende Rolle der Partei negieren und im Widerspruch zur Partei neuen Typus stehen würden. Hervorgehoben wurden die Werke Lenins und Stalins als Weiterentwicklung zur marxistisch-leninistischen Theorie, die nicht nur eine, sondern die einzige Waffe im Kampf sei. Das Prinzip der Kritik und Selbstkritik könne nicht auf das Verhältnis zur Sowjetunion angewendet werden.

Gniffke ging am 29. Oktober 1948 nach Westberlin und kehrte auch trotz persönlicher Bemühungen von Grotewohl und Pieck nicht in die SBZ zurück. Der Außerordentlichen Tagung des Parteivorstandes vom 30. Oktober lag ein Beschluß des Sekretariats über den Ausschluß Gniffkes aus der SED vor, der unbedingt einstimmig gefaßt werden sollte, „um der Partei zu zeigen, daß es sich hier nicht um ein großes Politikum handelt“.[41] Der dann einstimmig gefaßte Beschluß nannte als Gründe „Parteibetrug“ sowie „parteifeindliche und charakterlose Einstellung“ und forderte, „die Verbindungen Gniffkes zu parteifeindlichen Elementen“ zu untersuchen.[42] Er sei aus der Partei neuen Typus ausgetreten, nicht aus der SED, unterschied Gniffke treffend in seinem Brief vom 28. Oktober 1948 „An die Partei neuen Typus, vorm. Sozialistische Einheitspartei Deutschlands“.[43] So wie er empfanden Hunderttausende Sozialdemokraten - auch ehemalige KPD-Mitglieder - den Bruch in der SED. Gniffke schrieb: „Die Politik der SED bewegte sich bis zur 11., 12. und 13. Partei-Vorstandssitzung zweigleisig. Erst hier erfolgte die Weichenstellung und das Umrangieren der bisherigen offiziellen Parteipolitik auf das Gleis der bisher inoffiziellen Ulbrichtpolitik, um von nun an die Fahrt der kominfor–mierten Politik eingleisig in die östliche Isolierung fortzusetzen ... Was aber die ideologische Fundierung der SED betrifft, herrschte bei der Mehrheit der Funktionäre beider Parteien die Überzeugung, daß ‘aus These und Antithese die Synthese auf höherer sachlicher Ebene’ gefunden werden müsse.“[44]

„Axiome des Bolschewismus“

Nach den Jahren des Faschismus und des Krieges standen vor allen Parteien Weiterentwicklungs- und Klärungsprozesse. Sich einen Parteiapparat zu schaffen, der im lexikalischen Sprachgebrauch bis heute allgemein als Bürokratie charakterisiert wird, traf mehr oder weniger auf alle deutschen Parteien zu. Sich an bestimmten Parteien jener Staaten zu orientieren, die über Deutschland den Sieg errungen hatten - z. B. die westdeutsche Sozialdemokratie an der britischen Labour Party - , war unter den spezifischen deutschen Bedingungen nichts außergewöhnliches. Alle Parteien - im Osten wie im Westen - mußten sich mit den jeweiligen Besatzungsmächten arrangieren, die die oberste Staatsgewalt ausübten. Die Zuspitzung des Kalten Krieges 1948 verlangte Positionierung.

Das Sicherheits- und Machtinteresse der Siegermächte an Deutschland, insbesondere das der aus dem Krieg ungleich belastet hervorgegangenen Supermächte USA und UdSSR, das seit 1945 als strategisch-militärisches Erpressungsinstrument benutzte Atomwaffenmonopol der USA sowie die amerikanische Containment-Politik zur „Eindämmung des Kommunismus" seit 1947 und sowjetischer Machteinfluß auf Ostmitteleuropa hatten Deutschland und seine gesellschaftlichen Kräfte in die Auseinandersetzung um weltpolitische Kräfteverhältnisse hineingeführt.[45] Einschneidende poli-tische Ereignisse verschärften 1948 den Kalten Krieg: der Abbruch der Zusammenarbeit der Oberbefehlshaber der vier Besatzungsarmeen im Alliierten Kontrollrat am 20. März 1948, die Einführung einer separaten Währungsreform für die Westzonen im Juni 1948, die Berliner Blockade durch die Sowjetunion (24. Juni 1948 bis 12. Mai 1949), die Übergabe von Direktiven der drei westlichen Militärgouverneure am 1. Juli 1948 an die 11 Ministerpräsidenten der westdeutschen Länder zur Schaffung eines Staates, die Einsetzung des Parlamentarischen Rates in Bonn am 1. September 1948, die Sprengung der einheitlichen Stadtverordnetenversammlung von Groß-Berlin am 6. September 1948. Die Situation in Deutschland spitzte sich zu.

Diese Veränderungen beeinflußten und begünstigten als äußere Bedingungen wesentlich den zeitlichen Einschnitt Mitte 1948 für die Umprofilierung der SED. Hinzu kam, daß die ostmitteleuropäischen Länder wie die Tschechoslowakei, Ungarn u. a. nach gescheiterten Versuchen eines eigenen nationalen Entwicklungsweges nun im Informbüro dem Gleichschritt mit Stalin folgten, während die SED noch nicht für reif genug befunden wurde, in dieses Gremium aufgenommen zu werden. Alle hier angeführten äußeren Faktoren können aber dennoch nicht als die einzigen Ursachen für den scharfen Bruch in der SED angesehen werden. Zwangsläufig stellen sich die Fragen: War die Weiterentwicklung der SED zu einer Partei neuen Typus tatsächlich die einzige Alternative? Hätte man über die Besatzungsmacht hinweg dem Kurs ausweichen können?

Das Experiment SED hätte nach den Erfahrungen aus der Weimarer Republik und aus der Nazizeit sowie nach den ersten Erfolgen mit dem Aktionsabkommen 1945 eines sensiblen Umgangs bedurft. Die SED war im Unterschied zu den anderen Einheitsparteien, die 1948 entstanden, tatsächlich aus zwei Parteien erwachsen. In der Tschechoslowakei wurden Sozialdemokraten nur individuell in die KPTsch aufgenommen, und in Ungarn lief über die Sozialdemokratie vorher eine massive Säuberungswelle hinweg. Die SED hatte mit ihrem Programm und Statut, mit der paritätischen Besetzung aller leitenden Funktionen, mit der Existenz von Orts- und Betriebsgruppen und der Einrichtung von Schiedsgerichten einen konstruktiven Weg gefunden. In der SED wirkten engagierte ehemalige SPD- und KPD-Mitglieder sowie neue Mitstreiter, die bereit waren, den Neuansatz SED zu sichern, mit tatsächlichem Opportunismus abzurechnen, mit dogmatischen und sektiererischen Auffassungen zu brechen, sich aber auch von stalinistischen Partei- und Sozialismusauffassungen abzugrenzen. Doch an die Stelle eines geduldigen gemeinsamen Weges zur weiteren Klärung theoretischer, historischer und politischer Fragen traten - wie für die regierenden Einheitsparteien der anderen Ostblockstaaten - Axiome des Bolschewismus und Repressionen.

In einem der seit 1945 üblichen Spitzengespräche zwischen Vertretern der SMAD und der KPD- bzw. SED-Spitze vom 16. August 1948 zwischen Semjonow und Generalleutnant A. G. Russkich auf der einen Seite und Pieck und Ulbricht auf der anderen Seite wurde die SED auf bestimmte politische Thesen festgelegt. Gefordert wurde die „Herausgabe von Literatur-Artikeln“, die Orientierung an den Beschlüssen „der Kominform“, an Schriften Lenins, an „Klassenkampf - in SU, Klassenkampf in Übergangsperiode, Wirtschaft in Epoche der Dikt[atur] des Proletariats“ und die Gestaltung von „Partei und Parteiaufbau“ nach den Beschlüssen der KPdSU und „Rolle SU“.[46]

Probleme der Partei, des Parteiaufbaus sowie Kaderfragen bis hin zum Stichwort „Säuberung“ waren zugleich Gegenstand nachfolgender Besprechungen am 30. August, 7. September, 16. Oktober, 30. Oktober, 3. November und 10. November wie vor allem auch während der Moskaureise im Dezember 1948 mit Audienz bei Stalin. Selbst ein so langjähriger Parteifunktionär wie Pieck erhielt detaillierte Anweisungen für den Parteiaufbau und die zentralen Führungsorgane der SED nach dem Vorbild der KPdSU. Obgleich Stalin bei der Besprechung in Moskau mit Pieck, Grotewohl und Ulbricht (Fred Oelßner als Dolmetscher) den SED-Kurs auf die Vorbereitung einer Regierungsbildung bremste und sich offensichtlich noch Chancen für die deutsche Einheit ausrechnete, blieb in bezug auf die Entwicklung der SED die eingeleitete Weichenstellung voll aktuell.

Das neu anzunehmende Parteiverständnis in der SED begründete theoretisch und politisch ein Beitrag von Ulbricht über die Partei neuen Typus[47] in der „Einheit" vom September 1948. Ulbricht schrieb, daß er sich mit Auffassungen von Marx und Engels über die Partei, mit der „Geschichte der KPdSU", mit Lenins „Was tun", Stalins „Fragen des Leninismus" und Lenins „Zwei Taktiken der Sozialdemokratie" beschäftigt habe. Von Marx und Engels konnte Ulbricht den Leitgedanken übernehmen, daß das Proletariat, damit es am Tag der Entscheidung stark genug sei, „eine besondere Partei" bilden müsse, „getrennt von allen anderen und ihnen entgegengesetzt, eine selbstbewußte Klassenpartei"[48]. Doch für eine Partei von neuem Typus standen Marx und Engels nicht zur Verfügung. Hier griff Ulbricht auf das Leninsche Konzept über die Rolle der Partei zurück, das mit der veränderten historischen Situation und den größeren Herausforderungen für die Arbeiterbewegung am Anfang des Jahrhunderts die Aufgabe gestellt hatte, Parteien zu schaffen, die fähig sind, sich auf den Kampf um die Macht vorzubereiten. Es gehe um das Vorwärtsschreiten von im Opportunismus befangenen Organisationen zu revolutionären Organisationen, die „wirklich die Organisation, den Aufbau, die Methode und den Inhalt der revolutionären Arbeit erfassen"[49], zitierte Ulbricht. Die „Synthese" von ideologischen und organisatorischen Grundsätzen Lenins, Stalinschen Sichten, Erfahrungen der KPdSU und Leitsätzen aus dem Standardwerk „Geschichte der KPdSU" geriet zu einem Parteiverständnis, das nur die Partei neuen Typus als Fortschrittsgaranten gelten ließ.

Aus dem Blickwinkel einer sogenannten Theorie von der führenden Rolle der Partei handelte Ulbricht höchst komplizierte theoretische, historische und politische Probleme mit „allgemeingültig" apodiktischen Antworten ab. Hierzu gehörte der Komplex ideologische Grundlagen der Partei: Anspruch auf die führende Rolle in allen Bereichen des gesellschaftlichen Lebens, die Partei als Tempomacher der Entwicklung, die Diktatur des Proletariats ohne Dreiteilung der Gewalten (Legislative, Exekutive und Judikative), die Abqualifizierung parlamentarischer Tätigkeit und eines friedlichen Weges zum Sozialismus, die undifferenzierte Behandlung des Verhältnisses von Reformen und Reformismus, die Überbetonung der Rolle der Ideologie und Abwertung jeglicher Bewegungen spontanen Charakters, die Erhebung des Marxismus-Leninismus zu einer quasi Wunderwaffe, mit der man alle Probleme lösen könne. Entschieden machte Ulbricht Front gegen Auffassungen, daß „der Sozialismus in der Sowjetunion ... eine besondere Art des Sozialismus (sei), dessen Prinzipien in Westeuropa keine Anwendung finden könnten."[50]

Differenzierte und kritische Meinungen in der SED über das sowjetische „Modell" basierten auf dem Erbe Rosa Luxemburgs und auf den 1945/1946 verkündeten Grundsätzen, Deutschland kein Sowjetsystem aufzuzwingen und einen eigenen Weg zu beschreiten. Aber auch kritische Einschätzungen von August Thalheimer zur Stalinschen Periode in der Sowjetunion sowie von Heinrich Brandler über die sowjetische Nachkriegspolitik waren zumindest bei Mitgliedern der ehemaligen KPD-O bekannt.[51] Ihre tatsächliche ideologische Reichweite müßte gründlicher erforscht werden. Ältere ehemalige SED-Mitglieder erinnern sich daran, daß aus der UdSSR zurückgekehrte deutsche Kriegsgefangene über ihre Erlebnisse berichteten und zumindest innere Vorbehalte gegenüber der Sowjetunion nährten. Auch die Praktiken sowjetischer Reparationspolitik hinterließen bei manchen Parteimitgliedern ideologische Wirkungen.

In einem weiteren Komplex forderte Ulbricht die Anwendung der organisatorischen Grundsätze der Avantgardepartei: den demokratischen Zentralismus, den Parteiaufbau von oben nach unten, die Allgemeinverbindlichkeit der von der Zentrale gefaßten Beschlüsse, die Parteidisziplin, die Schaffung eines ständigen Apparates und Kaderstamms. Straffe ideologische Einheit sollte einschließen, daß „Stimmungen und Auffassungen, die man in Belegschaftsversammlungen oder in Versammlungen von Massenorganisationen hört"[52], nicht die Partei anstecken dürften. Im

Unterschied zur Praxis der Sozialdemokratie sollten die Beschlüsse und Politik der Partei das Wirken der Parlamentsfraktion bestimmen und nicht umgekehrt. Für die Tätigkeit aller Parteimitglieder - ganz gleich auf welchem Platz sie sich befanden - waren die Beschlüsse der Partei bindend. Mit dieser Diktion befand sich Ulbricht auf dem Boden Stalinscher Ratschläge, der 1925 der KPD als erste Voraussetzung für die Bolschewisierung der Partei nahelegte: „Es ist notwendig, daß die Partei sich nicht als Anhängsel des parlamentarischen Wahlapparates betrachtet, wie es im Grunde genommen die Sozialdemokratie tut, ... sondern als die höchste Form der Klassenvereinigung des Proletariats, die berufen ist, alle übrigen Formen der proletarischen Organisationen, von den Gewerkschaften bis zur Parlamentsfraktion, zu *führen*."[53]

Bei seiner Begründung für den Weg zu einer Partei neuen Typus nutzte Ulbricht den unterschiedlichen Wissensstand und Erfahrungswert in der SED-Mitgliedschaft aus. Er verwies auf die aus der langen Vergangenheit herüberwirkenden Tendenzen „alte[r] Oppositionspolitik" und „opportunistische[r] Auffassungen", auf den Mangel an Parteierfahrung bei „einfachen Antifaschisten" wie auf die „ideologische Zurückgebliebenheit" von Kommunisten nach zwölfjähriger faschistischer Herrschaft. Außer der KPD-Tradition, beginnend mit Ernst Thälmann 1925, blieben alle anderen demokratischen Traditionen der deutschen Arbeiterbewegung, vor allem die der Sozialdemokratie, ausgegrenzt. Die Sozialdemokratie wurde pauschal als „Wahlverein" für „friedliche Reformen" herabgesetzt und ihr de facto die Legitimation als selbständige Kraft, als Hauptstrom der deutschen Arbeiterbewegung abgesprochen. Mit aller Offenheit gestand er aus seiner Sicht die Zweigleisigkeit bei der Gründung der SED ein. „Durch die Vereinigung von SPD und KPD und durch die Annahme einmütiger 'Grundsätze und Ziele' wurde die Grundlage für eine neue Entwicklung geschaffen. Die Vereinigung bedeutete nicht den Zusammenschluß auf einer 'mittleren Linie', sondern die ideologische Grundlage der Partei kann nur die Lehre von Marx, Engels, Lenin und Stalin sein."[54] Das vehemente Engagement Ulbrichts für die Umprofilierung der SED demonstrierte, daß es sich schon um ein neues, von deutschen Traditionen abgehobenes Parteiverständnis handelte.

Der von sowjetischer Seite und von der SED-Führung vorgegebene Kurs hätte eine freie Diskussion innerhalb der Partei und in ihren offiziellen Presseorganen erfordert, um der Mitgliedschaft die Chance zu gewähren, konkurrierende Positionen selbständig und nicht nur als Kolportage kennenzulernen, sie an den neuen Erfahrungen zu messen und kritisch zu verarbeiten. Auch ein weiteres Anknüpfen an Traditionen der Sozialdemokratie August Bebels wäre dem Parteiverständnis dienlich gewesen. Denn auch er war dafür eingetreten, in einer Reihe Kopf an Kopf zu marschieren, sich gegenüber den bürgerlichen Parteien als eine revolutionäre Partei darzustellen, die bestrebt ist, an die Stelle der bestehenden Ordnung, „eine von Grund aus anders gestaltete, eine sozialistische“[55] zu setzen. Und selbst in Fragen der Parteidisziplin hatte er markige Worte gefunden, die Unterordnung der Minorität unter die Majorität gefordert und sich gegen „das Nörgeln“ an Parteibeschlüssen ausgesprochen. Fehlerhafte Positionen und Strategien wurden nur in bezug auf die Sozialdemokratie diskutiert, aber nicht in bezug auf die frühere KPD - wie 1945 im Ansatz angedacht. Eine offene Grundsatzdebatte hätte natürlich gravierende, seit längerem anstehende Probleme von strategischer Bedeutung aufgeworfen.

Als ein grundlegendes Problem für alle revolutionären Parteien, Strömungen und Gruppen, mit dem viele Fragen verknüpft waren, kristallisierte sich die Haltung zur KPdSU und zur Sowjetunion heraus. Beispielhaft sei an folgende Fragen erinnert: Ist die Sowjetunion sozialistisch? Welcher Maßstab ist an die Erfahrungen des Oktoberaufstandes und des Weges der KPdSU anzulegen - Beachtung historischer Spezifik oder Übernahme als allgemeingültige Prinzipien? Ist die selbständige nationale und internationalistische Verantwortung jeder kommunistischen bzw. Arbeiterpartei mit der Abhängigkeit von der KPdSU und einer Einschränkung des Internationalismus auf die Anerkennung einer führenden Rolle der KPdSU und der Sowjetunion vereinbar? So schrieb Brandler in einem seiner nach Deutschland übermittelten Briefe vom 2. Januar 1947: „Ich leugne nicht, daß die Entwicklung der SU nicht den Vorstellungen entspricht, die wir alle vor diesen Erfahrungen hatten, von dem was Sozialismus ist. Aber daraus ziehe ich den Schluß, daß meine Vorstellungen falsch waren und an Hand der Tatsachen korrigiert werden müssen, nicht umgekehrt. Das hat nichts zu tun mit der Philisterfrage, ob die Entwicklung gut oder schlecht ist. Das sind die Erfahrungen der ersten proletarischen Revolution, die siegte und sich heute im 30. Lebensjahr befindet. Die Wirkung der Entwicklung der SU auf die westeuropäischen industriell entwickelten Länder ist 'schlecht'. Sie widerspricht den westeuropäischen Vorstellungen (über die) ... proletarische Revolution und den Weg zum Sozialismus. Wenn wir nicht die Denkweise des dialektischen Materialismus von Marx und Engels über Bord werfen wollen ..., dann müssen wir falsche Vorstellungen an Hand der Wirklichkeit nachprüfen und korrigieren"[56]. In einer Besprechung zwischen Pieck, Grotewohl und Marschall W. D. Sokolowski am 30. Oktober 1948, in der die Parteifrage einen bedeutenden Platz einnahm, hieß es aber, „nicht *alte* Fehler suchen"[57].

Meinungsstreit um Grundfragen der Bewegung hätte ganz sicher Antistalinismus, Pluralität der Auffassungen über revolutionäre Wege entsprechend den neuen historischen Voraussetzungen befördert. Es war aber offensichtlich nicht an das Verständnis von Marx und Engels heranzukommen, die in der „Deutschen Ideologie" schrieben: „Der Kommunismus ist für uns nicht ein *Zustand*, der hergestellt werden soll, ein *Ideal,* wonach die Wirklichkeit sich zu richten haben wird. Wir nennen Kommunismus die *wirkliche* Bewegung, welche den jetzigen Zustand aufhebt."[58]

Einen wesentlichen Einfluß übte der 1947 erschienene Sammelband „Fragen des Leninismus" mit Reden und Schriften Stalins aus den Jahren 1924 bis 1939 aus. Die in dem Band enthaltenen Vorlesungen aus dem Jahre 1924 über die Grundlagen des Leninismus gehörten 1948/49 zum Lesestoff für Funktionäre und danach auch für die Mitgliedschaft der SED. Grundfragen, die in der Mitte unseres Jahrhunderts, also Ende der vierziger Jahre, unter anderen weltgeschichtlichen Bedingungen neu standen, wurden auf dem Niveau von 1924 beantwortet. Marx und Lenin kamen über Stalin daher. Das betraf Einschätzungen des „sterbenden Kapitalismus", der „Methode des Leninismus", des Opportunismus, der Spontaneität, der Theorie der proletarischen Revolution, der Diktatur des Proletariats, der Strategie und Taktik, der nationalen Frage und der Rolle der Partei. Alles war in Leitsätzen formuliert. So auch der Charakter und die Rolle der Partei als Vorhut der Arbeiterklasse, als höchste Form der Klassenorganisation, als Instrument der Diktatur des Proletariats, als Partei ohne Fraktionen und mit eiserner Disziplin sowie freiwilliger Unterordnung, als Partei mit Säuberungen „von Opportunisten und Reformisten, von Sozialimperialisten und Sozialchauvinisten, von Sozialpatrioten und Sozialpazifisten.“[59]

Der Sammelband enthielt zugleich den Brief Stalins an die Redaktion der „Proletarskaja Rewoljuzija“ über einige Fragen der Geschichte des Bolschewismus, mit dem 1931 in der Kommunistischen Internationale (KI) eine scharfe Attacke gegen Rosa Luxemburg gestartet worden war. Stalin hatte dagegen protestiert, daß ein in der Zeitschrift veröffentlichter Artikel über die Bolschewiki und die deutsche Sozialdemokratie weiter erörtert werden sollte. Seine Begründung: Die Redaktion würde beabsichtigen, „die Leute von neuem in eine Diskussion hineinzuziehen über Fragen, die Axiome des Bolschewismus sind“.[60] Hinter dem Vorwand versteckt, „die Frage des *Bolschewismus* Lenins“[61] nicht zum Gegenstand einer Diskussion zu machen, hatte sich der Stoß gegen Trotzki und die Linken in der deutschen Sozialdemokratie, insbesondere gegen Rosa Luxemburg, gerichtet, „die immerfort zwischen Bolschewismus und Menschewismus schwankten“[62]. Standpunkte der deutschen Linken zu Fragen, die mehr als 10 Jahre zuvor aktuell waren, z. B. der soziale Charakter der Partei, Revolutionsfragen, das Selbstbestimmungsrecht der Nationen, die Einschätzung der Oktoberrevolution, funktionierte Stalin in ein „halbmenschewistisches Schema“ um. Der „Trotzkismus“ sei keine Fraktion des Kommunismus, sondern „ein Vortrupp der konterrevolutionären Bourgeoisie“[63].

Die Leitsätze Stalins zur Partei fanden dem Sinn nach Eingang in die Entschließung der 1. Parteikonferenz der SED vom Januar 1949.[64] Pieck erinnerte in seiner Rede auf dem III. Parteitag der SED im Juli 1950 an die „wegweisenden Ratschläge“ Stalins für die KPD aus dem Jahre 1925[65], die nun der Entschließung des Parteitages zugrunde gelegt wurden. Da sich die genannten Leitsätze und Ratschläge Stalins auf die von Lenin im Sommer 1920 verkündeten Bedingungen für die Aufnahme in die KI stützten, schlugen faktisch deren Normen auf die SED zurück. Rigide formulierte Forderungen Lenins gingen in die Praxis der SED ein. Dazu gehörten z. B. der Bruch mit Richtungen und Strömungen in der Arbeiterbewegung, die Unterordnung der Parlamentsfraktion sowie der Presse und Verlage unter die Parteiführung, periodische Reinigungen der Partei und der demokratische Zentralismus. Unter letzterem verstand Lenin eine Partei, die „möglichst zentralistisch organisiert ist, ... in ihr eine eiserne Disziplin herrscht, die an militärische Disziplin grenzt, und wenn ihr Parteizentrum ein starkes, autoritatives Organ mit weitgehenden Vollmachten ist".[66]

Das „Sozialistische Bildungsheft" vom Januar 1949, herausgegeben von der Abteilung Parteischulung, Kultur und Erziehung beim Zentralsekretariat der SED, war dem 30. Jahrestag der Ermordung Rosa Luxemburgs und Karl Liebknechts gewidmet. Unter diesem Thema fand ein Bildungsabend in der SED statt, an dem 30 bis 40 Prozent der Mitglieder teilnahmen. Mit dem Heft wurde der Kampf der beiden revolutionären Persönlichkeiten und der deutschen Linken für die Interessen des Proletariats, gegen Militarismus und Krieg, gegen Revisionismus und Opportunismus gewürdigt. Mit dem ausdrücklichen Verweis auf Stalins „Fragen des Leninismus" transportierte es zugleich stalinistische Ideologie. Auffassungen der deutschen Linken, die noch gar nicht ausdiskutiert waren, wurden als eine Reihe „ernstester politischer und theoretischer Fehler" aufgelistet, als „menschewistischer Ballast" und „halbmenschewistisches Schema" aus dem revolutionären deutschen Gedankengut eskamotiert. An erster Stelle stand die Kritik an der „Unterschätzung" der führenden Rolle der Partei, mit der dann auch die Notwendigkeit, die SED zu einer Partei neuen Typus zu entwikkeln, die schädliche Elemente ausmerzt, begründet wurde.

Rosa Luxemburg hatte kein fertiges Parteikonzept anbieten können. Auch sie plädierte für eine entschlossene und führende Partei. Doch sie zeichnete ein Grundverständnis für lebendige Geschichte, für breiteste Demokratie, für eigene politische Bewegung in der Masse als „kräftiges Korrektiv", für Presse-, Vereins- und Versammlungsfreiheit aus. Es ließ sie vor einem starren Schema der Parteischilder, vor einer Summe fertiger Vorschriften, vor Überzentralismus und Dirigismus von Parteiführern, vor der Diktatur einer Partei, vor einem Sozialismus durch „Ukase" warnen.

Der maßlosen Verherrlichung Stalins folgend, schickte der Parteivorstand der SED am 21. Dezember 1949 ein Grußschreiben an Stalin mit der Versicherung, „daß wir alle Kräfte anspannen werden, um unsere Sozialistische Einheitspartei Deutschlands zu einer Partei von neuem Typus, zu einer Stalinschen Partei zu machen."[67] Mit dem Grußschreiben wurde die ganze SED entwürdigt, zumal zumindest Pieck und Ulbricht viele Verbrechen Stalinschen Terrors selbst erlebt hatten. Es feierte Stalin als den großen „Fortsetzer und Vollender" der Werke von Marx, Engels und Lenin, als den „tiefgründige(n) Forscher und kühne(n) Denker" und „weise(n) Staatslenker", der die Sowjetvölker „auf dem Wege zum Kommunismus vorwärtsführt."[68] Verwerflich auch die Haltung zu Luxemburg und Liebknecht, indem sich der Parteivorstand ausdrücklich zu dem bereits erwähnten Brief Stalins aus dem Jahre 1931 gegen die Linken in der deutschen Sozialdemokratie bekannte.

Bezeichnend war der weitere Umgang mit der Mitbegründerin der KPD, die ihre Zeitgenossen aus eigenem Erleben als streitbare, leidenschaftliche marxistische Revolutionärin kennengelernt hatten. Gerade mit Beginn der Massenüberprüfung und -säuberung in der SED 1951 erschien eine kritische biographische Skizze über Rosa Luxemburg. Fred Qelßner, im Zugzwang der vorherrschenden Doktrin, würdigte auf rund 150 Seiten ein kämpferisches Leben und unterstellte ihr auf 61 Seiten „Ein fehlerhaftes System. (Der Luxemburgismus)". Rosa Luxemburg und ihr angebliches System wurden für alle Niederlagen der KPD von 1918/19 bis zur Übernahme der KPD-Führung durch Ernst Thälmann verantwortlich gemacht. Thälmann hatte sich im Februar 1932 auf einem ZK-Plenum Stalins Kritik angeschlossen und die „Schwächen des Luxemburgismus" einer scharfen Kritik unterzogen. Seine damalige Bolschewisierungsthese galt nun für die SED: „Was wir brauchen, ist jene *bolschewistische Unversöhnlichkeit und Unduldsamkeit* gegenüber allen Einflüssen der Sozialdemokratie und auch die Überwindung aller in unseren Reihen noch vorhandenen Überreste aus der sozialdemokratischen oder luxemburgischen Vergangenheit unserer Partei."[69]

Erkenntnisse Rosa Luxemburgs wurden als ein „System von Fehlern", als „Luxemburgismus" abgestempelt. Nicht nur in der Bauern- und in der Nationalitätenfrage, wo sie geirrt hatte, sondern auch in bezug auf die Organisationsfrage, auf Bewußtheit und Spontaneität, auf Fragen der sozialen Revolution sowie in bezug auf die Frage von Diktatur und Demokratie. Kritisch angemerkt wurde ihr undogmatisches Verhältnis zum Marxismus als revolutionäre Theorie und vor allem als materialistisch-dialektische Methode, die kein Erstarren in einmal gültigen Formeln gestattet.

Insbesondere das umfangreiche unvollendete Manuskript Rosa Luxemburgs „Zur russischen Revolution“, das der aus der KPD ausgeschlossene Paul Levi 1922 erstmals veröffentlicht und dessen Inhalt in den ideologischen Kämpfen um die Haltung zur KPdSU und zur Sowjetunion nach 1945 an Brisanz gewonnen hatte, stand im Kreuzfeuer. Rosa Luxemburg würdigte darin ausführlich und differenziert die Politik der Bolschewiki als „das unsterbliche geschichtliche Verdienst, mit der Eroberung der politischen Gewalt und der praktischen Problemstellung der Verwirklichung des Sozialismus dem internationalen Proletariat vorangegangen zu sein“[70]. Oelßner schrieb darüber. Er verschwieg auch nicht die kritische Mahnung Rosa Luxemburgs und zitierte ihre Einschätzung: „Das Gefährliche beginnt dort, wo sie aus der Not die Tugend machen, ihre von diesen fatalen Bedingungen aufgezwungene Taktik nunmehr theoretisch in allen Stücken fixieren und dem internationalen [Proletariat] als das Muster der sozialistischen Taktik zur Nachahmung empfehlen wollen.“[71] Doch die Konsequenz bei Oelßner lautete: „Die Sache ist aber gerade die, daß die Taktik der Bolschewiki das Muster für die Taktik aller proletarischen Parteien ist ... Wenn wir aber von den Bolschewiki lernen wollen zu siegen, dann müssen wir auch jene Traditionen überwinden, die als Überreste des Luxemburgismus noch in unseren Reihen vorhanden sind.“[72] Der Hauptgrund für die ausführliche Behandlung des „Luxemburgismus“ ergab sich nach Oelßner daraus, „daß die Feinde der Arbeiterklasse, die Trotzkisten, Brandleristen, die SAP-Leute und nicht zuletzt die sozialdemokratischen Ideologen, versuchten und bis auf den heutigen Tag versuchen, die falschen Auffassungen Rosa Luxemburgs für ihr niederträchtiges Handwerk auszunutzen.“[73] Stalins Positionen wurden zum absoluten Kriterium erhoben.

Ohne daß die Arbeit Rosa Luxemburgs „Zur russischen Revolution“ damals bekannt gewesen wäre, wurde gerade sie zur Indoktrination einer noch unruhigen Partei mißbraucht. Sie erschien in der DDR erstmals 1974, in der UdSSR zum ersten Mal 1990.[74] Dem Vermächtnis Rosa Luxemburgs im Kampf gegen Imperialismus, Militarismus und Krieg blieben die Mitgliedschaft der SED und ein großer Teil der DDR-Bürger echt verbunden. Doch dabei geriet diese Frau allmählich zu einer Statue, mit der man ja bekanntlich nicht ins Gespräch kommen kann.

Feindbilder und Strukturen

Der schroffe, administrative Kurs zur Umprofilierung der SED wurde durch die Parteispitze vor allem auf drei einander kreuzenden Wegen durchgesetzt: die politische Fixierung der SED auf Feindbilder, insbesondere auch in bezug auf die Arbeiterbewegung selbst; die Veränderung von Strukturen; die Annahme neuer Satzungen und Richtlinien. Was in diesem Text nicht gleichberechtigt behandelt werden kann, aber nie vergessen werden sollte, waren die Auswirkungen des tagtäglichen Einsatzes von SED-Mitgliedern, die sich Berichten zufolge zumindest zu 30 bis 50 Prozent engagierten. Doch darüber wird an anderes Stelle noch zu reden sein.

Eine zentrale Funktion bei dem Paradigmenwechsel in der SED kam den Parteikontrollkommissionen zu.

Übernommen aus sozialdemokratischer Tradition, gab es nach dem Statut der SED Untersuchungs- und Schiedsgerichtsverfahren. Bei der Abteilung Personalpolitik des Zentralsekretariats der SED arbeitete die Unterabteilung Untersuchung und Schiedsgerichte. Erst am 10. Juni 1947 beschloß das Zentralsekretariat Richtlinien, die von Gniffke begründet wurden. „Um eine objektive, schnelle und gerechte Untersuchung und Entscheidung bei Parteiverfahren zu garantieren, die Reinheit der Partei zu wahren, die Bekämpfung von Disziplinbrüchen und Ausmerzung von parteischädigenden Elementen vorzunehmen", heißt es in den Richtlinien, „wird für alle Länder und Provinzen folgende einheitliche Regelung getroffen."[75]

Parteiausschlüsse und sonstige Disziplinarmaßnahmen konnten von den Kreisvorständen beschlossen werden. Dazu war eine Untersuchungskommission einzusetzen. Ihr oblag es, Beschwerde- und Entlastungsmaterial zusammenzutragen und zu prüfen, den Angeschuldigten wie auch Zeugen zu hören und die Meinung des jeweiligen Ortsgruppenvorstandes einzuholen. Gegen die Entscheidung des Kreisvorstandes konnte Beschwerde eingelegt werden, über die dann ein zu berufendes Parteischiedsgericht beim Landes- bzw. Provinzialvorstand befand. Dem Schiedsgericht gehörten der Vorsitzende und vier Beisitzer in paritätischer Zusammensetzung (ehemals SPD, ehemals KPD) an, und es mußte von der Landes- bzw. Provinzialdelegiertenkonferenz gewählt werden. Das Schiedsgericht konnte selbst eine Beweisaufnahme durchführen und Zeugen anhören. Es beriet und entschied auf der Basis der Berichterstattung des Referenten für Untersuchung und Schiedsgericht der Abteilungen Personalpolitik bei den jeweiligen Landesvorständen sowie im Beisein des Angeschuldigten. Einspruch gegen Ausschluß war beim Zentralsekretariat möglich. Bei schwerwiegenderen Angelegenheiten konnte der Kreisbzw. Landesvorstand bereits bei der Einleitung des Parteiverfahrens beschließen, daß die Funktion oder Mitgliedschaft des Betreffenden während der Untersuchung ruhen. Als Parteistrafen waren Ausschluß aus der Partei, zeitweiliger Ausschluß von Parteiämtern und -funktionen, Erteilung einer Rüge oder eines Verweises vorgesehen. „Um Unklarheiten über die Vergangenheit von Parteigenossen und insbesondere von Funktionären aus der Welt zu räumen“[76], konnten die Personalabteilungen bei den Kreisvorständen Überprüfungen vornehmen.

Die durchaus akzeptable Grundlage, die mit den Untersuchungsverfahren und Schiedsgerichten für die weitere innerparteiliche Festigung der SED zur Verfügung stand, galt jedoch ob ihres objektiven und demokratischen Charakters für den angestrebten Bolschewisierungprozeß als „unzureichend“. Im Widerspruch zu dem noch gültigen Parteistatut entschied der Parteivorstand am 16. September 1948: „Um die Sauberkeit der Partei zu sichern, beschließt der Parteivorstand die *Bildung einer Zentralen Partei-Kontrollkommission und von Partei-Kontrollkommissionen für jedes Land und für jeden Kreis*. Die Partei-Kontrollkommissionen haben die Aufgabe, den Kampf zu führen gegen die im Auftrage ausländischer Kräfte tätigen feindlichen Agenten, die besonders vom sogenannten ‘Ostbüro’ der SPD entsandt werden. Ihre weitere Aufgabe besteht im Kampf gegen Korruptionserscheinungen, gegen den Mißbrauch von Parteifunktionen und staatlichen Funktionen sowie gegen Karrierismus.“[77]

Die dazu erlassenen Ausführungsbestimmungen legten fest, daß die Zentrale Parteikontrollkommission (ZPKK) aus neun Mitgliedern und drei Kandidaten, die Landes-Parteikontrollkommission aus fünf Mitgliedern und zwei Kandidaten und die Kreis-Kontrollkommissionen aus drei Mitgliedern und zwei Kandidaten bestehen sollten. Diese Kommissionen wurden nicht von Delegiertenkonferenzen gewählt, sondern die ZPKK vom Parteivorstand und die Landes- bzw. Kreis-Kommissionen von den jeweiligen Landes-

bzw. Kreisvorständen berufen. Sie waren Organe der Leitungen und diesen rechenschaftspflichtig. Ihre Vorsitzenden waren Besoldete der Partei. Eine paritätische Zusammensetzung war nicht mehr festgelegt. Die Kommissionen erhielten weitgehende Vollmachten. „Die Partei-Kontrollkommissionen untersuchen alle ihnen bekannten Fälle von Vergehen von Parteimitgliedern, führen selbständig Nachforschungen durch und können folgende Strafen beschließen: Verwarnung - Rüge - strenge Rüge - Ausschluß aus der Partei. Gleichzeitig können die Kontrollkommissionen die Entfernung von der Funktion im Partei- und Staatsapparat oder die Versetzung auf eine niedrigere Funktion beschließen."[78]

Die ZPKK und Landes-Parteikontrollkommissionen nahmen offiziell im Februar 1949 ihre Tätigkeit auf. Mitglieder der Schiedsgerichte gingen in die Kontrollkommissionen ein. Die Kreiskommissionen begannen im wesentlichen ab Sommer 1949 zu arbeiten. Die Kontrollkommissionen funktionierten bis 1989 als innerparteiliche Disziplinierungsorgane, die auch den Charakter einer innerparteilichen Geheimpolizei mit konspirativen Methoden annahmen.

Die konstituierende Sitzung der ZPKK gemeinsam mit den Vorsitzenden der Landes-Parteikontrollkommissionen eröffneten Otto Buchwitz, Kovorsitzender, und Hermann Matern, Vorsitzender der ZPKK.[79] Matern begründete den Sitzungsteilnehmern die Notwendigkeit, aus der SED „eine Partei mit einem ausgesprochenen Machtwillen"[80] zu machen. Ausführlich ging er auf die politischen Aufgaben, die den Kommissionen im Kampf gegen den Einfluß des Ostbüros der SPD und der KPD-O, zur Beobachtung der Stimmung in der Partei, in gesellschaftlichen Organisationen, staatlichen Verwaltungen und in der Bevölkerung zufielen. Als eine der ersten Aufgaben der Kommissionen bezeichnete Matern die Überprüfung des Parteiapparates von oben bis unten. Den zentralen Platz der Kommissionen umriß er in seinen Schlußbemerkungen mit den Worten: „Ihr habt alle Rechte, es gibt keine Schranken. Ihr könnt gegen alle Maßnahmen der Regierungen und Verwaltungen und gegen Presseveröffentlichungen Stellung nehmen und Einspruch erheben ... Es ist unsere Funktion, regulierend und warnend einzugreifen. Die einzige Schranke ist: wie dienen wir am besten der Partei."[81] Buchwitz dagegen warnte davor, daß die Kommissionen keine Institutionen werden mögen, vor denen die

Genossen Angst haben, und daß man sich immer bewußt sein sollte, es mit Menschenschicksalen zu tun zu haben.

Die seit 1948 eingeleiteten politischen und organisatorischen Maßnahmen verstärkten die Unruhe in der SED und riefen zum Teil Schockwirkung hervor. Das widerspiegelte sich darin, daß von den 1.784.214 Mitgliedern der SED im Januar 1948 in dem Zeitraum von Juli bis Dezember 36.952 austraten und 5.247 ausgeschlossen wurden.[82] Von Januar bis März 1949 traten 17.588 Mitglieder freiwillig aus, 3.478 wurden ausgeschlossen.[83] Bezugnehmend auf das zweite Halbjahr 1948 berichtete Grotewohl im Januar 1949, daß „bisher über 400 aktive Schumacherleute aus der Partei entfernt" worden seien, „nachdem es ein anderer Teil von ihnen bereits vorgezogen hatte, durch die Austrittserklärung dem zu erwartenden Parteiausschluß zuvorzukommen".[84] Gemessen an der hohen Zahl der Ausgeschiedenen könnte sich die Angabe von Grotewohl durchaus nur auf Verhaftete bezogen haben. Am 10. November 1948 berichtete der Chef des sowjetischen Staatssicherheitsapparates in der SBZ, Generaloberst N. K. Kowaltschuk, Pieck über Aktivitäten seiner Behörde. Neben Kaderfragen informierte er auch über Verhaftungen von Gruppen wegen Sabotage, Spionage und Terrorakten sowie über die in Thüringen festgenommenen „Schumacher-Leute" und noch aktive SED-Gegner.

Teilweise vorliegenden Berichten ist zu entnehmen, daß SED-Mitglieder sowohl schwiegen als auch kritisch über die Partei neuen Typus diskutierten, und besonders Angehörige der ehemaligen KPD-O, die zahlenmäßig sehr gering waren (Altenburg, Berlin, Erfurt, Gera), ihr kritisches Verhältnis zur Sowjetunion ausdrückten. Eine Debatte über Traditionen, Richtungen und Strömungen in der Arbeiterbewegung, über einen neuen linken Ansatz, zu dem sich marxistische und nicht dem Sozialreformismus verhaftete Sozialdemokraten wie auch kommunistische Gruppen, die um eine differenzierte kritische Sicht des sowjetischen Weges warben, bekannten, war jedoch nicht gefragt.

In der zweiten Sitzung der ZPKK mit den Vorsitzenden der Landes-Parteikontrollkommissionen und deren Stellvertretern am 8. Juni 1949 war man sich einig, daß die Parteimitglieder ihre Meinung äußern sollten, daß es aber in der Hauptsache darum ginge, die einzig gültige Meinung von der Partei neuen Typus durchzusetzen und „den Feind in der Partei personifiziert“[85] zu zeigen. Unter dem Stichwort Nationalismus wurden Gefahren von Abweichungen in der Partei diagnostiziert, auf die schon in dem Beschluß des Parteivorstandes vom 5. Mai 1949 „Über die Gefahr nationalistischer Abweichungen“ hingewiesen wurde. Der Klartext von Matern in der Sitzung der ZPKK machte deutlich, worum es sich eigentlich handelte - um strategische Fragen der Bewegung. „Das einigende Moment aller reaktionären Kräfte ist doch der Antibolschewismus“, so Matern. „Aus der Stellung gegen die SU entspringt sowohl der Opportunismus als auch der Nationalismus. Ob Schumacher oder Trotzkist, der Mutterboden ist der gleiche. Haß und Feindschaft gegen die SU, um damit den Kapitalismus zu retten und die Arbeiterbewegung zu zersetzen.“[86] Aus kritischen Sozialdemokraten wurden pauschal Schumacher-Agenten, aus kritischen Kommunisten Trotzkisten - beide vom „angloamerikanischen Imperialismus“ vorgeschickt. Um der Diskussion über die eigentlichen Inhalte auszuweichen, setzte politische Diskriminierung ein. Das Entstehen von Volksdemokratien, die Befreiung Chinas, der Wunsch nach der Einheit Deutschlands - alles war an den Sieg der UdSSR gekoppelt. „D. h. also,“ führte Matern aus, „gegen die SU sein, heißt für die Spaltung Deutschlands sein. Diese Frage muß man jetzt auch stellen. Antisowjet-Einstellung ist fehlendes Klassenbewußtsein.“[87] Bekenntnisse wurden gefordert. Und das hieß: „Wir müssen immer versuchen, alle Fragen politisch zu stellen und zu entscheiden.“[88] Matern stimmte der Zusammenarbeit mit Vertretern der „Abwehr“[89] zu, von denen einer in der ZPKK und jeweils einer bei den Vorsitzenden der Landes- und Kreis-Parteikontrollkommissionen eingesetzt war. Nur ein Mitglied der ZPKK warnte davor, „daß unter dem Kampf gegen den Sozialdemokratismus der Kampf gegen die Sozialdemokratie verstanden wird.“[90]

Obgleich das Räderwerk zur bolschewistischen Umprofilierung der SED angelaufen war, blieb die Partei fest im Fadenkreuz der SMAD. Das widerspiegelt eine Analyse im Umfang von 38 Seiten, die auf Anweisung Stalins von speziellen Kommissionen der SMAD angefertigt und im Juli 1949 Pieck übergeben und nach Moskau gesandt wurde. Sie schätzt ein, daß nach der 11. Tagung des Parteivorstandes der SED freiwillige Austritte aus der SED besonders stark angestiegen waren, davon ein gewisser Teil, weil er die Partei neuen Typus ablehnte. Viele seien ausgeschieden, indem sie ihr Mitgliedsbuch nicht umtauschten. Austritte seien vor allem unter jenen Mitgliedern zu konstatieren, die erst nach der Vereinigung zur SED gekommen waren. Trotz des Aderlasses vermerkte der Bericht kritisch, daß die Parteiorganisationen noch zu rücksichtsvoll seien. „So waren z. B. die Parteiorgane im Lande Thüringen der desorganisatorischen Tätigkeit einer Schumachergruppe im Kreise Saalfeld, einer Nationalistengruppe im Kreis Altenburg und einer Gruppe kommunistischer Parteiopposition im Kreis Gera und Erfurt gegenüber viel zu nachsichtig, was sich auf die ideologische und organisatorische Lage aller Parteiorganisationen im Lande Thüringen negativ ausgewirkt hat“[91]. Die Landes-Kontrollkommission der SED im Land Brandenburg hätte „Schumachernester“ in den Kreisen Forst und Rathenow aufgespürt und entlarvt. Die Kreis-Kontrollkommissionen der Partei würden sich jedoch noch „nicht mit ihren eigentlichen Aufgaben - dem Kampf um die Reinigung der Partei von schumacherischen, trotzkistischen, nationalistischen und anderen feindlichen Elementen ...“ [92] beschäftigen.

Zu den in der Analyse ausgesprochenen Empfehlungen gehörte u. a.: „Die Schwächen und die Rückständigkeit in der organisatorischen Arbeit, die, wie die Überprüfung zeigte, dadurch entstanden, daß manche Parteifunktionäre die Organisationsgrundsätze der Partei neuen Typus nicht verstehen und daß sie sich von den Grundsätzen der reformistischen, parlamentarischen Parteien noch immer nicht befreit haben, sind zu liquidieren ... soll für den nächsten Parteitag der Entwurf eines neuen Parteistatuts vorbereitet werden ... Die Funktionen der Kommissionen (Partei-Kontrollkommissionen) müssen festgesetzt werden und ihre Hauptaufgabe muß der Kampf gegen die schumacherischen, trotzkistischen und nationalistischen Elemente in der Partei sein.“[93]

Die mit „Axiomen des Bolschewismus“ aufgebauten Feindbilder begannen vor allem seit 1948 Schritt für Schritt verschiedene Gruppen der SED-Mitgliedschaft zu erfassen. 1948 bis Anfang 1950 traf es ohne Zweifel vor allem Sozialdemokraten - als SED-Mitglieder oder vormalige Einheitsverweigerer. Seit 1949 richtete sich der Stoß auch gegen „Trotzkisten“, „Titoisten“ und Heimkehrer aus westlicher Kriegsgefangenschaft, 1949/1950 gerieten die ehemaligen Westemigranten ins Visier, 1952/1953 war es der „Antizionismus“ und nach 1953 die „konterrevolutionäre“ Tätigkeit überhaupt. Die angewandten Methoden erstreckten sich auf Parteistrafen, Ausschlüsse aus der SED, erzwungenen Arbeitsplatzwechsel, Massensäuberung und ungerechtfertigte Verhaftungen.

Wichtige politisch-organisatorische Prinzipien der SED wurden noch vor ihrem III. Parteitag im Juli 1950 zugunsten von Zentralismus und kommunistischer Dominanz verändert. Dazu gehörten die Bildung eines Politbüros beim Parteivorstand der SED, der Ausbau des Parteiapparates, das Wirken der Kontrollkommissionen, die Aufhebung der sozialdemokratisch/kommunistischen Parität bei der Besetzung von Parteifunktionen, die immer stärkere Durchsetzung des Prinzips der Betriebsparteiorganisationen, die Einführung einer Kandidatenzeit für die Aufnahme in die Partei.

„Sozialdemokratie entlarvt und zerschlagen"

„Es ist notwendig, daß die Sozialdemokratie entlarvt und zerschlagen wird, daß sie zu einer verschwindenden Minderheit in der Arbeiterklasse hinabgedrückt wird. Ohne dies ist an die Diktatur des Proletariats gar nicht zu denken. Damit die Arbeiter siegen können, muß sie ein Wille beseelen, muß sie eine Partei führen, eine Partei, die das unbestrittene Vertrauen der Mehrheit der Arbeiterklasse besitzt. Wenn es innerhalb der Arbeiterklasse zwei miteinander konkurrierende gleich starke Parteien gibt, dann ist selbst bei günstigen äußeren Bedingungen ein dauerhafter Sieg unmöglich."[94] Dieser Grundsatz gehörte 1925 zu den 12 Empfehlungen Stalins an die KPD. Seine verhängnisvollen Folgen für die deutsche Arbeiterbewegung bis 1933/1945 sind heute bekannt. Und auch nach 1945/1946 lebten solche, der Arbeiterbewegung feindliche Auffassungen fort, die sich nicht aus der Verteidigung der Einheitspartei erklären lassen.

Nach der Bildung der SED war die SPD als Organisation de facto nicht mehr legal. Sozialdemokratische Tätigkeit in der Ostzone geriet in das Fadenkreuz illegaler Tätigkeit und Gruppenbildung. Nur in den vier Sektoren Berlins galt die Anweisung des Alliierten Kontrollrates vom Mai 1946, daß SED und SPD in ganz Berlin zugelassen waren. Anläßlich einer Besprechung Piecks am 23. Dezember 1946 bei der SMAD in Berlin-Karlshorst, die grundsätzliche Fragen der Politik behandelte, prüfte der Oberste Chef der SMAD vermutlich eine Wiederzulassung der SPD im Zusammenhang mit einem vom Alliierten Kontrollrat vorgesehenen Parteiengesetz. Pieck hielt schriftlich fest: „SPD in Zone nicht anerkennen ... *SPD-Genehmigung - ob etwas verloren.*“[95] Und bei der Zusammenkunft von Wilhelm Pieck, Otto Grotewohl, Walter Ulbricht, Max Fechner und Fred Oelßner mit Stalin und anderen Vertretern des Politbüros der KPdSU in Moskau am 31. Januar 1947 stand das Problem erneut. Otto Grotewohl, der vor Stalin einen Vortrag hielt, hatte notiert: „10. Zulassung der SPD in sowj. Besatzungszone, ob SED Angst hat vor SPD - man muß sie politisch schlagen“. [96] Die SED-Spitze konnte sich schwer mit dem Gedanken einer Wiederzulassung der SPD abfinden. Doch die Stunde der Prüfung blieb aus, da Schumacher keinen Antrag auf Zulassung stellte. Seine Begründung stützte sich auf die „unzumutbaren“ Bedingungen und einer Gefährdung der Sozialdemokraten.

Trotz ständiger Neuaufnahmen von Mitgliedern und Kandidaten erlitt die SED Ende der vierziger und Anfang der fünfziger Jahre riesige Mitgliederverluste. (Anlage 1/1) Sozialdemokraten, die den Weg des Zusammenschlusses mit der KPD nicht mitgegangen waren, gerieten in der Ostzone als „Schumacher-Agenten“ unter Druck, wurden verhaftet oder flüchteten Richtung Westen. Ehemalige Sozialdemokraten in der SED traten freiwillig aus oder wurden ausgeschlossen, verloren ihre Funktionen oder mußten aus dem öffentlichen Dienst ausscheiden, flohen oder erlitten Haft, blieben sozialdemokratisch gesinnte Mitglieder oder assimilierten sich. Die meisten Verurteilungen erfolgten vermutlich seit Mitte 1948 bis Anfang 1950.

Von den bei Gründung der SED geschätzten 680.000 Sozialdemokraten war die Mehrheit aus verschiedenen Gründen (einschließlich Flucht) bis Anfang der fünfziger Jahre bereits wieder ausgeschieden. Im März 1954 gehörten der SED maximal 250.000 ehemalige SPD-Mitglieder an, etwa 18 Prozent von den 1.412.296 Mitgliedern und Kandidaten. (Anlage 1/2 und 1/3)

Sozialdemokratische Funktionäre, die zum Teil bereits während der Nazizeit eingekerkert gewesen waren, den Zusammenschluß der Parteien unterstützt und in Gremien des Gründungsparteitages gearbeitet hatten, wurden durch sowjetische Militärtribunale oder 1950 durch ein DDR-Gericht verurteilt. Erinnert sei an Willy Jesse, Paul Szillat und Stanislaus Trabalski, die dem Präsidium des Parteitages bzw. Szillat auch der Statuten-Kommission angehört hatten. Zu dem Kreis gehörten Arno Wend und Ernst Thape aus der Redaktionskommission und Max Fank, der in der Wahlkommission tätig gewesen war, sowie Fank, Jesse, Szillat und Trabalski als gewählte Mitglieder des ersten Parteivorstandes der SED.

Beispielhaft genannt sei hier nur Arno Wend, 1906 geboren und seit 1925 Mitglied der SPD. Er arbeitete als Bezirksvorsitzender der Sozialistischen Arbeiterjugend in Sachsen und war unter dem Nationalsozialismus wegen illegaler Parteiarbeit wiederholt inhaftiert. 1945 war er SPD-Unterbezirkssekretär in Dresden, seit 1946 Mitglied des Landesvorstandes der SED in Sachsen und Leiter der personalpolitischen Abteilung des Landessekretariats. Im Herbst 1946 aus seiner Funktion entfernt, danach Geschäftsführer einer zentralen Viehgenossenschaft, wurde er im August 1948 inhaftiert und dann an ein russisches Gefängnis überstellt. Obwohl sich Wend selbst als unbequemen Sozialdemokraten bezeichnete, wurden ihm bei der Festnahme keine politischen Gründe genannt. Unter dem vorgeschobenen Verhaftungsgrund „Wirtschaftsverbrechen" wurde er gemeinsam mit dem ehemaligen Landessekretär Arno Haufe und drei anderen Mitgefangenen am 21. April 1950 vom zentralen Militärtribunal in Berlin-Lichtenberg zu 25 Jahren Zwangsarbeit verurteilt und nach Workuta, Schacht 40, deportiert (ebenso Haufe). Entsprechend einem Beschluß des Präsidiums des Obersten Sowjets der UdSSR von 1955 wurde er begnadigt und kehrte im Oktober 1955 zurück. 1956 floh er in die Bundesrepublik.[97]

Jesse, Landessekretär von Mecklenburg-Vorpommern, hatte nur losen Kontakt zu Schumacher und wurde am 13. Juli 1946 verhaftet. Obgleich Major P. F. Nassarow von der SMAD in einer Besprechung mit Pieck am 9. Januar 1947 feststellte, „*Jesse* soll unschuldig sein, aber vorläufig noch nicht entlassen"[98], verbrachte Jesse vier Jahre in Untersuchungshaft. Er kam ohne Urteil in die Sowjetunion und kehrte erst durch eine Gnadenaktion im Januar 1954 zurück.

Die „Tägliche Rundschau" berichtete am 11. September 1948 über die Verhaftung von 15 oppositionellen Sozialdemokraten aus Thüringen und am 9. Februar 1949 über eine weitere Gruppe aus Sachsen-Anhalt. Urteile von sowjetischen Tribunalen, wie die vom

5. August 1948 in Weimar über sechs Sozialdemokraten, vom 17. Juni 1949 in Halle/Saale über 14 Sozialdemokraten, vom 31. August 1949 in Weimar und 31. Oktober 1949 in Halle/Saale über je eine Gruppe, wurden zum Teil veröffentlicht. Am 9. Juni 1950 stand in Halle/Saale ein Sozialdemokrat vor einem Tribunal, am 3. Oktober wurde vom Landgericht Dresden eine Gruppe Sozialdemokraten verurteilt.

Buchwitz erklärte in der Sitzung der ZPKK im Juni 1949, ich „könnte Euch Fälle sagen, wo Leute verhaftet wurden und nach 6 Monaten der Staatsanwalt sagte, daß er einfach nichts finden kann und sie wieder freilassen mußte."[99] Buchwitz erinnerte neben nötiger Härte an „große Menschlichkeit" und „Pflege der Kameradschaft".[100]

Die genannten Schicksale und Fakten könnten ergänzt werden. In den Publikationen von Wolfgang Buschfort und Karl Wilhelm Fricke sind weitere Tatsachen nachlesbar.[101] Viele Schicksale sind noch nicht in allen Einzelheiten aufgeklärt. Doch manches ist nachvollziehbar und macht die Mechanismen kenntlich.

In der erwähnten sowjetischen Analyse vom Juli 1949 angesprochen und auch zeitgenössisch publiziert wurden die Verhaftungen von Sozialdemokraten in Thüringen. Mit Datum vom 9. September 1948 erhielt Wilhelm Pieck eine fast sechsseitige maschinenschriftliche „Mitteilung der Untersuchungsorgane der Abteilung für innere Angelegenheiten bei der Verwaltung der SMA-Thüringen"[102]. Darin heißt es, daß im März 1948 in den Städten Weimar, Erfurt und Jena „ein Netz illegaler Schumacher Gruppen aufgedeckt [wurde], welche in der sowjetischen Besatzungszone Deutschlands Spionagetätigkeit und andere verbrecherische illegale Tätigkeit ausübten."[103] Es werden die Namen, Funktionen, Beziehungen und Aktivitäten der 15 verhafteten Personen aufgeführt. Darunter der Verbindungsmann zu dem Ostsekretariat der SPD Joachim Bark[g]mann, der Gruppenleiter Werner Lonitz sowie der Gruppenleiter Günter Bruschwitz und dessen Kontaktmann, das Mitglied des Berliner SPD-Vorstandes Mewes und andere. Am Schluß der Information ist vermerkt, daß die Anklage dem Gericht des Militärtribunals übergeben wurde. Am 11. September 1948 erschien eine entsprechende Mitteilung in der „Täglichen Rundschau". Am 10. November 1948 informierte der Chef des sowjetischen Staatssicherheitsapparates in der SBZ, Kowaltschuk, Pieck persönlich über das Problem.

Ein Vergleich des von sowjetischer Seite aufgeführten Sachverhalts mit Forschungsergebnissen von Buschfort, der sich zum Teil auf Bestände des SPD- und Ostbüro-Archivs, auf Haft- und Erinnerungsberichte stützen konnte, bekräftigt wichtige Fakten. Joachim Bargmann war seit Oktober 1946 als Kurier angestellt und für Thüringen zuständig. Er konnte auf seinen Fahrten Informationsmaterial und sogar Schriftstücke aus dem Hauptbüro des sowjetischen Nachrichtendienstes entgegennehmen. Das thüringische Innenministerium hatte dem Ostbüro Ausweise für die Kuriere zur Verfügung gestellt. Im August 1949 wurden die Beschuldigten verurteilt.

Die in der sowjetischen Analyse vom Juli 1949 angeführte Saalfelder Gruppe kam im April 1949 in Haft und erhielt am 31. August 1949 in Weimar ein sowjetisches Urteil. Es war ein Kreis um Hermann Kreutzer, der mit anderen Sozialdemokraten aus dem Kreis Saalfeld nicht für die Vereinigung von SPD und KPD eingetreten war. Kreutzer kam aus einer sozialdemokratischen Familie und gehörte nach der Gründung der SED zu jenen, die in der SED sozialdemokratisches Gedankengut am Leben erhalten wollten, Verbindung zum Landesverband Berlin der SPD aufnahmen und dessen Informationsschriften verteilten. Kreutzer nahm an, „daß die Zeit der besatzungspolitischen Teilung Deutschlands nicht mehr allzu lange dauern würde“[104]. Ihn und seine Genossen stieß besonders die Entwicklung in der SED seit 1948 ab. Kreutzer erinnert sich: „Am 4. April 1949 wurden meine Verlobte, mein Vater, drei Freunde von uns und ich unter dem Vorwand der ‘konterrevolutionären Tätigkeit’ bei ausschließlicher Beschuldigung durch die SED vom NKWD verhaftet und nach langer unmenschlicher, von Rechtswillkür strotzender Untersuchungshaft als ‘Schumacher-Agenten’ zu je 25 Jahren Haftlager verurteilt ... Die Vernehmungen fanden vorwiegend nachts statt. Wir kannten weder die sowjetische Prozeßordnung noch das sowjetische Strafrecht. Wir bekamen keinen Anwalt und konnten keinen Zeugen benennen. Papier und Bleistift für Notizen standen nicht zur Verfügung ... Meine Angehörigen erfuhren erst nach einem Jahr, daß ich noch existiere ... Die Anklagen bezogen sich ausschließlich auf unsere sozialdemokratische Tätigkeit, die zusammenfassend als 'konterrevolutionäres Verhalten' bezeichnet wurde. Gespräche mit Berliner Sozialdemokraten wurden als 'politische Spionage' gewertet, harmlose Treffen von Sozialdemokraten als 'illegale Gruppenbildung', die Weitergabe von Westberliner Zeitungen oder von Publikationen der Berliner SPD, die eine Lizenz auch von der sowjetischen Besatzungsmacht hatte, als 'antisowjetische Propaganda'." [105] Kreutzer wurde nach Artikel 58 des ergänzten Strafgesetzbuches der RSFSR aus dem Jahre 1927 angeklagt und verbrachte seine Haft in Bautzen. Nach dem XX. Parteitag der KPdSU 1956 kam er auf Antrag einer Sonderkommission des ZK der SED 1956 zusammen mit 691 ehemaligen Sozialdemokraten, die „wegen Agententätigkeit" verurteilt worden waren, frei.[106]

Neben dem genannten Bargmann, der eine Namensliste bei sich hatte, waren von den sowjetischen Organen z. B. auch die offiziellen Kuriere des Ostbüros Heinz Kühne, im Februar 1949 aus Westberlin entführt, und Karl-Heinz Schmiedel, der ebenfalls eine Liste mit Namen bei sich trug und vermutlich für zwei Seiten im Einsatz war, verhaftet worden. Kühne, zur Todesstrafe verurteilt und dann zu 25 Jahren Arbeitslager begnadigt, wurde in das Baikalgebiet deportiert. Schmiedel verblieb in der SBZ/DDR. Die von Lohrenz und Kühne 1949 veröffentlichten Informationen über das Ostbüro[107], die nicht in allem stimmen sollen, sowie das in den Zeitungen publizierte Geständnis von Schmiedel verfehlten ihre politische Wirkung damals nicht.

Vernehmungen oder Verhaftungen durch sowjetische Organe gingen zum Teil auch Hinweise bzw. Denunziationen durch SED-Funktionäre voraus. Manchmal informierte der Chef der SMA - wie in Thüringen - die deutschen Vertreter „über weitere Aufdekkungen von Agenten des Ostbüros der SPD und anderer Spionage-Zentralen"[108]. Gemeinsame Grundüberzeugungen zwischen SED-Funktionären und Vertretern der Besatzungsmacht in bezug auf die SPD und die stalinistische Stigmatisierung ehemaliger Sozialdemokraten bildeten objektiv die Brücke zwischen deutscher Denunziation und sowjetischem Zugriff bzw. umgekehrt. So forderte eine vom Landesvorstand Thüringen der SED im Oktober 1948 vorgelegte Resolution: „Die ganze Partei muß einen *unnachsichtlichen und entschlossenen Kampf gegen alle Schumacher-Tendenzen und KPO-Auffassungen* führen. Es darf keine tolerante und versöhnlerische Einstellung gegenüber diesen rechten oder nationalistischen Abweichungen geben."[109]

Im Zusammenhang mit dem Fall Kreutzer liegen Dokumente vor[110], aus denen hervorgeht, daß Kreutzer und seine Gruppe am 4. April 1949 „durch die andere Dienststelle" und Vertreter des politischen Kommissariats 5 (K 5) der DVdI in Saalfeld festgenommen und „von der anderen Dienststelle übernommen" wurden. Am 5. Mai 1949 erhielt der Vizepräsident der Deutschen Verwaltung des Innern, Erich Mielke, Mitteilung davon. Auf einer erweiterten Sitzung des Kreisvorstandes Saalfeld der SED am 19. April 1949, an der auch Vertreter der ZPKK teilnahmen, fanden sich Sprecher, die auf „schlechte Diskussionen" Kreutzers verwiesen. Der in Thüringen bekannte SED-Funktionär Heinrich Hoffmann, ehemaliger Sozialdemokrat, fand die zynischen Worte, daß es um die beiden Kreutzers „durchaus nicht schade"[111] sei.

Die Abteilungen für Innere Angelegenheiten bei den SMA, die die Untersuchungen führten, stützten sich auf Anschwärzungen und folgten auch eigenen Recherche-Methoden. Die Militärtribunale anerkannten das „Untersuchungsmaterial", wiesen keinen Fall zurück oder korrigierten auch nicht im nachhinein ein Urteil. Es geschah unter den damaligen Bedingungen auch neues Unrecht. Probleme politischer Auseinandersetzung erhielten strafrechtlichen Rang. Nach dem damals gültigen deutschen Strafgesetzbuch kaum strafbar, gerieten sie auf den Tisch der Militärtribunale und fielen unter Artikel 58 des Strafgesetzbuches der RSFSR.

Exakte zahlenmäßige Angaben über verhaftete Sozialdemokraten können selbst heute nach Öffnung der Archive noch nicht gemacht werden. Die Argumentation der Grundwertekommission beim Parteivorstand der SPD: „Die zwangsweise Vereinigung von KPD und SPD" geht von bisherigen, auch unbewiesenen, Angaben aus, daß zwischen Dezember 1945 und April 1946 „mindestens 20.000 Sozialdemokraten gemaßregelt, für kürzere oder auch sehr lange Zeit inhaftiert, ja sogar getötet"[112] wurden. Der Kurt-Schumacher-Kreis berichtete 1971 von 5.000 Sozialdemokraten, die von sowjetischen Tribunalen oder deutschen Gerichten verurteilt worden und wovon 400 in der Haft verstorben seien. Helga Grebing, Christoph Kleßmann, Klaus Schönhoven und Hermann Weber nennen ähnliche Angaben.[113] Unter den 1956 auf Vorschlag einer

Sonderkommission des ZK der SED begnadigten 691 Sozialdemokraten befanden sich nach statistischen Unterlagen, die allerdings keine vollständige Aussage gestatten, wenigstens 200 SMT-Verurteilte. Von den zu entlassenden Personen waren bereits 5 verstorben. 51 verurteilte Sozialdemokraten wurden weiterhin als „Verbleib" aufgeführt.[114] Entsprechend dem Gesetz der Russischen Föderation vom 18. Oktober 1991: „Über die Rehabilitierung der Opfer politischer Repressionen" erhalten heute viele ehemals nach Artikel 58 politisch Verurteilte von der Militäroberstaatsanwaltschaft oder der Generalstaatsanwaltschaft der Russischen Föderation ihren Rehabilitierungsbescheid mit dem Vermerk: „unbegründet verhaftet und verurteilt". Darunter die Gruppe Kreutzer und andere ehemalige Sozialdemokraten wie Peter Bordihn, Heinz Gerull und Dieter Rieke.

Die hier skizzierten Schicksale widerspiegeln typische politische Beschuldigungen und Vorgänge der damaligen Zeit. Sie inspirieren zugleich die Rolle des Ostbüros der SPD, die hier nicht als selbständiges Problem behandelt werden kann, zu hinterfragen. Von Wolfgang Buschfort und Helmut Bärwald liegen erste Publikationen darüber vor.[115] Nach wie vor ist die Stellung des Ostbüros umstritten. Wie für alle Erscheinungen ist es auch hierbei erforderlich, historisch heranzugehen. Eine umfassende Darstellung zur Geschichte des Ostbüros steht noch aus.

Sowohl zwischen dem Beginn der Arbeit durch das Ostsekretariat des Landesverbandes Berlin der SPD im Mai 1946 und dem Ostbüro ab 1947/1948 als auch zwischen seiner Rolle als Produkt des Kalten Krieges und humanitäres Hilfsorgan, wäre zu differenzieren. Die tragende These der DDR-Geschichtsschreibung von der großangelegten Spionage- und Agentenorganisation war ausgesprochen einseitig und überzogen. Buschfort spricht von einer Untergrundorganisation, die im nachrichtendienstlichen, konspirativen und humanitären Sinne gearbeitet habe. Obgleich sich Personen im Auftrage des Ostbüros engagierten, muß bei der Einschätzung auch der humanitäre Bereich einbezogen werden, der Hilfe für Flüchtlinge, Ermittlung von Verhafteten oder Unterstützung deren Angehöriger umfaßte. Manche Sozialdemokraten nahmen Verbindung zum Ostsekretariat auf oder übersandten Informationsberichte über den Alltag. Buschfort schreibt, daß sich das Ostbüro 1948 auf etwa 2.000 Vertrauensleute in der SBZ stützen konnte.[116] In der SBZ/

DDR war es zu unrecht Verfolgten oder Verurteilten nie gestattet, sich in organisierter Weise zu wehren, Rechte einzuklagen.

Diese Repressionsproblematik belastete beide Parteien und insbesondere die weitere Entwicklung der SED. Kurt Schumacher lehnte nach Gründung der SED jeden offiziellen Kontakt ab, sprach sich aber für die Unterstützung oppositioneller Sozialdemokraten und für eine illegale Arbeit aus. Mit der politischen Unterdrückung von Sozialdemokraten in der SED sowie mit der Ausgrenzung sozialdemokratischer Traditionen und Werte ging der Partei beträchtliches kritisches Potential verloren. Stalinistisches Parteiverständnis festigte sich, innerparteiliche Demokratie geriet schon im Ansatz nur als Deformation.

Theoretische und historische Wurzeln dieses verhängnisvollen Prozesses sind wohl erkennbar geworden. Sie erhielten Nahrung durch das Festhalten an der Sozialfaschismusthese, die Otto Kuusinen 1948 in der Auseinandersetzung mit „rechten Sozialdemokraten von heute" wieder einsetzte. Kuusinen attackierte die Westorientierung der sozialistischen Parteien, setzte sich mit dem „demokratischen Sozialismus" auseinander und erklärte: Die „rechten Sozialisten und die Faschisten sind Diener eines und desselben Herrn. Sie sind nur die beiden Hände der parasitären reaktionären Bourgeoisie"[117]. Er beschimpfte sie als Agenten der internationalen Reaktion, als Helfershelfer der Hetzer zu einem imperialistischen Krieg und forderte ihre völlige Entlarvung, damit sie ihren Einfluß auf die Massen verlieren. Die „Partei Schumachers" charakterisierte er als „die Partei der deutschen chauvinistischen Sozialdemokraten". [118] Zwischen den Arbeiterparteien wurden die Gräben erst einmal vertieft. Sie stellten ihre historische Legitimation gegenseitig in Frage. Das Gift des Kalten Krieges schlug zurück. Nach dem administrativen und repressiven Hauptstoß gegen den sozialdemokratischen Strom in der SED konnten zwar politische Kontroversen nicht als Richtungskämpfe in Erscheinung treten, waren aber latent vorhanden.

Die „Generallinie" durchsetzen

Um die „Generallinie" für eine Partei neuen Typus durchzusetzen, hatten seit Januar 1949 verdeckt gezielte innerparteiliche Umschichtungen begonnen.

Am 14. Januar 1949 erließ der Präsident der DVdI in der SBZ, Kurt Fischer, die geheime Beschlußsache „Befehl Nr. 2 des Präsidenten der Deutschen Verwaltung des Innern in der sowjetischen Besatzungszone über die Festigung der Grenzpolizei". Der Befehl wurde in 21 Exemplaren ausgefertigt und für die SMAD übersetzt, wie auf dem Original des Befehls vermerkt ist und die beiliegende russische Übersetzung ausweist.[119] Entsprechend der Befehlsstruktur der SMAD war dem Vorgang mit Sicherheit eine sowjetische Vorgabe vorausgegangen.[120] Der Befehl forderte an erster Stelle die politische Überprüfung jener Grenzpolizisten, „die Angehörige in gerader Linie in den Westzonen haben, ... die in Kriegsgefangenschaft der Westmächte gewesen sind, ... die mehrere Disziplinarstrafen erhalten haben, ... die sich moralisch und charakterlich als unzuverlässig erwiesen haben, ... die Umsiedler sind und politisch nicht zuverlässig erscheinen."[121]

Die politische Reichweite des Befehls war jedoch umfassender, wie sich aus aufgefundenen Unterlagen für das Land Brandenburg feststellen läßt. Eine nichtdatierte Richtlinie nennt Differenzierungen, z. B. bei kurzfristiger Gefangenschaft nach dem 8. Mai 1945, bei politischen Häftlingen, die als Angehörige des Strafbataillons 999 in Gefangenschaft geraten waren, oder bei ehemaligen Widerstandskämpfern in Spanien, Frankreich und Griechenland. Sie hebt hervor, die Ausübung von Funktionen oder die Teilnahme an Schulungen in Kriegsgefangenenlagern der Westmächte besonders zu beachten und vermerkt, die „jugoslawische Kriegsgefangenschaft ist der westlichen gleichzusetzen, wenn eine längere Schulung erfolgte"[122].

Ein anderes Dokument vom 18. Oktober 1949 bestätigt die allseitige Überprüfung in der Volkspolizei (sie reichte bis zur Feuerwehr und dem Betriebsschutz) und „Säuberung der Polizei von politisch unzuverlässigen Personen gemäß den Befehlen 2/49 und 100/49". Die eingesetzten „Säuberungskommissionen" arbeiteten nach bestimmten Vorgaben und mußten gleichzeitig das politische und soziale Gefüge der Volkspolizei sowie die Teilnahme an Zirkeln zur Geschichte der KPdSU ermitteln und entsprechende Unterlagen anlegen. Ein Instrukteurbericht vom 17. November 1949 über die Durchführung des Befehls 2 im Volkspolizeipräsidium Potsdam sagt aus, daß 269 Angehörige des Präsidiums unter den Befehl fielen, 56 Verwandte in den Westzonen hatten und 66 Volkspolizeiangehörige zu entlassen waren. Sozialpolitische Zahlenangaben dokumentieren die absolute Dominanz von SED-Mitgliedern aus Arbeiterkreisen und einen außerordentlich niedrigen Anteil von Parteilosen in den Polizeiorganen. Dabei kam in solchen „Gesprächen“ immer wieder zum Vorschein, wie im Bericht vom 17. November 1949 formuliert wurde, „daß das Verständnis dafür, was der Sozialismus, Marxismus und Kommunismus bedeutet, vollständig fehlt und einfach nicht beantwortet werden konnte. Wurden Fragen gestellt: ‘Was ist Opportunismus ?’ ‘Revisionismus ?’ wurde nur geantwortet: ‘Das wissen wir nicht !’“[123] Deshalb sollten Zirkel zum Studium der Geschichte der KPdSU eingerichtet werden.

Obwohl die Hauptarbeit zur Realisierung des Befehls Nr. 2/49 offensichtlich bis Oktober 1949 zu leisten war, geben Berichte bis in den Sommer 1951 hinein Auskunft darüber, daß es sich faktisch um eine Daueraufgabe handelte. Es durfte „westliche Gefangenschaft nur in außergewöhnlichen Einzelfällen“ geduldet werden, es war ein „Übergewicht von Mitarbeitern [aus] sowjetischer Gefangenschaft“, unter „besonderer Berücksichtigung der Zentral- und Gebietsschüler“ der Antifa-Schulen[124] zu schaffen.

Mir bekannte persönliche Schicksale und Recherchen über die politischen Kategorien der insgesamt 40.000 SMT-Verurteilten legen in der SBZ/DDR den Schluß nahe, daß 1948/49 auch nicht wenige junge Volkspolizisten wegen politischen Widerspruchs bzw. unter falschen Anschuldigungen verurteilt und zum Teil in die Sowjetunion deportiert wurden. Exakte Zahlenangaben sind nicht nur aufgrund fehlender Unterlagen, sondern auch wegen der Vermischung von bestraften Naziverbrechern und anderen Personen nicht zu ermitteln.

Die politischen Vorgaben der obengenannten Befehle in bezug auf westliche und jugoslawische Kriegsgefangenschaft, die für die Schutzorgane einen bestimmten Sinn machten, galten bald darauf für die gesamte SED.

Richtlinien vom August 1949 für die Wahlen zu den Parteileitungen von den Grundeinheiten bis zu den Landesvorständen der SED im Zeitraum von September bis Dezember 1949 orientierten ausdrücklich auf die Wahl „politisch klarer“ Parteimitglieder und auf starke Betriebsgruppen. Neben Instrukteuren schalteten sich auch die Mitglieder der ZPKK und der Landes-Parteikontrollkommissionen als aufmerksame Kontrolleure und Akteure in die Wahlvorbereitung ein. Ihr Erfahrungsaustausch in der Sitzung der ZPKK vom 21. Oktober 1949 kritisierte den formalen Ablauf der Parteiwahlen. Auf Fragen der Partei neuen Typus, der „Schumacherelemente", des „Trotzkismus" und der Rolle Jugoslawiens sowie des gerade beendeten Rajk-Prozesses in Ungarn sei in Versammlungen und Delegiertenkonferenzen nicht reagiert worden. „Man spricht nicht offen aus[,] wo Genossen sind, die noch starr an alten Traditionen festhalten und nicht die Entwicklung zur Partei neuen Typus gehen wollen"[125], merkte ein ZPKK-Mitglied an.

Im Land Brandenburg traten aus Ortsgruppen der SED einzelne ehemalige SPD-Mitglieder aus. Im Land Thüringen wurden die Leitungen der Grundeinheiten zu 50 bis 60 Prozent mit neuen Kräften besetzt. Von 22 ersten Sekretären der Kreise kamen 18 aus der KPD und nur 4 aus der SPD.[126] Hermann Matern zog in der ZPKK die Schlußfolgerung, daß die Arbeit nach der Wahlkampagne fortgesetzt werden müsse. „Dabei wird es notwendig sein", referierte er, „den prinzipiellen Kampf um die Durchsetzung der Generallinie der Partei in der ganzen Partei zu verschärfen."[127] Als Schwerpunkte nannte Matern den Kampf gegen den „Trotzkismus" und gegen Tito sowie Schlußfolgerungen aus dem Rajk-Prozeß. Eine Zwischenbilanz des Kleinen Sekretariats der SED vom 24. Oktober bekräftigte die ungenügende Widerlegung „antisowjetischer Verleumdungen" auch bei den Kreiskonferenzen der SED. „Die Lehren aus dem Rajk-Prozeß und aus der Tätigkeit der amerikanischen Tito-Agenten sind bisher nur ungenügend gezogen worden. Um die Wachsamkeit jedes Parteimitgliedes zu erhöhen, ist es aber notwendig, diese Fragen gründlicher zu behandeln."[128]

Matern erläuterte in der ZPKK-Sitzung am 21. Oktober einen Beschluß des Kleinen Sekretariats vom 17. Oktober 1949. Der Beschluß sah vor, „alle Parteifunktionäre in Partei, Staatsapparat und Massenorganisationen, die in westlichen Ländern in Emigration oder länger als 3 Monate in englischer, amerikanischer oder jugoslawischer Kriegsgefangenschaft waren, ... entsprechend der Nomenklatur von der ZPKK und den Landes-Kontrollkommissionen zu überprüfen."[129] Die vom Politbüro am 18. Oktober bestätigte Variante des Beschlusses forderte: „Alle führenden Funktionäre, die länger als drei Monate in englischer, amerikanischer, französischer oder jugoslawischer Gefangenschaft, oder in englischer oder in amerikanischer Emigration waren, sollen sytstematisch überprüft werden."[130] In seiner Rede versäumte Matern nicht, zugleich auf den Rajk-Prozeß und den darin genannten Amerikaner Noel Haviland Field zu verweisen, der „Verbindungen zu all unseren westlichen Emigrationsgruppen gehabt"[131] hatte. „Das sind also einige hundert Genossen", setzte Matern fort, „die in vielen Fällen in führenden Positionen sind in der Partei und in der Regierung. Es ist klar, daß man diese ganzen Beziehungen überprüfen muß."[132] Mahnend setzte er hinzu: „Das was ich hier sage[,] ist intern und kein Genosse hat das Recht darüber draußen zu diskutieren."[133]

Der mit dem Kommuniqué des Informbüros über Jugoslawien 1948 aufgenommene Kampf gegen „Opportunismus" und „Trotzkismus" hatte mit dem Zusammenwirken von Kleinem Sekretariat, Politbüro und ZPKK eine neue Dimension erreicht. Das hatte sich schon in dem erwähnten „Fall" Thüringen und besonders in der spektakulären politischen Ausnutzung des „Falls" Wolfgang Leonhard im Frühjahr 1949 widergespiegelt. Leonhard, Emigrant aus Moskau und Mitarbeiter der „Initiativgruppe Ulbricht", brach als erster mit dem Stalinismus und floh.[134] Er wurde als angeblicher Trotzkist verteufelt. Am 23. Juli 1949 faßte das Kleine Sekretariat[135] den Beschluß zur „ideologischen Auseinandersetzung mit dem Trotzkismus". Er verlangte, bei der Abteilung Parteischulung des Parteivorstandes eine besondere Arbeitsgruppe zu bilden und schrieb eine politische Konzeption fest, die sich den Brief Stalins an die „Proletarskaja Rewoljuzija" zum Vorbild nahm. In dem Beschluß heißt es: „Bei der Entwicklung der Gegenargumentation soll in offensiver Weise von der marxistisch-leninistischen Problemstellung ausgegangen, d. h. nicht nur auf die Ebene der vom Gegner aufgeworfenen Fragen eingegangen, sondern diese im Zusammenhang damit behandelt werden. In der Methodik, wie man die Argumentationen des Feindes bekämpft, soll man dabei den Inhalt des Briefes zugrunde legen, mit dem Genosse Stalin im Jahre 1931 in einem Brief an die 'Proletarische Revolution' die Argumentation unserer Feinde beantwortete."[136] Den Beschluß des Kleinen Sekretariats bestätigte das Politbüro ohne jegliche Veränderung am 26. Juli.

Mit dem eingeschlagenen Kurs schuf die SED-Spitze noch vor dem Parteitag weitere vollendete Tatsachen, um innerhalb der SED

Grundelemente des Stalinschen Konzepts innerparteilicher Konspiration, Disziplinierung und Repression durchsetzen zu können. Matern dazu sehr drastisch am 21. Oktober: „Ich nehme an, daß die Genossen alle die Geschichte der KPdSU(B) studiert haben. Das ist eine einzige Darstellung des Kampfes gegen Entartung, Sektierertum, Opportunismus usw. Dabei muß man sehen, daß der Trotzkismus nicht eine Strömung in der Arbeiterbewegung war, sondern einfach eine Agentur des Feindes. Wir müssen deshalb auch früher bestehende Gruppierungen in der Arbeiterbewegung beachten. Es muß ein ungesprochenes Gesetz sein[,] darauf zu achten, daß sich an Parteileitungen und anderen Stellen nicht eine Konzentration von Genossen bildet, die früher in der SAP oder KPO waren. Das heißt nicht, daß die Genossen nicht in der Partei oder an anderen Stellen arbeiten können, aber wir können nicht zulassen, daß sich solche Schwerpunkte bilden. Auch nicht Schwerpunkte von früheren SPD-Genossen, die mit der Linie der Partei nicht einverstanden sind. Wir müssen in der Hinsicht also eine innerparteiliche Politik machen, die solche Konzentration verhindert."[137] Bei dem darauffolgenden Treffen der ZPKK mit den Vorsitzenden der Landes-Kontrollkommissionen am 25. Oktober 1949 war die „Fünfte Kolonne", die den Feind in den eigenen Reihen organisierte, perfekt: Der „Trotzkismus" als Hauptwerkzeug des amerikanischen Imperialismus, das von „Trotzkisten" geschaffene Ostbüro der SPD und das „trotzkistische Zentrum" Jugoslawien. Die Überprüfungen begannen im zentralen Parteiapparat, bei den Landes-Parteikontrollkommissionen, Landessekretariaten und -vorständen. Von rasch überprüften 155 Mitgliedern der Kreis Parteikontrollkommissionen wurden bereits 26 „aussortiert".

Der stalinistische Schauprozeß gegen den ehemaligen ungarischen Außenminister László Rajk sowie weitere sieben Mitangeklagte verschärfte die politische Hektik. Die im Mai/Juni 1949 verhafteten ungarischen Partei- und Staatsfunktionäre sowie ein Vertreter der jugoslawischen Militärmission in Ungarn standen vom 16. bis 24. September 1949 aufgrund falscher Anschuldigungen vor dem Volksgerichtshof in Budapest, der dreimal die Todesstrafe und zweimal lebenslänglich Zuchthaus aussprach.[138] Mit diesem Prozeß wurde die Figur des Amerikaners Noel Haviland Field eingeführt, der schon am 11. Mai 1949 in der Tschechoslowakei verhaftet und nach Ungarn verschleppt worden war. Field mißbrauchte man auch für andere Prozesse als angeblichen Hauptbelastungs"-zeugen", um in den eigenen Parteireihen und darüber hinaus Partei- und Staatsfunktionäre auszuschalten. In dem Budapester Prozeß kam bei der Vernehmung von Rajk erstmals der *Name* Field als Leiter einer amerikanischen Spionageagentur für Mittel- und Osteuropa ins Spiel. Dem Arzt und Chef der Kaderabteilung beim ZK der KP Ungarns, Tibor Szönyi, der als Gast an der 1. Parteikonferenz der SED im Januar 1949 teilgenommen hatte, preßte das Gericht über das erfundene Bindeglied Field Beschuldigungen gegen tschechische, polnische und deutsche Westemigranten ab. Die unitarische Hilfsorganisation von Field (Unitarian Service Committee - USC), die politischen Emigrantengruppen geholfen hatte, wurde zum Deckorgan des amerikanischen Geheimdienstes erklärt und die ehemaligen deutschen Emigranten in der Schweiz als „trotzkistische Gruppe" denunziert.

Ob es schon während des Prozesses zu einer Informationsübermittlung oder Anweisung an die deutsche Seite kam, wie im Falle der Tschechoslowakei, kann bisher nicht belegt werden. Wilhelm Pieck, Otto Grotewohl, Walter Ulbricht und Fred Oelßner weilten jedenfalls zur Zeit des Prozesses noch in Moskau (16.- 28. September) zu Gesprächen bei Stalin, um die DDR-Gründung unmittelbar vorzubereiten. Auszüge aus dem Prozeßverlauf in der SED-Presse müßten von dem Sowjetischen Informationsbüro oder von ungarischer Seite übergeben worden sein, da bei dem Prozeß in Budapest kein Journalist aus der SBZ anwesend war. Interessant ist, daß sich in den Kalendernotizen von Pieck unter dem 17. Oktober der sonst fast nicht anzutreffende Hinweis „Mielke" findet.[139] Am 21. Oktober konnte das Kleine Sekretariat bereits die vorgesehene Veröffentlichung des Prozeßprotokolls ankündigen. Kurt Hager zeichnete sein Vorwort für den Band mit dem Datum vom 29. Oktober ab.[140] Von sowjetischer Seite oder mit sowjetischer Hilfe muß also sehr schnell eine Übersetzung erfolgt und auch in die Hände der SED-Führung gelangt sein. 1962 gestand Rákosi, daß er den Bruderparteien „Aussagen" der Angeklagten zustellen ließ.

Die erste Reaktion aus dem zentralen Parteiapparat der SED kam am 30. September 1949. Franz Dahlem, verantwortlich für Kaderfragen und für die Westkommission, holte eine stenographische Notiz von Grete Keilson hervor, die, wie er schrieb, vermutlich im

Jahre 1947 angelegt worden war. Grete Keilson leitete damals die Abteilung Personalpolitik beim Parteivorstand der SED. Ihr hatte die Westemigrantin Änne von F. mitgeteilt, daß Field mit Geldern der Centrale Sanitaire Suisse (CSS)[141] deutschen Genossen die Flucht von Frankreich nach Mexiko finanziert, aber vor allem Trotzkisten unterstützt habe. Doch bereits seit dem 9. und 22. Oktober 1945 hatten Berichte der Schweizer Emigranten Hans Teubner und Bruno Fuhrmann, die auf die solidarische Hilfe Fields eingingen, vorgelegen. Und auch von Franz Dahlem und Paul Merker hatte es bereits seit November 1946 Notizen über Field gegeben. Andere hatten sich ebenfalls zu Wort gemeldet.[142] Auf Anforderung von Walter Janka war 1947 eine Information von der KP Mexikos eingegangen.

An all das erinnerte sich Dahlem 1949, stellte die Notizen und Materialien zusammen und übermittelte sie am 3. Oktober an Matern. „Nach Rücksprache mit dem Gen. Walter Ulbricht übergebe ich der ZPKK die Unterlagen, die sich vorfanden und mache betreffs der Unterlagen folgende Hinweise: 1.) Aus den übermittelten Berichten, Briefen und Notizen ergibt sich, daß folgende Komplexe überprüft werden müssen, in denen Verbindungen zwischen Noel Field und deutschen Antifaschisten bestanden: die deutsche Emigration in der Schweiz - die deutsche Emigration in Frankreich - die Unterstützungsaktionen in französischen KZs - *andere Emigrationen* (Mexiko)“.[143]

Mit dem Datum vom 4. Oktober übergab Herta Geffke Notizen über Teubner, der als letzter Leiter der Schweizer Exilgruppe an der Parteischule in Kleinmachnow tätig war. Am 5. Oktober schrieb Willi Kreikemeyer, Präsident der Direktion der Deutschen Reichsbahn, über sein Zusammenkommen mit Field an die ZPKK. Am 11. Oktober 1949 zeichnete Paul Bertz, ehemaliges Mitglied des ZK der KPD, in einem Brief an Matern ausführlich seine Kontakte mit Field und die durch ihn erwiesene Hilfe auf. Aus seinem Brief geht hervor, daß die ZPKK seit dem 4. Oktober ehemalige Westemigranten schriftlich aufgefordert haben muß, Bericht zu erstatten. Bertz schreibt: „Durch die hiesige Kreisleitung der Partei erhielt ich Dein Schreiben vom 4.10.49. Nachstehend den gewünschten Bericht über Field.“[144] Maria Weiterer, die Frau des 1943 in Plötzensee hingerichteten Siegfried Rädel, Goldhammer und Fuhrmann lieferten noch in den Oktober- und ersten Novembertagen

Berichte ab. Die Veröffentlichungen über Rajk im „Neuen Deutschland“ veranlaßten den KPD-Funktionär Fritz Sperling, der ebenfalls zur Leitung der Schweizer Emigration gehört hatte, sogar vom Krankenbett aus einen Bericht zu schreiben und Ende Oktober 1949 an die ZPKK zu schicken.

Personennamen, Verbindungen untereinander sowie zu Field lagen auf dem Tisch der ZPKK. Die hier aufgeführten Personen waren zwar etwas hellhörig geworden, verdächtigten aber nicht Field. Informationen in der Presse über den Prozeß in Budapest riefen zugleich bei anderen Parteifunktionären Mitteilungsbedürfnisse hervor. Bruno Haid aus dem Apparat des Parteivorstandes der SED und der Chefredakteur des „Neuen Deutschland“, Rudolf Herrnstadt, teilten der ZPKK sachliche, nichtdenunziatorische Fakten über Noel Field mit. Einen ausführlichen Bericht übermittelte im Oktober der Schwager von Hermann Field.

„Dulles oder Stalins Hand“

Bis in unsere Tage halten sich Meinungen, daß die Hauptursache für die Verfolgungen, Verhaftungen und Schauprozesse in den mittel- und osteuropäischen Ländern seit 1949 eine Provokation der CIA gewesen sei. Ausgangspunkt für eine solche Annahme ist das 1974 in englisch und 1975 in deutsch erschienene Buch des britischen Journalisten Stewart Steven „Sprengsatz. Die Operation Splinter Factor der CIA“. Steven stützte sich auf die Biographie über Noel Haviland Field[145], auf Aussagen von Jozef Swiatlo, ehemaliger stellvertretender Leiter der Abteilung 10[146] beim Ministerium für Staatssicherheit in Polen, vor einem Sonderausschuß des amerikanischen Senats im Oktober 1954, auf Material über Allan Dulles[147], auf das veröffentlichte Prozeßprotokoll und auf 1968 in der CSSR publizierte amtliche Dokumente. Steven zog auch Aussagen ehemaliger Geheimdienstleute und Politiker heran. Swiatlo hatte 1948 selbst Kontakt zu dem britischen Geheimdienst (SIS) gesucht und kam schließlich mit der CIA in Verbindung.

Kernstück der Aussage des Buches von Steven ist, daß Dulles 1949 Swiatlo dafür eingesetzt habe, den sowjetischen Geheimdienst bewußt mit einer erfundenen „trotzkistischen Verschwörung“ im Ostblock anzufüttern. Der „Verbindungsmann zwischen diesen

Verrätern und Washington, ein Mann namens Noel Haviland Field sei, angeblich der wichtigste amerikanische Geheimagent in ganz Ost- und Westeuropa."[148] Swiatlo habe demzufolge in seinen Berichten an Berija den Strohmann Field als Leiter der erfolgreichsten Spionageorganisation im Zweiten Weltkrieg charakterisiert, der immer für den amerikanischen Geheimdienst gearbeitet, Mitglieder kommunistischer Parteien als Agenten rekrutiert und nach 1945 in hohe Partei- und Regierungsstellen im Ostblock eingeschleust hätte. Ein amerikanisch-sowjetischer Doppelagent habe auf Anfrage des sowjetischen Geheimdienstes Field zwielichtig als Mitarbeiter von Dulles und kommunistischen Aktivisten dargestellt. Durch die Verhaftung Fields nahm die Tragödie ihren Lauf. Im Dezember 1953 flüchtete Swiatlo aus Polen. Auf einer Pressekonferenz in Washington am 24. September 1954 teilte er mit, daß die Fields in Haft seien.[149]

Obgleich Steven in seiner Publikation nachprüfbare Vorgänge nennt, bleiben wichtige Aussagen nur Vermutungen und ohne Beleg. Manche Angaben sind direkt falsch. Wenig glaubhaft erscheint, daß der amerikanische Geheimdienst eine solche Aktion so detailliert mit einem ausländischen Agenten absprach. Sicher mischte der amerikanische Geheimdienst mit. Das Hochspielen von Noel Field als US-Agenten in der überhitzten Atmosphäre des Kalten Krieges förderte vermutlich die Aktivitäten des Stalinschen Sicherheitsdienstes. Es kann aber nicht als ursächlicher Ausgangspunkt für die Verbrechen gegen kommunistische Führungen bis Mitte der fünfziger Jahre angesehen werden. Weltrevolutionär verklärt fungierten hinter den Kulissen stalinistische Partei- und Herrschaftsinteressen, die regierende Eliten der Stalin-Komintern in den Ostblockstaaten selbständig und im Geiste des Imperators verfochten. Handfeste außenpolitische, imperiale Belange der UdSSR waren ebenso im Spiel. Nach dem Versuch eines jugoslawischen Weges und dem Ausschluß der KP Jugoslawiens aus dem Informbüro wollte die Siegermacht Sowjetunion den gewonnenen Einflußbereich nicht durch nationale Eigenversuche und Abbröckeln von Nachbarn gefährdet wissen.[150] Ob es stimmte, daß Dulles Swiatlo wissen ließ, nationalkommunistische Wege im Ostblock würden den „Kommunismus nur salonfähig" machen und die Völker Europas müßten die „Realität des Stalinismus am eigenen Leibe erfahren"[151], bleibt offen.

Sicher gab es mehr Prozesse, die auf der Field-Legende basierten und noch nicht bekannt sind. Sicher ist aber auch, daß selbst die Schauprozesse mehr unbewiesene und verleumderische Anschuldigungen ins Feld führten, als nur Kontakte zu Field während der Emigrationszeit. Rajk wurde insbesondere eine angebliche Zusammenarbeit mit der Gestapo und „Komplizenschaft" mit Jugoslawien zur Verwandlung Ungarns in eine „Tito-Kolonie" angelastet. In dem Schauprozeß gegen den Sekretär des ZK der KP Bulgariens, Traitscho Kostoff und zehn weitere Angeklagte vom Dezember 1949 kam nicht einmal der Name Field vor. In keinem Prozeß lagen justitiable Beweise vor, wurde Noel Field weder vorgeführt noch als Zeuge vernommen. Die ungarische Seite und die noch lebenden ehemals Verurteilten Lazar Brankov und Georg Hodos begründen den Rajk-Prozeß vor allem aus dem Machtkampf von Rákosi im Zusammenspiel mit Stalin.[152]

Als Franz Dahlem 1975 an seinen Erinnerungen schrieb, übersandte ihm der Field-Gegner Friedrich Schlotterbeck[153] eine kritische Rezension des Steven-Buches, äußerte sich selbst aber wohlwollend. Dahlem machte von alledem keinen Gebrauch und berichtete in seinem Buch, daß er 1939 in Prag von Hermann Field unterstützt wurde.[154]

Das politische Szenarium, das in jenen Jahren ablief und schwerwiegende Folgen bis in die Gegenwart hinterließ, war eine international transformierte stalinistische Säuberung[155] mit öffentlichen und geheimen Methoden, mit blutigen und unblutigen Mitteln. Die sogenannte trotzkistisch-titoistische Balkanverschwörung wurde mit dem Rajk-Prozeß auf die mitteleuropäischen Länder zu einer angeblich langfristig vorbereiteten und weit vorausschauenden imperialistischen Untergrundbewegung gegen den Ostblock ausgedehnt. Dabei mußte natürlich das Phantom Field, über das nur die unwahren Prozeßinformationen existierten, auf parteitreue Funktionäre alarmierend wirken. Zum anderen vermitteln heute bekannte Tatsachen aus Polen, der ehemaligen Tschechoslowakei, Ungarn, Bulgarien und Rumänien ein schauriges Bild darüber, daß es schon vor dem eingefädelten Scheinagenten Field zu Massenverfolgungen und öffentlichen wie geheimen Prozessen gekommen war. Die Abrechnung mit der politischen Opposition in Polen auf breiter Skala, der etwa 300 hohe kommunistische Funktionäre zum Opfer fielen, setzte z. B. bereits 1948 ein.

Bezüglich der ehemaligen Tschechoslowakei wird für die Jahre 1948 bis Ende 1950 angegeben, daß 217.000 Bürger wegen sogenannter politischer Paragraphen in Haftanstalten und Arbeitslagern einsaßen.[156]

Auch die Auseinandersetzungen in der SED und ihr Fortgang nach dem Rajk-Prozeß legen davon Zeugnis ab, daß es sich vor allem um innere Macht- und Systemfragen handelte. In der SED eine Überprüfung bzw. einen Mitgliedsbuchumtausch durchzuführen, stand seit den Gesprächen mit Stalin vom September 1949 fest. Sie wäre nach den Jahren des Faschismus und der Nachkriegszeit sowie angesichts des Charakters der SED als Massenpartei nötig gewesen. Doch was sich praktisch vollzog, war von anderen historischen Traditionen und politischen Motiven geprägt, kriminalisierte Personen a priori als potentielle und tatsächliche Agenten.

Die seit Mitte Oktober 1949 bis Frühjahr 1950 weitergeführten und neu eingeleiteten internen Maßnahmen der SED-Spitze trugen einen eindeutigen politischen Stempel. Am 18. Oktober 1949 traf das Politbüro die Entscheidung, Franz Dahlem auf eigenen Wunsch von seiner Verantwortung für Kaderfragen zu „befreien", damit er sich „ganz seinen Aufgaben für den Westen widmen"[157] könne. Kaderfragen vertrat von nun an im Politbüro Walter Ulbricht, zugleich Vorsitzender des Kleinen Sekretariats.[158] Am gleichen Tag wurde beschlossen, eine Gruppe englischer Remigranten (16 führende Mitarbeiter), die beim Berliner Rundfunk arbeitete, von ihrer Tätigkeit zu entbinden (zu entlassen) und eine „parteimäßige Untersuchung" durch die ZPKK einzuleiten. Darunter befand sich Heinz Schmidt, der wegen angeblicher nationalistischer Überheblichkeit und „englischer Krankheit" seiner Funktion enthoben wurde. Andere, erst kürzlich eingestellte Mitarbeiter im Rundfunk, wie Bruno Goldhammer, der wegen ideologischer Sorglosigkeit eine strenge Rüge erhielt, oder Leo Bauer als Chefredakteur des Deutschlandsenders, standen jedoch noch nicht unter einem umfassenderen politischen Verdacht.

Am 24. Oktober 1949 schrieb Matern an Ulbricht: „Nach dem bisher zusammengetragenen Material ist das Ganze ein umfangreicher Komplex. Die von Field angeknüpften Verbindungen betreffen Genossen aus allen Zonen ... Das wird eine komplizierte und ernste Sache, da die Untersuchungen und Feststellungen sich auf eine Anzahl leitender Genossen in den verschiedensten Funktionen erstrecken."[159] Matern schlug die Bildung einer zentralen Sonderkommission vor, womit sich Ulbricht am 25. Oktober einverstanden erklärte.

Am 28. Oktober 1949 lag dem Kleinen Sekretariat der „Plan zur Überprüfung der Genossen aus der westlichen Emigration und Kriegsgefangenschaft"[160] vor. Darin wurden der zu überprüfende Personenkreis und das Ziel der Überprüfung festgelegt. Erfaßt waren: der zentrale Parteiapparat, Landesvorstände, Kreisvorstände in den Grenzkreisen, Radaktionen und Verlage, der Regierungsapparat, Landesregierungen, Industrieleitungen sowie Leitungen des Verkehrs und des Handels, Massenorganisationen, Industriegewerkschaften bis zur Landesebene und in Grenzkreisen, FDJ-, DFD- und Konsumleitungen, Kommunalverwaltungen der Kreise und kreisfreien Städte. Zu überprüfen waren die politischen Vergangenheiten und Haltungen bis 1945, das Wirken nach 1945 und die Stellung zur Generallinie der SED und der Sowjetunion sowie - wenn nötig - auch die Familienbeziehungen und Verbindungen außerhalb der Partei. Auf jeden Fall sollten in Leitungen und Amtsstellen keine Konzentrationen „von Genossen aus der gleichen Emigration, Kriegsgefangenschaft und früher abweichenden Gruppierungen"[161] zugelassen werden. Zwei Kategorien sind in dem Plan nicht explizit ausgewiesen: die spezielle Überprüfung von Field-Verbindungen, die Überprüfung der sowjetischen Emigration und Kriegsgefangenschaft. Der bis 1. März 1950 abzuschließende politische Überprüfungsvorgang begann mit dem sofortigen Studium der Personalakten des bestimmten Personenkreises.

Für die zentrale Führung der Maßnahme beschloß das Kleine Sekretariat am 18. November 1949 den Einsatz von besonderen Kommissionen. Zwei Kommissionen wirkten für die allgemeine Überprüfung von westlicher Emigration und Kriegsgefangenschaft. Sie setzten sich aus jeweils vier Mitgliedern zusammen, die aus der ZPKK sowie aus Landes- und Kreis-Parteikontrollkommissionen kamen. Berücksichtigt wurde nun ein Vorschlag Materns, „für die Field-Untersuchungen" eine gesonderte zentrale Kommission mit Hermann Matern und Herta Geffke[162] von der ZPKK sowie Otto Sepke von der Landes-Parteikontrollkommission Mecklenburg als Sekretär dieser Kommission zu bilden. „Genossen von auswärts", sprich KPD-Funktionäre aus der Bundesrepublik, sollten für drei

Monate nach Berlin geholt werden. Die beauftragten Mitglieder für die Kommissionen erhielten eine mehrtägige Schulung. Dabei standen u.a. die Lehren aus dem Kampf der KPdSU gegen die Feinde der Partei, die Rolle der „Tito-Bande“, Verhältnisse in der Emigration und Kriegsgefangenschaft, die Arbeit des Ostbüros der SPD zur Debatte.

Es ist hier nicht der Platz, ausführlich über die Kommissionstätigkeit zu berichten. Ergebnisse können nur skizzenhaft aufgezeichnet werden, da keine zusammengefaßten Statistiken vorliegen. Die zwei Kommissionen zur Überprüfung des Parteiapparates, der Massenorganisationen und des Staatsapparates erhielten zugleich Unterstützung durch die Landes-Kontrollkommissionen und dort gebildete Sonderkommissionen. Sie gaben ihre Zwischenberichte vor der ZPKK ab, die jeweils mit den Vorsitzenden der Landes-Parteikontrollkommissionen tagte. Die Endergebnisse der Überprüfungen untergliederten sich in die Kategorien sofortige Entlassung, ohne Bedenken, Bedenken und starke Bedenken. Im Apparat des ZK wurden 1.111 Parteimitglieder überprüft, davon 82 Westemigranten, 98 aus westlicher Kriegsgefangenschaft und 8 aus ehemaligen oppositionellen Gruppierungen. Von den Überprüften wurden 5 sofort entlassen, für 10 eine Versetzung vorgeschlagen und bei 15 Bedenken geltend gemacht. Im Land Sachsen kam es zur Prüfung von 4.653 Personalunterlagen, davon 125 Kriegsgefangenen und 40 Emigranten. 31 Institutionen und 13 Vereinigungen Volkseigener Betriebe sowie zwei Grenzkreise unterlagen dem Prüfungsakt.

Bei allen Untersuchungen ermittelten die Kommissionen Field-Kontakte gleich mit und leiteten sie an die ZPKK weiter. Bekannte Westemigranten, wie Lex Ende und Willi Kreikemeyer, aber auch Spanienkämpfer und Wehrmachtsdeserteure gerieten auf diese Weise in das Spannungsfeld politischer Verdächtigungen. Gruppen wurden ausgemacht und Lebensabschnitte von Menschen in unterschiedlichen Lebenslagen als gewollte politische Ereigniskette instrumentalisiert. Bei dem Parteifunktionär Herbert F. im Ministerium des Innern in Thüringen rückte jugoslawische Kriegsgefangenschaft in einen Zusammenhang mit seiner Funktion als Parteisekretär der SPD 1920/33, mit seiner Zugehörigkeit zur Gruppe „Neubeginnen“ und mit seinem Kriegsdienst. Gründliche Recherchen erbrachten einen relativ konkreten Überblick über Verhältnisse in der Kriegsgefangenschaft und bei den verschiedenen Emigrantengruppen in Australien, England, in den USA, Schweden, Schanghai usw. Bekannt wurde, daß in Jugoslawien 80.000 deutsche Kriegsgefangene gewesen waren.

Bei einer Diskussion in der ZPKK am 9. März 1950 zur Vorbereitung eines Abschlußberichtes über diese Arbeit setzte Matern in seinem Schlußwort scharfe Akzente. „Trotzkistische Kreise und alte KPO-Kreise" sollten besonders beachtet und versöhnlerische Haltungen von SED-Funktionären gegenüber „reaktionären Kräften" in den anderen Parteien sollten „zerschlagen" werden. Was an Erscheinungen aufgetreten war, sollte weiter verfolgt, ausgewertet und „bis zu Ende" aufgeklärt werden. „In keiner Parteistelle und keinem Amt oder einer Verwaltung kann es eine Konzentration von Menschen aus gleicher Emigration, oder Gefangenschaft oder früheren Gruppierungen mehr geben"[163], so Matern. Es war zu verhindern, daß sich irgendwelche Gruppierungen entwickeln und entstehen, „feindliche Störungselemente" in die Diskussionen einflossen.

Obwohl sich die SED-Spitze stark engagierte, traf sie die Kritik der SKK. *„Schwächen in der Partei* - Ideologische Schwächen - noch schlimmer, kein Kampf gegen Titoismus - Neues Deutschland ignoriert ... - über Prozeß Rey[aj]k-Kostoff unzulänglich - keine deutschen Artikel seit August - völliges Versagen - *warum* ? - falsche politische Linie?"[164] Das ist der Text aus einer Aufzeichnung von Wilhelm Pieck, die er sich während einer Besprechung mit Semjonow am 24. Dezember 1949, 5.00 Uhr, machte. Zugleich bekam Pieck den Hinweis, „ob nicht Agenten im Apparat" seien. Diese harsche sowjetische Kritik an der SED widerspiegelt den außerordentlichen politischen Druck, obwohl bereits Schritte eingeleitet worden waren.

Wenige Tage zuvor, am 16. Dezember, hatte das Politbüro Aktivitäten zur Auswertung der Beschlüsse der jüngsten Beratung des Informationsbüros der kommunistischen und Arbeiterparteien vom November 1949 beschlossen. Die drei Beschlüsse des Informbüros - „Verteidigung des Friedens im Kampf gegen die Kriegstreiber", „Die Einheit der Arbeiterklasse und die Aufgaben der kommunistischen und Arbeiterparteien", „Die Kommunistische Partei Jugoslawiens in der Gewalt von Mördern und Spionen" - sollten in einer Auflage von 200.000 Exemplaren erscheinen. Sie standen als Thema für die erste Mitgliederversammlung und für alle Parteischulen im Januar 1950 auf der Tagesordnung. Propagandisten-Kollektive traten in Aktion. Die SED-Presse veröffentlichte entsprechende Artikel.

Nach drei weiteren Spitzengesprächen mit Semjonow im Januar 1950 mußten Pieck und Ulbricht am 23. Januar um 8.00 Uhr bei Tschuikow erscheinen. Dabei waren Semitschastnow, Semjonow und der Gesandte Puschkin. Die SKK teilte ihre Beurteilung der politischen Lage mit, die sie für sehr ernst hielt, und übte erneut scharfe Kritik an der politischen Tätigkeit der SED. Kein Bereich blieb ausgespart und es fiel der Vergleich „Denikin - Trotzki/ Bucharin - Kirow". Noch am nächsten Tag, am 24. Januar, folgte ein schriftlicher kritischer Bericht von Semjonow über die politische Aktivität der SED. Er kritisierte u. a. den starken Rückgang der Mitgliederzahlen der SED. Im Land Sachsen Anhalt waren 1949 allein 12.732 Menschen, vor allem Arbeiter, aus der Partei ausgetreten, und in Berlin waren es 6.000. (Anlage 1/1)

Die Untersuchungen der zentralen Sonderkommission Matern/ Geffke, Field-Kontakte zu ermitteln, liefen völlig geheim - ein weiterer Prozeß zur Umprofilierung der SED, der eine selbständige Publikation füllen könnte. Nach mündlichen Überlieferungen fanden schon im Oktober 1949 „Vernehmungen" einzelner Funktionäre durch Herta Geffke statt. Der Begriff „Vernehmung" erscheint auf Protokollnotizen. Am 5. November, also noch vor entsprechenden Beschlüssen des Kleinen Sekretariats, erhielt Herta Geffke von der Kaderabteilung beim Parteivorstand der SED die Personalunterlagen über 10 führende Funktionäre der SED. In pesönlichen Unterlagen von Dahlem findet sich ein handschriftlicher Vermerk von ihm, der, wie für Interna üblich, kein Datum trägt. Er hält 10 Namen bekannter KPD-Funktionäre mit Exilaufenthalt und das Kürzel fest: „Notizen für Charakteristiken - mit Freunden besprochen."[165] Darunter sind Namen von Funktionären, die 1950/51 ihre Funktion verloren bzw. verhaftet wurden.

Manche Einzelschicksale kündeten bereits von einem dramatischen Verlauf. Die erste Verhaftung eines SED-Mitgliedes traf Bernhard Steinberger, 1917 geboren. Er kam aus der Schweizer Emigration und war mit einer Ungarin verheiratet, die für die ungarische Emigrantengruppe in der Schweiz als Sekretärin gearbeitet hatte und bei dem Besuch ihrer Mutter in Budapest am 28. Mai 1949 verhaftet worden war. Am 9. Juni 1949 nahmen sowjetische Sicherheitsorgane Steinberger fest. Er wurde 1950 zu 15 Jahren Straflager verurteilt und bis 1955 nach Workuta deportiert.[166] Seine Frau Ibolya erhielt in Ungarn 8 Jahre Zuchthaus.[167] Fuhrmann und Goldhammer teilten am 4. Oktober 1949 der ZPKK das Verschwinden von Steinberger mit. Sie bürgten für ihn, daß er nie als amerikanischer Agent arbeiten würde, und ersuchten die ZPKK um Ermittlungen.

Die erste Verhaftung durch deutsche Organe traf am 22. März 1950 den 2. Vorsitzenden der KPD und Bundestagsabgeordneten Kurt Müller[168], der auch auf der Liste von Dahlem genannt ist. Müller, 1903 geboren, wurde sechs Wochen nach der Bildung des Ministeriums für Staatssicherheit festgenommen. Kurz zuvor war ihm eine ungarische Ausgabe des Protokolls des Rajk-Prozesses in deutscher Sprache überbracht worden. Müller war nie in einem westlichen Exil. Er war Mitglied des Präsidiums des EKKI gewesen, 1932 als Anhänger von Heinz Neumann, der 1937 in der Sowjetunion hingerichtet wurde, abgesetzt und bis 1934 nach Gorki verbannt worden. Bei seiner Rückkehr nach Deutschland 1934 war er von der Gestapo verhaftet worden und saß bis 1945 im Zuchthaus und im KZ Sachsenhausen. Die erste Vernehmung von Müller am 23. März durch Erich Mielke, deren Protokoll existiert, sprach kein Problem nach 1945, sondern nur die Beziehungen zu Neumann 1931/32 an. Bruno Haid teilte in einem Interview mit, daß Major Mulin von der SKK, dem auch die Westkommission informationspflichtig war, Müller aus der Zeit in Moskau gekannt und auf ihn als „Trotzkisten" aufmerksam gemacht habe. Matern habe sich Haid gegenüber grundsätzlich geäußert und ihm mitgeteilt: „Der General drückt in der Field-Sache auf mich."[169] Unter unfaßbaren Anschuldigungen bis hin zur Ermordung Stalins sollte Müller für einen Schauprozeß aufgebaut werden und Dahlem sowie andere mit hineinziehen, was aufgrund seiner Standhaftigkeit nicht gelang. Müller wurde schließlich nach einer üblichen stalinistischen Methode durch ein Fernurteil aus Moskau zu 25 Jahren Straflager verurteilt und in die Sowjetunion transportiert.

Der bereits erwähnte Paul Bertz suchte am 19. April 1950 im Freitod den Ausweg. Archivalisch belegt ist auch der Freitod von Rudolf Feistmann von Anfang Juni 1950, der aus dem mexikanischen Exil zurückgekehrt und als Redakteur im „Neuen Deutschland“ beschäftigt war.

Insgesamt gingen die geheimen Untersuchungen der zentralen Sonderkommission so voran, daß der III. Parteitag der SED vom 20. bis 24. Juli 1950 die ersten offiziellen Signale setzte und die 2. Tagung des ZK am 24. August 1950 die politische Exekution vollziehen konnte. In bezug auf eine Besprechung Piecks mit Tschuikow, Semjonow, Semitschastnow und Dawidow von der SKK am 3. Juli hinterließ Pieck u. a. die unterschiedlich auslegbare Notiz: „6. *Untersuchungen über parteifeindl.[iche] Elemente* - Staatssicherheit Zaisser - PKK Matern - *Information* an Kopf - Direktiven an beide Institutionen“.[170] Am 18. Juli 1950 legten Sonderkommission und ZPKK dem Politbüro ihren Abschlußbericht mit entsprechenden Begründungen und Vorschlägen vor. Für 13 SED-Funktionäre standen die Urteile fest, für 5 davon der Parteiausschluß. Im Bericht heißt es u. a.: „Wenn auch einige der von den Beschlüssen betroffenen Genossen nur vorübergehende Verbindungen zu den Agenten des amerikanischen Imperialismus gehabt haben, so besteht im Hinblick auf die hervorragenden Funktionen [,] die diese Genossen bekleiden [,] stets die Gefahr neuer Anknüpfungspunkte.“[171] Diese Verurteilung wurde unter Verletzung der innerparteilichen Demokratie, ohne jegliche Diskussion und Entlastungschancen vollzogen.

Vormundschaft und Säuberung

Die Delegierten des III. Parteitages der SED, der vom 20. bis 24. Juli 1950 tagte, billigten den nun einzuschlagenden Kurs. Einige von ihnen, die - vorläufig noch anonym - plötzlich in das offene Kreuzfeuer gerieten oder nicht mehr gewählt wurden, wie Paul Merker und Walter Beling, sahen Schlimmes heraufziehen. Keine der gebildeten Sonderkommissionen oder der Vorsitzende der ZPKK berichteten über ihre Arbeit und die bereits feststehenden Ergebnisse. Erich Mückenberger, der die Annahme des neuen Parteistatuts begründete, verlor kein Wort über den Bruch des bisherigen Statuts. „Größeres“, die „Sache“, die Partei selbst stellte sich vor das Mitglied als Mensch.

Die Anwesenheit von Delegationen 25 ausländischer Parteien drückte aus, daß die SED anerkannt war. 12,8 Prozent der erwachsenen Bevölkerung gehörten der SED an. Sorge über den gerade begonnenen Krieg in Korea, dem ersten zwischen unterschiedlichen Systemen nach 1945, von dem keiner die wahren Ursachen seines Beginns kannte, drückte auf die SED-Mitglieder. Nach damaligen offiziellen Angaben hatte die DDR in der Industrieproduktion den Vorkriegsstand von 1936 (bezogen auf das Territorium) erreicht.[172] Fortschritte wurden für die Landwirtschaft abgerechnet. Die Zeit des großen Hungers war vorüber und die Arbeitslosigkeit rapide zurückgegangen. Der angekündigte Fünfjahrplan für die Jahre 1951 bis 1955 mit seinen verheißungsvollen Zahlen schien die Möglichkeit zu bestätigen, mit Tempo die Produktivkräfte entwickeln zu können „und den Wohlstand der Bevölkerung zu steigern."[173]

Auf den Rajk-Prozeß eingehend, erklärte Pieck, daß die ZPKK die Verhältnisse in der französischen und schweizerischen Emigration untersucht habe. Er setzte ein deutliches Signal: „Die Untersuchung der ZPKK ergab, daß die durch Field in der deutschen Emigration angeknüpften Verbindungen bereits im Jahre 1942 zur Durchführung von Aufträgen des amerikanischen Nachrichtendienstes ausgenutzt wurden, und daß die Verbindung Fields zu deutschen Genossen mit dem Zeitpunkt des Zusammenbruchs des Faschismus nicht abgeschlossen war, sondern bei einigen bis in das Jahr 1949 bestanden hat. Die Aufgabe besteht darin, die Wachsamkeit der Partei zu erhöhen und die trotzkistische und titoistische Agentur aus unseren Reihen auszumerzen. Der Kampf für die Sauberkeit der Reihen unserer Partei und für die Vertreibung der maskierten Feinde der Arbeiterklasse aus unserer Partei ist eine unerläßliche Bedingung für unsere weitere Entwicklung zur Partei von neuem Typus."[174] Die von Pieck erwähnte „Entlarvung und Verhaftung Kurt Müllers, eines aktiven Trotzkisten in der Vergangenheit und Agenten imperialistischer Westmächte in der Gegenwart"[175], sollte eine große Lehre sein.

Neben dem Kampf gegen die „trotzkistisch-titoistische Agentur" begründete Fred Oelßner in seinem Diskussionsbeitrag den Kampf gegen die „Überreste des Sozialdemokratismus", die nicht nur bei den ehemaligen Sozialdemokraten, sondern auch bei ehemaligen Kommunisten zu suchen seien. Oelßner entwickelte eine Kontinuitätslinie und erklärte: „Wir dürfen doch nicht vergessen, daß die KPD auch aus der deutschen Sozialdemokratie hervorgegangen war, daß sie bei ihrer Gründung wesentlich unter dem Einfluß der Auffassungen Rosa Luxemburgs stand, der es - wie der Genosse Stalin sagt - nicht gelungen ist, sich ganz von dem menschewistischen Ballast zu befreien. Wir dürfen auch nicht vergessen, daß es in der KPD eine Reihe sozialdemokratischer Abweichungen gab, deren Überreste auch heute noch in unserer Partei zu spüren sind. Noch im Jahre 1928 sagte der Genosse Stalin im Zusammenhang mit den rechten Opportunisten in der KPD, den KPO-Leuten [,]folgendes: 'Wir können nicht leugnen, daß sich die kommunistische Partei in Deutschland bei weitem noch nicht von den sozialdemokratischen Traditionen befreit hat, die die rechte Gefahr in der KPD nährt[en]'."[176] Mit „Hilfe der marxistisch-leninistischen Theorie den Sozialdemokratismus als bürgerlich-reaktionäre Ideologie, als klassenfeindliche Politik und als imperialistische Agentur in der Arbeiterklasse zu entlarven"[177], hielt Oelßner für das einzige Gegenmittel.

Die Entschließung des Parteitages über die gegenwärtige Lage und die neuen Aufgaben der Partei schwor die SED offiziell auf die Partei neuen Typus Stalinscher Prägung ein. Außerhalb dieses Parteiverständnisses zählten alle anderen oppositionellen Strömungen der Arbeiterbewegung als „Agenturen der imperialistischen Kriegstreiber", als „ideologische Werkzeuge der Reaktion"[178]. Mit dieser Stigmatisierung wurden andere Standpunkte und Sichtweisen in Grundfragen einem offenen, innerparteilichen Meinungsstreit entzogen, als Feindtätigkeit abgestempelt und de facto in strafrechtliche Tatbestände umgemünzt. Akzeptanz vorgegebener Doktrinen war gefordert. Jugoslawien als „antikommunistischer Polizeistaat faschistischen Typs"[179] sowie der Rajk- und der Kostoff-Prozeß standen als Mahnmale vor der Mitgliedschaft. Die 12 Bedingungen Stalins für die Partei neuen Typus galten nun per Parteitagsbeschluß für die SED.

Das neue Parteistatut schrieb den bisherigen Kurs fest. Die Präambel fixierte die führende Rolle der Partei. Die Mitglieder mußten nicht nur die Ziele der Partei anerkennen, sondern sich auch allen Beschlüssen der höchsten Parteiorgane „unterordnen". Sie wurden verpflichtet, die Geschlossenheit, Einheit und Reinheit der Partei zu wahren. Das galt als unvereinbar „mit Abweichungen von den Prinzipien des Marxismus-Leninismus und dem Statut der Partei, mit der Verletzung der Parteidisziplin, mit der Beteiligung an fraktionellen Gruppierungen, mit der Doppelzünglerei."[180] Der nunmehr statutenmäßig fixierte Grundsatz des demokratischen Zentralismus schloß ein, daß alle Beschlüsse der höheren Parteiorgane für jede untere Organisation als verbindlich galten und eine „straffe Parteidisziplin" zu üben war. Dem disziplinarischen Reglement standen auch Rechte eines Parteimitglieds gegenüber, u. a. die Teilnahme an der Erörterung der „praktischen Fragen der Politik", die Kritik an der Tätigkeit der Mitglieder und Funktionäre der Partei und das Recht, sich an jedes höhere Organ der Partei zu wenden. Solche Formalien fehlten auch in Stalins Vorstellungen nicht. In der Praxis gewährten sie nur einen sehr begrenzten Spielraum, der zudem bei Kritik an hohen Funktionären mit Gefahren verbunden war. Die praktische Wirkung des Wechselverhältnisses zwischen dem Prinzip rücksichtsloser Unterordnung in allen wesentlichen Fragen und tatsächlichen Rechten eines Parteimitglieds ist auch ein grundsätzliches Problem weiterer Untersuchungen.

Die Parteikontrollkommissionen erhielten mit dem Statut beträchtliche Rechte. Sie überprüften, wie die Parteiorganisationen die Beschlüsse des Parteitages und des ZK durchsetzten, den Kampf um die „Einheit und Reinheit" der Partei führten. Sie zogen diejenigen Mitglieder zur Verantwortung, die Parteibeschlüsse und die Parteidisziplin verletzten.

Der Parteitag sanktionierte alles, was vorher bereits statutenwidrig abgelaufen war. Er stärkte die Rolle der zentralen Führungsorgane, indem er nunmehr nach dem Vorbild der KPdSU ein ZK wählte. Nach dem Statut war das ZK das höchste Organ zwischen den Parteitagen. Es wählte für die politische Arbeit das Politbüro und für die allgemeine Leitung der Organisationsarbeit sowie für die tägliche Führung und operative Tätigkeit der Partei das Sekretariat. Das ZK bestimmte die Vertreter der Partei in den höchsten Organen des Staates und in der Wirtschaft sowie für die zu wählenden Parlamente. Es war für die Parteipresse verantwortlich und entschied über die Zusammensetzung der Redaktionen, es leitete und kontrollierte die Parteiunternehmen und wählte die ZPKK.[181] Das Prinzip der zwei paritätischen Parteivorsitzenden - Pieck und Grotewohl [182] - wurde um die Funktion eines Generalsekretärs des ZK „für die unmittelbare Durchführung der organisatorischen Aufgaben der politischen Führung der Partei"[183] erweitert. Die Wahl Walter Ulbrichts in die Funktion des Generalsekretärs festigte seine Positionen.[184]

Unter dem Tagesordnungspunkt „Verbindungen ehemaliger deutscher Emigranten zu Mitarbeitern des anglo-amerikanischen Spionagedienstes" beschäftigte sich das Politbüro am 22. August 1950 mit dem Bericht der ZPKK vom 18. Juli.[185] Herta Geffke erhielt den Auftrag, „den von dem Dokument Betroffenen am 23.8.1950 Kenntnis zu geben und ihnen die Möglichkeit zu geben, sich dazu mündlich und schriftlich zu äußern."[186] Das geschah auch. Ein von Lex Ende geschriebener Einspruch, den er am Morgen des 24. August an die ZPKK sowie an Walter Ulbricht übermittelte, drückte Verzweiflung aus. Er hoffte auf eine Einsicht Ulbrichts, da doch trotz seiner „schweren Fehler die Strafe des Ausschlusses aus der Partei zu hart [ist] ... Du doch eine Möglichkeit [siehst], daß ich mit einer anderen Parteistrafe belegt werde und weiterhin in der Partei arbeiten kann."[187]

Am 24. August befaßte sich die 2. Tagung des ZK unter Leitung von Pieck mit dem Field-Dokument. Nach dem Bericht von Herta Geffke richtete das ZK über das Leben, die Kontakte, politischen Diskussionen und die Haltung der Emigranten zu politischen Ereignissen im westlichen Exil. Wilhelm Pieck mahnte, die Klärung der Probleme vor 1945 nicht mit Verfehlungen nach 1945 zu verbinden, an die schwierige Lage der Emigranten zu denken, nicht Fehler in der Emigration zu erörtern, sondern nur „Verrätereien". Walter Ulbricht forderte, das Problem im Zusammenhang mit der „verstärkten Feindtätigkeit des Imperialismus in der DDR"[188] zu sehen, die Verbindungen zur KPD-O und zu Trotzkisten zu beachten. Kurt Hager und Wilhelm Koenen übten als ehemalige Westemigranten Selbstkritik. Der gerade erst gewählte Erich Mielke donnerte, den vorgesehenen Beschluß zu „verschärfen", „Wurzeln auf[zu]zeigen, daß solche Genossen zu Agenten des amerikanischen Imperialismus wurden ... Große Selbstkritik entfalten. Zwischen damals und heute Einheit [zu] sehen."[189] Und er drohte: „Sicherheit hat Trotzkisten, Diversanten und Mörder festgenommen. Muß Schulfall für Genossen werden. Wir werden beweisen, daß sie mehr wissen, als sie jetzt sagten."[190] Mielke bekam den Auftrag, „ermitteln zu helfen." Die ZK-Tagung beschloß, „die am engsten mit Field verbundenen Paul Merker, Leo Bauer, Bruno

Goldhammer, Willy[i] Kreikemeyer, Lex Ende und Maria Weiterer haben dem Klassenfeind in umfangreicher Weise Hilfe geleistet und werden aus der Partei ausgeschlossen."[191] Noch am gleichen Tag beschloß das Sekretariat des ZK der SED, Paul Merker, Willi Kreikemeyer, Walter Beling, Lex Ende, Georg Stibi, Hans Teubner, Bruno Fuhrmann und Leo Bauer sofort aus ihren staatlichen bzw. politischen Funktionen zu entfernen.[192]

Am 24. August wurde Bruno Goldhammer und am 25. August wurde Willi Kreikemeyer festgenommen, der sich zur Kur befunden hatte.[193] Die Nichtinhaftierten erhielten faktisch Berlinverbot, bekamen einen Arbeitsplatz in der Produktion und einen anderen Wohnort zugewiesen. Zahlreiche weitere Namen waren bereits recherchiert und auf Listen erfaßt. Dieselbe Tagung des Sekretariats des ZK beschloß, den Parteiapparat, vor allem in Sachsen, von allen früheren Angehörigen der KPD-O zu säubern. Sie ersuchte die ZPKK, gemeinsam mit der Landes-Parteikontrollkommission „alle früheren Mitglieder der KPO, ihre Beziehungen und ihre Tätigkeit festzustellen und die notwendigen Maßnahmen zu beschließen."[194]

Die von Mielke auf der ZK-Tagung am 24. August 1950 geforderte Verschärfung des Beschlusses nahm das Politbüro am 29. August bei der Schlußredaktion vor. Paul Merker rückte an die Spitze der Auszuschließenden; die Betroffenen wurden beschuldigt, durch ungenügende Unterstützung des französischen Widerstandes die Entfaltung der Widerstandsbewegung in Deutschland behindert zu haben. Hinzu kam ein ganz neuer Abschnitt. In ihm warf man den Betroffenen mangelndes Vertrauen in die Sowjetunion als führende fortschrittliche Kraft und fehlendes Vertrauen in die Kraft der Arbeiterklasse vor. Unterstellt wurden „trotzkistische Positionen". Merker, Ende und andere hätten „kein Verständnis für den Abschluß des deutsch-sowjetischen Paktes 1939" aufgebracht, wären „auf die Verleumdungen der trotzkistischen Agenten des Imperialismus gegen die Sowjetunion" hereingefallen und hätten sich eingebildet, „das Ziel der amerikanischen, englischen und französischen Imperialisten bestände in der Befreiung der Völker Europas vom Faschismus. Durch diese schwerwiegenden politischen Abweichungen wurden sie zu Werkzeugen des Klassenfeindes."[195]

Der nunmehr endgültige Beschluß ging mit einem Brief an alle Grundorganisationen der SED und mußte in der nächsten Versammlung verlesen werden. Am 1. September 1950 erschien im „Neuen Deutschland“ eine entsprechende Stellungnahme.

Neben SED-Funktionären wurden auch weitere Funktionäre der KPD Repressalien ausgesetzt.[196] Außer dem bereits genannten Kurt Müller holte die ZPKK KPD-Funktionäre, die sich vorher zum Teil gegenseitig des Titoismus bezichtigt hatten, nach Berlin. Unter ihnen Alfred Drögemüller, Ewald Kaiser, Wilhelm Prinz, Werner Schwarze und Fritz Sperling. Sie wurden in Haft genommen und verurteilt. Andere Funktionäre verloren ihre Funktionen und bekamen Arbeitsplatzwechsel verordnet.

Alfred Drögemüller[197] z. B., der Anfang Februar 1951 nach Berlin kommen mußte, wurde am 9. Februar 1951 von der Tagung des Parteivorstandes der KPD unter einem Vorwand weggeholt und von der Staatssicherheit festgenommen. Sein Haftbefehl trug den Namen von Mielke und sein erstes Verhör führte ihn auch mit ihm zusammen. In Berlin-Hohenschönhausen verhörten ihn mehr als ein Jahr sowjetische Vernehmer, der „Chef“ selbst (sowjetischer Funktionär) und ein sowjetischer Untersuchungsrichter. Drögemüller sollte das Geständnis abgepreßt werden, ein Parteifeind zu sein, einer von Kurt Müller geleiteten trotzkistischen Fraktion angehört und mit dem britischen Nachrichtendienst in Verbindung gestanden zu haben.[198] Drohte ihm der sowjetische „Chef“, ihn „dünn wie ein Lorbeerblatt“[199] zu machen, so gingen auch seine deutschen Stasi-Vernehmer ab etwa August 1952 nicht besser mit ihm um. „Entweder Sie gestehen Ihre Verbrechen oder Sie werden krepieren, und zwar bald“[200], verkündeten sie ihm im Frühjahr 1953. Alfred Drögemüller erhielt nie ein Urteil. „2 Jahre und 9 Monate habe ich in einem Keller in Einzelhaft gesessen. Außer den Wachposten und den Untersuchungsrichtern habe ich auch nicht einen Menschen gesehen, geschweige mit jemandem gesprochen. 18 Monate saß ich in einer fensterlosen Zelle, in der es weder Tisch noch Stuhl gab. Die Fläche der Zelle auf der ich mich bewegen konnte etwa 1,6 mal 1,3 Meter. Das weniger eine Gefängniszelle als ein Steinsarg.“[201] Seine persönlichen Berichte und Anschreiben im April, Juni und Juli 1956 an Matern und an die Kommission des ZK zur Überprüfung von Angelegenheiten von Parteimitgliedern blieben ohne Antwort.

Strafrechtliche Inkriminierung unter den Hauptanschuldigungen „des Trotzkismus und der imperialistischen Agententätigkeit" brachte nicht nur ehemalige Westemigranten unschuldig hinter Gitter, sondern auch andere Funktionäre. Kritische Haltungen zum Nichtangriffsvertrag zwischen Hitlerdeutschland und der UdSSR von 1939, die z. B. bei Paul Merker, Lex Ende, Willi Kreikemeyer, später auch bei Franz Dahlem und anderen herangezogen wurden, hatten für den Vorsitzenden der Landes-Parteikontrollkommission Sachsen-Anhalt, Erich Besser, 1950 ein sowjetisches Tribunalurteil von 25 Jahren Zwangsarbeit zur Folge. Erich Besser, 1898 geboren, gehörte seit 1917 der USPD und seit 1920 der KPD an. Während der Nazizeit war er in Magdeburg antifaschistisch tätig. Auf dem III. Parteitag wurde er als „Trotzkist und Gestapoagent"[202] denunziert. Laut eines Protokolls habe Besser die stalinistischen Schauprozesse gegen Bucharin und andere 1936/37 für nicht gerechtfertigt gehalten und auch den Hitler-Stalin-Pakt im Jahre 1940 als Verrat bezeichnet.[203] Diese Äußerungen wurden 1950 als feindliches, trotzkistisches Verhalten gegen die Sowjetunion eingeschätzt und führten zu seiner Verurteilung. Solche politischen „Strafsachen" verhandelten die Militärtribunale - wie gegen andere DDR-Bürger - nach dem Strafgesetzbuch der RSFSR, Besonderer Teil, Paragraph 58.[204] Im Frühjahr 1956 wurde Besser auf Vorschlag der Sonderkommission des ZK der SED Hilfe zugesagt. Bei einer Aussprache erklärte er mutig, daß er sich zwar nicht wie vorgegeben geäußert, jedoch die Prozesse und den Pakt abgelehnt hätte und noch ablehnen würde.

Der Besser angelastete „Trotzkismus" war ein Problem, das sowohl in den politischen Emigrantengruppen im westlichen Exil als auch in den Konzentrationslagern und Zuchthäusern Diskussionen ausgelöst hatte, nach 1945 zu Verleumdungen ausgenutzt wurde und bis heute nicht konkret aufgearbeitet ist.[205] Heinz Brandt, der diese Debatten im Zuchthaus Brandenburg-Görden selbst erlebt hatte, berichtete am ausführlichsten darüber.[206] Er schrieb u. a.: „Eine gefährliche Zuspitzung tritt mit dem 'Nichtangriffspakt' zwischen Hitler und Stalin ein. Bis dahin war das Band der Solidarität unter uns Politischen unerschütterlich, die Gemeinsamkeit selbstverständlich."[207] Daß solche politischen Diskussionen nach 1945 keiner Analyse wert waren, hinter dem Vorhang eines „widerspruchsfreien" antifaschistischen Widerstands verschwanden und der

Komplex des Nichtangriffsvertrages ein Tabu blieb, gehörte zu den Erscheinungsformen der stalinistischen Isolierungsmauer.

Eine Perfidie, Westemigranten - wie bei anderen politischen Verfahren auch - nach dem Kontrollratsgesetz Nr. 10 vom 20. Dezember 1945 und der Kontrollratsdirektive Nr. 38 vom 12. Oktober 1946 zu verurteilen. Die Direktiven erließen die Alliierten zur Bestrafung jener, die sich Kriegsverbrechen und Verbrechen gegen die Menschlichkeit schuldig gemacht hatten, sowie für die „Kontrolle und Überwachung von möglicherweise gefährlichen Deutschen" (Direktive 38).

Bei dem am 24. August 1950 festgenommenen Bruno Goldhammer, dessen Haftbefehl am 23. Oktober 1953 und Urteil am 28. April 1954 ergingen, lautete die Anklage auf Kontrollratsgesetz Nr. 10, Artikel II, Absatz 1, Ziffer a, und Direktive Nr. 38, Abschnitt II, Artikel III A III.[208] Goldhammer, 1905 geboren, war Journalist und seit 1922 Mitglied der KPD. 1933 emigrierte er in die Tschechoslowakei und danach in die Schweiz, wo er zeitweilig der Emigrationsleitung angehörte. 1945 kehrte er nach München zurück und übte die Funktion eines 2. Sekretärs der KPD-Landesleitung in Bayern aus. 1947 bis 1949 arbeitete er als Chefredakteur im Berliner Rundfunk, danach als Abteilungsleiter im Amt für Information des Ministerrates. Bruno Goldhammer sollte aufgrund von Aussagen im Rajk-Prozeß 1950 an die ungarischen Behörden ausgeliefert werden, was von der DDR-Seite abgelehnt wurde. Die Anklageschrift in Vorbereitung seiner Verurteilung durch das Oberste Gericht der DDR zu 10 Jahren Zuchthaus bezichtigte ihn der Agenten- und Zersetzungstätigkeit, des Verrats an den Interessen des deutschen Volkes. Ein Vergleich der gegen ihn vorgebrachten Belastungen, die angeblich auf dem Rajk-Prozeß beruht hätten, mit dem publizierten Protokoll des Prozesses ergibt, daß Goldhammer nicht einmal genannt wurde, sondern nur ein Fräulein Politzer[209]. Das Buchprotokoll stimmt demnach nicht mit dem Prozeßverlauf überein; deutsche Emigranten wurden möglicherweise noch durch andere Konstruktionen beschuldigt.[210] Im Vorlauf einer Amnestie in der DDR im Dezember 1955 kam im Fall Goldhammer die Prüfungskommission der Justiz, der nur das Verurteilungsdatum von 1954 und als Delikt „Vergehen gegen die Menschlichkeit" vorlagen, zu dem Schluß, „infolge der geringen Strafverbüßung ist ein Gnadenerweis z. Zt. nicht gerechtfertigt."[211] Goldhammer wurde erst wie andere Verhaftete auf Vorschlag der Sonderkommission des ZK der SED vom Frühjahr 1956 begnadigt, entlassen und intern teilrehabilitiert.[212]

Dramatische Erinnerungen hinterließ Fritz Sperling.[213] 1911 geboren, war Sperling seit 1933 KPD-Mitglied und Funktionär im Kommunistischen Jugendverband. Nach dem Besuch der Internationalen Lenin-Schule 1935-1937 leistete er vor allem von der Schweiz aus illegale antifaschistische Arbeit, wobei er mehrmals längere Zeit verhaftet und interniert worden war. Er gehörte der KPD-Leitung in der Schweizer Emigration an. Nach 1945 leitete er den Landesverband Bayern der KPD, wurde 1948 Mitglied des Parteivorstandes der KPD und ab Mai 1950 (nach Kurt Müller) 2. Vorsitzender der KPD. Am 26. Februar 1951 verhafteten Offiziere des MfS Sperling im Regierungskrankenhaus in Berlin. In der Untersuchungshaft erlebte er brutale Verhöre durch Offiziere des KGB und des MfS. Seinen Haftbefehl erhielt er am 17. April 1953, sein Urteil über sieben Jahre Zuchthaus nach Kontrollratsgesetz Nr. 10 in einem Geheimprozeß am 18. März 1954.[214] In seinen umfangreichen Erinnerungen, die eine Kommission des Parteivorstandes der KPD am 14. Mai 1956 zu Protokoll nahm, gab Sperling in bezug auf seine Haltung 1950 eine Erklärung ab, die für das Parteiverständnis typisch war, in ihrer Kritik und Selbstkritik jedoch zu den Ausnahmen zählte. Er erklärte, daß auch er „nicht frei war von den Auswirkungen der Abweichungen von Leninschen Prinzipien, wie sie insbesondere auf dem XX. Parteitag der KPdSU kritisiert und korrigiert wurden. Ich sage offen und ehrlich: Ich bin durch die Partei erzogen zur unbedingten Treue und Disziplin. Auf eine bestimmte Art war auch ich vom Personenkult beeinflußt ... Es soll kein treuer, ehrlicher Genosse sagen, daß er das nicht gewesen wäre. Was die führenden Genossen der internationalen Arbeiterbewegung sagten, war für mich gewissermaßen ein 'Evangelium'. 2. war ich bis zu einem gewissen Grade dadurch ... auch ein Opfer des Dogmatismus ... Ich habe mir damals gesagt: Wenn Du noch tausend Bedenken hast, die Partei hat doch recht, du mußt Dich trotz deiner Bedenken innerlich davon überzeugen. Meine Selbstkritik damals war zwar ehrlich, aber sie war politisch falsch."[215]

Die Anzahl der mit der Field-Kampagne verhafteten SED- und KPD-Mitglieder ist nicht exakt bekannt.[216] Manche Mitglieder wehrten sich offensichtlich, übten Kritik oder verließen aus Angst das Land. Aus einem Schreiben, das am 21. Oktober 1950 bei der ZPKK eintraf, geht hervor, daß sich der Westemigrant Ernst Birnbaum an einen Bekannten gewandt und ihm mitgeteilt hatte, daß die Parteiausschlüsse von Merker, Kreikemeyer, Ende und anderen „alles gute Genossen" treffen würden, „die in der Emigration genau wie er dem sogenannten Marsa(e)iller Kreis angehörten."[217] Birnbaum sah in der Aktion die Absicht, daß man Genossen, die „zur alten Garde gehören, ... beseitigen will."[218] Notizen auf dem Brief lassen erkennen, daß Birnbaum in die Warnkartei der SED aufgenommen, aus der Partei ausgeschlossen und der Vorgang an die Staatssicherheit übergeben wurde. Der rapide Rückgang der Mitgliederzahlen der SED hielt an, besonders im zweiten Halbjahr 1950. 1950 traten 38.303 Mitglieder und Kandidaten aus der SED aus, 13.524 Mitglieder und Kandidaten wurden ausgeschlossen.[219] (Anlage 1/2)

In bisherigen Nachforschungen konnten etwa 100 Namen betroffener Parteimitglieder ermittelt werden. Nach Recherchen der SED 1956 sollen ca. 300 Westemigranten involviert gewesen sein. Die Gesamtzahl ist vermutlich nicht mehr oder nur sehr mühevoll zu erschließen. Das rücksichtslose Vorgehen in der SED gegen jene Antifaschisten und Kommunisten, die in westlichen Ländern für ein neues, demokratisches Deutschland eingetreten waren, richtete sich nicht gegen Oppositionelle oder absolute Stalingegner. Es war ein typisch stalinistisch-prophylaktischer Schlag. Den Genossen sollten Einflußmöglichkeiten und Selbstbewußtsein genommen, im Funktionärkörper sollte absolute Parteitreue durchgesetzt werden. Das Klassenkampfprinzip wirkte in den eigenen Reihen. Zwiespältigkeiten im Antifa-Verständnis taten sich auf. Maßnahmen gegen diese Parteimitglieder erfolgten zumeist administrativ und unter Bruch des Parteistatuts, indem die jeweiligen Grundorganisationen jeglicher Einflußnahme beraubt waren.

Die durchgreifendste Disziplinierungs- und Säuberungsmaßnahme für den endgültigen Paradigmenwechsel zur Partei neuen Typus war die Mitgliederüberprüfung 1951. Entsprechend dem Auftrag des III. Parteitages nahm die 3. Tagung des ZK der SED bereits am 27. Oktober 1950 den Beschluß „Überprüfung der Parteimitglieder und Kandidaten sowie Umtausch der Mitgliedsbücher und Kandidatenkarten“ an. Darin heißt es: „Das Ziel dieser großen politischen Arbeit ist, die Parteimitglieder mit Hilfe der Kritik und Selbstkritik zu erziehen, um die Partei auf die Höhe der wachsenden Aufgaben zu heben.“[220] Die Überprüfung sollte dazu führen, daß die Partei jedes Mitglied in seiner Vergangenheit und Entwicklung gut kannte, das Eindringen feindlicher oder parteifremder Elemente verhinderte. Parteifremde und feindliche oder moralisch unsaubere Elemente und Karrieristen mußten aus der Partei entfernt werden. Zu klären war die Rolle der verschiedenen „parteifeindlichen Gruppierungen“, der „Trotzkisten“ und „Brandleristen“, sowie der Kampf Ernst Thälmanns um die Partei neuen Typus und gegen feindliche Gruppen.

Dem offiziellen, veröffentlichten Beschluß folgten bis zum Beginn der Überprüfung am 15. Januar 1951 eine Reihe interner Maßnahmen des Sekretariats bzw. des Politbüros zur politischen und organisatorischen Führung der Aktion.

Dazu gehörten die vom Politbüro am 5. Dezember 1950 bestätigten Richtlinien über den Einsatz und die Verantwortung der Überprüfungskommissionen von der höchsten Ebene bis zu den Grundorganisationen. Die Kommissionen sollten sich aus politisch gut vorbereiteten aktiven, der Partei ergebenen, moralisch einwandfreien Mitgliedern zusammensetzen. An der Spitze stand eine Zentrale Kommission mit Mitgliedern des Politbüros, der ZPKK und des zentralen Parteiapparates. Auf Beschluß des Politbüros gehörten ihr unter anderem Walter Ulbricht, Hermann Matern, Erich Mückenberger, Elli Schmidt, Otto Schön, Max Sens und Paul Verner an. Die Zentrale Kommission war für die Zusammensetzung der Landeskommissionen, die vom Sekretariat bestätigt werden mußte und die sie selbst überprüfte, verantwortlich. Ihr oblag, die Überprüfung ideologisch vorzubereiten, alle Kommissionen anzuleiten, die Parteimitglieder in den Botschaften zu überprüfen, weitere Sonderkommissionen für die Parteiorganisationen in den Ministerien und Landesregierungen, im zentralen Apparat und in den Landesleitungen der gesellschaftlichen Organisationen und in der Polizei zu bilden.

So umfaßte die Pyramide die Zentrale Kommission, Sonderkommissionen, Landes-, Kreis- und Grundkommissionen. Die zahlen- und funktionsmäßige Zusammensetzung der Landes-, Kreis- und Grundkommissionen war vorgegeben. 6.000 Überprüfungskommissionen mit mehr als 30.000 Mitgliedern kamen zum Einsatz.[221] Jede Grundkommission, der 5 Mitglieder angehörten, überprüfte 400 Genossen. Jedes Mitglied und jeder Kandidat übergab der Kommission einen ausgefüllten Fragebogen und selbstgeschriebenen Lebenslauf, nahm erst zu sich selbst Stellung und beantwortete im individuellen Gespräch entsprechende Fragen. Über Inhalt und Ergebnis der Aussprache legten die Kommissionen ein Protokoll an.

Die Zentrale Kommission beschloß „Grundsätzliche Gesichtspunkte für die Durchführung der Überprüfung", die das Politbüro am 5. Dezember 1950 bestätigte. Sie erhielten nur Mitglieder der Kommissionen. Diese Grundsätze warnten vor einem formalen Vorgehen und vor einem Unterschätzen der Erziehungsaufgabe. Sie rieten: „So falsch und schädlich es wäre, ernsthaften Verfehlungen, Schwächen und ideologischen Abweichungen gegenüber ein 'großzügiges' versöhnlerisches Verhalten an den Tag zu legen, so falsch und schädlich wäre es, nur auf die Fehler zu starren, die von Genossen in der Vergangenheit begangen wurden, oder sie über ausgeklügelte theoretische Fragen 'stolpern' zu lassen."[222]

Mit den „Grundsätzlichen Gesichtspunkten" war den Kommissionen einheitlich vorgegeben, welche aktuellen politischen Fragen gestellt werden sollten, wie mit bestimmten politischen und sozialen Gruppen von Parteimitgliedern umzugehen sei. An der Spitze der aktuellen Fragen stand der Hinweis: „Von großer Bedeutung für die Feststellung des Entwicklungsstandes und des politischen Bewußtseins der Mitglieder ist ihre Einstellung zur Sowjetunion und zur Oder-Neiße-Grenze."[223] Bei den Parteimitgliedern waren zu unterscheiden: Mitglieder, die vor 1933 Arbeiterparteien angehört hatten; ehemalige Vertreter oppositioneller Gruppen; Mitglieder, die illegal gearbeitet hatten; Ausländer; während der Nazizeit verhaftete Mitglieder; Emigranten; Mitglieder, die erst nach 1945 in die Partei eingetreten waren; ehemalige Mitglieder der NSDAP und ihrer Formationen sowie Berufssoldaten.

Der sogenannte Umtausch der Mitgliedsbücher verlief auf den verschiedenen Ebenen unterschiedlich und soll z. B. nach Informationen von ehemaligen Funktionären aus dem Universitätsbereich dort besonders inquisitorisch verlaufen sein. Insgesamt nahmen ihn wohl die meisten Mitglieder sehr ernst, bereiteten sich auf die Aussprachen vor und stellten sich faktisch auf eine Selbstdisziplinierung ein. Die Gespräche über aktuelle politische Fragen wirkten stimulierend auf die ohnehin bekundete Bereitschaft, sich für den neuen Staat DDR als Alternative zu Nazismus und Krieg zu engagieren. Ein freundschaftliches Verhältnis zur Sowjetunion als Siegermacht und Friedensstaat, als Freund und Helfer der DDR zu gewinnen, stieß Berichten zufolge durchaus auf Verständnis. Vermutlich war es dennoch sehr differenziert entsprechend den jeweiligen politischen und Lebenserfahrungen. Durch das prononcierte Einstellen auf KPdSU und UdSSR wurde aber auf jeden Fall die propagierte Schwarz-Weiß-Sicht auf die Welt und die Verklärung der gesellschaftlichen Prozesse in der Sowjetunion begünstigt. Auch nach außen hin deutlich wurde das Einschwören der SED auf die Traditionen der Thälmann-KPD.

Der gesamte innerparteiliche Veränderungsprozeß war schwer oder nur selektiv zu erkennen.[224]

Das Aufsplitten der Partei in politische Gruppen vertiefte mit solchen Problemstellungen wie „Sozialdemokratismus", „oppositionelle Gruppierungen", Gefangenschaft und Emigration bereits aufgebaute Feindbilder in den eigenen Reihen. In bezug auf die Rolle ehemaliger antistalinistischer Splittergruppen neben der SPD und KPD wurde in den internen Grundsätzen auch die SAP angeführt. Die im Oktober 1931 gegründete SAP war eine bunt zusammengewürfelte Splittergruppe aus linken Sozialdemokraten und antistalinistischen Kommunisten gewesen, die aus der KAP bzw. aus der KPD-O gekommen und von SPD sowie KPD bekämpft worden waren. Führende Vertreter, die der SED angehörten, so Hans Seigewasser, Max Seydewitz und Jacob Walcher, standen jetzt unter dem Verdacht „trotzkistischer" Kontakte und mußten 1951 eine entwürdigende öffentliche Selbstkritik üben.[225] Doch mit den Personen sollten theoretische Konzepte getroffen werden - im Falle der SAP ein Revolutionsverständnis als Mehrheitswille der Bevölkerung und Demokratie von Anfang an. SED-Mitglieder, die einst neben Walcher und anderen in der SAP standen und antifaschistische Arbeit geleistet hatten, wurden offensichtlich nicht nur von den Grundkommissionen, sondern auch von übergeordneten Kommissionen überprüft. Nach einem mir vorliegenden Protokoll über die „Gruppe in Heilbronn“, die 1938 von den Nazis verurteilt worden war, holte man sogar die Prozeßakten heran und maß den Einsatz der Gruppe daran, daß sie „keine illegale Verbindung von 1933-38 zu der KPD“[226] hatte. Beiträge in der Parteipresse über Richtungen und Splittergruppen in der kommunistischen Bewegung folgten der damals gültigen Stalinschen Sicht.

Aber auch westliche oder jugoslawische Kriegsgefangenschaft konnten nach wie vor zu Parteimaßnahmen bis hin zum Ausschluß führen.[227] Dasselbe traf zu für ehemalige Emigranten im westlichen Ausland. Selbst der wiederholte Einspruch von Pieck, den Ausschluß von Wieland Herzfelde (seit 1918 KPD und neben Ernst Bloch, Bertolt Brecht, Heinrich Mann und anderen Mitbegründer des international bekannten Aurora-Verlages) und seiner Frau Gertrud zu überprüfen, scheiterte an der Macht von Herta Geffke und der ZPKK. Im Dezember 1952 erhielt Pieck den endgültigen abschlägigen Bescheid mit der Begründung, „daß schon im Februar und März 1951 ... die Angelegenheit von der ZPKK durch die Genossin Herta Geffke eingehend untersucht“[228] wurde. Es seien Kontakte zu dem „entlarvten amerikanischen Agenten“ Field während der Emigration in New York festgestellt worden, weshalb sich die Partei von Gertrud und Wieland Herzfelde hätte trennen müssen. „Wir haben die Angelegenheit der Obengenannten noch einmal überprüft und können zu keinem anderen Ergebnis kommen. Der Ausschluß besteht zu Recht“, so die ZPKK an Pieck.[229] Im März 1953 begann die ZPKK erneut, die Genossen, die in kapitalistischen Ländern in Emigration waren, nach einem genauen Plan zu überprüfen. Als Gründe wurden u. a. erfunden, daß viele Tatsachen erst aus den Prozessen in den Volksdemokratien und durch eigene Untersuchungen bekannt geworden seien, daß die bisherige „Überprüfung nur einen beschränkten Kreis von Genossen in höheren Funktionen erfaßte und sehr formal“[230] gewesen sei.

Die Beispiele ließen sich vermehren.[231] Diese Untersuchungen und Überprüfungen in der SED zeugten von der größten stalinistischen Säuberungsaktion auf deutschem Boden.

Hinzu kam, daß sich dem Ministerium für Staatssicherheit ein Zugriff auf die Partei eröffnete, den Erich Mielke rigoros ausnutzte. Mielke erließ die Dienstanweisung Nr. 2/51-V und übermittelte sie am 16. Januar 1951 an den Chefinspekteur der Verwaltung des MfS für Mecklenburg. In der Dienstanweisung heißt es: „Alle im Lande Mecklenburg in Bearbeitung stehenden oder im Archiv befindlichen Gruppen- u. Einzelvorgänge über SPD - Sozialdemokratismus-Reformismus-Schumacher-Agenten-Agenten des Ostbüros usw. sind in einem Bericht bis zum 15.2.1951 nach hier zu melden. Um eine möglichst genaue Übersicht zu erhalten, ist mit den zuständigen Genossen des Landesvorstandes Rücksprache zu halten, um zu erreichen, daß auch alle der Partei bekannten Vorgänge auf dieser Linie mit erfaßt werden. In dem Bericht ist jeder Vorgang kurz zu schildern, die Personen zu charakterisieren u. das derzeitige Ermittlungsergebnis sowie die eingeleiteten Maßnahmen aufzuzeigen."[232] Da diese Geheime Verschlußsache in acht Exemplaren ausgefertigt wurde und Chefinspekteur Last in Schwerin das dritte Exemplar erhielt, kann davon ausgegangen werden, daß auch die Verwaltungen des MfS in den anderen Ländern einen solchen Bericht abliefern mußten. Probleme der politischen bzw. innerparteilichen Auseinandersetzung gerieten in das Visier der Staatssicherheit. Durch das MfS kam es 1951 nachweislich zu Festnahmen von Parteimitgliedern wegen Kontakten zu Angehörigen sogenannter trotzkistischer Gruppen, obwohl es sich um persönliche Bekanntschaften aus der Zugehörigkeit zu linken Gruppen vor 1933 und aus gemeinsamer Nazihaft handelte. Beispiel dafür gab die Verhaftung der „trotzkistischen Weiland-Gruppe" 1951 durch das MfS, in der es u. a. zu kritischen Äußerungen über die Sowjetunion, über die Reparationen für die UdSSR und über die Oder-Neiße Grenze gekommen war.

Als Stichtag für den Bericht über das vollständige Ergebnis der Überprüfung nahm die Zentrale Kommission den 31. Dezember 1950. Zu diesem Zeitpunkt hatte die SED 1.399.000 Mitglieder und 173.996 Kandidaten, also eine Gesamtstärke von 1.572.996 Mitgliedern und Kandidaten. Nach der ersten und einzigen formularmäßigen Abrechnung mit dem Stand vom 31. August 1951 ergab sich: 31.139 Mitglieder und Kandidaten waren ausgetreten; 36.759 Mitglieder und Kandidaten verweigerten die Überprüfung; 37.238 Mitglieder und Kandidaten wurden ausgeschlossen; 43.310 wurden von der Mitglieder- bzw. Kandidatenliste gestrichen - insgesamt ein Verlust von 148.446 Mitgliedern und Kandidaten.[233] Im Dezember 1951 gehörten zur SED noch 1.256.002 Mitglieder und Kandidaten.[234] Als Ausschlußkategorien galten parteifeindliche Einstellung bzw. Tätigkeit, Sowjetfeindlichkeit,

Karrieristentum, kriminelle Vorstrafen, moralische Unsauberkeit. Gründe für eine Streichung waren parteifremdes Verhalten, keine Verbindung zur Klasse, Unverständnis für die Politik der Partei, Nichtanerkennung des Statuts und Sonstiges. Da die Überprüfung nicht wie vorgesehen bis 30. Juni 1951 abgeschlossen werden konnte und bis 30. November verlängert wurde, die an übergeordnete Kommissionen weitergereichten Vorgänge erst Ende Februar 1952 abgearbeitet waren, gab die Zentrale Kommission vor dem Politbüro am 22. April 1952 ihren letzten Bericht. Die Kommission konstatierte insgesamt 150.696 Ausschlüsse bzw. Streichungen von Mitgliedern und Kandidaten.[235]

Eine Stichprobe von 51 Überprüfungsprotokollen über 47 Ausschlüsse und 4 Streichungen aus der SED vermittelt ein interessantes sozialpolitisches Bild. Von den 51 ehemaligen SED-Mitgliedern gehörten 23 zu den Jahrgängen 1879 bis 1900, 26 zu den Jahrgängen 1901 bis 1920, 2 zu den Jahrgängen 1921 bis 1928; Ausschluß bzw. Streichung betrafen u. a. 19 Arbeiter, 15 Angestellte, 9 Selbständige; vor 1945 waren 3 in der KPD, 7 in der SPD, 3 in der KPD-O bzw. in der SAP, 6 in der NSDAP, 1 in der SA und 1 in der Hitlerjugend organisiert; 1945/1946 gehörten 8 zur KPD und 8 zur SPD, 30 wurden nach der Bildung der SED Mitglied.[236] Nach dem Hauptgrund für den Ausschluß bzw. für die Streichung analysiert, verweigerten 14 die Überprüfung, 6 schieden wegen Nichtteilnahme am Parteileben und fehlender Parteiverbundenheit aus, 5 wurden wegen sowjetfeindlicher Äußerungen bzw. Sozialdemokratismus ausgeschlossen, 4 wurde die Nazivergangenheit angerechnet (Verschweigen von SA-Zugehörigkeit, Denunziantentum, Verbindung zu einem ehemaligen aktiven Nazi), 3 zählten als kleinbürgerliche, klassenfremde Elemente und 3 Mitgliedern wurde Sektierertum und Linksradikalismus angelastet. Die übrigen Ausschlüsse bezogen sich auf „undurchsichtige" Verbindungen in der Westemigration (2), Zugehörigkeit zur KPD-O und SAP (2), Nichtanerkennung des Parteistatuts (2), Rias-Propaganda (2), Karrieristen- und Renegatentum (2), Unehrlichkeit und Feindschaft zur DDR (2), Bekenntnis zum christlichen Sozialismus (1).[237] (Anlage 1/3)

Auf der 7. Tagung des ZK der SED im Oktober 1951 schätzte Hermann Matern ein, daß mit der Überprüfungsaktion die bisher größte innerparteiliche Arbeit geleistet und ein großer Schritt vorwärts zur Partei neuen Typus getan wurde. „Viele falsche Auffassungen über die innerparteiliche Demokratie, den demokratischen Zentralismus, die Arbeitsmethoden und den Arbeitsstil der Parteileitungen sowie den Parteiaufbau“[238] konnten überwunden werden. 406.662 Mitglieder und 59.631 Kandidaten gingen Selbstverpflichtungen zur Lösung ökonomischer und politischer Aufgaben ein.[239] Der Funktionärsstamm erweiterte sich, rund 70.000 Mitglieder wurden für neue und höhere Funktionen oder für einen Parteischulbesuch vorgeschlagen. Die Leitungen der Partei von den Grundorganisationen an aufwärts begannen sich allmählich in einer neuen Zusammensetzung zu stabilisieren. Im Gesamtergebnis der Überprüfung bestätigten sich wesentliche Aussagen von Carola Stern.[240]

Mit der veränderten Verwaltungsstruktur durch die Bildung der 14 Bezirke sowie 217 Kreise seit Juli 1952 wurde der Parteiapparat neu aufgebaut und bedeutend vergrößert.

Trotz des riesigen Aderlasses der SED mahnte Matern auf der 7. Tagung, daß noch nicht alle Feinde und unsauberen Elemente entlarvt worden seien, nicht alle ihre frühere Mitgliedschaft in „parteifeindlichen“ Gruppierungen angegeben hätten. Er forderte, mehr auf die Konzentration bestimmter Kräfte zu achten. Dabei sprach er in einem Atemzug von „Angehörigen früherer Splittergruppen und parteifeindlicher Gruppierungen, ehemaliger[n] Mitglieder[n] der NSDAP, höheren Dienstgraden der faschistischen Wehrmacht und westlicher Gefangenschaft und Emigration“.[241] „Die Partei“ sollte wissen, wo diese „Elemente“ blieben und was sie trieben. Zu verhindern waren Konzentrationen von Ausgeschlossenen. Damit verband sich das Problem des rechtswidrigen, administrativ angeordneten Arbeitsplatzwechsels aus politischen Gründen. Matern mußte daran erinnern, daß mit der Entfernung aus der Partei das Recht auf Arbeit nicht verloren ginge.

Kritisch analysierte die 7. Tagung des ZK der SED die geringen Geschichtskenntnisse der Mitglieder über die Geschichte der Arbeiterbewegung, die eine Auseinandersetzung mit dem „Verrat der rechten SPD-Führung“ und der Rolle der „parteifeindlichen Gruppierungen“ sowie die Klärung der Rolle Thälmanns und der KPD notwendig machen würden. „Überreste des Sozialdemokratismus“ - die Unterschätzung der Theorie, der Kraft der Arbeiterklasse, der führenden Rolle der Partei, des Kampfes gegen parteifeindliche Ideologien und Kräfte - sollten überwunden werden.

„Sozialismus" in Fesseln

Die sozialistische Idee lebte in der SED von Anfang an mit objektiven und subjektiven, fremdbestimmten und selbstangelegten Fesseln. Angesichts des unterschiedlichen Wissensstandes vom Sozialismus bei sehr vielen Parteiangehörigen war sie ohnehin eher verschwommen oder auf einige Fixpunkte eingeengt präsent. Auf diesem lockeren Nährboden konnten bolschewistische Axiome leicht gedeihen. Mit der Einführung des einheitlichen Parteilehrjahres ab November 1950 kam deshalb ein ideologisch diktatorischer Kurs. Chancen, Wissensdurst zu befriedigen, korrespondierten vor allem mit einem vorgegebenen Grundwissenkatalog selektiver Wahrheiten und Dogmen. Obgleich sich die Teilnahme an den verschiedenen Zirkelarten nicht sofort durchsetzte, sie laut Berichten bis 1952 zwischen 35 und 50 Prozent lag, spielte das Lehrjahr eine wesentliche Rolle für die weltanschauliche Formierung und politische Disziplinierung. Schriften von Karl Marx, Friedrich Engels und W. I. Lenin[242] blieben aus dem Themen- und Literaturplan nicht ausgeblendet. Für die überwiegende Mehrheit der Mitglieder bildeten aber Beschlüsse der SED, die unter Leitung Stalins verfaßte „Geschichte der KPdSU. Kurzer Lehrgang", der Band „Fragen des Leninismus" sowie die Arbeit von Stalin „Über den dialektischen und historischen Materialismus", die auch in die „Geschichte der KPdSU" aufgenommen worden war, die wichtigste Bildungsgrundlage. Hinzu kam 1951 Stalins Arbeit „Der Marxismus und die Fragen der Sprachwissenschaft".

Boten sich die genannten Schriften aus zeitgenössischer Sicht objektiv als wichtigster Ausgangspunkt an, um sich „die Theorie" des Marxismus-Leninismus zu erschließen, so wurden sie mehr noch zu Quellen des Dogmatismus.[243] In der Annahme, sich „den Leninismus" anzueignen, wie es in den Beschlüssen hieß, wuchs im Parteilehrjahr das theoretische Verständnis für die Rolle der SED und für revolutionäre Veränderungen auf dem Boden vereinfachter, schematischer Vorstellungen. Stalins vier Grundzüge des dialektischen sowie seine drei Grundzüge des historischen Materialismus prägten nachhaltig das „Theorie"verständnis in der SED. Mit der materialistischen Erklärung von Natur und Gesellschaft und der Stalinschen Definition, der „Marxismus ist die Wissenschaft von den Entwicklungsgesetzen der Natur und der Gesellschaft, die Wissenschaft von der Revolution der unterdrückten und ausgebeuteten Massen, die Wissenschaft vom Siege des Sozialismus in allen Ländern, die Wissenschaft vom Aufbau der kommunistischen Gesellschaft"[244], erschien der Übergang zum Sozialismus als naturgesetzlicher Prozeß. Der vermeintliche Schlüssel für die Überlegenheit des Marxismus-Leninismus über „die bürgerliche Ideologie" schien gefunden zu sein. Der nie definierte Begriff „die bürgerliche Ideologie" subsumierte faktisch alle ideoligischen Richtungen außerhalb des Marxismus-Leninismus - konservative, liberale, liberal-demokratische, sozialdemokratische, christlich-sozialistische. Mit dieser Orientierung wurde auch weltanschauliche Toleranz, die seit der Erklärung der SED vom 27. August 1946 zu „SED und Christentum" noch möglich gewesen war, mehr und mehr eingeschränkt. Die Entscheidung zwischen behaupteten unversöhnlichen Gegensätzen - Idealismus oder Materialismus, bürgerliche oder marxistische Ideologie, politische Neutralität oder Parteilichkeit und Klassenstandpunkt - wurde zur Grundfrage.

Die 2. Parteikonferenz der SED vom 9. bis 12. Juli 1952 proklamierte in ihrem Beschluß über die gegenwärtige Lage und die Aufgaben im Kampf für Frieden, Einheit, Demokratie und Sozialismus überraschend und administrativ, daß „der Aufbau des Sozialismus zur grundlegenden Aufgabe"[245] in der DDR geworden sei. Diese Linie wurde vom Politbüro des ZK der KPdSU und von der 9. Tagung des ZK der SED erst am 8. Juli bestätigt. Sie ging davon aus, daß neben den politischen und ökonomischen Bedingungen auch „das Bewußtsein der Arbeiterklasse und der Mehrheit der Werktätigen so weit entwickelt"[246] sei. Gleichzeitig wurde sie damit begründet, daß auf diesem Weg der Kampf um einen Friedensvertrag, gegen den von Konrad Adenauer im Mai 1952 unterzeichneten Deutschlandvertrag und Vertrag über die Gründung der Europäischen Verteidigungsgemeinschaft (EVG), für den „Sturz des Bonner Vasallenregimes", für die Schaffung einer breiten Aktionsfront in der Bundesrepublik sowie für die Stärkung der DDR am besten zu führen sei.

Sozialismus hatte als allgemeines strategisches Ziel bereits im Maximalprogramm der Grundsätze und Ziele der SED Niederschlag gefunden. Als Abkehr vom antifaschistisch-demokratischen Kurs und Akzeptanz des von Stalin verordneten „Zick-Zack"-Weges[247] griff er auch schon in das gesellschaftliche Leben der DDR ein. Nunmehr wurde er zur offiziellen Losung und Politik. Im Verständnis der SED war er der Wendepunkt in der Entwicklung der deutschen Arbeiterbewegung, das Beispiel dafür, „daß der Weg der Demokratie und des Sozialismus der einzige Weg ist, der den Interessen des Volkes entspricht und der deutschen Nation eine große Zukunft"[248] gewährleistet. Otto Buchwitz brachte in seiner Rede auf der Konferenz zum Ausdruck, was damals viele ältere Mitglieder bewegte und jüngere mit Aufgeschlossenheit annahmen. „Ich dachte vor allen Dingen an die Alten draußen im Lande", erklärte er, „die 30, 40, 50 und mehr Jahre in der deutschen Arbeiterbewegung stehen. Wir haben es immer gewollt! Wir haben es ersehnt! Wir haben es in uns getragen wie einen heiligen Schatz! Wir haben gekämpft! Wir haben gelitten und Opfer gebracht, wie sie ein einzelner für diese große, schönste und herrlichste Idee nur bringen kann ... Ich erlebte manche Zeitenwende, sagte ich vorhin. Der diesmaligen werden wir den Stempel unseres Wollens aufdrücken".[249]

Die Proklamation des sozialistischen Ziels löste Verpflichtungen im Produktionsbereich sowie Zustimmungen aus verschiedenen Bevölkerungsschichten aus. In einzelnen Großstädten kam es im Juli zu organisierten Kundgebungen. Die leitenden Gremien der NDPD, der CDU, der LDPD und der DBD bekannten sich zur Zusammenarbeit bei den neuen Aufgaben. Doch die zusammengestellten Stimmungsberichte des Sektors Information der Abteilung Leitende Organe der Partei und der Massenorganisationen beim ZK der SED widerspiegeln, daß in der SED und über sie hinaus Fragen und Bedenken auftraten. „Die stärksten Unklarheiten gibt es besonders in der Frage, wie soll nun der Aufbau des Sozialismus vor sich gehen. Diese Frage wird besonders von parteilosen Arbeitern gestellt"[250], ist in einem Bericht vermerkt. Und es wurde hinzugefügt: „Hierbei zeigt es sich, daß ein großer Teil unserer Genossen nicht in der Lage ist, diese Frage zu beantworten."[251] An zweiter Stelle stand die Sorge um die Vertiefung der Spaltung Deutschlands. Kritische Debatten um Probleme beim Wieder- und

Neuaufbau einer eigenen Schwerindustrie, um die zwangsweise Aussiedlung von Familien bei der verstärkten Sicherung der Demarkationslinie zur Bundesrepublik, wie sie im April 1952 von Stalin vorgeschlagen worden war, um die Schaffung bewaffneter Streitkräfte und um Eigentumsfragen verstummten laut dieser Berichte nicht.

Der Beschluß der 2. Parteikonferenz stärkte die Entschlossenheit der SED-Spitze, den Weg der „Revolution von oben" fortzusetzen. Die unwiderrufliche Akzeptanz des sowjetischen Parteimodells und der Grundzüge des sowjetischen Weges, das Lernen aus den Erfahrungen der KPdSU, wie man „den Sozialismus" aufbaut, wurden trotz eigenständiger Ansätze zur Norm. Mehr als je zuvor galt für die SED, „allseitig die führende Rolle" zu verwirklichen, „Kampfbewußtsein" zu entwickeln, entschieden gegen Feinde der Partei und des Volkes aufzutreten. Der Beschluß der 2. Parteikonferenz beschwor die SED, mit alten und neuen Feinden abzurechnen. Neben der „Tito-Clique" standen nun die „verbrecherischen Tätigkeit" der Slánsky-Gruppe in der Tschechoslowakei und der Gruppe Georgescus in Rumänien - alles ehemalige KZ-Häftlinge, West-Emigranten oder Moskowiter - sowie die Gruppe um Gomulka in Polen, der als einziger Parteiführer die Gründung des Informbüros 1947 abgelehnt und einen polnischen Weg zum Sozialismus angestrebt hatte. Die letzte Phase stalinistisch-terroristischer Säuberungen in kommunistischen und Arbeiterparteien warf ihre Schatten auf die SED.[252]

Der Beschluß des Politbüros vom 29. Juli 1952 „Richtlinien zur Arbeit der Parteikontrollkommissionen und zur Verhängung von Parteistrafen" war faktisch der in Richtlinien gefaßte Diskussionsbeitrag von Matern auf der 2. Parteikonferenz. Er bekräftigte nicht nur die im Statut des III. Parteitages festgelegten Rechte der Kontrollkommissionen, sondern konkretisierte ihre Aufgaben und schlug eine schärfere Tonart an. Die Kontrollkommissionen erhielten das Recht, ganze Parteiorganisationen zu überprüfen. Strengste Beurteilung sollten diejenigen erfahren, „die innerhalb der Partei feindliche Gruppierungen, Cliquen oder Fraktionen organisieren"[253], die feindliche Ideologien in die SED hineintrugen und von der Parteilinie abwichen. Unnachsichtig sollten jene aus der Partei entfernt werden, die ihre persönlichen Interessen über die der Partei stellten, sich persönliche Vorteile zu verschaffen versuchten. Die, die „es ablehnen, zu ihren eigenen Fehlern selbstkritisch Stellung zu nehmen“[254], sollten besonders ernsthaft zur Verantwortung gezogen werden. Hervorgehoben wurden die „eiserne Disziplin“ nach dem Vorbild Lenins sowie Stalins zynische Worte: „Die Partei ist für das Parteimitglied eine sehr große und ernste Sache geworden ... Für die einfachen Parteimitglieder ist das Verbleiben in der Partei oder der Ausschluß aus der Partei eine Frage von Leben und Tod.“[255] 1952 kam es zu 16.851 Ausschlüssen und 4.112 Austritten aus der SED, aber auch zur Neuaufnahme von 31.310 Kandidaten.[256]

Nur wenige Monate verstrichen bis zu den nächsten kompakten Repressionen und Erschütterungen in der SED.

Vom 20. bis 27. November 1952 fand in Prag der seit langem vorbereitete und von der sowjetischen Staatssicherheit forcierte Schauprozeß gegen den ehemaligen Generalsekretär der KPTsch, Rudolf Slánsky und andere Kommunisten statt. Schon die Anklage vermerkte expressis verbis, daß von den 14 Betroffenen, vor allem hochrangige Partei- und Staatsfunktionäre, 11 Bürger jüdischer Herkunft seien. Hierin hob sich der Prozeß von den vorangegangenen Schauprozessen in anderen Ländern ab. Die Angeklagten wurden beschuldigt, daß sie „als trotzkistisch-titoistische, zionistische, bürgerlich-nationalistische Verräter und Feinde des tschechoslowakischen Volkes, der volksdemokratischen Ordnung und des Sozialismus im Dienste der amerikanischen Imperialisten und unter Anleitung feindlicher westlicher Spionagedienste ein staatsfeindliches Verschwörerzentrum gebildet“[257] hätten, die Tschechoslowakei von dem Bündnis mit der Sowjetunion losreißen und in das Lager des Imperialismus führen wollten.

Verhängnisvoll war die erneute Kriminalisierung politischer Auffassungen. Die „Gesetzmäßigkeit“ einer „Fünften Kolonne“ in der Arbeiterbewegung von Trotzki über die Gebrüder Field bis zu Tito, Rajk und Kostoff sowie bis zu Zionisten und Agenten des Imperialismus wurde konstruiert. Den Angeklagten wurden angebliche Abweichungen von Grundelementen des sowjetisch-stalinistischen Modells vorgeworfen und in Anklage gestellt - in bezug auf die Diktatur des Proletariats, die Eigentumsfrage, das Parteimonopol, die Ablehnung eines besonderen Weges zum Sozialismus, die Anerkennung der Allgemeingültigkeit sowjetischer Erfahrungen, die Zwei-Lager-Doktrin. Ein primäres Element der Anklage in diesem Prozeßkomplott war das Bestreben, den eigenen unausgesprochenen Antisemitismus durch Antizionismus politisch zu verschleiern. Zionisten, zionistische Organisationen und Zionismus rückten undifferenziert in eine militante Kampffront. Elf Urteile auf Todesstrafe und drei auf lebenslänglich bekräftigten ein verbrecherisches Konzept.[258]

Der Slánsky-Prozeß, der sich zugleich in politische Vorgänge der Sowjetunion einordnete[259], förderte die Fiktion einer „Slánsky-Bande" in der DDR. Die Hauptanklage beschuldigte am ersten Prozeßtag den ehemaligen Chef der Diplomatischen Mission der Tschechoslowakei in der DDR, Otto Fischl, als „Verschwörer der Slánsky-Bande". Die Anklage gegen den ehemaligen Leiter der internationalen Abteilung des Sekretariats des ZK der KPTsch, Bedrich Geminder, lenkte am zweiten Tag die Aufmerksamkeit auf Paul Merker. Merker wurde als „deutscher Trotzkist", „amerikanischer Spion Fields" und Bekannter von Slánsky belastet. Der DDR-Rundfunk übertrug den Prozeß, das „Neue Deutschland" veröffentlichte ab 22. November Auszüge aus dem Prozeßverlauf.

Am 25. November beschäftigte sich das Politbüro des ZK der SED erstmals mit dem Problem und beauftragte die Organe der Staatssicherheit, „unverzüglich Untersuchungen darüber durchzuführen."[260] Als Matern am 2. Dezember 1952 vor dem Politbüro über den Prozeß berichtete, saßen zwei bekannte Funktionäre - Paul Merker und Hans Schrecker - bereits bei der Staatssicherheit in Hohenschönhausen ein.[261] Das Politbüro setzte eine Kommission ein, die unter Leitung Ulbrichts eine Entschließung über die Lehren aus dem Slánsky-Prozeß vorbereitete. Das am 4. Januar 1953 im „Neuen Deutschland" veröffentlichte Dokument „Lehren aus dem Prozeß gegen das Verschwörerzentrum Slánsky" war als Beschluß des ZK vom 20. Dezember 1952 gekennzeichnet, wurde aber erst am 2. Januar 1953 vom Politbüro endgültig verabschiedet und auf der 13. Tagung des ZK am 14. Mai 1953 bestätigt.

Das Dokument reflektierte die verlogenen und wahnwitzigen Anschuldigungen aus dem Slánsky-Prozeß, ließ das Field-Gespenst neu aufleben, übernahm offiziell die antizionistisch-antisemitische Linie und stempelte Paul Merker als den Slánsky der DDR ab. Es bezeichnete Paul Merker als amerikanischen Agenten, Verteidiger

„der Interessen zionistischer Monopolkapitalisten", „Subjekt der USA-Finanzoligarchie", das die „Entschädigung der jüdischen Vermögen nur forderte, um dem USA-Finanzkapital das Eindringen in Deutschland zu ermöglichen"[262]. Bereits Verhaftete, wie Kurt Müller und Fritz Sperling, wurden nun öffentlich des Trotzkismus und der Agententätigkeit im Dienste ausländischer Mächte beschuldigt. „Die Entlarvung und Unschädlichmachung von Agenten wie Merker ist für die Partei heute von größter Wichtigkeit. In der Periode des sozialistischen Aufbaus kann die Partei keine Abweichungen, keine doppelten Meinungen in ihren Reihen dulden"[263], bestimmte der Beschluß.

Der antizionistisch-antisemitische Aspekt, der in einem zentralen Dokument der SED Niederschlag fand, bewirkte Ende 1952/Anfang 1953 auch in der DDR eine antijüdische Welle. Rudolf Herrnstadt sprach von einer Psychose, die den ersten Politischen Berater des Vorsitzenden der SKK in der DDR, Wladimir Semjonow, erfaßt habe. Offiziere der SKK befragten führende Mitglieder der jüdischen Gemeinde in der DDR nach ausländischen Anweisungen und Joint-Verbindungen[264], überprüften nach Aussagen von Heinz Brandt Pesonalunterlagen von SED-Funktionären jüdischer Abstammung. Das Politbüro forderte Stellungnahmen von Alexander Abusch und Gerhart Eisler. Die für den 29. bis 31. Januar 1953 angesetzte Hauptkonferenz der Vereinigung der Verfolgten des Naziregimes (VVN) sollte sich in einer Entschließung zum Slánsky-Prozeß positionieren.[265] Darüber sprach Günther Tenner, Mitarbeiter im Apparat des ZK und Mitglied der ZPKK am 5. und 8. Januar 1953 mit Julius Meyer, Vorsitzender des Verbandes der Jüdischen Gemeinden in der DDR, Abgeordneter der Volkskammer, Mitglied der VVN und der SED.

Meyer und andere führende Vertreter der Jüdischen Gemeinden in der DDR sahen Gefahren heraufziehen und flüchteten nach Westberlin. Zu den über 400 geflüchteten jüdischen Bürgern gehörten neben Meyer z. B. auch Leon Löwenkopf, Mitglied der Zentralleitung der VVN und Vorstand der Jüdischen Gemeinde Dresden, Leo Zuckermann, ehemaliger Staatssekretär in der Präsidialkanzlei beim Präsidenten der DDR. Am 21. Januar informierte „Neues Deutschland" über den Beschluß des Generalsekretariats der VVN, daß Meyer, Löwenkopf und andere „als zionistische Agenten entlarvt und aus der VVN ausgeschlossen" wurden. Hans Schrecker schrieb in seinen Erinnerungen, daß die Vernehmer der Staatssicherheit versuchten, ihm Belastendes über einen Kreis von etwa 30 Personen abzupressen, darunter über so bekannte Funktionäre wie Siegbert Kahn, Wilhelm Koenen und Leon Löwenkopf.

Der antijüdische Ausschlag in der SED/DDR, für den es schon in den Jahren zuvor Ansätze gab, weist auf Problemfelder hin, die bis 1989 nicht untersucht werden durften. Bei der Verurteilung Schreckers am 4. Februar 1954 hielt ihm das Gericht die Absicht, als SED-Funktionär Mitglied der Jüdischen Gemeinde zu werden, sowie die angebliche Aufforderung Merkers zu diesem Schritt vor. Dennoch ist es nicht gerechtfertigt, von Antisemitismus in der SED im Sinne rassistischer Ideologie, Denkmotive und Haltung zu sprechen. Die wichtigsten Ausgangspunkte für den antisemitischen Ausschlag waren politischer Art. Sie entsprangen insbesondere sowjetischer Revolutionsstrategie, der angeblichen Gesetzmäßigkeit einer „Fünften Kolonne", der These von der ständigen Verschärfung des Klassenkampfes. Gerade das Klassenkampfprinzip kaschierte vieles, ließ bei nichtbetroffenen Parteimitgliedern gar nicht den Verdacht antisemitischer Erscheinungen aufkommen, begünstigte aber Antizionismus.

Die Parteileitungen und Grundorganisationen der SED gingen mit dem am 4. Januar 1953 veröffentlichten Dokument über die Lehren aus dem Slánsky-Prozeß vermutlich lasch um; denn am 2. Februar kritisierte Iwanow von der SKK gegenüber Pieck eine „S[s]chwache Auswertung in den Bezirken."[266] Am 7. Februar forderte das Sekretariat des ZK, bis Anfang März überall Parteiversammlungen durchzuführen. Am 10. Februar erschien im „Neuen Deutschland" von Victor Stern der Beitrag „Den Zionismus entschieden bekämpfen". Stern lehnte eindeutig den Antisemitismus als Rassenhaß ab. Zionistische Organisationen zählten jedoch zu den Multiplikatoren reaktionärer nationalistischer Ideologie, als Werkzeuge der Spionage im Auftrag des amerikanischen Imperialismus. Stern zitierte Klement Gottwald, daß ein Jude nicht das gleiche ist wie ein Zionist, daß seine klassenmäßige Herkunft, sein Verhältnis zur Heimat und seine Mitarbeit beim Aufbau des Sozialismus entscheidend seien. Nach Gottwald war zu beherzigen, daß „je mehr sich der Klassenkampf gerade im Zusammenhang mit den täglichen Erfolgen des Sozialismus unvermeidlich verschärft und verschärfen muß“, auf die klassenmäßige Herkunft zu achten sei. Die Auswertung des Dokuments für die Parteiarbeit blieb trotzdem problematisch. Mitte Mai wies Matern kritisch darauf hin, daß sie nicht den politischen Notwendigkeiten entsprechen würde und dort, wo die Leitungen und Grundorganisationen Stellung genommen hätten, das „in der Regel nur sehr formal und ohne konkrete Anwendung auf die gegebenen Bedingungen und Verhältnisse“[267] geschehen sei.

Einen öffentlichen antisemitischen Prozeß nach dem Prager Muster konnte sich die SED-Spitze nicht leisten. Nach Informationen des späteren Stellvertreters des Generalstaatsanwalts der DDR, Bruno Haid, gab es nach Stalins Tod am 5. März 1953 aber auf der Ebene der „Berliner Staatssicherheit Erwägungen für einen großen Prozeß“[268]. Bei dieser Atmosphäre geriet Franz Dahlem ins Kreuzfeuer.[269] Das Politbüro verpflichtete am 3. März 1953 Ulbricht, Matern und Zaisser, ein Dokument über die Lehren aus den Maßnahmen gegen feindliche Elemente in der Partei, im Staatsapparat und in den Massenorganisationen sowie über die Säuberung der SED von solchen Elementen vorzubereiten. Es beauftragte am 17. März die ZPKK, die Verbindungen Franz Dahlems zu Noel Field u.a. Fragen sowie die Verbindungen von Gerhart Eisler, Walter Bartel und einer Reihe anderer Funktionäre zu untersuchen. Mit dem Beschluß ruhten ab sofort alle Funktionen von Dahlem, Eisler und Bartel. Dahlems Zeit in der Auslandsleitung der KPD in Frankreich, seine Beziehungen zum „Agenten Noel Field und anderen Agenten“ sowie seine Auslieferung an die Gestapo und die KZ-Zeit, seine Arbeit als ehemaliger Sekretär für Kaderfragen - alles wurde mit der Anschuldigung politischer Blindheit gegenüber ausländischen Agenten belastet.[270]

Die 13. Tagung des ZK der SED am 13./14. Mai 1953 beschäftigte sich im dritten Tagungsordnungspunkt fast ausschließlich mit Dahlem, der jedoch selbst von der Tagung ausgeschlossen blieb. Sie nahm die vom Politbüro unterbreitete Entschließung „Über die Auswertung des Beschlusses des Zentralkomitees zu den ‘Lehren aus dem Prozeß gegen das Verschwörerzentrum Slánsky’“ an. Die Entschließung vermittelte dem ZK ein verfälschtes Bild über Paul Merker und Franz Dahlem, gegen das sich beide nicht wehren konnten. Sie rückte Dahlem neben den „Agenten Merker“. In ihrer Diktion war sie von Erfahrungen der KPdSU geprägt, von der ständigen, unerbittlichen Auseinandersetzung mit der „trotzkistisch-bucharinschen Bande von Mördern, Spionen, Agenten und Diversanten“, der „‘Fünften Kolonne’ der imperialistischen Staaten“[271], von der Disziplinierung der Partei und von der ständigen Verschärfung des Klassenkampfes. Zugespitzter Antizionismus wurde bis auf zwei Formulierungen, die allerdings an den räudigen Stil des ehemaligen sowjetischen Chefanklägers, Andrej Wyschinskij, heranreichten, zurückgenommen. Er erschien im Zusammenhang mit dem Kampf gegen bürgerliche Elemente „und allem anderem erdenkbaren Gesindel, wie Trotzkisten, Zionisten, Freimaurern, Verrätern und moralisch verkommenen Subjekten“[272] sowie in bezug auf die „Entlarvung der Rolle der Zionisten als einer imperialistischen Spionagezentrale“[273] im Slánsky-Prozeß.

Der in Erwägung gezogene große Prozeß fand nicht statt. Doch wer sich seit längerem in Haft befand, erhielt 1953 nun endlich seinen Haftbefehl und wurde 1954 in Geheimprozessen verurteilt. Dahlem wandte sich an Zaisser um Hilfe und richtete an das ZK der KPdSU den schriftlichen Antrag, „sowjetische Genossen mit der Untersuchung seiner Angelegenheit zu beauftragen“[274]. „Zur Sicherung der Parteiführung“ beschloß das Politbüro schon am 6. Mai, Dahlem aus dem ZK, dem Politbüro und dem Sekretariat auszuschließen, was in anderer Version von der 13. Tagung des ZK bestätigt wurde.[275] Mit Merker und Dahlem waren Kritiker Ulbrichts und die letzten Mitglieder des ehemaligen Politbüros der KPD, die nicht nach Moskau emigriert waren, aus der Führung entfernt worden. Am 30. März 1955 wurde Merker in einem Geheimprozeß zu acht Jahren Zuchthaus verurteilt.[276]

Diskussionen mit ehemaligen Westemigranten haben deutlich gemacht, daß diese Genossen bereits durch die Schauprozesse 1949, aber insbesondere durch den Slánsky-Prozeß mißtrauisch wurden, da sie Verurteilte aus persönlicher Erfahrung kannten. Und auch Franz Dahlem, der beim Schreiben seiner Erinnerungen Anfang der siebziger Jahre ein selbstkritisches Kapitel über diese Zeit vorbereitete[277], gestand persönlich schwerwiegende, nicht mehr verstummende innere Zweifel ein. „Volle Gewißheit über diese Vorgänge erhielt ich jedoch erst“, testierte er, „als in unserer eigenen Partei unvermittelt gegen mich ebensolche ungeheuerlichen Anschuldigungen erhoben wurden.“[278] Aufrichtig bekannte er: „Dabei konnte und kann ich mir selbst den bitteren Vorwurf nicht ersparen, vordem ähnlich gehandelt zu haben", als „ich im Jahre 1950 dennoch im Zentralkomitee den vorgelegten Schlußfolgerungen zum Rajk-Prozeß zugestimmt"[279] habe. Doch das Schwere, das ihm widerfuhr, erschütterte seine Liebe und Treue zur Partei nicht, „deren Einheit und Geschlossenheit - besonders damals angesichts der gegen sie gerichteten wütenden Angriffe des Klassenfeindes - „ für ihn immer „das Höchste war"[280]. Dahlems Standpunkt widerspiegelt im wesentlichen die Denkweise des überwiegenden Teils der SED-Mitglieder, Zweifel der Geschlossenheit der Partei und der Sache unterzuordnen und nicht öffentlich kundzutun.

Sozialismus als demokratische Idee mit einem undemokratischen Parteityp, mit einer autoritär geführten und disziplinierten Partei realisieren zu wollen, zeichnete sich von Anfang an als ernstes Problem ab. Undemokratische Wesenszüge der SED schlugen auf die Gesellschaft und den Sozialismusversuch zurück. Der „undemokratische, ja diktatorische Übergang zur Politik des überstürzten Aufbaus des Sozialismus im Juni 1952, der verbunden war mit restriktiven Maßnahmen"[281], führte letztlich zur Empörung unter breiten Kreisen der Bevölkerung und zu den Ereignissen um den 17. Juni 1953.

Historische Ausgangsbedingungen, wie die Zerschlagung des Nazifaschismus und seiner zentralen Machtorgane durch die Alliierten, die Zerstörung seiner ökonomischen Machtgrundlagen in der SBZ und das Wirken neuer sozialökonomischer und politischer Strukturen, die sich auf Befehle und den Schutz der sowjetischen Besatzungsmacht stützten, wurden nicht mehr in ihrem Ausnahmecharakter und in ihrer ambivalenten Wirkung wahrgenommen. Sie zählten fast nur als Eigenerfolg und Schutzmantel zum fleißigen Aufstocken gesellschaftlicher Veränderungen. Tatsächliche Fortschritte durch heroische Anstrengungen der Menschen und Lieferungen aus der UdSSR förderten Illusionen über das Machbare. Politische Attacken Konrad Adenauers, anderer Minister der Bundesrepublik oder des „Forschungsbeirates für Fragen der Wiedervereinigung" über die „Befreiung der Sowjetzone aus der Sklaverei", für die politische und militärische Westintegration und gegen die UdSSR provozierten politische Entscheidungen. Die weitaus schärfere Konfrontation zwischen den beiden deutschen Staaten als zwischen den Großmächten selbst behinderte einen nüchternen Blick auf die Stellung der

DDR als des kleineren, ökonomisch gravierend schwächeren Teils Deutschlands. Produktionswachstum als Kernproblem hatte unter sozialistischem Vorzeichen einen anderen Stellenwert bekommen. Unter diesem Aspekt machte Bruno Leuschner in einer Rede im Mai 1953 nüchtern darauf aufmerksam: „Die Spaltung Deutschlands vergrößert die Wachstumsschwierigkeiten."[282]

Die beschleunigte ökonomische Entwicklung seit dem XIX. Parteitag der KPdSU im Oktober 1952, neue Lasten für den Militär- und Sicherheitsbereich seit den Moskauer Auflagen vom April 1952, hohe Reparationen, rigorose soziale Einschränkungen für die Bürger, repressive politische und ungesetzliche Maßnahmen wie gegen die „Junge Gemeinde" und die Kirche, der Beschluß der 13. Tagung des ZK im Mai 1953 zur administrativen Erhöhung der Arbeitsnormen um 10 Prozent ab 1. Juni 1953, Blindheit in der SED-Führung für eine Analyse der gesellschaftlichen Widersprüche lösten eine Krise und schließlich den ersten offenen gesellschaftlichen Konflikt aus.[283] Von Januar 1951 bis April 1953 hatten 447.000 Personen die DDR in Richtung Bundesrepublik verlassen, darunter über 120.000 in den ersten vier Monaten des Jahres 1953 (davon 2.718 Mitglieder und Kandidaten der SED). Otto Grotewohl erklärte auf der 14. Tagung des ZK am 21. Juni 1953: „Die gegenwärtige Situation ist das Ergebnis der fehlerhaften Politik unserer Partei und der sich daraus ergebenden falschen politischen und wirtschaftlichen Maßnahmen der Regierung. Wir müssen unsere Politik als fehlerhaft bezeichnen, weil sie die bis Mitte 1952 erkennbare schnelle Hebung des Lebensstandards ... im Laufe der Entwicklung einiger Monate zu einer Verschlechterung der Lebenshaltung der Bevölkerung machte ... Zur Bewältigung der sich steigernden Schwierigkeiten griffen wir zu politischen und juristischen Zwangsmaßnahmen, die die sich bildende Kluft zwischen Partei, Regierung und Volk nur noch vergrößerten."[284] Kurt Hager wandte sich gegen den verharmlosenden Begriff „Mißstimmung der Bevölkerung" und bekräftigte, daß die Arbeiter „auf die Straße gegangen waren, nicht weil sie Rowdies [dys] waren, sondern weil aus ihnen all das an Unzufriedenheit herausbrach, was sich bei ihnen seit acht Jahren angesammelt hatte. Das war nicht eine Mißstimmung, sondern das war der Ausdruck dessen, daß ein Teil der Arbeiterklasse kein Vertrauen mehr zur Partei und zur Regierung hat und uns nicht mehr folgt."[285]

Die Arbeitererhebung mit rund einer halben Million Streikender aus 600 Betrieben in den Tagen um den 17. Juni 1953 überraschte mit ihrer Intensität die Mehrheit der SED-Mitglieder selbst und weckte unterschiedliche Reaktionen. Die Streikenden forderten u.a. Rücknahme der 10prozentigen Normenerhöhung, Rücktritt der Regierung, freie Wahlen, Wegfall der Zonengrenzen. Eine Vielzahl Berichte, die von Januar bis September 1953 aus Betrieben, Kreisen und Bezirken bei der Abteilung Leitende Organe beim ZK der SED eingingen, widerspiegeln kritische bis oppositionelle Reaktionen in der Partei. Genannt werden bereits vor dem 17. Juni solche Forderungen wie die nach Meinungsfreiheit, Zulassung der SPD oder einer Fraktion der SPD in der SED und Änderung der Deutschlandpolitik. Informiert wird über Unzufriedenheit, über Anführung von Aktionen im Juni 1953, über die Mitarbeit in Streikleitungen, über Forderungen nach dem Freilassen Verhafteter und nach Diskussionen über einen demokratischen Weg zum Sozialismus. Ehemalige sozialdemokratische Basen, zum Teil vom Ostbüro der SPD kontaktiert, regten sich in Altenburg, Bitterfeld, Halle, Dessau, Görlitz, Karl-Marx-Stadt, Leipzig. In vielen Grundeinheiten wurde der Standpunkt vertreten, „daß es so kommen müsse, haben wir ja immer gesagt“[286], heißt es in der Analyse vom 20. Juli 1953.

In diesen Sommertagen wurden Forderungen und Kampftraditionen der Arbeiterbewegung, besonders der sozialdemokratischen, auf Zulassung aller Parteien (SPD) und unabhängiger Gewerkschaften, Bildung von Betriebsräten sowie Solidarität mit den Streikenden wiederbelebt. Keimhaft entwickelte neue Strukturen wurden jedoch durch Einschüchterung, Niederschlagung und Festnahmen erstickt und damit auch das Aufflackern eines Sozialismus von der Basis aus. Der Einsatz sowjetischer Panzer begünstigte ein fragwürdiges Politikverständnis hinter einem mächtigen und ewigen sowjetischen Schutzschild. Vor allem wirkte er bis zum Ende der DDR als Trauma, als Hemmschwelle gegen offenen Widerstand. Berijas Befehl für die sowjetischen Offiziere und Soldaten in der DDR lautete noch rigoroser als das tatsächliche Eingreifen verlief: „Sofort handeln, rücksichtslos, ohne Verzug!“[287]. Die aussichtslose Lage der DDR beschrieb Georgij Malenkow, Stellvertretender Vorsitzender des Ministerrates der UdSSR, auf dem Plenum des ZK der KPdSU im Juli 1953. Er referierte: „Die Analyse der inneren politischen und wirtschaftlichen Situation in der DDR und die Massenflucht der Bevölkerung ... zeigen mit aller Deutlichkeit, daß wir es mit der Gefahr einer inneren Katastrophe zu tun haben. Wir waren verpflichtet, nüchtern der Wahrheit ins Auge zu schauen und anzuerkennen, daß das bestehende Regime in der DDR ohne die Anwesenheit sowjetischer Truppen nicht zu halten ist."[288]

Die rasche Abgrenzung der Mehrheit der Arbeiter und auch der SED-Mitglieder von brachialen Ausschreitungen am 17. Juni und ihr Einsatz für den Fortgang der Produktion, drückten keine pauschale Entsolidarisierung mit berechtigten Forderungen der Streikenden aus, sondern konstruktiven Veränderungswillen. Sicher darf innerparteilicher Protest nicht überschätzt werden, aber Zeichen setzte er schon. Vom 17. Juni bis 21. Juli 1953 traten 1.266 Mitglieder und Kandidaten aus der SED aus, weil sie mit der Politik der Partei nicht einverstanden waren und die Einschätzung der Ereignisse als „faschistische Provokation" ablehnten.[289] Bis Jahresende zählte die Statistik 4.968 Austritte und 27.189 Ausschlüsse.[290]

Auseinandersetzungen im Politbüro der SED glichen zwar eher Machtkämpfen, widerspiegelten aber auch die kritische innerparteiliche Stimmung. Sie reiften besonders seit der Verordnung des Ministerrates der UdSSR „Über die Maßnahmen zur Gesundung der politischen Lage in der DDR", die am 2. Juni 1953 an Grotewohl, Ulbricht und Oelßner in Moskau übergeben wurde und am 5. Juni im Politbüro der SED vorlag.

Die in der Geschichte der SED bis 1989 stigmatisierte „parteifeindliche Plattform Herrnstadt-Zaisser" ordnete sich in die durch das sowjetische Dokument aufgebrochenen Auseinandersetzungen ein. Die „Plattform" basierte auf dem Entschließungsentwurf „Der neue Kurs und die Erneuerung der Partei", den Herrnstadt im Auftrag des Politbüros für die 15. Tagung des ZK im Juli 1953 vorbereiten sollte. Kritische Positionen wurden erwartet. In der sowjetischen Verordnung wird gleich zu Beginn von „der Durchführung einer fehlerhaften politischen Linie"[291] in der DDR gesprochen. Sozialistische Losungen mußten öffentlich zurückgenommen werden. Semjonow als Hoher Kommissar für die DDR erklärte in der Politbürositzung am 6. Juni deutlich: „Keine Reformen, sondern Wendung. Abschaffung der *alten* Maßnahmen; Ersetzen durch neue [Maßnahmen]."[292]

Die Debatte im Politbüro am 6. Juni brachte bekannte und neue kritische Aspekte, blieb ohne Vorahnung auf einen 17. Juni 1953. Historisch ist sie nicht mehr lückenlos nachzuvollziehen. Doch vorhandene Belege über Aussagen von Oelßner, Zaisser, Herrnstadt, Ebert und Rau zeugen von einem tiefen Konflikt. Ein Brennpunkt war das Partei- und Machtverständnis. Zaisser formulierte „Änderung wie seit 1918 nicht", setzte klar auf Parteidemokratie gegen die „Linie des Befehlens und Gehorchens"[293] von Ulbricht. „Lockerung der Diktatur ist nötig. Blockpolitik ehrlich (Aufgabe der Bevormundung). Klassenkampf nicht schüren, nicht schreien"[294], so Oelßner. „Parteiapparat erdrückt jede Initiative"[295], äusserte Heinrich Rau. Friedrich Ebert forderte die Klärung des Verhältnisses zwischen Partei- und Staatsapparat; denn „so wie die Dinge heute laufen, so gehen sie nicht weiter."[296]

Herrnstadts Forderungen für die „Erneuerung der Partei"[297], weil es ohne sie keinen neuen Kurs geben konnte, gegen Parteibürokratie, Nichtachtung des Volkes, Administrieren und Personenkult, für Kollektivität und eine Partei des Volkes entsprachen verbal geäußerten Parteiprinzipien und standen nicht im Gegensatz zu dem, was ohnehin diskutiert wurde. Ulbrichts Schachzug, besonders unterstützt durch Matern und Oelßner, den 17. Juni sowie vor allem den Sturz Lawrentij Berijas dafür auszunutzen, sich Herrnstadts und Zaissers zu entledigen, entschleiert sich heute als Kriminalfall „großer Politik". Bereits während des Aufenthalts der SED-Delegation in Moskau vom 2. bis 4. Juni hatte Berija die SED-Vertretung hart attackiert. Spätestens seit der Diskussion um die deutsche Frage im Präsidium des ZK der KPdSU am 28. Mai 1953 war klar, daß er und Malenkow für eine andere Deutschlandpolitik eintraten. Ausgehend von Sicherheits- und Wirtschaftsinteressen der UdSSR, rückte Berija das Ziel eines einheitlichen, neutralen, friedlichen Deutschlands an die Spitze, und es war für ihn „gleichgültig, ob dort ein Sozialismus entsteht oder nicht."[298]

Im Anschluß an eine nächtliche Auseinandersetzung im Politbüro der SED am 7. Juli mußten Grotewohl, Ulbricht und Oelßner am 8. Juli erneut nach Moskau fliegen. Hier erfuhren sie den Grund ihrer Reise: die Verhaftung Berijas am 26. Juni sowie die Auseinandersetzung darüber auf dem letzten ZK-Plenum der KPdSU, bei der auch die deutsche Frage eine Rolle gespielt hatte. Die SED-Delegation erhielt den Beschluß des KPdSU-Plenums vom 7. Juli, der die Haltung Berijas zur DDR dokumentiert.[299] Mit der Rückkehr der SED-Delegation verschärften sich von Ulbricht eingeleitete Angriffe gegen Herrnstadt und Zaisser. Die Konstrukte „parteifeindliche Plattform Herrnstadt-Zaisser“ und „innerparteilicher Putsch“, die die 15. Tagung des ZK vom 24. bis 26. Juli sanktionierte, festigten Ulbrichts schwer angeschlagene Positionen, booteten seine Widersacher aus und lieferten Schuldige für den 17. Juni.[300]

Weder der sowjetische Befehl für den Neuen Kurs in der DDR noch die SED-Kritiker Ulbrichts ließen den Verdacht an eine Preisgabe der SED als Partei neuen Typus oder bestimmter bolschewistischer Axiome aufkommen. Eine Offenlegung der tatsächlichen Sachverhalte und vertrackten Zusammenhänge vor dem ZK sowie in der Partei hätte jedoch gewisse Chancen eröffnet, zumindest für die Stärkung des kritischen Potentials in der SED. Doch das autoritäre Abblocken der Debatte mit Konstruktionen, Unwahrheiten und Abstrafungen schnitt schon die bescheidensten Ansätze ab, schnürte ein Bündel von Problemen für Jahrzehnte. Die von Oelßner im Juli 1956 geäußerte Meinung, daß der Fall Zaisser-Herrnstadt daran gehindert habe, 1953 den Versuch zu Ende zu führen, das persönliche Regime Ulbrichts zu beseitigen[301], ist zumindest fragwürdig. Das Partei- und Herrschaftsverständnis im damaligen Politbüro war dem Wesen nach von dem Ulbrichts nicht weit entfernt. Das widerspiegelt sich z. B. in dem Stillhalten des Politbüros bei den Beschuldigungen und Verhaftungen von Paul Merker und Max Fechner. Das Führungs-, Macht- und Wahrheitsmonopol der SED bildeten seit 1953 eine unauflösliche Symbiose.[302]

Offenkundig war das gebrochene Verhältnis der SED-Spitze zur Verfassung der DDR. Es wurde zugelassen bzw. gefordert, nicht nur Gewalttäter, sondern auch Streikende zu verhaften und zu verurteilen, obwohl die Verfassung das „Streikrecht der Gewerkschaften“ gewährleistete (Artikel 14). Selbst Justizminister Max Fechner, der sich in einem Interview gegen Rädelsführer, aber für die Wahrung der Rechte der Streikenden und einen differenzierten stafrechtlichen Umgang aussprach, wurde dafür am 15. Juli 1953 verhaftet, was allerdings so im Zentralorgan der SED nicht nachzulesen war.[303] Unter falschen Anschuldigungen verurteilte ihn der I. Strafsenat des Obersten Gerichts in einer Geheimverhandlung am 24. Mai 1955 zu acht Jahren Zuchthaus. Im Unterschied zu dem damals gültigen Grundgesetz der BRD enthielt die Verfassung der DDR sogar ein Widerstandsrecht. Im Artikel 4 steht: „Gegen Maßnahmen, die den Beschlüssen der Volksvertretung widersprechen, hat jedermann das Recht und die Pflicht zum Widerstand.“[304]

Die vom Politbüro des ZK der SED vorgegebene Einschätzung des 17. Juni 1953 als „faschistischer Putsch“ erhob Erscheinungsformen, die von den Arbeitern selbst rasch abgelehnt wurden, zum Wesen des Ganzen. Die Bewertung als „konterrevolutionärer Putsch“ verbannte jede künftige „Abweichung“ präjudizierend in ein antisozialistisches Kampffeld. Bereits am 31. Juli 1953 erging eine interne Direktive für die Arbeit der Parteikontrollkommissionen. Sie verlangte ein noch entschiedeneres Vorgehen gegen falsche, schwankende und versöhnlerische Positionen sowie gegen „parteifeindliche“ Haltungen im Zusammenhang mit dem 17. Juni. Austritte aus der Partei sollten individuell überprüft und „keine Konzentration von Ausgeschlossenen in den entscheidenden volkseigenen Betrieben zugelassen werden.“[305] Ulbricht und der sowjetische Chefberater für Staatssicherheit[306] forderten in einer Beratung mit dem Leiter der Abteilung Sicherheit beim ZK der SED und der Leitung des Staatssekretariats für Staatssicherheit[307] von den Mitarbeitern eine besonders kämpferische Haltung. Am 12. Dezember 1953 erließ das Staatssekretariat eine Richtlinie für die einheitliche „operative Erfassung“ eines breiten Personenkreises.[308] In einem Atemzug wurden z. B. aufgeführt: Spione, frühere leitende Mitarbeiter von Gestapo und Sicherheitsdienst, Personen, die am 17. Juni provokatorisch aufgetreten waren, Funktionäre der ehemaligen SPD, ausgeschlossene SED-Mitglieder, Trotzkisten, Anarchisten, Sektierer.

Ein realer Zugang zu dem Ereignis 17. Juni blieb für Jahrzehnte versagt. Innerhalb der SED aufgebrochene Grundforderungen nach Demokratisierung der Partei und der DDR verstummten jedoch nicht mehr.

3. Zwischen „Neuem Kurs" und Poststalinismus 1954-1961

Die Partei - Instrument der Revolution

Den Neuen Kurs rechneten SED-Mitglieder und andere Bürger in Unkenntnis der Zusammenhänge allein der SED-Führung an, was Hoffnungen weckte. Die Entschließung der 15. Tagung des ZK der SED im Juli 1953 bekräftigte, daß die Partei in der Vergangenheit Fehler begangen hatte. Sie begründete das Wesen des Neuen Kurses, „in der nächsten Zeit eine ernsthafte Verbesserung der wirtschaftlichen Lage und der politischen Verhältnisse in der Deutschen Demokratischen Republik zu erreichen und auf dieser Grundlage die Lebenshaltung der Arbeiterklasse und aller Werktätigen bedeutend zu heben."[309]

Die Investitionen für die Schwerindustrie wurden bedeutend gesenkt, deren Entwicklungstempo zugunsten der Konsum- und Nahrungsgüterindustrie verlangsamt. Damit wurde nicht nur ein von der UdSSR für alle Ostblockstaaten vorgegebenes Primat angetastet[310], sondern gerade ein für die DDR zentrales objektives Problem berührt, da sie durch die Spaltung Deutschlands einer schwerindustriellen Basis fast gänzlich beraubt war. Die administrativ erhöhten Arbeitsnormen wurden auf ihren alten Stand zurückgeführt und den Arbeitern Nachzahlungen gewährt; andere einschränkende Maßnahmen fielen weg. Eine Erhöhung der damals noch sehr niedrigen Löhne sowie eine Senkung der Preise für Nahrungs- und Genußmittel traten ein. Die Reduzierung der Ausgaben für Sozialleistungen wurde aufgehoben. Initiativen von Privatunternehmen, im Handwerk und Einzelhandel waren wieder gefragt. Das übereilte Tempo und Überspitzungen bei der Entwicklung von Genossenschaften in der Landwirtschaft wurden zurückgeschraubt und den Klein- und Mittelbauern staatliche Hilfe zugesagt. Die volkseigenen Betriebe sollten ihre Rentabilität erhöhen, den Betriebsleitern mehr Selbständigkeit gewährt werden.

Auf dem Gebiet von Wissenschaft, Kunst und Kultur begann sich ein Meinungsstreit zu entwickeln. Mit Mitteln der Administration, des Verbots, der Intoleranz und Unduldsamkeit sollte nicht mehr operiert werden. Wegen der Zugehörigkeit zur „Jungen Gemeinde" relegierte Oberschüler kehrten an ihre Schulen zurück, der Druck auf die Kirche wurde korrigiert. Parteiorgane sollten nicht mehr die Arbeit der staatlichen Organe übernehmen, nicht mehr die Gewerkschaften kommandieren. Die Blockpolitik sollte als ehrliche Zusammenarbeit entwickelt werden.

Entsprechend sowjetischen Forderungen, die Gesetzlichkeit einzuhalten, wurden von Juni bis Oktober 1953 alle bis dahin erfolgten Verhaftungen, Verfahren und Urteile überprüft. Insgesamt 24.945 rechtskräftige Verfahren unterlagen der Überprüfung durch die Staatsanwaltschaft. Durch Gerichtsbeschluß wurden 15.096 Personen (62 Prozent) entlassen, insgesamt kamen 23.853 Personen frei.[311] Staatsanwälte und Gerichte stellten 8.757 Verfahren ein.[312] Unter den Entlassenen befanden sich Bauern, die wegen Nichtablieferung ihres Solls an landwirtschaftlichen Erzeugnissen bis zu sechs Jahren bestraft worden waren bzw. 20 Großbauern, die wegen Nichtablieferung mehr als sechs Jahre Strafe erhalten hatten. Aufgrund einer Amnestie der Regierung der UdSSR kamen allein aus den Haftanstalten der DDR rund 6.000 Personen frei, die von einem sowjetischen Militärtribunal verurteilt worden waren. Gleichzeitig begannen neue Verfahren gegen jene, die bei den Ereignissen um den 17. Juni 1953 festgenommen wurden. Die Anleitung und Überwachung bei diesen Verfahren oblag einem Operativstab der zentralen Justizbehörden. Bis Januar 1954 waren bei den Staatsanwaltschaften Verfahren gegen 3.449 Personen anhängig. Staatsanwaltschaften und Gerichte stellten insgesamt 1.654 Fälle ein und sprachen 76 Personen frei. Gegen 2.134 Personen wurde Anklage erhoben und 1.526 erhielten ein Urteil, darunter zwei Personen die Todesstrafe, 824 eine Strafe in Höhe von 1 - 5 Jahren und 546 eine Strafe in Höhe bis zu einem Jahr.[313] Eine Arbeitstagung der Justizfunktionäre der SED am 29./30. August 1953 verpflichtete sich in einer Entschließung, die demokratische Gesetzlichkeit einzuhalten, zwischen wirklicher staatsfeindlicher Tätigkeit und mangelhaftem Bewußtsein zu differenzieren, aber auch „Liberalismus" und „Sozialdemokratismus" zu überwinden.

Walter Ulbricht stellte auf der 15. Tagung des ZK kritisch fest, daß die schablonenhafte Übernahme sowjetischer Formen und Methoden fehlerhaft war und die völlig andersgearteten inneren und äußeren Entwicklungsbedingungen der DDR und der UdSSR nicht ignoriert werden dürften. Für die DDR sei es nicht notwendig,

Entwicklungsstufen zu überspringen und vorwärts zu stürmen. Ulbricht gestand ein, daß der Personenkult gefördert, die innerparteiliche Demokratie und Kritik von unten zu schwach entwikkelt worden waren. Er übte sogar Selbstkritik, die allerdings nie veröffentlicht wurde, indem er erklärte: „Ich möchte hier vor dem höchsten Forum der Partei offen feststellen, daß in der Parteiführung ich für diese Fehler die größte Verantwortung trage. Damit steht im Zusammenhang, daß auch in der Parteiführung das Prinzip der kollektiven Leitung mißachtet und vielfach durch Einzelentscheidungen ersetzt wurde. Im Sekretariat des Zentralkomitees trat dieser Mangel an kollektiver Zusammenarbeit bei der Festlegung der Entscheidungen durch mich besonders zutage."[314]

Trotz der kritischen Haltung, des Eingeständnisses von Fehlern und veranlaßter Korrekturen programmierte die 15. Tagung erneut gegenläufige politische Entwicklungen vor. Das ZK stellte in der Entschließung fest, daß es richtig war, „Deutschland auf den Weg des Sozialismus" zu führen, „mit der Errichtung der Grundlagen des Sozialismus"[315] zu beginnen. „Diese Generallinie war und bleibt richtig."[316] Den Hauptinhalt der Diskussion auf der dreitägigen Beratung des ZK bildete die Auseinandersetzung mit Zaisser-Herrnstadt und nicht die gründliche Analyse der Widersprüche und inneren Ursachen für die Juni-Ereignisse. Die soziale Hinwendung zur Arbeiterklasse ignorierte zugleich die aus Arbeiterreihen erhobenen demokratischen Forderungen. Das ZK blieb bei der Feststellung von der „faschistischen Provokation", dem „faschistischen Putsch" am 17. Juni, obgleich der ZK-Apparat über solide Analysen mit anderen Aussagen verfügte.[317] Auch Brechts Hoffnung auf die „große Aussprache mit den Massen über das Tempo des sozialistischen Aufbaus"[318], der er in seinem Brief an Ulbricht Ausdruck verlieh, ging nicht auf.

Die Anschuldigungen auf der ZK-Tagung gegen Zaisser-Herrnstadt wegen beabsichtigter Änderung der Parteiführung, Kapitulantentum, Preisgabe der Partei und vermeintlicher Komplizenschaft mit Berija implizierten Grundsatzentscheidungen nach Stalinschem Muster. Der Vorwurf, die Staatssicherheit habe sich über die Partei gestellt und die Leitung habe versagt, erhärtete die Doktrin vom „Schild und Schwert der Partei" und stimulierte die Rolle der Staatssicherheit als Instrument zur vermeintlichen Lösung bzw. Unterdrückung offener politischer Konflikte. Die Verfälschung des

Anspruchs von Herrnstadt nach Erneuerung der SED als Partei des Volkes zur „sozialdemokratischen These" (Ulbricht, Matern) und „feindlichen Linie" gegen die KPD wie bei Paul Levi und Heinz Neumann (Ulbricht), unterband jeden grundsätzlichen Kritikansatz gegenüber der SED. Die Bezugnahme auf den entmachteten Berija[319], der keine sozialistische DDR wollte, erklärte solche kritischen Positionen wie von Zaisser und Herrnstadt prinzipiell zu „antisozialistischen", „feindlichen" Haltungen. Das stigmatisierte Herangehen, „den Sozialdemokratismus" zu entlarven, seinen reaktionären und arbeiterfeindlichen Charakter, seine Rolle als imperialistische Agentur in der Arbeiterbewegung, als Ideologie des Kalten Krieges und bei der Kriegsvorbereitung der amerikanischen Imperialisten zu enthüllen, sollte die Führer der SPD treffen, vertiefte aber den Graben zur SPD als Ganzes.

Die Kritik Ulbrichts an der formalen Übernahme sowjetischer Erfahrungen hob zwei Prämissen nicht auf: das Lernen von der KPdSU und das damals gültige idealisierte und in vieler Hinsicht unwahre Bild einer UdSSR, die den Sozialismus errichtet hatte und den allmählichen Übergang zum Kommunismus vollzog.

Die Politik des Neuen Kurses wirkte sich auf die Partei letztlich nicht erneuernd aus, sondern stabilisierte das machtfixierte, autoritär-zentralistische Verständnis von der Rolle der Partei. Die Auseinandersetzungen in der Parteipresse und in den Parteiorganisationen um die Probleme des 17. Juni sowie um die „verräterische Tätigkeit" Zaisser-Herrnstadts schlossen gewissermaßen den Umprofilierungsprozeß der SED bis Anfang 1954 ab. Während Berichte an die Abteilung Leitende Parteiorgane und Massenorganisationen beim ZK zum Teil auch Widerspruch gegen die Einschätzung des 17. Juni 1953 als „faschistischen Putsch" erkennen ließen, gab es nach jetziger Kenntnis keine prinzipielle Reaktion gegen den Umgang mit Zaisser und Herrnstadt. Bekannt ist die offene Auseinandersetzung mit Herder, Parteisekretär in Gera, sowie mit Holland, Mitarbeiter beim Rat des Bezirkes Erfurt, der eine innerparteiliche Diskussion über die sogenannte Plattform forderte.[320]

Bis zum IV. Parteitag im April 1954 wurden bedeutende personelle Veränderungen auf allen Ebenen der SED durchgesetzt. Die 15. Tagung des ZK hatte ein neues Politbüro gewählt sowie durch die Wahl von Fachsekretären in das Sekretariat des ZK dessen Charakter verändert. Von den 1950 gewählten 81 Mitgliedern und Kandidaten des ZK gehörten 1954 noch 52 diesem Gremium an. Bis 1954 wurden aus den Bezirksleitungen der SED 62 Prozent der Mitglieder entfernt; auf der Kreisebene mußten 53 Prozent der Ersten Sekretäre ihren Platz räumen, in den Grundorganisationen wurde rund die Hälfte der Funktionäre ausgetauscht.[321] 1954 (ohne IV. Quartal) schlossen die Kontrollkommissionen 16.985 Mitglieder aus der SED aus und strichen 2.413 Mitglieder bzw. Kandidaten, 3.101 Mitglieder traten aus.[322] Die Zahl der gewählten Leitungsmitglieder von der Bezirksebene bis zu den Grundorganisationen erhöhte sich von 1952 mit 195.538 Funktionären auf 214.264 im Jahre 1954. Davon wurden z. B. auf der Bezirksebene 62,2 und auf der Kreisebene 74,2 Prozent neu gewählt.[323] Die Abteilung Leitende Organe der Partei und der Massenorganisationen beim ZK verschaffte sich besonders ab 1954 einen gründlichen Überblick über das soziale und politische Gefüge der SED, über die Verteilung der Mitglieder auf die Bezirke, Kreise, Industriezweige und Schwerpunktbetriebe. 1952/53 hatten 22.936 Parteimitglieder Parteischulen besucht (darunter 3.972 einen langfristigen Lehrgang)[324]. Eine langfristig geplante Entwicklung der SED als Kader- und Massenpartei begann erst seit 1954 und besonders seit 1960.

Das rasante Funktionärs- und Mitgliederkarussell der letzten Jahre war bis 1954 im wesentlichen beendet. Der hauptamtliche und gewählte Apparat der SED war durchstrukturiert. Der Apparat des ZK mit mehr als 600 Mitarbeitern arbeitete im Prinzip angepaßt an die Regierungsstruktur und bildete das Rückgrat, um die Beschlüsse der Zentrale durchzusetzen. Auf staatlicher Ebene nahm die SED gesicherte Positionen ein.[325] Die SED verfügte über 49.134 Grundorganisationen, die vor allem in den volkseigenen Betrieben sowie in anderen Bereichen des gesellschaftlichen Lebens Fuß gefaßt hatten. Die Organisationsstruktur war zum Teil bis zu Abteilungsparteiorganisationen und Parteigruppen durchgesetzt, förderte Verbundenheit, engeren Kontakt zu Arbeitskollegen und rigidere Disziplinierung. Der absolute Rückgang in den Mitgliederzahlen konnte ab 1954 aufgehalten werden. (Anlage 1/4)

Die überwiegende Mehrheit der SED-Mitglieder engagierte sich für die Politik der Partei. Im März 1954 zählte die SED 1.272.987 Mitglieder und 140.326 Kandidaten. Das waren etwas mehr als 10 Prozent der DDR-Bürger über 18 Jahre. Nach dem Lebens- und Parteialter vereinigte die SED verschiedene Generationen mit unterschiedlichen Erfahrungen. Im März 1954 gehörten ihr 214.898 Mitglieder an, die schon vor 1945 in einer Arbeiterpartei organisiert waren, 417.723 Mitglieder, die von Mai 1945 bis April 1946 in die SPD oder in die KPD eingetreten sowie 327.076 Mitglieder, die 1946 bis 1947 zur Partei gestoßen waren. (Anlage 1/3) Mehr als 60 Prozent der Mitglieder hatten ihre Sozialisierung in der Weimarer Republik oder Nazizeit erlebt, waren von den Schrekken des Krieges, vom Widerstand oder im Exil geprägt worden bzw. durch die Kriegs- und Nachkriegsfolgen gegangen. Hunderttausende hatten Kriegsgefangenschaft kennengelernt. Dietrich Zboralski, ehemaliges SED-Mitglied (Berlin), schreibt in seinen Erinnerungen: „Mit dem Kriegsverlauf 1939-1945 und den inneren Erlebnissen in der Wehrmacht wuchsen Antimilitarismus und Antirevanchismus äußerst unterschwellig als Korrelat des 'Vaterlandsverteidigers', hierauf paßte genau der Aufruf der KPD vom 11. Juni 1945 usw., zumal ich ja die kapitalistische Gesellschaft erlebt hatte. Gleichzeitig, und dieses halte ich für das Entscheidende, war das Erlebnis des 'organisierten Kapitalismus von 1933 bis 1945' dazu angetan, meine Auffassung von einer organisierten demokratischen Abwehrkraft von unten zu verstärken. Die, wenn auch schon durchlöcherte, Disziplin bis 1945 kippte um in eine scheinbar demokratische Disziplin von unten, die jedoch eine Führungsdisziplin von oben nach unten wurde.“[326]

Zusammenspiel, Dialog und Konfliktstoff zwischen den Generationen waren vielfältiger Natur. Sie bedeuteten für jüngere Parteimitglieder aufwühlende Auseinandersetzung mit den grausamen Wahrheiten über den Nazifaschismus. Sie schlossen hohen Respekt vor ehemaligen Widerstandskämpfern und aktiven Antifaschisten, das Lernen von neuen Autoritäten, die Übernahme von Leitbildern und Verhaltensmustern aus der KPD-Komintern-Tradition, Beeinflussung durch die wiederbelebten alten Richtungskämpfe in der KPD ein. Prioritäten und Erfahrungen der KPdSU, der KPD und der SED vermischten sich. Auseinandersetzungen in manchen Familien kamen hinzu. In diesem Umfeld vollzog sich Identitätsfindung. Aufbaupathos für den Staat DDR hieß vor allem „Nie wieder Krieg“, tausendfache Dispute um den allbekannten Liedtext: „Der Krieg ist kein Gesetz der Natur, und der Friede ist kein Geschenk“. Der Wille zur unwiderruflichen Abkehr von dem imperialistischen, militaristischen und faschistischen Weg

Deutschlands wurde zur Brücke für einen sozialistischen Weg der DDR. Aktuelle politische Ereignisse, wie die Außenministerkonferenz der vier Großmächte zur Minderung internationaler Spannungen im Januar 1954, der Einsatz bei der Volksbefragung im Juni 1954 für den Abschluß eines Friedensvertrages und gegen eine Belassung ausländischer Besatzungstruppen für 50 Jahre, das Ende des Indochinakrieges 1954, verwickelten die Mitglieder in den Strom der Zeit. Reflektierend vermerkt Christa Wolf: „Wir waren in einer Stimmung übersteigerter Intensität, alles, was 'hier und heute' geschah, war entscheidend, das Richtige mußte sich bald und vollkommen durchsetzen, wir würden den Sozialismus, den Marx gemeint hatte, noch erleben.“[327]

Diese unterschiedlichen Wirkungsfaktoren verklärten zugleich politische Steuerungsabsichten der SED-Führung, verdeckten Kräftegruppen und deren Interessen, lenkten den Blick nicht auf die sich festigenden administrativen Strukturen. Nicht wenige Parteimitglieder mißverstanden den Neuen Kurs als eine Lockerung politischer und organisatorischer Prinzipien der Partei. Dagegen wandte sich noch die 24. Tagung des ZK im Juni 1955. Walter Ulbricht sagte in seinem Schlußwort, daß es „Unsinn“ sei, daß „mit dem 'neuen Kurs' eine neue Periode begonnen“[328] habe.

Der gesamte Entwicklungsgsprozeß der SED bis 1954 kam einer Neuprofilierung der Partei, sogar einer Neukonstituierung gleich. Das bekräftigen auch die umfangeichen Untersuchungen von Peter Christian Ludz.[329]

Prägnanter Ausdruck dessen wurde der IV. Parteitag der SED vom 30. März bis 6. April 1954. Der Parteitag konstatierte offiziell die Richtigkeit der „Generallinie“ für die Entwicklung der Partei und den Aufbau des Sozialismus. Ideologie und Rolle der Partei erhielten einen politischen Stellenwert, der von objektiven inneren und äußeren Gegebenheiten völlig abhob und materialistisches Gesellschaftsverständnis auf den Kopf stellte. So erklärte Ulbricht: „In allen Massenorganisationen ist es notwendig, ... die Menschen mit sozialistischem Bewußtsein zu erfüllen. Dann wird die Lösung der vor unserer Partei stehenden Aufgaben wesentlich beschleunigt werden.“[330] Die von Ulbricht hervorgehobene „Lehre“ Stalins aus dem Jahre 1934, „nachdem eine richtige Linie gegeben worden ist, nachdem man die richtige Lösung einer Frage gefunden hat, hängt der Erfolg der Sache von der Organisationsarbeit ab, von der Organisierung des Kampfes für die Durchführung der Parteilinie"[331], blieb bis 1989 in den Denkstrukturen der SED lebendig. In Fortsetzung dieser Logik meinte Matern auf dem IV. Parteitag: „Die unerschütterliche Einheit und Geschlossenheit der Partei war und ist die Quelle der Macht der Partei und ihrer großen Siege."[332] Auch der kritischere Karl Schirdewan sah in der Einheit und Reinheit der Partei die „Garantie für die unerschütterliche Festigkeit der Macht der Werktätigen"[333]. Im Zusammenhang mit der nochmaligen scharfen Abrechnung mit Zaisser-Herrnstadt entstand nun das Junktim, daß jeder „Angriff" auf die Partei die Macht der Werktätigen untergraben, sich damit gegen die DDR überhaupt richten und einer kapitalistischen Restauration dienen würde. Damit war der Grundstein für die bis 1989 gültige Doktrin „keine Fehlerdiskussion!" gelegt. Wiederholte Neuauflagen des subjektivistischen Konzepts, durch Ideologisierung und Mobilisierung der Menschen dauerhaft Tempis beeinflussen und die realen Bedingungen überlisten zu können, wurden signifikant für die Rolle der SED und des Staates als Erziehungsdiktatur.

Insbesondere die innerparteiliche und öffentliche Diskussion über ein neues Parteistatut setzte Maßstäbe. Neue Inhalte, das Hervorheben der Kollektivität der gewählten Parteiorgane sowie der innerparteilichen Demokratie, die Ablehnung des Personenkults, der zu bekämpfen sei, und die Diskussion selbst suggerierten der Mitgliederbasis das Gefühl demokratischer Entscheidungsfindung. Daß manche Idee nicht originär den Köpfen in der SED-Spitze entsprungen war, sondern auf dem ZK-Beschluß der KPdSU gegen Berija basierte, war für den Zeitgenossen nicht durchschaubar. Die Mitgliederversammlungen erbrachten 17.683 Vorschläge, 6.681 wurden an die Statutenkommission weitergeleitet. Ein grober Überblick über Stellungnahmen in der Presse, vorliegende archivierte Vorschläge vermitteln den Eindruck, daß zentrale Parteinormen auf keine prinzipielle Ablehnung stießen.[334] „Die Einheit des Willens und des Handelns unserer Parteimitglieder wurde weiter gefestigt"[335], erklärte Parteifunktionär Paul Finken aus Gera. Günther Jacobsohn aus Berlin drückte durchaus verbreitete Auffassungen so aus: „Die Tatsache, daß die Partei seit dem III. Parteitag politisch und organisatorisch stärker geworden ist, macht die Abänderungen am Statut zu einer selbstverständlichen Notwendigkeit, darüber waren sich alle Genossen in den Mitgliederversammlungen und Delegiertenkonferenzen einig. Die Aufregung, die im westlichen Blätterwald über den Entwurf des neuen Parteistatuts herrscht, zeigt uns, wie sehr die Feinde der deutschen Arbeiterklasse die wachsende Kampfkraft unserer Partei fürchten und daß wir auf dem richtigen Wege sind."[336]

Zugleich gab es Unstimmigkeiten in der Diskussion. Zum Beispiel über das Prinzip des demokratischen Zentralismus, über die Rechte eines Parteimitglieds, die mit seinen Pflichten nicht Schritt hielten, über die Betonung der kommunistischen Tradition in der Präambel und über die „konterrevolutionäre Rolle" der „rechten" sozialdemokratischen Führer.

Das auf dem IV. Parteitag der SED im April 1954 angenommene Statut blieb bis 1963 gültig. Es begann mit einer historisch-programmatischen Einleitung und markierte umfassend den Führungsanspruch der SED: „Die Partei ist die führende Kraft aller Organisationen der Arbeiterklasse und der Werktätigen, der gesellschaftlichen und staatlichen Organisationen und führt erfolgreich den Aufbau des Sozialismus."[337] Die SED wurde als marxistisch-leninistischen Kampfbund Gleichgesinnter definiert.

Das Statut fixierte nicht nur die Unterordnung unter die Beschlüsse der höchsten Parteiorgane, sondern auch deren strikte Durchführung. Es forderte den „Kampf gegen die bürgerliche Ideologie, gegen die rechtssozialdemokratischen und trotzkistischen Agenturen der Bourgeoisie in der Arbeiterklasse".[338] Das Prinzip des demokratischen Zentralismus und die Verbindlichkeit aller Beschlüsse der höchsten Organe für jede untere Organisation wurden bekräftigt. Die innerparteiliche Demokratie verbürgte formal das Recht, frei und sachlich in den Parteiorganisationen zur Politik der Partei Stellung zu nehmen. Bewußte Disziplin bedeutete den Schutz der „Partei gegen parteifeindliche Einflüsse und Elemente sowie Fraktionsmacherei". [339]

Neu im Statut waren: die Arbeit mit dem Parteiaktiv; das Recht der Parteiorganisationen in den volkseigenen Betrieben, die Tätigkeit der Betriebsleitungen zu kontrollieren, das Wirken der Parteiorganisationen in der Kasernierten Volkspolizei (KVP) und im Verkehrswesen nach gesonderten Instruktionen[340], die Bildung von Parteigruppen in allen wählbaren staatlichen Organen und

Massenorganisationen, die Anerkennung der führenden Rolle der Partei durch die FDJ. Eingang in das Statut fanden die Erziehung der Werktätigen zur aktiven Verteidigungsbereitschaft sowie die Verbundenheit mit der KPdSU und den anderen kommunistischen und Arbeiterparteien.

Das Statut verpflichtete die Parteikontrollkommissionen, feindliche Agenturen in der Partei zu entlarven und zu vernichten, gegen fraktionelle Tätigkeit zu kämpfen.

Die Zentrumsfunktion, die die SED bereits im politischen System und in der Gesellschaft ausübte, war nun eindeutig festgeschrieben. Erst jetzt begannen sich die vormundschaftlichen und disziplinierenden Normen der Partei neuen Typus voll durchzusetzen. Sendungsbewußtsein wirkte vor Selbstbewußtsein. Interne Richtlinien für die Parteikontrollkommissionen, die im Dezember 1954 in Kraft traten, verpflichteten sie, die Disziplin jedes Mitglieds in allen Lebensfragen zu sichern, Parteistrafen als höchstes Erziehungsmittel einzusetzen und die Erziehung zu „unbeugsamen, opferbereiten, der Partei treu ergebenen, revolutionären Kämpfern"[341] zu gewährleisten. Falsche Parteitreue, Disziplinierung, Unterwerfung der Mitgliederbasis unter Politbürokratie, Degradierung demokratischer Normen des Parteistatuts zu einem Fetzen Papier, Anpassung und massenweise Gefühle von Ohnmacht, wie sie in heutigen Diskussionen ehemalige SED-Mitglieder selbstkritisch äußern, begannen Normalität zu werden. Robert Havemann schrieb später treffend: „Wir wurden zu Stalinisten, ohne es überhaupt zu merken. Wir gingen daran, ein neues Deutschland zu bauen."[342] Erinnerungen von Menschen, die einst das Gros der SED ausmachten, vermitteln zum Teil ein aufwühlendes Bild von Opferbereitschaft und Gutgläubigkeit. In Aufzeichnungen von Heinz Göhler (Rostock), dem die Partei selbst dreimal Unrecht zugefügt hatte, ist u.a. nachzulesen: „Ich war und bin kein Held. Treue, Disziplin, Bescheidenheit waren für mich Dinge, die mit SED gleichzusetzen waren - sie waren für mich etwas Besonderes, Edles, deshalb schwieg ich auch oft über begangenes Unrecht unserer Partei. Jahrzehnte habe ich dazu beigetragen, um unserem sozialistischen Land ein schönes Antlitz zu geben. Ich erlebte unmittelbar die Zerstörung meiner Geburtsstadt Dresden, das sollte sich nie mehr wiederholen. Es gibt kaum eine Baustelle in Rostock, wo wir nicht dabei waren, wo wir [nicht] unentgeltlich gewirkt haben, ob es das Ostseestadion, die Schwimmhalle, das Pionierlager, die Lange Str., ob es beim Grabenräumen oder bei Ernteeinsätzen war, wir waren dabei, aus Liebe zu unserem Land."[343]

Die Industrieproduktion in der DDR war bis Mitte der fünfziger Jahre gestiegen. Der Anteil der Ungelernten in der volkseigenen Industrie sank von 1952 bis 1956 von 13,5 auf 9,5 Prozent. 175 Polikliniken wurden von 1951 bis 1955 neu geschaffen. Einklassenschulen auf dem Lande, von denen es 1950 noch 960 gab, existierten 1955 nicht mehr. Die Zahl der Universitäten und Hochschulen wuchs von 21 im Jahre 1950 auf 47 im Jahre 1955 an. Diese Aufbauarbeit leisteten die Werktätigen ohne Marshall-Plan-Hilfe und bei bisher in der Welt einmaligen Reparationskosten. Nach heutigen Forschungsergebnissen waren vergleichsweise auf dem Territorium der Bundesrepublik ca. 5 Prozent des industriellen Anlagevermögens und auf dem Territorium der DDR fast 50 Prozent der Kapazitäten von 1936 (über 2.000 Betriebe) demontiert worden. Zwischen beiden deutschen Staaten ein Verhältnis von 1 zu 10. Reparationen durch Entnahme aus der laufenden Produktion betrugen in der SBZ/DDR von 1945 bis 1953 ca. 15 Milliarden Mark - zur BRD ein Verhältnis von 1 zu 25. Der Rückkauf der Betriebe der Sowjetischen Aktiengesellschaft (SAG) kostete die DDR 1,5 Milliarden Mark.[344] Leistungen der SAG-Wismut für das Reparationskonto sollen nach sowjetischen Rechnungen bis 1953 2,1 Milliarden Mark betragen haben.[345] Seit 1954 floß aus der Deutsch-Sowjetischen Aktiengesellschaft (SDAG) Wismut jährlich etwa eine Milliarde Mark ab.

Bei allen Fortschritten blieb die hinreichende gesellschaftliche Legitimierung der SED-Politik ein permanentes Problem. Diese Ambivalenz deutete sich schon nach dem IV. Parteitag der SED wieder darin an, daß die Ausreisewelle nicht zur Ruhe kam, sondern erneut anschwoll. 1954 verließen 173.279 und 1955 270.115 Bürger die DDR, darunter insgesamt 136.416 Arbeiter, 17.619 Spezialarbeiter und 13.599 SED-Mitglieder.[346] Das Politbüro beschäftigte sich mit diesem Zustand. Es analysierte die Zahl der Flüchtlinge nach sozialen, parteipolitischen und altersmäßigen Kategorien, führte jedoch die vielschichtigen Hintergründe für eine Flucht vorrangig auf Feindarbeit zurück.

Zäsur XX. Parteitag

Seit Mitte der fünfziger Jahre veränderten sich die nationalen und internationalen Bedingungen wesentlich. Hoffnungen auf eine gesamteuropäische Friedensordnung lösten sich in den politischen Ost-West-Zuordnungen, in der beiderseitigen Hinnahme der endgültigen Spaltung Europas mitten durch Deutschland auf. Die zwei deutschen Staaten gehörten militärisch-politischen Machtblöcken an - die Bundesrepublik seit Februar 1955 der NATO, die DDR seit Mai 1955 dem Warschauer Vertrag - , die sich feindlich gegenüberstanden. Mehr als je zuvor kam beiden Staaten in ihren jeweiligen Bündnissen eine gravierende politische Rolle zu. Im September 1955 schloß die UdSSR mit der DDR den Staatsvertrag ab und nahm mit der Bundesrepublik diplomatische Beziehungen auf. Es war klar, daß es einen raschen Weg zur Vereinigung Deutschlands nicht geben und die beiden deutschen Staaten mit den gegenseitig propagierten Feindbildern leben würden. Für Adenauer blieb die Bundesregierung die einzig rechtmäßig gebildete deutsche Regierung, die allein befugt war, „für das ganze Deutschland zu sprechen“[347]. Mit der gelungenen Westintegration der Bundesrepublik schienen ihm die notwendigen Voraussetzungen erreicht, um einer Wiedervereinigung Deutschlands durch freie Wahlen den Vorrang vor jeglicher Entspannung in Europa einzuräumen. Hierzu bildete Ulbrichts Konzept den genauen Gegensatz.[348] Mit dem Bündnis der Staaten des Warschauer Vertrages gewann auch für die DDR das Prinzip „der unzerstörbaren Einheit“ im Sozialismus einen neuen Stellenwert.

Die schärfere Kräftepolarisation bedrängte künftige Entwicklungen und prägte politische Entscheidungen beider deutscher Staaten. Sie beeinflußte fortan die politische Haltung der Bürger in der DDR wie in der Bundesrepublik. Und sie war aus den politischen Grundmotivationen eines SED-Mitgliedes nicht mehr wegzudenken.

In diesen Zeitabschnitt fiel der XX. Parteitag der KPdSU vom 14. bis 25. Februar 1956, der ebenfalls eine Zäsur bilden sollte. Der Parteitag konstatierte, daß keine entscheidende internationale Frage durch den Willen der westlichen Großmächte allein gelöst werden kann. Er ging von der Existenz eines sozialistischen Weltsystems und starker Friedenskräfte in der Welt aus und begründete die Möglichkeit, einen neuen Weltkrieg vermeiden sowie Beziehungen friedlicher Koexistenz zwischen Systemen unterschiedlicher Gesellschaftsordnung entwickeln zu können.

Aus den Fortschritten, die die Sowjetunion in Industrie, Landwirtschaft und Technik erreicht hatte, leitete der Parteitag die Gewißheit ab, daß der Sozialismus im wirtschaftlichen Wettstreit der Systeme den Sieg davon tragen würde. Die ökonomische Hauptaufgabe der UdSSR, die entwickeltesten kapitalistischen Länder in der Produktion je Kopf der Bevölkerung einzuholen und zu überholen, sollte in kürzester Frist gelöst werden. Starre Stalinsche Ansichten über die Entwicklung des Kapitalismus wurden direkt oder indirekt zurückgewiesen. Es wurde davor gewarnt, von einer Theorie der Stagnation des Kapitalismus auszugehen, sich von einem Rückgang im Umfang der Produktion und des Anwachsens der Technik leiten zu lassen.

Das vom Parteitag ideologisch diktierte Wunschdenken für die Perspektive des Sozialismus basierte auf einer fast unbegreiflichen Überschätzung der eigenen Kräfte und Möglichkeiten. Potenzen und Potentiale der entwickelten kapitalistischen Länder, um Wettrüsten und ökonomische Effektivität zu verkraften, Krisenerscheinungen, Widersprüche und Gegensätze auszugleichen, wurden trotz eines gewissen Realismus total unterbewertet.

Neu war, daß ein Parteitag der KPdSU erklärte, daß anders als in Rußland in einzelnen Ländern ein Weg für den friedlichen Verlauf von Revolutionen gefunden werden könne, sich neue Formen des Übergangs zum Sozialismus ergeben könnten, die der günstigeren geschichtlichen Situation und den nationalen Besonderheiten Rechnung trugen. Alte Positionen korrigierend, sollte nach Möglichkeiten gesucht werden, sachliche, konstruktive Kontakte zu sozialdemokratischen und sozialistischen Parteien herzustellen. Den kritischsten und damals auch publizierten Beitrag hielt Anastas Mikojan, Mitglied des Präsidiums des ZK der KPdSU und selbst ein Akteur stalinistischer Machtpolitik. Er kritisierte die fehlende kollektive Leitung in der Spitze der KPdSU seit 20 Jahren, den Personenkult, die bürokratische Zentralisierung, die kommunistische Hochnäsigkeit und die schöngefärbten Berichte, die Reduzierung des Marxismus-Leninismus auf die „Geschichte der KPdSU" sowie die unschöpferische Tätigkeit von Ökonomen, Historikern, Philosophen und Rechtswissenschaftlern.

Der Parteitag informierte über erste Schritte, die die KPdSU nach dem Tode Stalins unternommen habe, um innerparteiliche Demokratie herzustellen, Rechte der Unionsrepubliken zu achten, die zentralisierte Leitung von Industriebetrieben abzubauen, die Rechte der örtlichen Sowjets zu erweitern, die soziale Lage der Menschen zu verbessern. Was davon real umgesetzt wurde, stellt sich problematisch dar.

Mit seiner internen Rede: „Über den Personenkult und seine Folgen"[349] stürzte Nikita Chruschtschow, Erster Sekretär des ZK der KPdSU, Stalin vom Sockel des „weisen Führers". Chruschtschow operierte nur mit dem Begriff „Personenkult". Dennoch widerspiegelten die angeführten Verbrechen und Probleme, daß sie aus System- und nicht allein aus Personenfragen resultieren mußten.

Die führende Rolle der KPdSU in der Gesellschaft blieb auch in der Geheimrede unangetastet und sollte strikt nach den Leninschen Prinzipien und Parteinormen, besonders der Kollektivität der Leitung, verwirklicht werden. Chruschtschow kritisierte fehlerhafte Ansichten in Geschichte, Philosophie, Ökonomie, Kunst und Literatur. Gleichzeitig kritisierte er den mangelnden Verteidigungszustand der UdSSR vor Beginn des Zweiten Weltkrieges und die Mißachtung der an Stalin ergangenen Vorwarnungen über einen Überfall Hitlerdeutschlands sowie den Bruch mit Jugoslawien 1948. Wie tief der Personenkult in die Gesellschaft hineingewirkt hatte, charakterisierte Chruschtschow mit den Worten: „Der Persönlichkeitskult hat zur Anwendung falscher Prinzipien in der Parteiarbeit und in der Wirtschaft geführt; er hatte grobe Verstöße gegen die innerparteiliche Demokratie und Sowjetdemokratie, steriles Administrieren, Abweichungen aller Art, Vertuschung von Fehlleistungen und Schönfärberei zur Folge. Unsere Nation brachte viele Schmeichler, Spezialisten für Zweckoptimismus und Augenwischerei hervor. Wir sollten aber nicht vergessen, daß auf Grund der Verhaftung zahlreicher Partei-, Sowjet- und Wirtschaftsführer viele Funktionäre in ihrer Arbeit unsicher und übervorsichtig wurden, alle Neuerungen und schließlich ihren eigenen Schatten fürchteten und dadurch immer weniger Initiative entwickelten."[350]

Kernproblem der Rede war, daß Chruschtschow den Weg „massenhafter Repressalien" und des „Terrors" unter Stalin enthüllte und hart verurteilte. Mit Empörung nahm der Parteitag die Vernichtung der alten Führungskader auf. Von den 139 auf dem XVII.

Parteitag 1934 gewählten Mitgliedern und Kandidaten des ZK waren 98 verhaftet und erschossen und von den 1.966 Delegierten dieses Parteitages waren 1.108 wegen des Vorwurfs konterrevolutionärer Verbrechen festgenommen worden. Chruschtschow wandte sich gegen die These von der ständigen Zuspitzung des Klassenkampfes in der UdSSR und geißelte die massenweisen Repressalien an „Trotzkisten", „Sinowjewleuten" und „Bucharinleuten"[351], jedoch nicht deren politische „Zerschlagung". Von den Massenverhaftungen, den Deportationen, der Vollstrekkung von Strafen ohne Gerichtsurteil in den dreißiger Jahren und nach 1945 war die Rede. Am Pranger stand die Rolle der Strafordane, vor allem die „verbrecherische Praxis" des NKWD, die Verletzung der Gesetzlichkeit, die Anerkennung erzwungener Geständnisse als Hauptbeweis und die Verteidigung der physischen Folter durch Stalin „im Namen des ZK".

Chruschtschow informierte erstmals über das politische „Testament Lenins" vom Dezember 1922/Januar 1923, in dem er die Ablösung Stalins als Generalsekretär vorgeschlagen hatte. Lenin war nicht davon überzeugt, daß Stalin von der Macht, über die er verfügte, „vorsichtig genug Gebrauch" machen würde, und deshalb ein Mann diesen Posten einnehmen müsse, der „toleranter, loyaler, höflicher und den Genossen gegenüber aufmerksamer, weniger launenhaft usw. ist".[352]

Die mit dem Begriff Personenkult verbundene Kritik war mutig, aber keine Systemkritik. Ein Beschluß des ZK der KPdSU: „Über die Überwindung des Personenkults und seiner Folgen" vom 30. Juni 1956 bekräftigte noch einmal die großen gesellschaftlichen Schäden, die der Personenkult angerichtet hatte, stellte dann aber fest: „Zweifellos hat der Personenkult der Kommunistischen Partei und der Sowjetgesellschaft bedeutenden Schaden zugefügt. Es wäre jedoch ein grober Fehler, aus der Tatsache, daß früher ein Personenkult bestand, Schlüsse über irgendwelche Änderungen in der Gesellschaftsordnung in der UdSSR zu ziehen oder die Quelle dieses Kults in der Natur der sowjetischen Gesellschaftsordnung zu suchen."[353]

Die Delegation der SED, die mit Walter Ulbricht, Otto Grotewohl, Karl Schirdewan und Alfred Neumann am XX. Parteitag teilnahm, wurde in der Nacht vom 25. zum 26. Februar über die Geheimrede informiert. Sie packte selbst Erschütterung, wie sich Schirdewan erinnert. Die Frage nach Schlußfolgerungen für die SED stand im Raum. Ulbricht setzte am 29. Februar das Politbüro über den Parteitag in Kenntnis. In seinem Beitrag im „Neuen Deutschland“ vom 4. März hob er die neuen politischen Aspekte des Parteitages hervor. In seiner Rede am 17. März auf der Berliner Bezirksdelegiertenkonferenz der SED nahm Ulbricht kritisch zum Personenkult um Stalin Stellung und schockte die SED-Mitglieder damit, daß „Stalin nicht zu den Klassikern gehört“ und die jungen Genossen „bestimmte Dogmen gut auswendig gelernt haben“. [354] Grundsätzliche Schlußfolgerungen für die SED fehlten. Am 19. März telegrafierte Ulbricht an Chruschtschow, daß die SED Kenntnis von Veröffentlichungen der Londoner Presse über die geheime Sitzung des XX. Parteitages erhalten hatte, die in der Westberliner Presse nachgedruckt worden waren, und er deshalb gezwungen gewesen sei, sich noch vor einer öffentlichen Stellungnahme der „Prawda“ zu äußern. Am 20. März beschloß das Politbüro, auf der nächsten ZK-Tagung „den vom ZK der KPdSU zugesandten vertraulichen Bericht an den XX. Parteitag der KPdSU ganz zu verlesen“[355]. Am 21. März abends lag der Bericht übersetzt vor.

Am 22. März 1956 befaßte sich das ZK auf seiner 26. Tagung erstmals mit dem XX. Parteitag. Karl Schirdewan informierte über den Geheimbericht. Es kamen Fehler der SED im Zusammenhang mit dem Rajk- und dem Slánsky-Prozeß zur Sprache. Zu diesem Punkt bekannte Mielke, daß es „auch einen internationalen Druck auf die Organe der Staatssicherheit“[356] gegeben habe. Auf Vorschlag des Politbüros setzte das ZK eine Kommission zur „Überprüfung von Angelegenheiten von Parteimitgliedern und ehemaligen Parteimitgliedern“ ein. In einem Beschluß über den XX. Parteitag wurden die SED-Mitglieder jedoch ganz auf die großen politischen Fragen von Sozialismus und Frieden eingestellt. Im Schlußwort erhob Ulbricht bereits vorwarnend seine Stimme gegen die Tendenz unter den Parteimitgliedern, vor allem über den kritischen Bericht Mikojans auf dem XX. Parteitag zu diskutieren.

Die 3. Parteikonferenz der SED vom 24. bis 30. März 1956 beschloß über die Weiterentwicklung der DDR für die nächsten fünf Jahre. In einer geschlossenen Sitzung verlas Karl Schirdewan den Delegierten die Geheimrede Chruschtschows. Nach der Konferenz erhielt die SED-Mitgliedschaft auf Parteiaktivtagungen und in Mitgliederversammlungen eine dosierte Information über die interne Rede Chruschtschows.[357] Schock, Schmerz und Bitterkeit waren groß. Fragen wurden laut. Auf die immer mehr bewegte Atmosphäre in der SED reagierte am 29. April ein sogenannter Politbüro-Artikel im „Neuen Deutschland" über die leninistische Geschlossenheit der Partei. Er unternahm einen Exkurs in die Geschichte der Arbeiterbewegung, verurteilte Dogmatismus und gab die dogmatische Entstellung der „Lehre des Marxismus-Leninismus" zu. Vom XX. Parteitag aufgeworfenen Fragen, wie nach den theoretischen Irrtümern Stalins, nach den fehlerhaften Methoden in der Partei- und Staatsarbeit und nach einem neuen Verhältnis von Partei, Arbeiterklasse und Volk, verstand er als Herausforderung zur Kritik an gewissen Fehlern der eigenen Partei. Zugleich erinnerte der Artikel daran, daß es in der DDR keine Auswüchse des Personenkults gegeben und kein Rajk-Prozeß stattgefunden habe, daß 1953 Schlußfolgerungen gezogen worden seien und 1954 ein neues Parteistatut angenommen worden war. Und er gab zu bedenken, daß „bei uns jene Parteimitglieder nicht recht (haben), die für die gegenwärtige Diskussion z. B. über Fragen des Personenkults, über die Fragen der Korrektur von Fehlurteilen, der Verletzung der sozialistischen Gesetzlichkeit in anderen Ländern den Schluß ziehen, daß wir in gleicher Weise, also im mechanischen, schablonenhaften Sinne eine Übertragung dieser Maßnahmen der Bruderparteien auf unsere Bedingungen vornehmen sollen."[358] Es deutete sich an, wie schwer es werden würde, die Schlußfolgerungen des XX. Parteitages für die SED umzusetzen.

Gleichzeitig hatten Ulbricht und das Politbüro vor und mit dem XX. Parteitag Schritte eingeleitet, um Folgen stalinistischer Repressalienpolitik zu korrigieren. An die Öffentlichkeit drangen die Vorgänge nicht. Bereits seit September 1955 erfolgte die systematische Rehabilitierung von Kommunisten und anderen Antifaschisten, die vor 1945 in der UdSSR verhaftet, verurteilt oder nach einem Todesurteil erschossen worden waren.[359] Zur Bearbeitung dieser Angelegenheiten hatte die ZPKK am 21. September 1955 eine Sonderkommission gebildet, deren Arbeit ein Beschluß des Sekretariats des ZK vom 23. November 1955 regelte. Ihr gehörten die Mitarbeiter der ZPKK Günther Tenner als Leiter sowie Herta Geffke und Ernst Altenkirch an. Ihre Vorentscheidungen mußten der ZPKK und dem Sekretariat zur Beschlußfassung unterbreitet werden. Bis Mitte Juli 1956 rehabilitierte die ZPKK 73 ehemalige KPD-Mitglieder, davon 15 postum.

Auf der 28. Tagung im Juli 1956 informierte Ulbricht das ZK und erklärte: „Bereits vor dem XX. Parteitag wurde begonnen, aus der Sowjetunion zurückkehrende ehemalige Mitglieder der KPD, die unschuldig in Prozesse verwickelt, respektive administrativ behandelt waren, voll zu rehabilitieren und ihre Mitgliedschaft in der Partei als nicht unterbrochen wiederherzustellen. Es ist eine selbstverständliche Pflicht, die Ehre der inzwischen verstorbenen und nicht zurückgekehrten Funktionäre und Parteimitglieder der KPD, die ebenfalls in solche Prozesse verwickelt waren, wiederherzustellen."[360]

Der Akt der SED-Spitze zur Rehabilitierung litt unter Halbherzigkeiten. Eine Aufklärung über Verhaftungen durch das NKWD aufgrund falscher Anschuldigungen wäre vermutlich nicht möglich gewesen. Sie war aber auch nicht gewollt. Unerkannt blieb die Rolle der deutschen Vertretung in der Kaderabteilung beim EKKI, die in den dreißiger Jahren auf Kaderlisten den Parteiausschluß abzeichnen mußte. Den aus der UdSSR zurückgekehrten Stalinopfern blieb ein öffentlicher Ehrenerweis versagt. Die Betroffenen wurden zum Schweigen angehalten. Zumeist wollten sie selbst nicht sprechen, um der SED und der Sowjetunion keinen Schaden zuzufügen. Wer solche SED-Mitglieder später kennenlernte, spürte Glauben an das Ideal einer neuen Gesellschaft, menschliche und politische Großzügigkeit, Bescheidenheit und Lebenshunger, aber niemals das ihnen zugefügte unfaßbare Leid. Erfahrungen für kritische Impulse versandeten. Stellvertretergeschichten aus der Sowjetunion überdeckten bittere Erlebnisse.[361]

Der Umfang und die Dramatik der verbrecherischen stalinistischen Praxis offenbarte sich erst seit 1989. Umgekommen waren KPdSU-Getreue wie Grete Wilde und Hugo Eberlein. Verurteilt wurden kommunistische Facharbeiter wie Friedrich Haberl oder junge Kommunisten wie Helmut König, Fridolin und Horst Seydewitz wegen angeblicher Attentatsabsichten auf Stalin. Selbst vor Schwangeren wie Alma Herm wurde nicht zurückgeschreckt, die ihre Tochter Irina im Butyrka-Gefängnis zur Welt bringen mußte. Tausende Frauen lebten mit ihren Kleinstkindern im Frauenlager Akmolinsk oder in anderen Zwangsarbeitslagern und sogar in Eislöchern am Polarkreis. Noch nach 1945 erfolgten unbegründete Zweit- und Drittverurteilungen. Freilassung aus dem Lager bedeutete gleichzeitig, eine Zwangsverpflichtung „für dauerhaften Verbleib am Ort“ zu unterzeichnen.[362] Solche und andere Repressalien, z. B. die Schauprozesse in den dreißiger Jahren, werden selbst heute noch nicht angenommen und zum Teil gerechtfertigt[363], obgleich seit langem vorliegende wissenschaftliche Dokumentationen[364] dazu herausfordern, sich menschlich zu öffnen und neue Positionen zu erarbeiten.[365]

Ein anderer Komplex der Korrektur stalinistischer Repressalienpolitik, dem sich Ulbricht und das Politbüro zuwandten, war die Überprüfung von Angelegenheiten ehemaliger Parteimitglieder. Am 19. April 1956 nahm die vom ZK eingesetzte Kommission ihre Tätigkeit auf. Ihre Arbeitsergebnisse faßte sie in einem Abschlußbericht vom 12. Juli 1957 zusammen.[366] Zur Kommission gehörten Walter Ulbricht, Hermann Matern, Friedrich Ebert, Karl Schirdewan, Ernst Wollweber, Helmut Lehmann, Hans Kiefert und Bruno Haid; hinzugezogen wurden Herta Geffke und Erich Mielke. Die Kommission überprüfte die Beschlüsse des ZK zur Angelegenheit Noel Field vom August 1950 sowie im Zusammenhang mit dem Slánsky-Prozeß und veranlaßte die Aufhebung der kadermäßigen Beschränkungen für ehemalige Westemigranten wie Bruno Fuhrmann und Hans Teubner. Sie verfügte die Aufhebung von Parteistrafen für Franz Dahlem, Gertrud und Wieland Herzfelde, Margarete Merker und andere sowie die Freilassung verurteilter Westemigranten wie Bruno Goldhammer, Hans Schrecker und Fritz Sperling. Die Kommission schlug vor, die im Zusammenhang mit dem 17. Juni 1953 ausgesprochenen Parteistrafen gegen Anton Ackermann, Hans Jendretzky und Elli Schmidt zu löschen sowie Max Fechner und andere zu begnadigen. Von 114 Parteistrafen, die die Kommission insgesamt bis zum 20. Juni 1956 überprüfte, hob sie in 80 Fällen die Ausschlüsse oder Streichungen auf, überlegte sie für Jacob Walcher die Wiederaufnahme in die SED. Eine Direktive vom 19. Mai 1956 an die Bezirks- und Kreisleitungen forderte, alle Parteiverfahren und Einsprüche schnellstens zu bearbeiten, Überspitzungen bei früheren Parteiverfahren zu korrigieren, Ausschlüsse von Mitgliedern zu prüfen, die vor 1933 „parteifeindlichen Gruppierungen“ angehört hatten. Ehemalige SED-Mitglieder, die ein unberechtigt hohes gerichtliches Strafmaß erhalten hatten oder wo die Strafe „überhaupt unberechtigt" gewesen war, sollten rehabilitiert werden. Ebenso sollten überspitzte Parteiverfahren wegen des Verstoßes gegen die Parteimoral korrigiert werden.

Die Kommission überprüfte die Unterlagen von SED-Mitgliedern, die von DDR-Gerichten verurteilt worden waren, und veranlaßte 86 Freilassungen. Sie schlug die Begnadigung von 691 ehemaligen Sozialdemokraten und die Nachprüfung von Strafsachen bei rund 400 Funktionären der anderen Parteien in der DDR vor. Sie empfahl, Kriegsverurteilte (3.308) zu begnadigen[367], Minderbelastete (11.698 Personen) freizulassen und bei 3.169 Personen die Strafe bedingt auszusetzen. Für die Durchführung der rechtlichen Maßnahmen waren das Ministerium der Justiz und der Präsident der Republik verantwortlich.

Obwohl die Umprofilierung der SED und der massenhafte Ausschluß kritischer Genossinnen und Genossen in den vorangegangenen Jahren deutlich gemacht hatte, daß sich eine innerparteiliche Opposition keine Chancen ausrechnen konnte, trug die zweite Hälfte der fünfziger Jahre ebenfalls Zeichen der Unruhe. Hervor traten Gruppen von Angehörigen der Intelligenz - Hochschulintelligenz, Kulturschaffende, Schriftsteller, Studenten. Mit dem Blick auf Generationen waren es Altkommunisten, die Konzentrationslager oder Westemigration hinter sich hatten, und besonders Vertreter der Aufbaugeneration, die Widerspruch anmeldeten. Charakteristisch war nicht Systemopposition, sondern die Entwicklung reformerischer Ansätze für demokratische Veränderungen in Partei und Gesellschaft. Ausgangspunkte wurzelten teilweise im Gründungskonsens der SED und im 17. Juni 1953, aber vor allem im XX. Parteitag der KPdSU.

Scheitern von Erneuerungsideen

Kaum daß die Diskussion bis zum Sommer 1956 um sich greifen konnte, ereilte sie im Herbst schon wieder der Bannfluch.

Im Politbüro des ZK der SED selbst nahmen die Auseinandersetzungen zu. Aus eigenem Erleben berichtet Karl Schirdewan, damals Mitglied des Politbüros: „Eine Auswertung, die verbunden war mit eigenständigen Schlußfolgerungen für die SED, wurde hinausgezögert. Man verwies auf den 17. Juni 1953 und meinte: nur keine Fehlerdiskussion."[368] Scharf brachte Fred Oelßner das Problem in einer schriftlichen Erklärung im Politbüro am 3. Juli 1956 zur Sprache. „Ich habe sorgfältig meine Eindrücke und meine Meinung geprüft"[369], teilte er mit. Er kritisierte die Artikel von Ulbricht vom 4. und 14. März sowie seine Rede vom 17. März und folgerte: „Hier wird wieder dekretiert, wie oft in ideologischen Fragen; ... Warum muß man der Partei die Unwahrheit sagen? ... Wir haben mit der Auswertung des XX. Parteitages noch nicht richtig begonnen. Darum haben wir auch keinen Aufschwung in der Partei. Vor allem in der Frage des Personenkultes weichen wir aus. Man muß den XX. Parteitag als Ganzes nehmen, kann nicht weglassen, was unbequem ist. Die großen Perspektiven des XX. Parteitages, die neuen Anschauungen in Fragen Krieg, Weg zum Sozialismus u. a. stehen im engen Zusammenhang mit der Kritik am Personenkult. Die Fragen können nicht abstrakt-theoretisch behandelt werden. Es ist nicht richtig, den Personenkult nur vom ideologischen Standpunkt aus zu behandeln. Für uns steht in diesem Zusammenhang die wichtige Frage: Gibt es in der SED einen Personenkult. Jawohl, es gibt ihn und im Zusammenhang damit ein persönliches Regime, das hauptsächlich vom Genossen Ulbricht ausgeübt wird. - Nach dem XX. Parteitag ist es - unter dem Druck des Feindes - sogar stärker geworden. Jede öffentliche Kritik am Genossen Ulbricht ist als unzulässig erklärt ... Viele Genossen in der Partei und im ZK sind mit diesem Regime unzufrieden, jedoch fürchten sie sich, das offen auszusprechen. Sie haben Angst, als Parteifeinde bezeichnet zu werden. Dies schafft eine ungesunde Atmosphäre in der Partei ... Das Hauptargument gegen das offene Aussprechen dieser Dinge ist die fanatische Hetze des Klassenfeindes, besonders gegen Gen. Ulbricht. Es ist jedoch falsch, diesem Druck nachzugeben und erkannte Mängel nicht auszusprechen. Wir lassen uns damit unser Handeln vom Gegner aufzwingen."[370] Schirdewan[371], der entsprechend seinen damaligen Erkenntnissen eine Umsetzung der kritischen Leitideen des XX. Parteitages anstrebte, erlebte bald darauf mit Ernst Wollweber[372], Gerhart Ziller[373] und anderen eine Niederlage. Seine Entmachtung durch Ulbricht im Februar 1958 und andere gravierende Entschlüsse verhinderten, das Tor zu reformerischen Veränderungen zu öffnen.

Doch den Dissenspunkten im Führungszirkel der SED wendet sich Peter Grieder detailliert zu. Zudem war ihr Ausgang nicht die einzige politische Rabulistik gegen Erneuerungsversuche.

Aus politischer und wissenschaftlicher Verantwortung beschäftigte sich Fritz Behrens[374] im ersten Halbjahr 1956 mit dem Problem der Ausnutzung ökonomischer Gesetze in der Übergangsperiode und legte darüber im Juli eine Arbeit vor[375]. Kernpunkt seiner Arbeit, wie ihn Behrens selbst bezeichnete, waren die Widersprüche im Wachstumsprozeß der sozialistischen Gesellschaft, besonders der Widerspruch zwischen Überbau und Basis. Behrens befaßte sich mit der wirtschaftlich-organisatorischen Funktion des Staates, dem Verhältnis von staatlicher Administration und Ausnutzung ökonomischer Hebel, um einen effektiven Weg für die richtige Verbindung zwischen der zentralen staatlichen Leitung der Wirtschaft und der maximalen Entwicklung der schöpferischen Aktivität der Werktätigen zu erschließen. Er wandte sich nicht gegen eine zentrale staatliche Leitung der Wirtschaft schlechthin, sondern gegen die Verwaltung der Produktionsmittel durch den Staatsapparat. Ein wirklich demokratisch verfaßter Zentralismus sollte es sein, „der die zentrale Planung unseres wirtschaftlichen Aufbaus mit der größtmöglichen Selbständigkeit der örtlichen Organe des Staates und der Betriebe" verbindet, „um die Initiative der Werktätigen allseitig zu entfalten."[376] Die neuen Potenzen, die den sozialistischen Produktionsverhältnissen innewohnten, sollten genutzt werden. So wies Behrens auf die Notwendigkeit hin, von der Verstaatlichung der Produktionsmittel zu ihrer tatsächlichen Vergesellschaftung weiterzuschreiten. Damit formulierte Behrens ein generelles theoretisches und gesellschaftliches Grundproblem, das aus der Sicht der Ökonomie die Kernfrage von Sozialismus und Demokratie aufwarf. „Die werktätigen Massen mit ihrer Schöpferkraft und Initiative *allein* sind es aber, die den Sozialismus aufbauen können"[377], schrieb Behrens.

Doch nach den weitsichtigen Überlegungen von Behrens bestand kein politischer Bedarf - im Gegenteil. Politische Inquisition wurde in Gang gesetzt. Im Dezember 1956 beschloß das Sekretariat des ZK der SED, daß die fertiggestellte Broschüre nicht ausgeliefert werden dürfe, da sie „demobilisierend auf die notwendigen Maßnahmen zur Festigung unserer Staatsmacht wirken"[378] könne. Ihre inhaltlichen Aussagen wurden bereits als „revisionistische Auffassungen" abgestempelt. Die Abteilung Wissenschaft und Propaganda beim ZK der SED wurde zu einer Stellungnahme, die Parteiorganisation im Verlag „Die Wirtschaft" zu einer Auseinandersetzung mit der Broschüre verpflichtet. Da Behrens als Leiter der Staatlichen Zentralverwaltung für Statistik seinen Assistenten Mann zum Chef des Internationalen Instituts für Weltwirtschaft nach Kiel gesandt hatte, um Unterlagen über Reparationsleistungen der DDR zu erhalten, beschloß das Sekretariat: „Das Sekretariat setzt den Leiter des Ministeriums für Staatssicherheit davon in Kenntnis und ersucht, Maßnahmen zu treffen, daß alles Material, das von Kiel geholt wurde, sowohl bei Mann als auch bei Professor Behrens beschlagnahmt wird."[379]

Auf dem 30. Plenum des ZK der SED, das vom 30. Januar bis 1. Februar 1957 tagte, beschuldigten Honecker und Ulbricht Behrens, daß er für ein Absterben des Staates, für eine Herabminderung der führenden Rolle der Partei, für eine Auflösung der Planwirtschaft und ihre Ersetzung durch die Selbstverwaltung der Produzenten, für einen jugoslawischen Weg sei. Nachdem ohne jegliche Erörterung der ernsten Sachprobleme die politischen Weichen gegen ihn gestellt und seine Überlegungen öffentlich diffamiert worden waren, konnte Behrens in einem Sonderheft der Zeitschrift „Die Wirtschaft" einen Beitrag veröffentlichen. Die Parteigruppen des Instituts für Wirtschaftswissenschaften bei der Deutschen Akademie der Wissenschaften mußten eine Entschließung über die Auseinandersetzung mit dem „revisionistischen Inhalt der Arbeiten der Genossen Behrens und Benary" erarbeiten, die sie am 15. Mai 1957 einstimmig annahmen. Behrens schrieb im Juni 1957 eine Stellungnahme, die das Büro des Politbüros am 4. Juli an alle Mitglieder und Kandidaten des Politbüros sowie des ZK übermittelte und die Mielke in seinem Sekretariat wohl verwahrte. Behrens akzeptierte dort Kritik, wo sie aufgrund mißverständlicher Formulierungen oder echter offener Fragen zu Recht bestand, wies aber angedichtete Konzeptionen zurück und verteidigte sein Grundanliegen. Ein Parteiverfahren hatte seinen weitgehenden Ausschluß von der politischen und wissenschaftlichen Öffentlichkeit zur Folge. Von diesen Auseinandersetzungen waren damals auch Gunther Kohlmey und Herbert Wolf betroffen.

Ebenfalls in revisionistischen Mißkredit gerieten auf dem 30. Plenum Vorschläge Kurt Viewegs.[380] In einem internen Agrarprogramm schlug Vieweg für die Entwicklung der Landwirtschaft vor allem die Anwendung ökonomischer Hebel und eine Stärkung des bäuerlichen Familienbetriebes vor, der mit moderner Technik und im wesentlichen ohne fremde Arbeitskräfte wirtschaften sollte. Auch die Meinung von Oelßner auf der 28. und 29. Tagung des ZK, die leistungsfähigen landwirtschaftlichen Produktionswirtschaften zu fördern und die Einzelbauern über ständige Arbeitsgemeinschaften allmählich auf den sozialistischen Weg zu führen, fand keine Gegenliebe.

Neben dem schwelenden Konflikt in der SED-Spitze, der erst Anfang 1958 offen nach außen drang, und den sofort abgewiesenen Vorschlägen für Änderungen im ökonomischen Bereich entwikkelte sich in der Partei sozialistische Kritik. Solche Kritik verfolgte das Ziel, stalinistische Praktiken zu überwinden, geistige Fesseln zu sprengen, ein demokratisches Parteiverständnis und einen eigenen, demokratischen Weg zum Sozialismus einzufordern. Dieser Aufbruch vollzog sich ambivalent und gewann zunehmend an Spannung, was nur mit wenigen Strichen skizziert werden kann.

Die SED-Führung stellte sich mit dem zweiten Fünfjahrplan ab 1956 durchaus akuten ökonomischen, sozialen und politischen Problemen. Während die Bundesrepublik einen sicheren Weg ins Wirtschaftswunder beschreiten konnte, mußte die DDR den Torso Wirtschaft entwickeln, aus dem schwerwiegenden Engpaß Energieproduktion herauskommen, nach einer kontinuierlichen Produktion streben wie auch Erwartungen der Menschen in bezug auf bessere Löhne, Renten und die Versorgung gerecht werden. Die UdSSR senkte den jährlichen Unterhalt für die stationierten sowjetischen Truppen von 1,6 Milliarden auf 800 Millionen DM und gewährte einen zusätzlichen Kredit. Für die örtlichen Organe und gewählten Vertretungen in den Bezirken, Kreisen, Städten und Gemeinden gab es mehr Entscheidungsfreiheit für ihre Territorien, die Rechte der Gewerkschaften wurden erweitert. Andererseits zeigten Kurzstreiks und Streikandrohungen in einzelnen Betrieben wegen Normen- und Tariffragen, wegen ausbleibender Materiallieferungen eine kritische Stimmung unter Arbeitern an.

Mit Selbstkritik, politischer Verführungskunst und klaren Worten in der Machtfrage widmete sich Ulbricht auf dem 28. Plenum den Themen Personenkult und Dogmatismus.[381] Er gestand Dogmatismus und Personenkult ein, aber nur für die Propaganda und damit nur als ideologisches Defizit; er bekannte, daß bei der Ausarbeitung und Durchführung der Politik „einzelne Fehler“ unterlaufen seien, aber nicht in der Generallinie. Ulbricht forderte zum Meinungsstreit über theoretische Fragen und neue Erkenntnisse heraus, beharrte aber auf dem Vorsatz, auf der Grundlage der gefaßten Beschlüsse eine einheitliche Meinung herauszubilden und nicht außerhalb der SED zu diskutieren. Von nun an galt, die „ideologische Überzeugungsarbeit“ zum Hauptinhalt der Parteiarbeit zu entwickeln. Mit Ablehnung sprach Ulbricht deshalb über den fehlenden Unterschied zwischen Diskussionen intern und außerhalb der SED. Es störten ihn die innerparteiliche Kritik am demokratischen Zentralismus und am Zustandekommen der Beschlüsse sowie die Fragen nach einem demokratischen Weg, nach der Richtigkeit der Theorie über die Diktatur des Proletariats, nach der Haltung Palmiro Togliattis, Generalsekretär der Italienischen KP (IKP), nach politischen Geschehnissen in Budapest und Warschau. Das ZK teilte im Kommuniqué der 28. Tagung verhalten mit, daß die im Beschluß des ZK vom 24. August 1950 genannten Maßnahmen, soweit sie mit den Prozessen gegen Rajk und Kostoff 1949 zusammenhingen, aufgehoben seien.[382]

Togliatti war der erste Parteiführer, der in seinem Bericht vor dem ZK der IKP am 16. März 1956 die Kritik Chruschtschows am Personenkult als unzureichend charakterisierte, weil sie die Ursachen der entstandenen Probleme nicht erklärte. Er erwartete, sich kritisch mit dem sozialistischen System selbst auseinanderzusetzen, bisherige Fehler der regierenden kommunistischen Parteien mutig aufzudecken, ihre Korrektur energisch in Angriff zu nehmen, einer neuen Politik den Weg zu ebnen. Die darüber in die westliche Presse gelangten Informationen erreichten teilweise auch SED-Mitglieder.

Forderungen in Polen, in der Tschechoslowakei, in Ungarn und in der DDR nach Demokratie, nach dem Aufdecken stalinistischer Gewalttaten und Ungesetzlichkeiten und nach einer demokratischen Rolle der Partei, die sich in Ungarn und Polen sehr bald zuspitzten, widerspiegelten eine Systemkrise im Ostblock. Poznan erlebte am 28. Juni 1956 Arbeiterstreiks und Demonstrationen mit bewaffneten Zusammenstößen, Verletzten und Toten. Das Festhalten an schuldig gewordenen Führungsgarnituren (in Ungarn Mátyás Rákosi und Ernö Gerö, in Polen Edward Ochab und dem sowjetischen Marschall Konstantin Rokossowskij) erweckte Zorn in der Gesellschaft. In Polen wurde seit Sommer der Ruf nach dem ehemals inhaftierten Wladyslaw Gomulka (1951-1954/55) laut. In Ungarn und Polen hatten innere Ursachen, z. B. Zwangsmaßnahmen auf dem Lande, Ausschaltung anderer Parteien, Ignoranz nationaler Besonderheiten, zögerlicher Umgang mit Rehabilitierungen, ernste Versorgungsprobleme und kein entschiedener Kurs auf einen Weg ohne sowjetische Bevormundung, Unzufriedenheit bis zur Bereitschaft zum offenen Widerstand reifen lassen.

In Ungarn trat Rákosi als Erster Sekretär der Partei auf sowjetischem Druck zurück und hinterließ auf diesem Posten den nicht weniger belasteten ehemaligen Minister für Inneres, Ernö Gerö. In Polen wählte das ZK der Polnischen Vereinigten Arbeiterpartei (PVAP) trotz hartnäckigen Widerstands von sowjetischer Seite Gomulka am 21. Oktober zu seinem Ersten Sekretär. In seiner programmatischen Rede auf dem 8. PLenum des ZK der PVAP am 22. Oktober legte Gomulka die ernste Situation in Polen offen, rechnete mit der stalinistischen Vergangenheit ab und verkündete einen eigenen Weg mit Wirtschaftsreformen, geheimen Wahlen, Arbeiterselbstverwaltung und einer gleichberechtigten Stellung Polens gegenüber der UdSSR.

In Ungarn regten das Erbe des revolutionären Dichters Sándor Petöfi (1823-1849) und der nach ihm benannte Club die Diskussion an. Hinzu kamen das Öffentlichwerden der Verbrechen von 1949 gegen Rajk und andere sowie die erste nicht organisierte Massenkundgebung mit rund 250.000 Menschen anläßlich der Beisetzung Rajks und anderer am 6. Oktober. Ungarn solidarisierte sich mit Gomulka und seinen Reformbestrebungen. Der Beginn eines Volksaufstandes am 23. Oktober in Budapest führte Studenten, Arbeiter, Polizei- und Armeeangehörige zusammen. Zu dessen Niederwerfung setzte Gerö nicht nur ungarische Sicherheitskräfte ein, sondern er ersuchte noch am 23. Oktober Botschafter Juri Andropow um Hilfe der in Ungarn stationierten sowjetischen Truppen.[383] Das ZK der Partei berief am 25. Oktober den einst unter Rákosi verhafteten János Kádár (1951-1954) zu seinem Ersten Sekretär. Der Ausbruch des Aufstandes verschärfte sich, indem auch konservativ-reaktionäre Kräfte agierten und antisowjetische Stimmungen anwuchsen und schlug durch das Eingreifen sowjetischer Truppen zur Niederschlagung des Aufstandes in einen Bürgerkrieg um. Er mündete in ein Meer von Blut und Tränen. Ab 4. November erfolgte ein zweiter Einsatz sowjetischer Truppen in Abstimmung mit Ungarn, China, Polen, der Tschechoslowakei, Bulgarien, Rumänien und Jugoslawien.[384]

Auch andere Probleme wirkten in der damaligen Situation auf die SED/DDR ein. Erinnerungen an das Umbruchjahr 1948 wurden wach, als der SBZ das sowjetisch-stalinistische Modell für Partei und Staat oktroyiert wurde. Neben politischen Debatten setzte eine breit gefächerte Marxismus-Diskussion ein, die mit dem von Mao Zedong, Vorsitzender der KP Chinas, im Februar 1956 verkündeten Grundsatz „Laßt alle Blumen blühen" Nahrung erhielt. Aufgebrochen werden sollte der sogenannte institutionelle Marxismus-Leninismus mit seinen installierten stalinistischen Dogmen. Fragen nach der materialistischen Dialektik und ihres Verhältnisses zu den Einzelwissenschaften, der Widerspruchs- und Erkenntnistheorie, der Negation der Negation sowie nach Sozialismus und Freiheit, für die Namen wie Fritz Behrens, Ernst Bloch und Robert Havemann standen, wurden zwar bald wieder zurückgedrängt, wirkten aber latent fort. Solche marxistischen Erfrischungsdebatten liefen auch in der Tschechoslowakei, in Polen und Ungarn. Polnische, ungarische, jugoslawische und westliche Druckerzeugnisse arbeiteten mit dem Terminus Stalinismus als Synonym für Systemschwächen im Sozialismus.

Veränderungsdruck in der SED wurde von den Fronten des Kalten Krieges flankiert. „Wir verdienten Prügel, wenn wir nicht eine der größten Krisen des Kommunismus ausnützten und offensiv würden"[385], erklang es von Willy Brandt auf einer Funktionärkonferenz der SPD Westberlins. „Die Welt" frohlockte am 8. Mai 1956, daß „ein Großteil der Genossen murrt. Wann wird er meutern?" Adenauer hoffte im Sommer 1956 auf eine „Befreiung der siebzehn Million Deutschen"[386], wie er später in seinen Erinnerungen niederlegte. Bekannt wurde der Vorschlag eines SPD-Abgeordneten, „der Sowjetunion einen 'Kaufpreis' für die Zone an(zu)bieten"[387]. Das Offenlegen von Tatsachen über die Tätigkeit amerikanischer Geheimdienste in der DDR auf einer Pressekonferenz am 10. Juli 1956 und die Festnahme von 137 Agenten, Hunderte von Gasballons, die über Städten der DDR Flugblätter abwarfen, sowie das Verbot der KPD im August 1956 verschärften

Spannungen. Manches SED-Mitglied schlug seine Kritik ganz sicher in leiseren Tönen an.

Zum anderen bewirkten fehlende, selektive und entstellte Informationen im „Neuen Deutschland", wie z. B. über die Ereignisse in Polen, unter SED-Mitgliedern bissige Kritik sowie ihren Drang, an vorenthaltene Materialien heranzukommen. Aus mündlichen und schriftlichen Erinnerungsberichten sowie Prozeßurteilen jener Zeit ergibt sich folgender gefragter Literaturkatalog: die Geheimrede Chruschtschows, Wolfgang Leonhard „Die Revolution entläßt ihre Kinder", Gustav Wetter „Dialektischer und historischer Materialismus und die Sowjetunion", die Beiträge Togliattis vom März und Oktober 1956, die Reden von Gomulka im Oktober und von Tito in Pula im November 1956. Wetter, Leonhard und Tito standen als „westliche Feindliteratur", „Machwerke", „staats- und parteifeindliches Material"[388] vor Gericht.

Anknüpfend an die Ereignisse in Ungarn und gestützt auf eine eigene Analyse über die Lage an den Universitäten der DDR vom 2. Oktober 1956, erließ das Ministerium für Staatssicherheit am 3. November 1956 die Richtlinie 1/56 über die Abwehr feindlicher Tätigkeit an den Universitäten und Hochschulen.[389] Sie forderte, die bisher unsystematische Arbeit an den Universitäten zu überwinden und wies Schwerpunkte für die künftige Arbeit und den Aufbau eines Netzes von gesellschaftlichen Informanten und Mitarbeitern an.

In Vorbereitung des 29. Plenums der SED, das vom 12. bis 14. November 1956 tagte, begann die Attacke gegen Schirdewan, der als Berichterstatter vorgesehen war. Ulbricht und Honecker warfen ihm eine Unterschätzung der NATO, Verharmlosung der Vorkommnisse in Polen und Ungarn wie auch eine ungenügende Prinzipienfestigkeit in innerparteilichen Fragen vor. Schirdewans Anliegen, Schlußfolgerungen aus dem XX. Parteitag nicht wieder aufzugeben, wurde faktisch verdrängt. Schirdewan mußte den Entwurf seines Berichts überarbeiten. Unter den insgesamt 51 Diskussionsrednern auf der Tagung befanden sich alle 14 Mitglieder und Kandidaten des Politbüros. Die Diskussion befaßte sich mit realen Problemen der Wirtschaft, der Jugend und der ideologischen Auseinandersetzung. Sie ging auf die Frage der Arbeiterrechte ein, die in den Betrieben erörtert wurde. Ulbricht schlug vor, eine Konferenz durchzuführen, auf der über die Bildung von Arbeiterkomitees gesprochen und deren möglicher Status abgesteckt werden sollte. Gleichzeitig steckte er die Grenzen ab - keine Selbstverwaltung der Betriebe, keine Einschränkung der Rechte der Gewerkschaften, keine Neuauflage der 1948 aufgelösten Betriebsräte. Eine einhellige Meinung gab es darüber nicht. Wie in der Bundesrepublik, in der UdSSR und in der CSR sollte auch in der DDR die Arbeitszeit allmählich gesenkt werden. Nach einem Eingeständnis von Walter Ulbricht waren Willi Stoph und Erich Mielke extra beauftragt worden, auf der Tagung ausführlich über erhöhte politische Wachsamkeit zu sprechen. Sie warnten vor bundesdeutschen Versuchen der „Zersetzung" und des Wachhaltens einer „Aufstandssituation". Otto Grotewohl mahnte, die Führung nicht zu gefährden, weil es „Zerfall" der Partei und letztlich der DDR bedeuten würde. Er forderte ein konsequenteres Hinwenden zur ganzen Arbeiterklasse und allen fortschrittlichen Menschen.

Für die antistalinistischen „Freidenker" im Bezirk Leipzig, besonders an der Universität, schlug Paul Fröhlich, Erster Sekretär der SED-Bezirksleitung, schon einen Tag nach dem 29. Plenum seinen Funktionären vor: „Ich bin dafür, daß wir Methoden ergreifen, die analog sind, wie wir uns früher mit der SA und SS auseinandergesetzt haben."[390] Am 15. Dezember lag ein 10seitiger Bericht über prosozialistische SED-Oppositionelle in Leipzig und der DDR sowie über Persönlichkeiten wie Ernst Bloch auf dem Tisch der Bezirksleitung.[391] Schon Anfang des Jahres 1957 überzog das Philosophische Institut an der Universität eine Welle von Parteiverfahren, und Bloch durfte die Universität nicht mehr betreten.

Die Verweigerung und Halbherzigkeit der SED-Spitze in Fragen des Antistalinismus, die gesellschaftlichen Prozesse in Polen und Ungarn[392] und die erfundene „staatsfeindliche Gruppe" Harich schlugen die Brücke, um zum Abwürgen innerparteilicher Kritik und zur erneuten Einschüchterung der Partei überzugehen.

Erste Notizen Harichs: „Über die Besonderheiten des deutschen Weges zum Sozialismus" erfolgten offensichtlich unmittelbar nach dem XX. Parteitag der KPdSU. Eine zweite Fassung: „Die wichtigsten Grundsätze für das Dokument über den besonderen deutschen Weg zum Sozialismus", brachte er nach der 28. Tagung des ZK der SED im Juli 1956 zu Papier. Das von Harich an den Sekretär der sowjetischen Botschaft übergebene „Memorandum“, über das er am 25. Oktober mit Botschafter Georgi Puschkin selbst sprach, übermittelte Puschkin an Ulbricht. Nach Wollwebers Erinnerungen erhielt er von Pitrowanow (auch Petruwanow), dem Chefberater von der sowjetischen Staatssicherheit, Informationen. Ulbricht warnte Harich in einem Gespräch am 7. November, daß ein Petöfi-Klub im Keime erstickt werden würde.[393] Wie Harich selbst schrieb, unterhielt er seit dem 1. November 1956 Kontakt mit der SPD in Westberlin und danach auch mit dem Ostbüro der SPD, was in der DDR strafrechtlich relevant war.[394] Dabei wurde er vom MfS observiert. Bis 25. November verfaßte Harich den Entwurf seiner eigentlichen Plattform: „Über die Aufgaben der SED im Kampf für die Festigung ihrer Reihen, für die sozialistische Demokratisierung der DDR und für die friedliche Wiedervereinigung Deutschlands auf der Grundlage der Demokratie, des Sozialismus, der nationalen Souveränität und Unabhängigkeit und der Freundschaft mit allen Völkern“[395].

Mit den drei Schwerpunkten der Plattform: „Die Partei“, „Programm des besonderen deutschen Weges zum Sozialismus“ und „Sofortmaßnahmen“ bot Harich nicht nur Impressionen, sondern steckte fast ein ganzes Partei- und Regierungsprogramm ab, das nicht frei war von Illusionen. Daß die Partei an erster Stelle rangierte, markierte, wo der Ausgangspunkt liegen mußte. Doch Harich wandte sich nicht schlechthin gegen den bolschewistischen Parteityp, den die SED inzwischen verkörperte. An der Rolle der SED als Avantgardepartei und der eisernen Disziplin hielt auch er fest. Zugleich formulierte er kühne Ansprüche, die eine explosive innerparteiliche Diskussion bewirkt hätten. Zum Beispiel wollte er die Trennung von Partei und Staatsapparat, die Entlassung der Gewerkschaften aus ihrer Rolle als Transmissionsriemen, den Verzicht auf kommandierte Willensäußerungen, die Veröffentlichung und Diskussion des Herrnstadt-Dokuments, das Bekenntnis zu Jugoslawien, zum 17. Juni 1953, zu Poznan und zum Ungarn-Aufstand als Glieder revolutionären Kampfes. Harich forderte das Aufdecken unter Verschluß gehaltener Probleme der kommunistischen Bewegung (Bucharin, Trotzki, Komintern) und die Besinnung auf Traditionen der deutschen Arbeiterbewegung (Luxemburg).

Einiges, was Harich aufgriff, z. B. eine Amnestie und die Rehabilitierung verurteilter Funktionäre, war schon im Gange. Anderes, wie die Aufhebung des obligatorischen Charakters des Gesellschaftswissenschaftlichen Grundstudiums und Russischunterrichts, war an Universitäten schon aktuell. Eine Auflösung der Nationalen Volksarmee (NVA), des MfS u. a. Ministerien hätte unter den zugespitzten Bedingungen vermutlich keine hinreichende Basis gefunden.

Harichs „Programm" für einen besonderen, im Grunde dritten deutschen Weg mit dem Ziel, zu einem einheitlichen Deutschland zu kommen, entsprach gewissen Hoffnungen jener Zeit. Zudem hatte die SPD auf ihrem Parteitag im Juli 1956 erklärt, „sich für eine sozialistische Neugestaltung Deutschlands" einzusetzen und die Wiedervereinigung nicht „mit einer Reprivatisierung des enteigneten Großbesitzes und der Überführung neu aufgebauter Werke in Privatbesitz zu verkoppeln".[396] In bezug auf die Ambitionen eines Eingreifens in die Politik der vier Großmächte und auf die Chance einer von der SPD regierten Bundesrepublik krankten Harichs Ideen an Realitätsferne.

Die Schwächen seines wirtschaftspolitischen Konzepts sah Harich selbst, weshalb er sich nach Abschluß seines Entwurfs noch am 25. November wegen einer Überarbeitung an Bernhard Steinberger wandte. Unmittelbar brisant waren seine Sofortmaßnahmen für eine Neuwahl des Politbüros, die Umbildung der Regierung und die Säuberung des Parteiapparates.

Die Plattform war in ihrer Endfassung keinem bekannt. Die sogenannte Gruppe mit Harich, mit Manfred Hertwig und Bernhard Steinberger nahmen Offiziere des MfS am 29. November fest, die ausgearbeiteten Dokumente wurden sichergestellt. Obgleich Hertwig und Steinberger gar nicht an der Plattform beteiligt waren und noch nichts ermittelt war, berichtete die „Mitteilung des Generalstaatsanwalts"[397] im „Neuen Deutschland" sofort von einer „staatsfeindlichen Gruppe". Der erst im Oktober 1955 aus Workuta zurückgekehrte Steinberger wurde als „wegen Vergehens gegen den Frieden bereits vorbestraft" verleumdet. Herbert Crüger von der Humboldt-Universität, der Steinberger kannte, protestierte in einem Brief vom 5. Dezember an Walter Ulbricht und Hilde Benjamin. Er brandmarkte den Vorgang als „Rechtfertigung der Verbrechen des Provokateurs Berija und seiner Helfer"[398].

Am 17. Dezember 1956 erhielt Ulbricht vom MfS eine Information gleichen Datums über Ermittlungsverfahren gegen Harich, Janka, Steinberger, Hertwig und Giersch. Noch am selben Tag brachte Ulbricht eine Notiz zu Papier, in der er den Mitgliedern und Kandidaten des Politbüros mitteilte, daß er nachträglich von einer Plattform Harichs Kenntnis bekommen habe, die „seine Meinung“[399] bestätigen würde. In der Sitzung vom 18. bis 20. Dezember beschäftigte sich das Politbüro mit dem ersten Zwischenbericht über das „konterrevolutionäre Zentrum“ Harich. Am 20. Dezember 1956 übermittelte das Büro des Politbüros das eingegangene Material vom 17. Dezember an alle Mitglieder und Kandidaten des ZK. Nach einer weiteren Beratung im Politbüro am 15. Januar 1957 entstand ein maschinenschriftliches Papier mit Datum vom 26. Januar 1957 und dem Titel: „'Die konterrevolutionäre Gruppe Harich und Andere'. Information für die ZK-Mitglieder. Streng vertraulich.“[400] Inhalte des Harich-Konzepts drangen nun nur mit dem Stigma „staatsfeindliche Gruppe“, „konterrevolutionäre Konzeption“, „besonderer jugoslawischer Weg“, „Preisgabe sozialistischer Errungenschaften“, „Restauration des Kapitalismus“ und Zusammenarbeit mit dem SPD-Ostbüro an die Öffentlichkeit.

Am 4. Dezember erhielten die Mitglieder und Kandidaten des ZK die Übersetzung der Rede von Josip Broz Tito in Pula vom 11. November. Tito äußerte sich darin kritisch über die Beschränkung der Kritik auf die Person Stalins, weil der Personenkult „in Wirklichkeit das Produkt eines Systems war“. Er verurteilte den ersten Einsatz sowjetischer Truppen in Ungarn und bewertete den zweiten Einsatz vom 4. November zwar auch als „schlecht“, der aber positiv wirken könnte, wenn er dem Weltfrieden und dem Sozialismus nützt.[401]

In Ulbrichts ehemaligem internen Archiv befindet sich die 21seitige Originalübersetzung eines Briefes mit dem Vermerk „Streng vertraulich“, den Chruschtschow im Dezember 1956 an Tito geschrieben und offensichtlich Ulbricht übermittelt hatte.[402] Mit Bezug auf einen Brief Titos und dessen Rede in Pula formulierte Chruschtschow im Grunde drei Leitsätze: Er lehnte erstens die Kritik am Sowjetsystem ab, verwies auf den Charakter der Produktionsverhältnisse und der staatlichen Ordnung und erklärte, die „Frage der sozialistischen Natur des Sowjetsystems ist die Kernfrage des Leninismus und in dieser Beziehung darf es in den marxistischen Parteien nicht zweierlei Meinung geben."[403] Zweitens mahnte er, man „kann in der Politik nicht von der realen internationalen Situation abstrahieren ... Es wäre ein gefährliches Spiel mit dem Schicksal des Sozialismus und ein Verlust des Gefühls für die geschichtliche Verantwortung".[404] Und schließlich erinnerte er drittens an Lenins Gedanken von der „eisernen und im Kampf gestählten Partei". Auf der Beratung zwischen Delegationen des Politbüros des ZK der SED und des Präsidiums des ZK der KPdSU unter Leitung von Ulbricht und Chruschtschow am 6./7. Januar 1957 in Moskau kam es nicht zu dem vorgesehenen Meinungsaustausch über Unstimmigkeiten im Politbüro der SED[405], aber zu wichtigen Konkordanzen in Grundfragen. Beide Delegationen stimmten darin überein, daß trotz aller Unterschiede der Weg zum Sozialismus auf der Grundlage allgemeiner Gesetzmäßigkeiten zu erfolgen habe.

Auf der 30. Tagung des ZK der SED vom 30. Januar bis 1. Februar 1957 starteten Honecker mit dem Bericht und Ulbricht mit seinem Referat die Offensive gegen „revisionistische Anschauungen" in Politik, Ökonomie, Recht und Ideologie. Frieden im innern und nach außen, das war die Grundlinie im Bericht von Erich Honekker. Dazu gehörte auch ein Beschluß der 30. Tagung über die Arbeit der Parteikontrollkommissionen. Sie sollten, wie Honekker begründete, Parteiverfahren gegen solche Mitglieder durchführen, die parteifeindliche Auffassungen in die Partei hineintrugen, führende Genossen verleumdeten, fraktionelle Tätigkeit entfalteten, die Durchführung der Parteibeschlüsse sabotierten und die Einheit der Partei untergruben.

Mit dem Referat von Walter Ulbricht wurden zwei Erkenntnisse des XX. Parteitages abgeschwächt: Erstens vertrat er den Standpunkt, daß die ständige Verschärfung des Klassenkampfes für die Spezifik der DDR besonders zutraf. Abgesehen von der echten Spezifik der Spaltung Deutschlands, bedeutete die Auffassung, gegenüber den Schichten des Kleinbürgertums und der Masse der Einzelbauern sowohl das Klassenkampf- als auch das Bündnisprinzip anzuwenden. Zweitens schätzte Ulbricht einen „nationalen Kommunismus" als Weg ein, der mit der „marxistisch-leninistischen Lehre vom Sozialismus" nichts gemein habe und eine Tarnungsform des Imperialismus für die Konterrevolution sei. Gleichzeitig lobte er das Politbüro der KPdSU unter Stalin für den

„besonderen deutschen Weg“ in der SBZ ab 1945. Ungarn habe bewiesen, so Ulbricht, daß es keinen „dritten Weg“ gäbe. Die Erfahrungen der KPdSU wurden erneut als Beweis für gemeinsame Prinzipien und Gesetzmäßigkeiten beim Aufbau der sozialistischen Gesellschaft in den Vordergrund gestellt. „Weder die gegnerische Hetze ‘gegen den Stalinismus’ noch revisionistische Theorien und auch nicht gewisse Experimente in Polen“[406], die für die DDR empfohlen wurden, konnten uns von dem richtigen Weg abbringen, referierte Ulbricht. „Es geht also bei uns in der Hauptsache nicht darum, ‘alle Blumen erblühen zu lassen’, sondern vielmehr um eine richtige Zuchtauswahl der Blumen“.[407]

Der erste Urteilsspruch in einem Prozeß wegen Staatsverrats erging am 9. März 1957 gegen die Harich-Gruppe.[408] Aus dem Zeugenstand heraus waren am 8. März Gustav Just, Heinz Zöger und Richard Wolf festgenommen worden, womit die zweite „konterrevolutionäre Gruppe“, die Gruppe Janka, perfekt gemacht wurde. Janka und Genossen verurteilte das Oberste Gericht am 26. Juli 1957.[409] Hatte ein Jahr zuvor, im Mai 1956, eine vom Politbüro und Ministerrat einberufene Konferenz der Richter und Staatsanwälte zur Wahrung der sozialistischen Gesetzlichkeit aufgefordert, so wurde nun am 14. März 1957 auf einer Tagung der Obersten Staatsanwaltschaft über Staatsverbrechen und antidemokratische Delikte eine „Liberalisierung“ kritisiert. „Wir haben nicht rechtzeitig nach den Ungarn- und Polenereignissen geschaltet“[410], konstatierte Generalstaatsanwalt Ernst Melsheimer. Josef Streit mußte seine Position aufgeben, daß nicht jedes Verbrechen Ausdruck des Klassenkampfes sei. Die Deutsche Akademie für Staats- und Rechtswissenschaften wurde wegen einer „großen Fülle“ subjektivistischer und liberalistischer Gedanken gerügt. Bei seinen Ausführungen über den Harich-Prozeß gestand Melsheimer die „Unvollendung der Handlung“ zu und stellte fest, daß Harich erst dann verbrecherisch geworden sei, „als er andere geworben hatte und seine Konzeption im ZK durchzusetzen versuchte“[411].

Der Tenor der Tagung der Obersten Staatsanwaltschaft fand seinen Niederschlag in der Linie des Strafrechtsergänzungsgesetzes, das bis zum 11. Dezember 1957 in der Endfassung vorlag und im Februar 1958 in Kraft trat. Dieses Gesetz fixierte eine Ergänzung zum Strafgesetzbuch, Besonderer Teil, über Verbrechen gegen den Staat und die Tätigkeit seiner Organe. Es setzte die Erfahrungen im Umgang mit dem Artikel 6 der Verfassung in Verbindung mit dem Gesetz Nr. 10 und der Direktive Nr. 38 des Alliierten Kontrollrates um. Das Gesetz löste die „Generalklausel" des Artikels 6 mit dem Bezug auf Boykotthetze auf. Tatbestände, die bisher nach Artikel 6 bestraft worden waren, wurden nun einzeln als Staatsverrat, Spionage, Sammlung von Nachrichten, Verbindung zu verbrecherischen Organisationen oder Dienststellen, staatsgefährdende Gewaltakte, Angriffe gegen örtliche Organe der Staatsmacht, staatsgefährdende Propaganda und Hetze, Staatsverleumdung, Verleiten zum Verlassen der DDR, Diversion, Schädlingstätigkeit und Sabotage beschrieben.[412]

Die Konstruktion sogenannter konterrevolutionärer Gruppen um Harich und Janka diente als Vorwand, um „Schwächen" des MfS herauszustellen und Sicherheitsminister Ernst Wollweber als einen Kritiker Ulbrichts auszuschalten. Die im Herbst 1956 gebildete und von Ulbricht geleitete Sicherheitskommission des ZK der SED[413] verlangte Veränderungen in der Arbeit des Ministeriums. Auf Beschluß des Politbüros der SED vom 9. Februar 1957 wurden einige Bezirksverwaltungen des MfS überprüft. Am 16. April 1957 befaßte es sich mit einer von Honecker abgezeichneten Vorlage der Sicherheitskommission für die Verbesserung der Arbeit des MfS. Trotz bedeutender Erfolge „in der Aufdeckung von Spionen, Saboteuren und anderen Feinden", habe es „eine Reihe sehr ernster Schwächen und Mängel in der Arbeit"[414] gegeben, heißt es in dem Beschluß. Die leitenden Funktionäre des MfS erhielten eindeutige Order. Zu verbessern war die gesamte Tätigkeit - von der Gestaltung der Kollegiumssitzungen bis zur Arbeit in den Bezirksverwaltungen. Regelmäßige Analysen über die Lage in der DDR und über die feindlichen Kräfte, die Überprüfung bisheriger Befehle, die sachkundigere Zusammenarbeit mit GI (Gesellschaftliche Informanten) und GM (Gesellschaftliche Mitarbeiter) wurden gefordert. Der Beschluß legte die Linie für den Informationsfluß an die Partei und Regierung über die Absichten der Geheimdienste und feindlichen Gruppierungen sowie über die Stimmung in der Bevölkerung und über Mißstände fest. Er gab Richtlinien für die Kader- und Schulungsarbeit. Dieser Beschluß kam einer politischen Demontage des Sicherheitsministers zugunsten des Machtanspruchs Ulbrichts gleich. Wollweber folgte zwar auch einem machtbewußten Konzept für Sicherheit nach innen und außen, jedoch ohne autoritären Anspruch für sich und sein Ministerium, ohne Klassenkampfsyndrom nach innen und mit Aufgeschlossenheit für die Tauwetter-Atmosphäre. Die Zuspitzung seiner politischen Differenzen mit Ulbricht besonders im Zusammenhang mit der Festnahme Harichs wurden zum Sprungbrett für Erich Mielke.[415]

Prosozialistische intellektuelle Oppositionszirkel mit SED-Funktionären an den Universitäten Berlin, Halle und Jena gerieten nach der 30. Tagung des ZK im Januar 1957 ins politische Kalkül. Observiert, durch Diskussionen in mehreren Parteiversammlungen und Weitergabe von Berichten an das MfS in die Enge getrieben, wurden Angehörige dieser Gruppen Ende 1957/Anfang 1958 inhaftiert und zum Jahresende 1958 wegen „Staatsverrat“ vor Bezirksgerichten abgeurteilt.[416] Ihr Anliegen war faktisch die Rückkehr zum Gründungskonsens der SED, eine politisch demokratische und geistig offene sozialistische Gesellschaft. Das Urteil gegen Herbert Crüger und andere widerspiegelt die Optionen dieser Gruppierungen: „1. Änderung des Charakters der SED und Veränderung im innerparteilichen Leben der SED. 2. Veränderung in der Zusammensetzung des ZK der SED und des Parteiapparates. 3. Fragen des Verhältnisses zwischen der Partei und den werktätigen Massen in der DDR. 4. Fragen der Organisation des Staats- und Wirtschaftsaufbaus in der DDR. 5. Fragen der Demokratie. 6. Bestrafung der für die angeblich fehlerhafte Politik in der Vergangenheit verantwortlichen Funktionäre.“[417] Das Gericht konstruierte einen Zusammenhang, der sich auch in anderen Urteilen findet und für innerparteiliche „Opposition“ gültig blieb. Es unterstellte den Angeklagten, daß „solche parteifeindliche Tätigkeit gleichzeitig auch eine staatsfeindliche Tätigkeit ist, denn die Sozialistische Einheitspartei Deutschlands ist die führende Kraft in unserem Staat; ein Angriff gegen die Partei der Arbeiterklasse ist zugleich ein Angriff gegen unsere Arbeiter-und-Bauernmacht. Den Angeklagten war es somit bewußt ..., daß ihre strafbare Handlung eine Gefährdung unserer Gesellschaftsordnung darstellt.“[418]

Kassationsverfahren gegen solche Urteile, die das Oberste Gericht der DDR nach der Wende durchführte, reflektieren bestimmte justitielle Übereinstimmungen. Sie begründen, daß die Straftat, die verfassungsmäßige Staats- und Gesellschaftsordnung der DDR durch einen gewaltsamen Umsturz beseitigen zu wollen, nicht gegeben war. Und sie urteilen, daß das Verhalten der Betroffenen sich nicht auf eine Beseitigung der verfassungsmäßigen Ordnung richtete, „sondern auf Veränderungen im Rahmen der Verfassung vom 7. Oktober 1949“[419], und sie „ausschließlich ihr demokratisches Recht auf freie Meinungsäußerung“[420] wahrnahmen, das ihnen gemäß Artikel 9 der Verfassung garantiert war.

An den Universitäten der DDR erhoben Studenten, darunter SED-Mitglieder, bestimmte Forderungen oder arbeiteten konspirativ. Einige von ihnen kamen ebenfalls in Haft.[421] Einzelne Ausgaben der damals vom Ostbüro der SPD herausgegebenen Schrift „Einheit“ berufen sich ohne Nachweis auf SED-Mitglieder als Autoren. So die Nummer über die Ereignisse in Ungarn und Polen, die an Trotzki anknüpft und u. a. die Beseitigung der SED-Führung, die Auflösung des MfS, die Freilassung politischer Gefangener, die Sicherung der Meinungs- und Gewissensfreiheit formuliert. Ein Heft über die These vom unterschiedlichen Weg zum Sozialismus gibt Lenin-Zitate wieder. Bekannt sind die Brüche in Biographien solcher interessanten Schriftsteller wie Alfred Kantorowicz, Bruno Giordano, Erich Loest und Gustav Just. Sie brachen mit einer Utopie nicht wegen des Schocks über die Enthüllungen des XX. Parteitages, sondern wegen des Abwürgens einer freien Debatte und einer Bewegung für Demokratisierung und Erneuerung der Partei. Gustav Just erklärte 1989, daß er in seinen vier Jahren Haft, fast immer Einzelhaft, Gelegenheit hatte, über alles nachzudenken und vom Kommunisten zum Sozialdemokraten wurde.

Was mit neuen Hoffnungen begonnen hatte, mündete in beträchtlichem Ausmaß erneut in Verluste ein. Nicht nur SED-Mitglieder, sondern auch Angehörige anderer Parteien der DDR lernten damals Pressionen und Haft kennen. Schwerwiegend war der Verlust durch Abwanderung in die Bundesrepublik, der sich 1956 auf 285.000 Personen erhöhte, darunter 210.000 im arbeitsfähigen Alter, und im ersten Halbjahr 1957 bereits wieder 116.000 Bürger umfaßte.[422] Das heißt, nach dem „Neuen Kurs“ der SED hatten von 1954 bis 1956 bereits wieder mehr Menschen die DDR verlassen als von 1950 bis zum 17. Juni 1953. Obwohl es in bezug auf die Mitgliederbewegung der SED in der Mitte der fünfziger Jahre schwierig ist, mit vergleichbaren Statistiken umzugehen, seien einige Angaben geboten. Verlor die SED 1955 38.405 Mitglieder und Kandidaten wegen Ausschluß, Streichung oder Austritt, so erhöhte sich diese Zahl 1956 auf 41.026[423], was vor allem mit politischen Ursachen in Verbindung gebracht werden kann. Von Februar bis April 1958 wurden 14.106 Mitglieder und Kandidaten gestrichen (darunter 3.602 Kandidaten). Von den Streichungen erfolgten 85,7 Prozent wegen "Parteifeindlichkeit" und 8,1 Prozent wegen Karrierismus.[424] Hierin widerspiegelt sich ein sehr bedeutender Vertrauensverlust der SED. Er wurde ausgeglichen oder kaschiert durch die Werbung neuer Kandidaten sowie aufgrund spontaner Neueintritte angesichts der blutigen Geschehnisse in Ungarn. Nach vorliegenden Angaben kam es 1956 zu 90.231 Neuaufnahmen.[425]

Nicht zu übersehen ist, daß sich Solidarität mit Verhafteten oder anderweitig politisch gemaßregelten SED-Mitgliedern nur vereinzelt und verdeckt entwickelte. Die Mehrheit der Mitglieder folgte in der damaligen Situation der Parteidisziplin, was allerdings kritisches Verhalten nicht ausschließen mußte. Der damalige Direktor der „Nationalen Forschungs- und Gedenkstätten der klassischen deutschen Literatur“ in Weimar, Helmut Holtzhauer, schrieb am 3. November 1956 an Gerhart Ziller: „In den letzten Monaten sind als Fehler in der bisherigen Arbeit mit phantastischer Wiederholung immer wieder Personenkult, Dogmatismus und Geschichtsklitterung aufgezählt worden. Erschöpfen sich aber darin wirklich die Fehler der letzten Jahre oder hat sich nicht vielleicht ein ganzer Komplex, ein ungesunder und unerträglicher Zustand herausgebildet, der uns zu einer kranken Partei werden ließ?“[426]

Die im Jahre 1956 in den sozialistischen Ländern vorhandenen Chancen und sichtbar gewordenen Grenzen, ausgelösten Erwartungen und unerfüllten Hoffnungen demonstrierten die Kluft zwischen einem demokratischen sozialistischen Anspruch und Verhärtung in den Staatsparteien. Die Ostblockländer lösten das sowjetische Partei- und Staatsmodell nicht durch grundlegende Reformen ab, sondern setzten es nur mit gewissen Modifizierungen um. Es paarten sich Anstrengungen auf ökonomischem Gebiet und „von oben“ gesteuerte Demokratisierung. Die Einhaltung der im Warschauer Pakt formal festgeschriebenen gleichberechtigten Zusammenarbeit sowie der Achtung der Unabhängigkeit und Souveränität, der Achtung der Nichteinmischung in innere Angelegenheiten hatte sich in der Praxis schon als recht problematisch. erwiesen.

Die vom XX. Parteitag der KPdSU optimistisch vorausgesagte weltweite Ausstrahlungskraft des Sozialismus erlitt vorerst politische und moralische Verluste. Den wichtigsten Beitrag für das damalige internationale Kräfteverhältnis leistete die UdSSR mit dem Start des ersten (4. Oktober 1957) und zweiten (3. November 1957) künstlichen Erdsatelliten. Er demonstrierte, daß die Sowjetunion im Rüstungswettlauf über interkontinentale Raketensysteme verfügte. Die Einkreisung der UdSSR mit Militärstützpunkten der USA, von denen aus amerikanische Waffen sowjetisches Territorium erreichen konnten, war gewissermaßen durchbrochen. Das Territorium der USA war in die Reichweite sowjetischer Raketen gerückt. Diese strategische Veränderung in der militärisch-politischen Kräftekonstellation stärkte das Selbstbewußtsein der UdSSR und ihrer Verbündeten.

Ausdruck unterschiedlicher Wirkungen der Jahre 1956/57 waren die Erklärung, die Vertreter von 12 kommunistischen und Arbeiterparteien der sozialistischen Länder auf einer Beratung vom 14. bis 16. November 1957 in Moskau annahmen, wie auch das Friedensmanifest, das Vertreter von 64 kommunistischen und Arbeiterparteien auf ihrer Beratung vom 16. bis 19. November 1957 in Moskau unterzeichneten.

Das Dokument der sozialistischen Länder basierte auf politischem Konservatismus und Schlußfolgerungen aus dem XX. Parteitag. Es nahm den realen Sozialismus als Beweis für seine großartige Lebenskraft und den realen Imperialismus als Beweis für seinen gesetzmäßigen Untergang. „Während der Sozialismus im Aufstieg begriffen ist, geht es mit dem Imperialismus bergab“[427], heißt es zum Beispiel. Bekräftigt wurden die friedliche Auseinandersetzung zwischen den unterschiedlichen Gesellschaftssystemen und die Politik der friedlichen Koexistenz als Grundlage der Außenpolitik.

Es herrschte Übereinstimmung, daß die Prozesse der sozialistischen Revolution und des sozialistischen Aufbaus „auf einer Reihe von grundlegenden Gesetzmäßigkeiten beruhen“[428] - an der Spitze die führende Rolle der Partei in der Revolution und bei der Errichtung der Diktatur des Proletariats. Diese Maxime kam einer Absage an selbständige nationale Wege zum Sozialismus gleich, was sich sehr bald in erneuten Auseinandersetzungen mit Jugoslawien äußern sollte. Zum anderen sollten aber auch historische und nationale Besonderheiten und Traditionen berücksichtigt werden. In ihrer Erklärung hielten die Parteien an dem Prinzip „der allgemeingültigen Wahrheit des Marxismus-Leninismus" und dessen Verbindung mit der Praxis des sozialistischen Aufbaus in den einzelnen Ländern fest. Antistalinistische Kritik wurde jedoch als Revisionismus, als eine Ausdrucksform der bürgerlichen Ideologie abqualifiziert und zur Hauptgefahr erhoben. Gewarnt wurde vor den Gefahren des Dogmatismus und des Sektierertums, weil eine Partei, „die sich sektiererisch abkapselt und von den breiten Massen losgelöst hat"[429], die Sache der Arbeiterklasse nie zum Siege führen könne.

In den kapitalistischen Ländern sollten die kommunistischen und Arbeiterparteien, gestützt auf die Mehrheit des Volkes, den parlamentarischen und außerparlamentarischen Kampf führen, Voraussetzungen für eine friedliche Verwirklichung sozialistischer Ziele anstreben, gegen das monopolistische Großkapital für grundlegende soziale Reformen eintreten.

Das Friedensmanifest appellierte weltweit an alle Friedenskräfte. Es rief zum Kampf gegen die Urheber der Atomkriegsgefahr und gegen Gefahren eines Weltkrieges, für die Einstellung des Wettrüstens, das Verbot der Herstellung und des Einsatzes von Atom- und Wasserstoffwaffen, für die Beseitigung ausländischer Militärstützpunkte, für eine Politik der kollektiven Sicherheit und der friedlichen Koexistenz auf.

Die gemeinsam erarbeitete Strategie der Vertreter von kommunistischen und Arbeiterparteien[430] brachte Teilerfolge für die sozialistischen Länder und Fortschritte im Ringen um Frieden. Sie bekräftigte, daß dem XX. Parteitag der KPdSU weder eine undifferenzierte Abrechnung mit der Vergangenheit noch eine Revision grundlegender Thesen des Marxismus-Leninismus zuzuschreiben waren.[431] Im Gegenteil. Es trat eine poststalinistische Verknöcherung ein, da der Parteitag Stalinismus nicht als politisches System entlarvte und die verantwortlichen Politiker, die dieses System mitgetragen hatten, selbst alles nur auf die Person Stalins reduzierten.

Neue „Attacken"

Die Auswertung der Beratungen der Bruderparteien 1957 funktionierte die SED-Spitze unter Führung Walter Ulbrichts dazu um, den eingeschlagenen Kurs zur ideologisch-politischen Disziplinierung der Partei und Ausschaltung von Opposition fortzusetzen.

Die 35. Tagung des ZK der SED vom 3. bis 6. Februar 1958 zog Bilanz für das Jahr 1957 und codierte einige Leitideen von langer Lebensdauer. Marxistische Kritik am Personenkult und Stalinismus wurde mit antisozialistischer Zerstörung und Konterrevolution gleichgesetzt. Honecker rechnete in seinem Bericht mit allen „Parteifeinden" und „Revisionisten", mit dem „konterrevolutionären Zentrum" Harich-Janka, mit der sogenannten opportunistischen fraktionellen Gruppierung Schirdewan-Wollweber und andere ab.[432] Er kritisierte Rákosi. Doch nicht wegen seiner erzstalinistischen Politik und seiner Schuld an Kommunistenmorden, sondern weil „er die Lage falsch einschätzte, ... die feindliche Tätigkeit und die Zersetzung der Partei durch Revisionisten zuließ und eine enge Verbindung der Partei mit den Massen verhinderte". [433] Damit bekräftigte Honecker das Abrücken von prinzipiellen selbstkritischen Schlußfolgerungen aus dem XX. Parteitag. Die gesamte Reformbewegung in Ungarn und nicht nur die Zeit ihres konterrevolutionären Mißbrauchs zählte zur Konterrevolution.[434] Die nach dem 17. Juni 1953 in der DDR aufgestellte Doktrin, sich „keine Fehlerdiskussion aufzwingen lassen", weil man aus ihr keine Schlußfolgerungen ziehen könne, hob Honecker erneut auf den Schild. Warum wurden aber „Fehler" anderer hochstilisiert?

Walter Ulbricht zog in seinem Schlußwort eine Bilanz seit der 28. Tagung des ZK 1956 mit einem Rückbezug auf die Zeit seit 1952/53. Als wichtigste Ursache früherer „Überspitzungen" und nachfolgender Schwierigkeiten schätzte er nun ein: „Wir hatten die Fragen des Übergangs zum Sozialismus zu spät gestellt"[435]. Das Grundproblem des Meinungsstreits und der politischen Differenzen seit dem XX. Parteitag faßte Ulbricht mit dem Begriff „opportunistischer Plattformen", die auf allen Gebieten entstanden und der Theorie des „menschlichen Sozialismus" gefolgt seien. Er zeichnete das falsche Bild von einer „aufgeweichten" DDR. Die Apostrophierung des Terminus menschlicher Sozialismus zeigte an, daß jede andere Variante außer der real existierenden keine Chancen hatte.

Ein interner Brief über die Ergebnisse der 35. Tagung an die Grundorganisationen der SED führte die „opportunistisch/revisionistischen Entstellungen der Parteilinie" auf allen Gebieten komprimiert vor und stellte die Scheinalternative: Für die Linie, die auf den Sieg des Sozialismus gerichtet ist, oder für die opportunistische Linie, die der Erhaltung des innenpolitischen Status quo dient? Dieser Brief wurde in allen Grundorganisationen verlesen.

Die politische und berufliche Ausschaltung wie auch strafrechtliche Verfolgung marxistischer SED/DDR-Kritiker, der Kampf gegen angeblichen Revisionismus des Marxismus fanden ihre „wissenschaftliche" Begründung und Ergänzung in der Kampagne für die Revolution auf dem Gebiet der Ideologie und Kultur. Insbesondere mit der Kulturkonferenz des ZK der SED am 23./24. Oktober 1957, der Konferenz über die Arbeitsweise der Partei vom 19. bis 21. Dezember 1957, der Hochschulkonferenz des ZK der SED vom 28. Februar bis 2. März 1958 und der staats- und rechtswissenschaftlichen Konferenz der Akademie für Staats- und Rechtswissenschaften am 2./3. April 1958 lief eine zweite große Marxismus-Leninismus-Kampagne an. Handelte es sich bei der ersten (etwa 1948/51) vor allem darum, Stalinsche Dogmen als Marxismus-Leninismus durchzusetzen, so bestand die Spezifik der zweiten besonders in der Verwirklichung des absoluten Führungsanspruchs der SED-Führung auf geistig-kulturellem Gebiet. An die Spitze rückten die Begründung der sozialistischen Perspektive der DDR und die Ablehnung eines „dritten Weges", die sich gegen sozialdemokratische Auffassungen und gegen jede andere Variante als die in Gesetzmäßigkeiten fixierte wandte. Die sozialistische Weltanschauung, der Marxismus-Leninismus, sollten in alle Schichten des Volkes, besonders in die Reihen der Geistes- und Kulturschaffenden hineingetragen werden. Gefordert wurde die Abgrenzung von der noch überall lebendigen Idee einer einheitlichen deutschen Wissenschaft und Kultur.

Auf allen Konferenzen erfolgte deshalb die Auseinandersetzung mit sogenannten „hemmenden" Kräften, „Schuldigen für Aufweichungen", angeblichen Erscheinungen des Zurückbleibens und fehlerhafter Ansichten sowie mit dem Einfluß bürgerlicher Ideologie und westlicher Kultur (Musik, Filme, Literatur). Der Kulturkonferenz folgte eine Untersuchung der ZPKK im Ministerium für Kultur und im Staatlichen Rundfunkkomitee, die mit Parteistrafen für Rudolf Jahnke, Maria Rentmeister und andere oder mit dem Entzug bestimmter Entscheidungsbefugnisse wie bei Gerhart Eisler endete.[436] Die Hochschulkonferenz mobilisierte die Auseinandersetzung für alle Disziplinen der Gesellschaftswissenschaften sowie mit den Naturwissenschaften. Zwei Grundforderungen bestimmten die Linie: der Kampf gegen *die* bürgerliche Ideologie und für die Durchsetzung *der* sozialistischen Ideologie, die enge Verbindung der Wissenschaft mit der Politik.

Auf der staats- und rechtswissenschaftlichen Konferenz begründete Ulbricht mit politischen Argumenten die DDR als *den* rechtmäßigen deutschen Staat, dem die Zukunft gehört, und hob dabei völlig von den völker- und rechtsstaatlichen Realitäten der Bundesrepublik ab. Aufwendig machte er deutlich, der DDR-Gesellschaft noch mehr Staat und Zentralismus zu verordnen, die Macht des „Staates als Instrument der Arbeiterklasse und ihrer Partei"[437] zu steigern, „Staat und Recht als Hebel der Partei und der Staatsmacht zur Überwindung der Widersprüche"[438] einzusetzen. Dem Rechtsphilosophen Hermann Klenner unterstellte Ulbricht besondere „revisionistische Theorien", weil er dem Recht eine gewisse selbständige und nicht nur eine Funktion der Macht beimaß. Klenner mußte sich belehren lassen, daß er der Rolle des Rechts nach der Errichtung der Diktatur des Proletariats völlig verständnislos gegenüberstünde. In gleicher Weise erging es Rudolf Bönninger. Bürgerliche Rechtsprinzipien, Auffassungen von Spontaneität und die Rolle des Verwaltungsrechts verfielen genereller Ablehnung. Nachwuchswissenschaftler wie Karl Mollnau und Heinz Such wurden gleich mit abgeschreckt. Das auf der Konferenz hervorgehobene Kriterium für die Wissenschaftlichkeit der Staats- und Rechtslehre, der Nutzen für die Praxis des sozialistischen Aufbaus, wurde für alle Gesellschaftswissenschaften maßgebend. Es lenkte Erneuerungsideen nicht nur auf Eingleisigkeit, sondern mehr noch auf die Legitimierungsfunktion für die Politik der SED. Da bei dieser Konferenz, ebenso wie bei den anderen, nicht nur Fachvertreter zugegen waren, sondern auch Gäste aus dem Partei- und Staatsapparat, den gesellschaftlichen Organisationen und aus Betrieben, glichen sie einer öffentlichen politischen Abrechnung und wissenschaftlichen Diskreditierung.

Wesentlicher Bestandteil dieser Ideologie-Kampagne war seit 1957 eine breite innerparteiliche und öffentliche Propaganda zu Themen des dialektischen Materialismus. Ein Offener Brief des ZK der SED vom 1. März 1958 verlieh dem Nachdruck. Die Parteischulen der SED, Parteikabinette, Funktionäre, Lektoren und Journalisten erhielten besondere Anleitungen. Zur Diskussion standen anfangs eindeutige theoretische Schwerpunkte, wie der dialektische Materialismus als Weltanschauung der Arbeiterklasse, die Materialität der Welt, Materie und Bewußtsein, die Einheit und der Kampf der Gegensätze, das Umschlagen von Quantität in eine neue Qualität, das Gesetz der Negation der Negation und die marxistisch-leninistische Erkenntnistheorie. Obwohl die Themen auf den verschiedenen Ebenen der SED mit unterschiedlichem Niveau behandelt und besonders in Intelligenzkreisen erörtert wurden, empfanden sie viele Mitglieder als geistige Erfrischung und Bereicherung. Physikalische Antworten auf die Entstehung des Universums und materialistische Sichten für das Weltganze zu suchen, entsprachen zugleich einem geistigen Anspruch vor allem unter der jungen Generation. Diese Debatten wirkten nach, zum Teil mehr als der SED-Spitze dann lieb war. Damit vollzog sich aber auch der entscheidende Ruck, um die SED als Weltanschauungspartei zu festigen. Erst jetzt lösten sich die meisten Mitglieder von der Kirche, wobei spitze Auseinandersetzungen in Parteiversammlungen nachhalfen. Honecker hatte das Problem auf der 35. ZK-Tagung mit den Worten auf den Punkt gebracht: Weltanschauung und Religion sind keine Privatsache.

Doch der „Abschweifer" in die „reine Theorie" wurde schon im März/April 1958 wieder umdirigiert. Es dominierten Themen über die Rolle des deutschen Imperialismus, die Gesetzmäßigkeit des Sieges des Sozialismus in Deutschland und in der Welt, die Lehre von der Diktatur des Proletariats, die Lehre von der Partei, die Republikflucht als Verrat an der Arbeiter-und-Bauern-Macht.[439] Wesentliches Anliegen sollte die Verbindung von Theorie und Praxis sein, so auch die Argumentation gegen die wiederholt aufgetretene Frage nach den realen Faktoren für die Perspektive des Sozialismus in Deutschland.[440] An den Universitäten und Hochschulen trat an den Lehrkörper die Entscheidung heran, sich in Forschung und Lehre vom dialektischen Materialismus leiten zu lassen, sich zum Sozialismus zu bekennen, Erscheinungen des Neutralismus und unpolitischen Verhaltens zu überwinden.

Presseorgane und öffentliche Veranstaltungen boten vielseitige Themen zu politischen und naturwissenschaftlichen Problemen für ein aufgeklärtes atheistisches, politisch fest fixiertes Weltbild an. Der Start der sowjetischen Sputniks inspirierte zu Beiträgen über Wissenschaft und Wunderglauben, Wissenschaft und Religion. Gestritten wurde über Gesetzmäßigkeiten in Natur und Gesellschaft, über den Unterschied zwischen bürgerlicher und marxistischer Philosophie, über Parteilichkeit und Objektivität. Der atheistische Aspekt artete zum Teil in einen Religionskampf aus und verletzte religiös gebundene Bürger. Vor allem der Vertrag zwischen der Evangelischen Kirche in Deutschland und der Bundesrepublik über die Militärseelsorge für die Bundeswehr vom Februar 1957, aber auch päpstliche Enzykliken waren Gegenstand politischer und weltanschaulicher Auseinandersetzungen.

Diese lebhafte Diskussion nährte in der SED zugleich linksradikale Tendenzen, alle Bürger - ohne Rücksicht auf ihr unterschiedliches soziales und politisches Milieu - zu sozialistischem Bewußtsein verpflichten und die gesellschaftliche Entwicklung durch die Partei ständig revolutionieren zu können. In diesem Sinne begründete die Entschließung der Hochschulkonferenz, die „wichtigste Aufgabe beim Aufbau des Sozialismus ist die Erziehung der Menschen ... Sozialistisches Bewußtsein entsteht durch *Erziehung und Selbsterziehung zu einer neuen, sozialistischen Lebens- und Denkweise*, die den ganzen Menschen durchdringt“[441]. Verabsolutierung der allgemeingültigen Gesetzmäßigkeiten und des Kampfes gegen Revisionismus bewirkten kein Aufbrechen verknöcherten Denkens, wie es die SED-Führung auch forderte, sondern eher Dogmatismus in der Partei. Ernst Wollweber erkannte für diese Zeit, daß „sich hinter dem Kampf gegen den Revisionismus die ultralinke Abweichung durch dogmatische Behandlung von Fragen, die man eben nur durch schöpferische Entwicklung des Marxismis-Leninismus lösen kann“[442], verbarg.

Der „Sozialismus siegt“, lautete die Losung des V. Parteitag der SED, der vom 10. bis 16. Juli 1958 tagte. In seinem Vorfeld waren bei den Parteiwahlen ganze Bezirksleitungen abgelöst worden. Das Ministerium für Staatssicherheit überprüfte 1957/58 mehr als 830 Staats- und Planungsfunktionäre, auch die Mitglieder der neuen Plankommission.[443] Der Parteitag beschloß die ökonomische Hauptaufgabe. Die Volkswirtschaft der DDR war innerhalb weniger Jahre so zu entwickeln, daß die Überlegenheit der sozialistischen Gesellschaftsordnung gegenüber der kapitalistischen Herrschaft umfassend bewiesen würde. Deshalb sollte „erreicht werden, daß der Pro-Kopf-Verbrauch der werktätigen Bevölkerung an allen wichtigen Lebensmitteln und Konsumgütern höher liegt als der Pro-Kopf-Verbrauch der Gesamtbevölkerung in Westdeutschland."[444] Anvisiert wurden die Jahre bis 1961/62. Damit war eine beträchtliche Erhöhung bisher beschlossener Planziele verbunden.

Die Versorgung und andere Lebensbedingungen für die DDR-Bürger zu verbessern, war natürlich notwendig, nicht nur wegen der angelaufenen Hochkonjunktur in der BRD. Folgen des Krieges und der Teilung des Landes begegnete man in der DDR noch auf Schritt und Tritt. Der Abstand in der Arbeitsproduktivität zur Bundesrepublik betrug etwa 25 Prozent. Echte Sorge verbreiteten die Ankündigung, in der Bundesrepublik atomare Trägerraketen zu stationieren, und der von Franz Joseph Strauß lauthals ausgesprochene „Fall Rot" im Frühjahr 1958.

Seit 1990 zugängliche Archivpapiere im ehemaligen Zentralen Parteiarchiv geben Auskunft, daß Ulbricht mit der ökonomischen Hauptaufgabe die SED in einen abenteuerlichen Kampf schickte. Als sowjetische Ökonomen 1956 die Agitation im „Neuen Deutschland" kritisierten, weil sie sich weit von der westdeutschen Wirklichkeit entfernt habe, beschwerte sich Ulbricht im Mai 1956 beim ZK der KPdSU. Er schrieb: „Bisher waren wir der Meinung, daß eine objektive Information über den tatsächlichen höheren Lebensstandard in Westdeutschland und die höhere Arbeitsproduktivität als vertrauliches Material lediglich dem Politbüro und dem Zentralkomitee der SED gegeben werden muß ... Wir bitten die Genossen, daß sie unterscheiden zwischen streng vertraulichen wissenschaftlichen Materialien und Materialien, die dem politischen Kampf dienen. Ende 1958 wird es möglich sein, über die Fragen der statistischen Veröffentlichung anders zu sprechen."[445] Ulbricht folgte demnach eigenen Intentionen und nicht nur dem Vorbild der KPdSU bzw. anderer staatstragender Parteien in den sozialistischen Ländern, die sich alle ein kapitalistisches Land zum Wettbewerbsvergleich ausgesucht hatten. In der SED wurden jedoch Illusionen genährt, als ob „der Sozialismus gleichsam wie Phönix aus der Asche zu ungeahnten Höhen emporsteigen"[446] könnte, wie Siegfried Prokop schreibt.

Die Mitgliedschaft der SED wurde mit dem Vorschlag des Parteitages an die vier Großmächte, einen Friedensvertrag mit Deutschland abzuschließen, politisch gefordert. Gerade diese Initiative weckte in der SED und darüber hinaus wieder Hoffnungen auf Bewegung in der deutschen Frage. So schätzte der Bericht der ZPKK vom 31. Dezember 1958 an das Politbüro ein, daß die Beschlüsse des V. Parteitages positive Reaktionen auslösten.

1959 nahm die SED 66.950 und 1960 109.234 Kandidaten neu auf.[447] Trotz organisierter Werbung war das ein gutes Ergebnis. Hinter diesen Angaben der Abteilung Parteiorgane beim ZK der SED versteckten sich jedoch uneingestandene Verluste. Nach einem Überschlag müßten in diesen Jahren ebenso etwa 200.000 Mitglieder bzw. Kandidaten wieder aus der SED ausgeschieden sein[448], was nur für anhaltende politische Turbulenzen sprach. Die Kontrollkommissionen untersuchten nach wie vor sogenannte Schwerpunkte parteifeindlicher und parteischädigender Tätigkeit. Gleichzeitig erfuhren Mitglieder der SED in jenen Bereichen Kritik, wo Produktionsrückstände auftraten, weil sie die ökonomische Hauptaufgabe nicht richtig verstanden hätten. Eine streng vertrauliche Anweisung der ZPKK vom 5. September 1960 verlangte von den Kommissionen weitere Untersuchungen. Auszumachen waren politische Schwankungen, feindliche Einflüsse, Sektierertum und Opportunismus, „falsche“ Vorstellungen über die Rolle der Partei, die Parteidisziplin und den demokratischen Zentralismus sowie die Ablehnung der Parteiführung und Verfechter einer Politik des „3. Weges“. Und schließlich sollten jene Parteiorganisationen herausgefunden werden, wo die „politisch-ideologische Vereinigung“ noch nicht abgeschlossen worden und die „Politik und die Tradition der alten SPD aufrecht erhalten“ worden sei.[449]

Diese weitere innerparteiliche Disziplinierung vollzog sich parallel zu Krisenerscheinungen, die sich seit 1960 in der DDR anbahnten. Seit 1957 fehlten Arbeitskräftereserven (1957 noch 15.500 Arbeitsuchende, 1950 noch 325.000). Die Überalterung der Bevölkerung wuchs. Abwanderungen in die Bundesrepublik erhöhten sich nach einem Rückgang 1959 erneut.

Die politische Blitzaktion Ulbrichts 1960 zur vollständigen Kollektivierung der Landwirtschaft mit repressiven Methoden führte zu Verlusten in der landwirtschaftlichen Produktion.

Der Abbruch des langfristigen innerdeutschen Handelsabkommens zum Jahresende durch die Regierung der Bundesrepublik am 30. September 1960 schockte vorerst mehr politisch als durch den unmittelbaren Ausfall an Lieferungen. Das Forcieren einer Lösung der Berlin-Frage durch Chruschtschow und Ulbricht, die ergebnislose Genfer Außenministerkonferenz der vier Großmächte von Mai bis August 1959, das Scheitern der Pariser Gipfelgespräche zwischen Nikita Chruschtschow und John Kennedy im Mai 1960 verschärften auf beiden Seiten die Propaganda des Kalten Krieges. Die Kritik der DDR an Revanchismus und Neonazismus in der Bundesrepublik, an den offiziellen Forderungen nach Wiederherstellung der Grenzen von 1937, an der Subversion gegen die DDR, an dem Streben einflußreicher Kräfte nach taktischen Atomwaffen und an dem Aufrücken ehemaliger hoher Offiziere der Wehrmacht in die NATO, erkannten SED-Mitglieder und viele DDR-Bürger als berechtigt an. Sie heizte aber auch Unsicherheiten und Gegenreaktionen der anderen Seite an.

Hinter diesen innen- und außenpolitischen Konfrontationen arbeitete seit Anfang 1960 bereits eine zentrale Kommission unter Leitung Ulbrichts an Grundproblemen der wirtschaftlichen Entwicklung bis 1980. Auf der Grundlage einer kritischen Analyse von Bruno Leuschner, Vorsitzender der Staatlichen Plankommission, über die Entwicklung in der DDR 1960, die nächsten Erfordernisse und die weitere Perspektive, verhandelten am 25. Oktober 1960 in Moskau bereits zentrale Expertenkommissionen der DDR und der UdSSR. Die Internationale Beratung von Vertretern der Kommunistischen und Arbeiterparteien in Moskau im November 1960 nutzte Ulbricht nicht nur, um Kennedy zu seinem Wahlsieg zu gratulieren, sondern am 22. November auch zur Übermittlung eines Briefes an Chruschtschow mit der Bitte um eine Aussprache über grundsätzliche Fragen.[450]

In dieser Zeit strategischer Entscheidungen stellten sich die Mitglieder und Kandidaten der SED vom 1. Dezember 1960 bis zum 31. Januar 1961 einer Mitgliederüberprüfung. In zwei Versammlungen ging es um Verantwortungsbewußtsein sowie Einheit und Geschlossenheit der Partei. Das Gesamtergebnis schätzte der Abschlußbericht vom 31. März 1961 höchst positiv ein mit der Wertung, „daß die Partei über einen hohen Grad der Organisiertheit verfügt und in ihren Reihen eine hohe Disziplin entwickelt hat."[451] Kritisch wurde formuliert, daß viele Mitglieder die Beschlüsse nicht kennen würden, nicht in der Lage seien, aus den großen politischen Problemen persönliche Schlußfolgerungen abzuleiten, einzelne Mitglieder auf der Plattform des Ostbüros der SPD stünden, Genossen wegen ideologischer Unklarheiten und persönlicher Verärgerung inaktiv blieben, sektiererisches Verhalten gegenüber der Intelligenz vorhanden wäre. Den Einfluß von Rundfunk und Fernsehen der BRD, der falsche Auffassungen, Disziplinverstöße und das Ausbleiben des Kampfes gegen Republikflucht zur Folge hätte, signalisierte der Bericht als Gefahren für die SED. Im Ergebnis der Überprüfung wurden 9.888 Mitglieder und 1.418 Kandidaten gestrichen sowie 1.593 Mitglieder und 130 Kandidaten ausgeschlossen.[452] Wegen unregelmäßiger Teilnahme an der Parteischulung, der Kampfgruppenausbildung und an Versammlungen fanden mit 37.723 Mitgliedern und 3. 545 Kandidaten persönliche Aussprachen statt. Parallel zur Überprüfung verlangte die ZPKK intern, mit den Mitgliedern über die 1960 aufgetretenen Streiks zu sprechen (Vgl. Anlage 2) und nachzuforschen, welche Genossen sich „als Organisatoren oder Mitläufer"[453] beteiligt hatten. Um ein gezieltes qualitatives und quantitatives Wachstum der SED zu sichern, erarbeitete die Abteilung Parteiorgane des ZK der SED im Mai 1961 erstmals einen langfristigen Plan für die Entwicklung der Parteikräfte in allen gesellschaftlichen Bereichen bis 1965.

Kritische Haltungen in der SED reflektierten ziemlich genau die reale Situation. Ein Bericht der Abteilung Gewerkschaften und Sozialpolitik beim ZK der SED vom Mai 1961 analysierte Befragungen in 38 Betrieben und Einrichtungen. Er stellte nach dem obligatorischen Einleitungsvermerk, daß es Zustimmung zur Politik der SED gäbe, klar die zunehmende Unzufriedenheit heraus. Die kritische Auflistung der Stimmung enthält in der Reihenfolge vor allem folgende Punkte: man sollte mehr auf die Vorschläge der Menschen hören; positive Meinungen über den Kapitalismus unter der Jugend; ungenügende Materialbereitstellung und unkontinuierlicher Arbeitsablauf in der Produktion; Vorschläge der Arbeiter finden nur vereinzelt Beachtung; schlechte Belieferung mit Fleisch, Butter und Frischgemüse; Fehler in der Landwirtschaftspolitik; unfähige Menschen in Funktionen; der Geist des Optimismus und der Siegeszuversicht schwindet; immer mehr verbreiten sich Pessimismus und eine gewisse Gleichgültigkeit; wir werden Westdeutschland in der festgelegten Frist nicht überholen; die Presse spricht oft von hohen Produktionsleistungen, aber die Wirklichkeit sieht ganz anders aus; offener Schwierigkeiten aufzeigen; zu geringes Angebot an den tausend kleinen Dingen.

Die DDR befand sich ökonomisch und politisch in einer krisenhaften Situation. Insofern informierte Ulbricht auf der Beratung der Ersten Sekretäre der kommunistischen und Arbeiterparteien der Staaten des Warschauer Vertrages vom 3. bis 5. August 1961 in Moskau durchaus realistisch über die Lage in der DDR.[454] Er ging auf die Situation zwischen den beiden deutschen Staaten, die Ausnutzung der offenen Grenze zur Provokations- und Störtätigkeit gegen die DDR und die Arbeitskräftesituation (1960/61 in der Industrie ein Produktionsausfall von 2,5 bis 3 Milliarden DM) ein. *„So lange Westdeutschland in seiner ökonomischen Macht und auch im Lebensstandard seiner Bevölkerung der DDR überlegen bleibt, kann die organisierte und mit großen Mitteln finanzierte Abwerbung nicht vermindert werden“*[455], referierte Ulbricht. Er erinnerte u. a. an die Ausgangssituation der DDR (fast völliges Fehlen einer Grundstoffindustrie, Rohstoffarmut), an die Abhängigkeit von Lieferungen aus der BRD bei besonderen Stählen, Spezialmaterialien und Komplettierungsteilen für den Maschinenbau, ohne die die DDR ihre Exportaufträge nicht erfüllen kann und die zur Zeit noch nicht anderweitig ersetzt werden könnten. Als Schlußfolgerung schlug er vor, die Warschauer Vertragsstaaten mögen übereinkommen, daß zur Unterbindung der Störtätigkeit eine solche Kontrolle an den Grenzen der DDR einschließlich der Grenze in Berlin durchgeführt wird, wie sie auch an den Grenzen der Staaten der Westmächte besteht. Ulbricht ließ wissen, daß man nicht mit einem militärischen Eingreifen der westlichen Seite rechne.

Die ökonomischen, politischen und friedenssichernden Beweggründe, die zum 13. August 1961 führten, verschränkten sich mit einem historischen Auftrag an die kleine DDR. Anastas Mikojan, Stellvertretender Ministerpräsident der UdSSR, eröffnete ihn in einem kleinen Gesprächskreis leitender sowjetischer Funktionäre im Beisein von Bruno Leuschner in Moskau. Die Notiz darüber lag am 6. Juni 1961, zwei Tage nach dem Treffen zwischen Kennedy und Chruschtschow in Wien, dem Politbüro der SED vor und war „nicht zur Verwendung in der Öffentlichkeit gedacht“. Mikojan: „Es ist also eine sehr grundsätzliche Frage für den internationalen Kommunismus, daß sich der Sozialismus/Kommunismus auch in einem hochentwickelten Industriestaat als richtig und überlegen erweist. Die DDR ist ein solcher Staat. Sie ist der westliche Vorposten des sozialistischen Lagers. Deshalb schauen viele, sehr viele auf die DDR. In der DDR wird sich unsere Weltanschauung, unsere marxistisch-leninistische Theorie beweisen müssen. In der DDR wird sich beweisen müssen, daß es falsch ist, was die Kapitalisten und die Renegaten sagen. Die DDR, Deutschland ist das Land, in dem sich entscheiden muß, daß der Marxismus-Leninismus richtig ist, daß der Kommunismus auch für Industriestaaten die höhere, bessere Gesellschaftsordnung ist ... Die Grundfrage ist und bleibt: Einholen und überholen. Das wird nicht in einem Jahr der Fall sein. Das kann mehrere Jahre, das kann 5 oder 10 Jahre dauern. Der Marxismus ist in Deutschland geboren worden und hier in einem hochentwickelten Industrieland muß er seine Richtigkeit und Bewährung beweisen. Wir müssen alles tun, damit die Entwicklung bei Euch immer und stetig aufwärts geht. Ihr könnt das nicht allein lösen ... Wir gehen an diese Frage als Kommunisten heran. Es ist doch so, daß wir bei uns noch einen geringeren Lebensstandard als in der DDR haben. Manche fragen sogar bei uns, warum gebt ihr den Deutschen so viel. Sie leben doch besser als wir. Man kann den Fragern nicht einmal böse sein. Erklären kann man es den Menschen nur vom Standpunkt der historischen Verantwortung, die wir gegenüber der Entwicklung des Kommunismus in der Welt haben ... Und gegenüber Westdeutschland können und dürfen wir uns einen Bankrott nicht leisten. Wenn der Sozialismus in der DDR nicht siegt, wenn der Kommunismus sich nicht hier als überlegen und lebensfähig erweist, dann haben *wir* nicht gesiegt. So grundsätzlich steht für uns die Frage."[456] Eine „ummauerte" DDR sollte weder Gefahrenherd, Zwingburg für Menschen noch ewig sein. Und so lebte auch Chruschtschow den „Traum, derartige Bedingungen in Deutschland zu schaffen, daß die DDR ein Schaufenster würde, in dem die westliche Welt ein attraktives Arrangement moralischer, politischer und materieller Errungenschaften sehen und bewundern könnte."[457]

Anmerkungen

[1] Neues Deutschland (B), 17. Mai 1957.

[2] Ebenda.

[3] Kleines politisches Wörterbuch, Berlin 1967, S. 471.

[4] Das bessere Deutschland. Spiegel-Reporter Cordt Schnibben über die Generation, die nach dem Faschismus die DDR erschuf und erlitt (II), in: Der Spiegel, 16/1991, S. 156. - Kurt Goldstein, am 3.11.1914 geb., trat 1930 in die KPD ein, wurde 1933 verhaftet und mußte danach als Jude emigrieren. Nach einem Aufenthalt in Paris 1935 Einwanderung nach Palästina, ab 1936 Teilnahme am Kampf der Internationalen Brigaden in Spanien, danach in einem französischen Internierungslager und seit 1942 in den Konzentrationslagern Auschwitz und Buchenwald. Nach 1945 FDJ-Funktionär im Ruhrgebiet, stellv. Chefredakteur bzw. Intendant des „Deutschlandsenders" (später „Stimme der DDR"), anschließend 10 Jahre Sekretär bei der Internationalen Föderation der Widerstandskämpfer (FIR).

[5] Zahlreiche SED-Mitglieder und andere Bürger berichteten seit 1989 persönlich oder schriftlich bei dem Institut für Geschichte der Arbeiterbewegung (Berlin), das am 31.3.1992 aufgelöst wurde, über ihre Schicksale. Interviews der Mitarbeiter, Protokollnotizen und Erinnerungsberichte brachten bittere Wahrheiten ans Licht. Von ungerechten und dramatischen Vorgängen in der ehem. SED zeugen auch die umfangreichen Rehabilitierungen durch die Zentrale Schiedskommission der Partei des Demokratischen Sozialismus (PDS) seit Jan. 1990 sowie der Schiedskommissionen in den Ländern.

[6] Vgl. Geschichte der deutschen Arbeiterbewegung, Bd. 7, Von 1949 bis 1955, und Bd. 8, Von 1956 bis Anfang 1963, Hrsg. Institut für Marxismus-Leninismus beim ZK der SED, Berlin 1966; Bd. 7, S. 236 ff., Bd. 8, S. 66 f., 81. - Geschichte der Sozialistischen Einheitspartei Deutschlands. Abriß, Herausgeberkollektiv, Berlin 1978, S. 294, 297, 360 ff.

[7] Vgl. Rolf Stöckigt: Ein Dokument von großer historischer Bedeutung vom Mai 1953, in: Beiträge zur Geschichte der Arbeiterbewegung, 5/1990, S. 648 ff. - Wilfriede Otto: Dokumente zur Auseinandersetzung in der SED 1953, in: Ebenda, 5/1990, S. 655 ff. - Dies.: Ernst Wollweber: Aus Erinnerungen. Ein Porträt Walter Ulbrichts, in: Ebenda, 3/1990, S. 350 ff.

[8] Neues Deutschland (B), 17. Mai 1957.

[9] Christoph Hein: Als Kind habe ich Stalin gesehen. Essais und Reden, Berlin 1990, S. 231.

[10] Vgl. insbesondere: Karl Wilhelm Fricke: Opposition und Widerstand in der DDR. Ein politischer Report, Köln 1984. - Ders.: Politik und Justiz in der DDR. Zur Geschichte der politischen Verfolgung 1945-1968. Bericht und

Dokumentation, Köln 1979. - Hermann Weber: DDR. Dokumente zur Geschichte der Deutschen Demokratischen Republik 1945-1985, München 1986. - Ders.: Kleine Geschichte der DDR, Köln 1988. - Ders.: Grundriß der Geschichte, Hannover 1991. - Günther Scholz (Hrsg.): Verfolgt-verhaftet-verurteilt. Demokraten im Widerstand gegen die rote Diktatur - Fakten und Beispiele, Berlin/Bonn 1990. - Hans-Joachim Spanger: Die SED und der Sozialdemokratismus. Ideologische Abgrenzung in der DDR, Köln 1982.

[11] Vgl. z. B. Manfred Behrend/Helmut Meier (Hrsg.): Der schwere Weg der Erneuerung. Von der SED zur PDS. Eine Dokumentation, Berlin 1991. - Heinrich Bortfeldt: Von der SED zur PDS - Aufbruch zu neuen Ufern?, Berlin 1990. - Erhard Crome: Die SED. Umrisse eines Forschungsproblems, in: Deutschland Archiv, 12/1992, S. 1288 ff. - Günter Fippel: Der Mißbrauch des Faschismus-Begriffs in der SBZ/DDR, in: Deutschland Archiv, 10/1992, S. 1055 ff. - Jan Foitzik: Die stalinistischen Säuberungen in den ostmitteleuropäischen Parteien. Ein vergleichender Überblick, in: Hermann Weber/Dietrich Staritz in Verbindung mit Siegfried Bahne und Richard Lorenz (Hrsg.): Kommunisten verfolgen Kommunisten. Stalinistischer Terror und „Säuberungen" in den kommunistischen Parteien Europas seit den dreißiger Jahren, Berlin 1993, S. 401 ff. - Karl Wilhelm Fricke: Das Ministerium für Staatssicherheit als Herrschaftsinstrument der SED, in: Klaus Schönhoven/Dietrich Staritz (Hrsg.): Sozialismus und Kommunismus im Wandel. Hermann Weber zum 65. Geburtstag, Köln 1993, S. 399 ff. - Gert-Joachim Gleßner: Der schwierige Weg zur Demokratie. Vom Ende der DDR zur deutschen Einheit, Opladen 1992. - Wolfgang Harich: Keine Schwierigkeiten mit der Wahrheit, Berlin 1993. - Manfred Hertwig: Sozialistische Hoffnungen in der DDR der fünfziger Jahre, in: Utopie kreativ, 12/1991, S. 65 ff. - Christoph Kleßmann: Opposition und Dissidenz in der Geschichte der DDR, in: Aus Politik und Zeitgeschichte, B 5/1991, S. 52 ff. - Gerd Knauer: Innere Opposition im Ministerium für Staatssicherheit, in: Deutschland Archiv, 7/1992, S. 718 ff. - Waldemar Krönig/Klaus-Dieter Müller: Anpassung, Widerstand, Verfolgung. Hochschule und Studenten in der DDR 1945 - 1961, Köln 1994. - Johannes Kuppe/Thomas Ammer: Von der SED zur PDS, Bonn 1991. - Konrad Löw (Hrsg.): Verratene Treue. Die SPD und die Opfer des Kommunismus, Köln 1994. - Patrick Moreau: PDS. Anatomie einer postkommunistischen Partei, Bonn/Berlin 1992. - Wilfriede Otto: Zur stalinistischen Politik der SED Anfang der fünfziger Jahre, in: Wolfgang Maderthaner/Hans Schafranek/Berthold Unfried (Hrsg.): „Ich habe den Tod verdient". Schauprozesse und politische Verfolgung in Mittel - und Osteuropa 1945-1956, Wien 1991, S. 129 ff. - Dies.: Widerspruch und Widerstand in der SED, In: Dietmar Keller/Hans Modrow/Herbert Wolf (Hrsg.): Ansichten zur Geschichte der DDR, Bd. 1, Bonn/Berlin 1993, S. 129 ff. - Dies.: Opposition und Widerstand zwischen Hoffnung und Enttäuschung, in: Dietmar Keller/Hans Modrow/Herbert Wolf (Hrsg.): Ansichten zur Geschichte der DDR, Bd. 3, Bonn/Berlin 1994, S. 227 ff. - Karl Schirdewan: Aufstand gegen Ulbricht. Im Kampf um politische

Kurskorrektur, gegen stalinistische, dogmatische Politik, Berlin 1994. - Dieter Segert: Politische Visionen im Zerfallsprozeß der DDR - das Beispiel des Sozialismusprojekts, in: Utopie kreativ, 37/38/1993, S. 87 ff. - Siegfried Suckut/ Dietrich Staritz: Alte Heimat oder neue Linke ? Das SED-Erbe und die PDS-Erben, in: Deutschland Archiv, 10/1991, S. 1038 ff. - Dietrich Staritz: Partei, Intellektuelle, Parteiintellektuelle. Die Intellektuellen im Kalkül der frühen SED, in: Klaus Schönhoven/Dietrich Staritz (Hrsg.): Sozialismus und Kommunismus im Wandel, a. a. O., S. 378 ff. - Helmut Steiner: Fritz Behrens - Lebensbilanz eines sozialistischen Wissenschaftlers. Zum erstmaligen Erscheinen seiner Kritik des Staatssozialismus, in: Deutschland Archiv, 11/1992, S. 1160 ff. - Hermann Weber: Politische Säuberungen und die Vorbereitung eines Schauprozesses in der DDR 1948 bis 1956, in: Wolfgang Maderthaner/Hans Schafranek/Berthold Unfried (Hrsg.): „Ich habe den Tod verdient", a. a. O., S. 113 ff. - Ders.: Schauprozeß-Vorbereitungen in der DDR, in: Hermann Weber/ Dietrich Staritz (Hrsg.): Kommunisten verfolgen Kommunisten, a. a. O., S. 436 ff. - Stefan Wolle: Die DDR-Bevölkerung und der Prager Frühling, in: Aus Politik und Zeitgeschichte, B 36/1992, S. 356 ff.

[12] Vgl. Deutscher Bundestag, 12. Wahlperiode, Drucksache 12/7820, 31.5.94, Bericht der Enquete-Kommission „Aufarbeitung von Geschichte und Folgen der SED-Diktatur in Deutschland" gemäß Beschluß des Deutschen Bundestages vom 12. März 1992 und vom 20. Mai 1992 - Drucksache 12/2330, 12/ 2597, S. 189 ff.

[13] Für Unterstützung danke ich Sylvia Gräfe, Waltraud Hohnwald, Volker Lange, Annemarie Müller, Solveig Nestler und Dr. Simone Walther vom Bundesarchiv sowie Peter Popiolek, Angela Rogalla, Hans-Jürgen Rother, Angela Schmole und Gudrun Weber von der Behörde des Bundesbeauftragten für die Unterlagen der Staatssicherheit.

[14] Im Apr. 1946 vereinigten sich ca. 680.000 Mitglieder der SPD, von denen etwa 288.668 bzw. 232.000 bereits vor 1945 der Partei angehört hatten, und ca. 620.000 Mitglieder der KPD, von denen etwa 62. 000 vor dem Mai 1945 der Partei beigetreten waren.

[15] Die Mitgliederstärke bei den geschaffenen Einheitsparteien in anderen Ländern betrug: Bulgarien 11.8.1948: 460.000 Kommunisten und 30.000 Sozialdemokraten. - Tschechoslowakei 27.6.1948: 2.150.000 Kommunisten und 363.000 Sozialdemokraten - Polen 21.12.1948: 1.007.000 Kommunisten und 531.000 Sozialdemokraten - Rumänien 21.2.1948: 806.000 Kommunisten und 132.000 Sozialdemokraten - Ungarn 12.6.1948: 887.000 Kommunisten und 241.000 Sozialdemokraten (aufgenommen). In der Literatur schwanken die Zahlenangaben über die Vereinigung von Kommunisten und Sozialdemokraten. Vgl. Geschichte der ungarischen revolutionären Arbeiterbewegung. Von den Anfängen bis 1962, Berlin 1983, S. 561 f. - Jan Foitzik: Die stalinistischen Säuberungen in den ostmitteleuropäischen Ländern, a. a. O., S. 401 ff.

[16] 40. Parteitag der Sozialdemokratischen Partei Deutschlands am 19. und 20. April 1946 in Berlin, Berlin 1946, S. 47.

[17] Protokoll des Vereinigungsparteitages der Sozialdemokratischen Partei Deutschlands (SPD) und der Kommunistischen Partei Deutschlands (KPD) am 21. und 22. April 1946 in der Staatsoper „Admiralspalast" Berlin, Berlin 1946, S. 96.

[18] Zum Thema Vereinigung liegt von Andreas Malycha eine spezielle Quellenedition unter dem Titel „Auf dem Weg zur SED. Die Sozialdemokratie und die Bildung einer Einheitspartei in den Ländern der SBZ" vor.

[19] Vgl. Besprechung in Karlshorst am 23.1.1946 und am 1.2.1946, in: Rolf Badstübner/Wilfried Loth (Hrsg.): Wilhelm Pieck - Aufzeichnungen zur Deutschlandpolitik 1945 - 1953, Berlin 1994, S. 63 f., 66 f.

[20] Ebenda, S. 216.

[21] Ebenda, S. 216 f.

[22] Ebenda, S. 218.

[23] Ebenda, S. 218 ff.

[24] Ebenda, S. 222.

[25] Ebenda, S. 223.

[26] Stiftung Archiv der Parteien und Massenorganisationen der DDR im Bundesarchiv (im folgenden SAPMO, BArch), Zentrales Parteiarchiv (im folgenden ZPA), NL 36/656, o. Bl. - Wilhelm Pieck, am 3.1.1876 geb., Beruf Tischler, seit 1895 Mitglied der Sozialdemokratie, verschiedene Funktionen im Deutschen Holzarbeiterverband sowie in der Sozialdemokratie, 1915/17 Kriegsdienst, 1917 USPD, danach Spartakusbund, 1918 KPD und seit ihrer Gründung Mitglied der Zentrale bzw. des ZK, Abgeordneter des Preußischen Landtages und seit 1928 des Deutschen Reichstages, seit 1925 Vorsitzender der Roten Hilfe Deutschlands, seit 1926 Mitglied des Politbüros des ZK der KPD, ab 1928 Mitglied des Exekutivkomitees der Kommunistischen Internationale (EKKI) und seit 1931 Mitglied seines Präsidiums und seines Politischen Sekretariats, ab 1933 mit dem Vorsitz der KPD betraut, 1933 im Exil zunächst in Paris, ab 1934 in der UdSSR, 1943 Mitbegründer des Nationalkomitees Freies Deutschland (NKFD). 1.7.1945 Rückkehr nach Deutschland, Mitbegründer der SED und 1946/54 gemeinsam mit Otto Grotewohl Paritätischer Vorsitzender der Partei, seit 1946 Mitglied des Parteivorstandes bzw. des ZK und des Zentralsekretariats bzw. ab 1949 des Politbüros des ZK der SED, seit 1949 Präsident der DDR, am 7.9.1960 verstorben.

[27] Vgl. Erich W. Gniffke: Jahre mit Ulbricht. Mit einem Vorwort von Herbert Wehner, Köln 1966/Reprint 1990, S. 317. - Erich Gniffke, 1895 geb., seit 1912 Mitglied der Sozialdemokratie, nach 1918 Bezirksleiter des Zentralverbandes der Angestellten, Gauvorsitzender des Reichsbanners in Braun-

schweig, 1938 wegen Verdacht des Hochverrats bei der Gestapo sieben Monate inhaftiert. 1945/46 Mitglied des Zentralausschusses der SPD, 1946/48 Mitglied des Parteivorstandes und des Zentralsekretariats der SED, 1947/48 Mitglied des Sekretariats des Ständigen Ausschusses des Volkskongresses, 29.10.1948 Verlassen der SBZ, 4.9.1964 verstorben. - Otto Grotewohl, am 11.3.1894 geb., seit 1912 Mitglied der Sozialdemokratie, 1918 USPD, 1920/26 Abgeordneter des braunschweigischen Landtages, 1921/22 Innen- und Volksbildungsminister von Braunschweig, 1923/24 Minister für Justiz, 1925/33 Vorsitzender des Landesverbandes Braunschweig der SPD, Abgeordneter des Reichstages, nach 1933 Mitglied einer illegalen sozialdemokratischen Gruppe, 1938 und 1939 Untersuchungshaft. 1945/46 Vorsitzender des Zentralausschusses der SPD, Mitbegründer der SED, ab 1946 Mitglied des Parteivorstandes bzw. des ZK der SED und des Zentralsekretariats bzw. des Politbüros des ZK der SED, 1946/54 gemeinsam mit Pieck Paritätischer Vorsitzender der SED, seit 1949 Mitglied der Volkskammer und Ministerpräsident bzw. Vorsitzender des Ministerrates der DDR, 1960 Stellv. des Vorsitzenden des Staatsrates, 21.9.1964 verstorben. - Max Fechner, am 27.7.1892 geb., ab 1912 Mitglied der Sozialdemokratie, 1917/22 USPD, 1924/33 Leiter der kommunalpolitischen Zentralstelle im Parteivorstand der SPD, 1933/34 und 1944/45 inhaftiert. 1945/46 Mitglied des Zentralausschusses der SPD, 1946/53 Mitglied des Parteivorstandes bzw. des ZK der SED, ab Okt. 1948 Präsident der Zentralverwaltung für Justiz, 1949/53 Minister für Justiz, nach dem 17. Juni 1953 seines Amtes enthoben, aus der SED ausgeschlossen, verhaftet und verurteilt, 1956 aus der Haft entlassen, 1958 Wiederherstellung der SED-Mitgliedschaft, 13.9.1973 verstorben.

[28] Otto Grotewohl und die Einheitspartei, Dokumente Band 2, Mai 1946 bis Januar 1949. Mit einer Einführung von Marianne Braumann, Auswahl und Kommentierung: Marianne Braumann, Maren Franke und Wolfgang Triebel (Leitung), Berlin 1994, S. 397 f.

[29] Vgl. Wolfgang Buschfort: Das Ostbüro der SPD. Von der Gründung bis zur Berlin-Krise, München 1991, S. 38 f. - SAPMO, BArch, ZPA, NL 36/735, Bl. 124 ff. - Lohrenz war dem Sekretär der SPD Berlin-Spandau zugeordnet, arbeitete als Kurier des Berliner Landesverbandes der SPD für die SBZ, nach der Verhaftung im MWD-Gefängnis Potsdam und in Hohenschönhausen, Dez. 1949 entlassen, danach bei einem sowjetischen Informationsbüro tätig, 1950 Flucht nach Westberlin.

[30] Dokumente der Sozialistischen Einheitspartei Deutschlands. Beschlüsse und Erklärungen des Parteivorstandes, des Zentralsekretariats und des Politischen Büros (im folgenden Dokumente der SED), Bd. II, Berlin 1950, S. 11.

[31] Ebenda, S. 114.

[32] Sergej Tjulpanow: Deutschland nach dem Kriege (1945-1949). Erinnerungen eines Offiziers der Sowjetarmee, hrsg. und mit einem Nachwort von Stefan Doernberg, Berlin 1986, S. 64.

[33] Die Konferenz zur Gründung eines Informationsbüros aus Vertretern der kommunistischen und Arbeiterparteien tagte vom 22.-27.9.1947 in Polen. An ihr nahmen Vertreter aus Bulgarien, Frankreich, Italien, Jugoslawien, Polen, Rumänien, der Sowjetunion, der Tschechoslowakei und aus Ungarn teil. Aufgabe des Informationsbüros sollte es sein, den Erfahrungsaustausch und die Koordinierung der Tätigkeit der beteiligten kommunistischen und Arbeiterparteien auf der Grundlage der Freiwilligkeit und des gegenseitigen Einvernehmens zu organisieren. Die Beratung des Informbüros Ende Juni 1948 in Rumänien - ohne die Teilnahme Jugoslawiens - nahm eine Resolution über die Lage in Jugoslawien an.

[34] Dokumente der SED, Bd. II, a. a. O., S. 77.

[35] Ebenda, S. 79.

[36] Vgl. ebenda, S. 93 ff.

[37] Sergej Tjulpanow: Deutschland nach dem Kriege, a. a. O., S. 144.

[38] Vgl. Einheit 1 (Febr.) 1946. - Die erzwungene Selbstkritik von Ackermann erschien am 24. Sept. 1948 im „Neuen Deutschland". - Anton Ackermann, am 25.11.1905 geb., Beruf Strumpfwirker, 1926 KPD, 1931/33 Besuch der Internationalen Lenin-Schule in Moskau und anschließend dort Lektor, Mitarbeiter von Pieck, Mitglied des ZK der KPD und des Politbüros, 1933/40 illegale antifaschistische Tätigkeit in Deutschland, Prag, Paris und Spanien, ab 1940 in Moskau und seit 1943 Chefredakteur des Senders beim NKFD. Am 1. Mai 1945 Rückkehr nach Deutschland als Leiter einer Initiativgruppe der KPD für Sachsen, seit 1946 Mitglied des Parteivorstandes bzw. des ZK der SED und des Zentralsekretariats, 1949 Kandidat des Politbüros des ZK der SED und Staatssekretär im Ministerium für Auswärtige Angelegenheiten, 1950/54 Abgeordneter der Volkskammer, 1953 wegen Unterstützung von Herrnstadt und Zaisser seiner Funktion enthoben und 1954 aus dem ZK ausgeschlossen, 1954/58 Leiter der Hauptverwaltung Film beim Ministerium für Kultur, 1958 Mitglied bzw. Abteilungsleiter und ab 1960 stellv. Vorsitzender der Staatlichen Plankommission für Bildung und Kultur, 4.5.1973 Freitod.

[39] Otto Grotewohl und die Einheitspartei, Bd. 2, a. a. O., S. 420. - Zu Ackermann vgl. Jürgen Hofmann: Anton Ackermann - Wegweisung und Ernüchterung, in: „Undemokratisch wird sich rächen", Bd. 2, Edition Luisenstadt, Berlin 1994.

[40] Gniffke nennt in seinen Erinnerungen den 9. Sept. - Vgl. Erich W. Gniffke: Jahre mit Ulbricht, a. a. O., S. 334.

[41] Otto Grotewohl und die Einheitspartei, Bd. 2, a. a. O., S. 437.

[42] Ebenda, S. 436.

[43] Erich W. Gniffke: Jahre mit Ulbricht, a. a. O., S. 364.

[44] Ebenda, S. 364, 366.

[45] Vgl. Andreas Hillgruber: Alliierte Pläne für eine „Neutralisierung“ Deutschlands 1945-1955, Opladen 1987.

[46] Rolf Badstübner/Wilfried Loth (Hrsg.): Wilhelm Pieck, a. a. O., S. 236.

[47] Vgl. Walter Ulbricht: Zur Geschichte der deutschen Arbeiterbewegung. Aus Reden und Aufsätzen, Bd. III: 1946-1950, Berlin 1953, S. 290 ff.

[48] Engels an Gerson Trier in Kopenhagen (Entwurf), London, 18. Dez. 1889, in: Karl Marx/Friedrich Engels, Werke, Bd. 37, Berlin 1967, S. 326.

[49] Walter Ulbricht: Zur Geschichte der deutschen Arbeiterbewegung, Bd. III, a. a. O., S. 298. - Nach W. I. Lenin: „Wir lernen im allgemeinen Sinne, Sie dagegen müssen im speziellen Sinne lernen, um die Organisation, den Aufbau, die Methode und den Inhalt der revolutionären Arbeit wirklich zu verstehen.“, in: Werke, Bd. 33, Berlin 1962, S. 418.

[50] Walter Ulbricht: Zur Geschichte der deutschen Arbeiterbewegung, Bd. III, a. a. O., S. 304.

[51] August Thalheimer, am 18.3.1884 geb., Mitglied der SPD, 1917/19 Spartakusbund, Mitbegründer der KPD, bis 1923 Mitglied ihrer Zentrale, im Jan. 1924 daraus entfernt und in die Sowjetunion beordert, an der Programmarbeit der Komintern beteiligt und eine umfassende Kritik am Programm der Komintern vor deren 6. Weltkongreß im Sept. 1928 vorgelegt, 1928 Ausschluß aus der KPD, in Deutschland seit Gründung der KPD-O am 30.12.1928 führender Vertreter deren Reichsleitung, in der Nazizeit kubanisches Exil, dort am 19.9.1948 verstorben. - Heinrich Brandler, am 3.7.1881 geb., Beruf Maurer, 1901 SPD und 1915 Ausschluß aus der Partei, Mitbegründer des Spartakusbundes und seit 1919 Mitglied der Zentrale der KPD, 1921/23 einer ihrer Vorsitzenden, 1924 Ablösung der Parteiführung Brandler/Thalheimer, 1924/28 mit Thalheimer in die Sowjetunion „verbannt“, Mitglied der KPdSU, 1928 Rückkehr nach Deutschland, an der Organisierung der KPD-O beteiligt und danach bis 1940 in deren Auslandsleitung, Emigration 1933 nach Straßburg und Paris, 1940 nach Kuba. 1948 Rückkehr in die Westzonen Deutschlands, an der Sammlung von Kommunisten in der Gruppe Arbeiterpolitik mitbeteiligt, 26 9.1967 verstorben. - Gedankengut von Thalheimer und Brandler könnte seit 1946 und besonders 1948 auch auf der Grundlage zeitgenössischer Äußerungen, die sich in den im folgenden genannten Schriften zusammengefaßt wiederfinden, parat gewesen sein. - Vgl.: August Thalheimer: Die Grundlagen der Einschätzung der Sowjetunion. Die Sowjetunion von heute und die sozialistische Revolution in fortgeschrittenen kapitalistischen Ländern, Hrsg. Gruppe Arbeiterpolitik, o. O. 1952; Heinrich Brandler: Die Sowjetunion und die sozialistische Revolution, o. O. 1950, Nachdruck hrsg. und eingeleitet von der Gruppe Arbeiterpolitik 1982.

[52] Walter Ulbricht: Zur Geschichte der deutschen Arbeiterbewegung, Bd. III, a. a. O., S. 305.

[53] J. W. Stalin: Werke, Bd. 7, Berlin 1952, S. 32.

[54] Walter Ulbricht: Zur Geschichte der deutschen Arbeiterbewegung, Bd. III, a. a. O., S. 291.

[55] Protokoll über die Verhandlungen des Parteitages der Sozialdemokratischen Partei Deutschlands. Abgehalten zu Hannover 9.-14. Oktober 1899, S. 122.

[56] Heinrich Brandler: Die Sowjetunion, a. a. O., S. XVII.

[57] Rolf Badstübner/Wilfried Loth (Hrsg.): Wilhelm Pieck, a. a. O., S. 242.

[58] Karl Marx/Friedrich Engels: Werke, Bd. 3, Berlin 1958, S. 35.

[59] J. W. Stalin: Fragen des Leninismus, Berlin 1950, S. 98.

[60] Ebenda, S. 426.

[61] Ebenda, S. 425.

[62] Ebenda, S. 429.

[63] Ebenda, S. 436. - Vgl.: Erwin Lewin: Einige Aspekte der Wirkung von Stalins Luxemburg-Urteil 1931 in der Komintern, in: Beiträge zur Geschichte der Arbeiterbewegung, 4/1991, S. 483 ff.

[64] Trotz der Übernahme der Grundlinie Stalins in die Entschließung der 1. Parteikonferenz gab es gewisse Unterschiede. Das auch mit Rücksicht auf die konkrete historische Situation. Der demokratische Zentralismus wurde - wie bei Lenin 1920 - als ein selbständiges Prinzip formuliert. In bezug auf die Auffassung Stalins über die Rolle der Partei wurde der Begriff Diktatur des Proletariats noch nicht in die Entschließung übernommen. Der proletarische Internationalismus der Partei wurde als selbständiger Punkt benannt. - Vgl.: Dokumente der SED, Bd. II, a. a. O., S. 181 f.

[65] Wilhelm Pieck: Die gegenwärtige Lage und die Aufgaben der Partei, in: Protokoll der Verhandlungen des III. Parteitages der SED, 20. bis 24. Juli 1950 in der Werner-Seelenbinder-Halle zu Berlin, 1.-3. Verhandlungstag, Berlin 1951, S. 101. - J. W. Stalin: Werke, Bd. 7, a. a. O., S. 29 ff.

[66] W. I. Lenin: Bedingungen für die Aufnahme in die Kommunistische Internationale, in: Werke, Bd. 31, Berlin 1959, S. 197.

[67] Dokumente der SED, Bd. II, a. a. O., S. 382.

[68] Ebenda, S. 382.

[69] Fred Oelßner: Rosa Luxemburg. Eine kritische biographische Skizze, Berlin 1951, S. 212.

[70] Rosa Luxemburg: Zur russischen Revolution, in: Rosa Luxemburg und die Freiheit der Andersdenkenden. Extraausgabe des unvollendeten Manuskripts „Zur russischen Revolution" und anderer Quellen zur Polemik mit Lenin, Berlin 1990, S. 162.

[71] Ebenda, S. 161. - Fred Oelßner: Rosa Luxemburg, a. a. O., S. 198.

[72] Fred Oelßner: Rosa Luxemburg, a. a. O., S. 198.

[73] Ebenda, S. 210.

[74] Das Manuskript „Zur russischen Revolution“ erschien erstmals 1974 im Zusammenhang mit der Herausgabe der „Gesammelten Werke“ durch das damalige Institut für Marxismus-Leninismus beim ZK der SED und dem Dietz Verlag Berlin. - Vgl.: Annelies Laschitza, Vorwort, in: Rosa Luxemburg und die Freiheit der Andersdenkenden, a. a. O.

[75] SAPMO, BArch, ZPA, IV 2/2.1/98, Bl. 11.

[76] Ebenda, Bl. 15.

[77] Dokumente der SED, Bd. II, a. a. O., S. 98 f.

[78] Ebenda, S. 92.

[79] Hermann Matern, Vorsitzender der ZPKK bis 1971. Geb. am 17.6.1893, Lehre als Gerber, 1911/14 SPD, 1918 USPD, 1919 KPD, 1928/29 Internationale Lenin-Schule in Moskau, 1932/33 Mitglied des Preußischen Landtages, 1933 Verhaftung, 1934 Flucht aus der Haft und aus Deutschland, bis 1941 in verschiedenen europäischen Ländern für die Internationale Rote Hilfe tätig, ab 1941 Exil in Moskau, Mitglied des NKFD, Lehrer an der Zentralen Antifa-Schule in Krasnogorsk. Mai 1945 Rückkehr nach Deutschland mit der Initiativgruppe Ackermann, 1945/46 1. Sekretär der Bezirksleitung Sachsen der KPD, 1946/48 Vorsitzender des Landesverbandes Berlin der SED, 1946/50 Mitglied des Zentralsekretariats und ab 1950 des Politbüros, seit 1950 Vizepräsident beziehungsweise 1. Stellv. des Präsidenten der Volkskammer, 24. 1. 1971 verstorben. - Otto Buchwitz, am 27.4.1879 geb., Beruf Metalldrücker sowie Eisendreher und Weber, 1898 SPD, ab 1907 hauptamtlicher Gewerkschaftsfunktionär, 1914/18 Kriegsdienst, 1921/24 Mitglied des Preußischen Landtages, 1924/33 Mitglied des Reichstages, 1933/40 Exil in Dänemark, 1940 Verhaftung, Auslieferung nach Deutschland und Verurteilung zu acht Jahren Zuchthaus, bis 1945 Zuchthaus und Konzentrationslager. 1945/46 Vorsitzender des Landesverbandes Sachsen der SPD, 1946/48 Paritätischer Vorsitzender des Landesverbandes Sachsen der SED, ab 1946 Mitglied des Parteivorstandes bzw. des ZK der SED, 1949/50 Kovorsitzender der ZPKK, 1950/54 Alterspräsident der Volkskammer, 9.7.1964 verstorben.

[80] SAPMO, BArch, ZPA, IV 2/4/437, o. Bl.

[81] Ebenda, o. Bl.

[82] Vgl. ebenda, NL 36/735, Bl. 278, 288.

[83] Vgl. ebenda, Bl. 278, 288. - 1948 bis einschließlich März 1949 nahm die SED 225.763 Mitglieder auf, 231.435 schieden aus. Vollständige Analysen über Ausschlußgründe in dieser Zeit konnten noch nicht ermittelt werden.

Einige Einzelangaben gestatten einen gewissen Überblick. Von den 231.435 Ausgeschiedenen gingen 80.780 freiwillig, 11.672 wurden ausgeschlossen, 22.609 starben und 116.319 fielen nach der sog. Karteikartenbereinigung weg. Als Gründe für freiwillige Austritte wurden zum Beispiel für Sachsen-Anhalt angegeben (ab 1.1.1948): 3.085 lehnten die Parteilinie ab, 920 hatten Privilegien erwartet, 4.359 nannten Altersgründe und Krankheit, 562 traten in andere Parteien ein, 1.227 gingen in die Westzonen, für 11.200 wurden keine Gründe angegeben. - Für Sachsen (1.1.-1.5.1949): 373 Ablehnung der Parteilinie, 280 Privilegien erwartet, 811 uninteressiert, 516 private Gründe, 1.429 Altersgründe und Krankheit, 351 Eintritt in andere Parteien, 783 Wohnortwechsel, 1.465 ohne Angabe des Grundes, 331 Unzufriedenheit.

[84] Otto Grotewohl: Auf dem Wege zur Partei neuen Typus. Aus dem Referat auf der I. Parteikonferenz der SED, 27. Januar 1949, in: Im Kampf um die einige deutsche demokratische Republik, Reden und Aufsätze, Auswahl aus den Jahren 1945-1953, Bd. 1, 1945-1949, Berlin 1954, S. 377.

[85] SAPMO, BArch, ZPA, IV 2/4/437, o. Bl.

[86] Ebenda, o. Bl.

[87] Ebenda, o. Bl.

[88] Ebenda, o. Bl.

[89] Begriff nach Matern.

[90] SAPMO, Barch, ZPA, IV 2/4/437, o. Bl.

[91] Ebenda, NL 36/735, Bl. 252.

[92] Ebenda, Bl. 258.

[93] Ebenda, Bl. 273, 275.

[94] J. W. Stalin: Werke, Bd. 7, a. a. O. S. 30 f.

[95] Rolf Badstübner/Wilfried Loth (Hrsg.): Wilhelm Pieck, a. a. O., S. 95 f.

[96] Ebenda, S. 112.

[97] Vgl. Helga Grebing/Christoph Kleßmann/Klaus Schönhoven/Hermann Weber: Zur Situation der Sozialdemokratie in der SBZ/DDR 1945-1950, Schüren 1992, S. 79.

[98] Rolf Badstübner/Wilfried Loth (Hrsg.): Wilhelm Pieck, a. a. O., S. 97.

[99] SAPMO, BArch, ZPA, IV 2/4/437, o. Bl.

[100] Ebenda, o. Bl.

[101] Vgl. Wolfgang Buschfort: Das Ostbüro, a. a. O. - Karl Wilhelm Fricke: Opposition und Widerstand, a. a. O. - Kurt-Schumacher-Kreis e. V. (Hrsg.): „P raus E rein“. Verrat und Verräter. Anmerkungen zur Vereinigung von SPD

und KPD zur SED, Bonn 1990. - Günther Scholz (Hrsg.): Verfolgt-verhaftet-verurteilt, a. a. O.

[102] SAPMO, BArch, ZPA, NL 36/735, Bl. 118.

[103] Ebenda, Bl. 118.

[104] Hermann Kreutzer: Zweimal von der SPD verraten, in: Konrad Löw (Hrsg.): Verratene Treue, a. a. O., S. 69 ff. - Hermann Kreutzer, im Jahre 1924 geb., Abitur, Kriegsdienst und Verurteilung zu 10 Jahren Festung wegen „Wehrkraftzersetzung". 1945 Mitbegründer der SPD in Thüringen. Nach 1956 Stadtrat in Berlin-Tempelhof, ab 1967 Ministerialdirektor für die politische Abteilung des Ministeriums für gesamtdeutsche Fragen, ab 1970 mit der Berlin-Abteilung des innerdeutschen Ministeriums betraut. 1980 Konflikt mit der SPD, Austritt aus der Partei, in den Ruhestand versetzt.

[105] Ebenda, S. 87 f.

[106] Am 28. Apr. 1990 verabschiedete die Zentrale Schiedskommission der PDS eine Erklärung über die parteimäßige Rehabilitierung ehemaliger Mitglieder der SPD. Darin heißt es u. a.: „Auf der 28. Tagung des Zentralkomitees der SED im Juli 1956 berichtete Walter Ulbricht, daß 691 ehemalige SPD-Mitglieder, 'die wegen Agententätigkeit verurteilt waren', freigelassen wurden. Die Inhaftierung war für die Sozialdemokraten, soweit sie der SED angehörten, mit dem Ausschluß aus der Partei verbunden. Die Zentrale Schiedskommission der Partei des Demokratischen Sozialismus erklärt die Parteiausschlüsse dieser ehemals sozialdemokratischen Mitglieder aus der SED für unrecht und ungültig. Sie wirkt entschieden für die Erneuerung der Partei und bekennt sich zugleich zu allen fortschrittlichen Traditionen der Arbeiterbewegung, einschließlich der sozialdemokratischen." - In der Presseinformation vom 30. Apr. 1990 teilte die Schiedskommission im „Neuen Deutschland" u. a. mit: Die Zentrale Schiedskommission „beschloß nach eingehender Beratung die politische Rehabilitierung all jener, die Ende der 40er bzw. Anfang der 50er Jahre wegen ihrer früheren Zugehörigkeit zur Sozialdemokratischen Partei Deutschlands als sogenannte Schumacher Agenten aus der SED ausgeschlossen und zum Teil von der Justiz verfolgt worden waren. Zu ihnen zählt der stellvertretende Vorsitzende des Kurt Schumacher-Kreises e. V., Hermann Kreutzer, Dorothea Kreutzer, geborene Fischer, sowie Bruno Böttge, Paul Verdieck und Stanislaus Trabalski. Postum werden die Saalfelder Genossen Paul Kreutzer, Ewald Kaufmann, Moritz Luther und Karl Linke rehabilitiert und damit von unberechtigter stalinistischer Schuldzuweisung befreit."

[107] Vgl. Heinz Kühne: Kuriere, Spitzel, Spione, Berlin 1949. - Wilhelm Lohrenz: Hinter den Kulissen der SPD-Führung, Berlin 1949.

[108] Günter Braun: Die SED-Kreisleitung Altenburg und die „Genossen in Uniform". Eine lokalhistorische Skizze zum Verhältnis zwischen SED und SMAD in einem traditionellen Zentrum der deutschen Arbeiterbewegung, in: Klaus

Schönhoven/Dietrich Staritz (Hrsg.): Sozialismus und Kommunismus im Wandel, a. a. O., S. 372.

[109] Resolutionsentwurf zur Landesdelegierten-Versammlung 1948 (Beschluß des Landesvorstandes vom 26./27. Oktober 1948), S. 9. Kopie im persönlichen Archiv der Autorin.

[110] Die Autorin dankt Herrn Hermann Kreutzer für das Überlassen einiger authentischer Dokumente.

[111] Bericht über die Kreisvorstandssitzung mit den Genossen des kleinen Sekretariats des Landesvorstandes, dem Ortsvorstand Pössneck und dem Betriebsgruppenvorstand der Maxhütte am 19.4.1949, S. 9. Kopie im persönlichen Archiv der Autorin. - Laut der Festnahmemitteilung an Mielke waren während der Hausdurchsuchung bei den Kreutzers keine Propagandamaterialien der SPD gefunden worden.

[112] Dieter Rieke (Hrsg.): Sozialdemokraten als Opfer im Kampf gegen die rote Diktatur. Arbeitsmaterialien für politische Bildung, Bonn 1994, S. 14.

[113] Vgl. Helga Grebing u. a.: Zur Situation zur Sozialdemokratie, a. a. O.

[114] Vgl. SAPMO, BArch, ZPA, J IV 2/202/9, o. Bl. - Vgl. auch Zur Entlassung werden vorgeschlagen ... Wirken und Arbeitsergebnisse der Kommission des Zentralkomitees zur Überprüfung von Angelegenheiten von Parteimitgliedern 1956. Dokumente, mit einem Vorwort von Josef Gabert, Berlin 1991.

[115] Vgl. Wolfgang Buschfort: Das Ostbüro, a. a. O. - Helmut Bärwald: Das Ostbüro der SPD. 1946-1971 Kampf und Niedergang, Mit einem Vorwort von Prof. Dr. Hartmut Jäckel, Gegenwart und Zeitgeschichte Bd. 14, Krefeld 1991.

[116] Vgl. Wolfgang Buschfort: Das Ostbüro, a. a. O., S. 26

[117] Otto Kuusinen: Die rechten Sozialdemokraten von heute, Berlin o. J., S. 18.

[118] Ebenda, S. 23.

[119] Vgl. Bundesarchiv, Militärisches Zwischenarchiv, Potsdam, Akte PT 7005, Bl. 4 ff.

[120] In einer Instruktion für die Grenzpolizeiorgane von Anfang 1949 heißt es: “Die Grenzpolizeiorgane an der Grenze und der Demarkationslinie unterstehen in ihrer operativen Tätigkeit der sowjetischen Kommandoführung des entsprechenden Ortes.“ Vgl. ebenda, Akte PT 7431, Bl. 277. - Die administrative Leitung der Grenzpolizei erfolgte in den Ländern durch die jeweiligen Innenminister und Ministerpräsidenten und im Zonenmaßstab durch den Präsidenten der DVdI. Aufgabe der Polizeiorgane war es, die Grenze und die Demarkationslinie der SBZ zu schützen; niemandem den Übergang oder die Überfahrt an der Grenze oder Demarkationslinie zu gestatten; Personen festzunehmen, die die Grenze oder Demarkationslinie außer an den dafür vorgesehenen Kontrolldurchlaßpunkten überschritten.

[121] Ebenda, Akte PT 7005, Bl. 4.

[122] Brandenburgisches Landeshauptarchiv, Rep. 203 VP - 74, Bl. 4.

[123] Ebenda, Bl. 116.

[124] Ebenda, Rep. 203 VP - 72, Bl. 52.

[125] SAPMO, BArch, ZPA, IV 2/4/437, o. Bl.

[126] Vgl. ebenda. - Der Zustand der SED an der Basis widerspiegelte sich auch in kritischen Diskussionen über Arbeitsnormen, über die überhöhten Preise in den Geschäften der HO (Staatliche Handelsorganisation), über die Nationale Front und die Oder-Neiße-Grenze. In einzelnen Ortsgruppen wurden Entschließungen, die neugebildete DDR-Regierung zu unterstützen, abgelehnt.

[127] Ebenda.

[128] Ebenda, J IV 2/3/45-65, Bl. 3.

[129] Ebenda, Bl. 4.

[130] Ebenda, IV 2/2/51, Bl. 6.

[131] Ebenda, IV 2/4/437, o. Bl.

[132] Ebenda.

[133] Ebenda.

[134] Vgl. Wolfgang Leonhard: Die Revolution entläßt ihre Kinder, Köln 1955, 1981, 1987, 1990, 1992.

[135] Das Kleine Sekretariat war im Ergebnis der Beratung in Moskau vom Dez. 1948 gebildet worden. Ihm gehörten Walter Ulbricht, Hermann Axen, Edith Baumann, Franz Dahlem, Fred Oelßner, Horst Sindermann und Paul Wessel an. Mit dem III. Parteitag im Juli 1950 bildeten Politbüro und Sekretariat die Spitzengremien der SED.

[136] SAPMO, BArch, ZPA, J IV 2/3/24 - 44, Bl. 6. - Der Arbeitsgruppe gehörten Kurt Hager, Erich Glückauf, Frida Rubiner und Markus Wolf an.

[137] Ebenda, IV 2/4/437, o. Bl.

[138] Bei dem Prozeß wurden zwei Verfahren für das Militärgericht abgetrennt. Tatsächlich wurden sieben der Beschuldigten erhängt bzw. erschossen und ihre Leichen unbekannten Ortes in einem Wald verscharrt. Aus dem Budapester Prozeß ist der Vertreter der jugoslawischen Militärmission, Lazar Brankov, der einzige noch Überlebende. Vgl. zusammenfassend zu den Prozessen in den Ostblockstaaten: Georg Hermann Hodos: Schauprozesse. Stalinistische Säuberungen in Osteuropa 1948-54, Berlin 1990. - Schauprozesse unter Stalin 1932-1952. Zustandekommen, Hintergründe, Opfer, Berlin 1990 - Wolfgang Maderthaner/Hans Schafranek/Berthold Unfried: „Ich habe den Tod verdient“. Schauprozesse und politische Verfolgung in Mittel- und Osteuropa 1945-1956, Wien 1991.

[139] Vgl. SAPMO, BArch, ZPA, NL 36/27.

[140] Die Publikation „László Rajk und Komplizen vor dem Volksgericht" erschien mit dem Druckdatum 1949 Anfang 1950.

[141] Internationale Hilfsorganisation, die ihren Sitz in der Schweiz hatte und deren Gründung auf den Aufenthalt W. I. Lenins in der Schweiz zurückging.

[142] Vgl. auch den Beitrag von Thomas Klein.

[143] SAPMO, BArch, ZPA, IV 2/4/106, o. Bl.

[144] Ebenda.

[145] Vgl. Flora Lewis: Bauer im roten Spiel. Das Leben des Noel H. Field, Berlin, Frankfurt/M., Wien 1965.

[146] Die Abteilung war für die ideologische und politische Sauberkeit der KP Polens und der polnischen Regierung verantwortlich.

[147] Allan Dulles war während des Zweiten Weltkrieges Leiter der OSS-Mission (Office of Strategic Services) in der Schweiz, das nach Kriegsende aufgelöst wurde. Nach 1945 Chef der 1947 gegründeten CIA. Allan war der Bruder des späteren (seit 1953) amerikanischen Außenministers John Foster Dulles.

[148] Stewart Steven: Sprengsatz. Die Operation Splinter Factor der CIA, Stuttgart 1975, S. 87. - Noel Field war auch von dem antikommunistischen „Komitee für unamerikanische Tätigkeit" öffentlich als kommunistischer Agent angegriffen worden.

[149] Noel und seine Frau Herta befanden sich in Ungarn in Haft. Sie wurden im Nov. 1954 freigelassen, erhielten 40.000 Dollar Entschädigung und blieben in Ungarn. Der Bruder Hermann Field war im Aug. 1949 in Polen verhaftet worden und kam im Okt. 1954 frei. Er erhielt ebenfalls eine Entschädigung von 40.000 Dollar und ging nach Amerika zurück. Eine polnische Expertenkommission, die sich bereits mit den Swiatlo-Akten beschäftigt hatte und nun auch die Field-Akte überprüfte, stellte die Unschuld der Fields fest.

[150] Jan Foitzik, der Archivmaterialien über die Gründungskonferenz des Informbüros vom Sept. 1947 analysierte, konnte den Widerspruch zwischen den damaligen offiziellen Verlautbarungen und tatsächlichem Konferenzinhalt nachweisen, der sich - kurz gesagt - auf eine Auseinandersetzung um verschiedene nationale Wege und legale Kampfformen konzentrierte. Z. B. wurde die KPF des Revisionismus beschuldigt. - Vgl. Ders.: Die Bildung des Kominform-Büros 1947 im Lichte neuer Quellen, in: Zeitschrift für Geschichtswissenschaft 12/1992, S. 1109 ff.

[151] Stewart Steven: Sprengsatz, a. a. O., S. 86, 93.

[152] Vgl. Lazar Brankov: Ein Augenzeugenbericht zum Rajk-Prozeß, in: Wolfgang Maderthaner/Hans Schafranek/Berthold Unfried (Hrsg.): „Ich habe den Tod verdient", a. a. O., S. 33 ff.

[153] Vgl. die Ausführungen über Friedrich Schlotterbeck in dem Beitrag von Thomas Klein.

[154] Vgl. Franz Dahlem: Am Vorabend des Zweiten Weltkrieges, Erinnerungen, Bd. 2, Berlin 1980, S. 69 ff.

[155] Vgl.: Reiner Tosstorff: Innerparteiliche Säuberungen in den Kommunistischen Parteien Frankreichs und Spaniens 1948-1952, in: Wolfgang Maderthaner/Hans Schafranek/ Berthold Unfried (Hrsg.): „Ich habe den Tod verdient", a. a. O., S. 159 ff. - Stefan Troebst: Vernichtungsterror und 'Säuberungen' in der Bulgarischen Kommunistischen Partei 1936 bis 1953, in: Hermann Weber/Dietrich Staritz u. a. (Hrsg.): Kommunisten verfolgen Kommunisten, a. a. O., S. 470 ff. - Panagiotis Noutsos: „Säuberungen" innerhalb der griechischen KP (1931 bis 1956), in: Ebenda, S. 487 ff.

[156] Vgl. Vojtech Mencl: Die Säuberungswellen in der Tschechoslowakei nach 1969, in: Hermann Weber/Dietrich Staritz u. a. (Hrsg.): Kommunisten verfolgen Kommunisten, a. a. O., S. 496. - Karel Kaplan: „Massenungesetzlichkeit und politische Prozesse in der Tschechoslowakei 1948 bis 1953, in: Wolfgang Maderthaner/Hans Schafranek/Berthold Unfried (Hrsg.): „Ich habe den Tod verdient", a. a. O., S. 37 ff.

[157] SAPMO, BArch, ZPA, IV 2/2/51, Bl. 3.

[158] Zum Engagements Ulbrichts vgl. Carola Stern: Ulbricht. Eine politische Biographie, Köln 1963. - Neue Forschungsergebnisse präzisierten allerdings einige Angaben.

[159] SAPMO, BArch, ZPA, IV 2/4/106, o. Bl.

[160] Ebenda, J IV 2/3/45-65, Bl. 10.

[161] Ebenda, Bl. 11.

[162] Herta Geffke, 1893 geb., Beruf Schäftestepperin, 1912 SPD, 1917 USPD, 1919 KPD, in verschiedenen Funktionen , insbes. für Frauenarbeit, der KPD eingesetzt, 1931/33 Mitarbeiterin beim Zentralvorstand der Roten Hilfe, 1933 zu zweieinhalb Jahren Zuchthaus verurteilt, ab 1936 antifaschistische Arbeit in Stettin, 1946/49 Sekretär der Landesleitung der KPD/SED in Mecklenburg/Vorpommern, 1949/58 im Apparat des ZK der SED und Mitglied der ZPKK sowie dann deren stellv. Vorsitzende, 1958/63 Kaderleiterin am Institut für Gesellschaftswissenschaften beim ZK der SED, 29.12.1974 verstorben.

[163] SAPMO, BArch, ZPA, IV 2/4/473, o. Bl.

[164] Rolf Badstübner/Wilfried Loth (Hrsg.): Wilhelm Pieck, a. a. O., S. 321.

[165] SAPMO, BArch, ZPA, NL 72/213, Bl. 79.

[166] Die von Hodos genannten Fakten über Bernhard und Ibolya Steinberger stimmen zum Teil nicht. Ebenso unrichtig ist, daß die damalige Tätigkeit der Abteilungen für Innere Angelegenheiten bei den SMA von Generaloberst

Iwan Serow geleitet worden sei. Vgl.: Georg Hermann Hodos: Schauprozesse, a. a. O., S. 179 ff. - Serow übte nur bis 1947 die Funktion des Stellv. des Obersten Chefs der SMAD für die Zivilverwaltung in der SBZ aus. Ihm folgte Generaloberst Bogdan Kobulow nach. - Serow war ehem. Mitarbeiter im persönlichen Sekretariat Stalins, 1941 erster Stellv. des Volkskommissars des Innern der UdSSR, Leiter von Sonderkommandos des NKWD, Frontbevollmächtigter des NKWD, Stellv. des Obersten Chefs der SMAD für Fragen der Zivilverwaltung, verantwortlich für den Aufbau der „internen" Sektion (NKWD/NKGB) innerhalb der SMAD, 1947 erster Stellv. des Ministers für Inneres der UdSSR, 1954 Vorsitzender des Komitees für Staatssicherheit (KGB), 1958 Chef des militärischen Geheimdienstes (GRU). - Kobulow war Leiter der Untersuchungsabteilung des NKWD in Georgien, seit 1943 Stellv. des Volkskommissars für Staatssicherheit der UdSSR, 1947 Stellv. des Obersten Chefs der SMAD für Fragen der Zivilverwaltung, 1949/53 einer der Chefs der Verwaltung der SKK, danach Stellv. des Innenministers der UdSSR (Hauptverwaltung für Staatssicherheit), Dez. 1953 nach Berija-Prozeß hingerichtet.

[167] Ibolya Steinberger wurde 1955 von den ungarischen Justizorganen amnestiert und kehrte 1956 in die DDR zurück. 1957 erhielt sie ihren Freispruch durch die Oberste Staatsanwaltschaft Ungarns.

[168] Vgl. Kurt Müller. Ein historisches Dokument aus dem Jahre 1956. Brief an den DDR-Ministerpräsidenten Otto Grotewohl, in: Aus Politik und Zeitgeschichte, B 11/1990, S. 16 ff.

[169] Interview der Autorin mit Bruno Haid am 28. Dez. 1990 und im Jan. 1992.

[170] Rolf Badstübner/Wilfried Loth (Hrsg.): Wilhelm Pieck, a. a. O., S. 351. - Die Art der Notiz läßt offen, ob Pieck berichten mußte, oder ob er von sowjetischer Seite Direktiven erhielt.

[171] SAPMO, BArch, ZPA, IV 2/4/106, o. Bl.

[172] Diese Angaben sind nach neuen Forschungsergebnissen des bekannten Wirtschaftshistorikers Jörg Roesler nicht haltbar. Die industrielle Entwicklung in der DDR erreichte etwa erst Mitte der fünfziger Jahre den Vorkriegsstand, während die offizielle Version zu diesem Zeitpunkt z. T. schon von einer Verdoppelung ausging. Einige wenige Angaben der Autorin zu diesem Problem, die sich gezwungenermaßen auf DDR-Dokumente stützen, sind daher mit einer gewissen kritischen Distanz anzunehmen. Neue Forschungsergebnisse über das tatsächliche Niveau der gesamtwirtschaftlichen Entwicklung der DDR liegen noch nicht vor.

[173] Wilhelm Pieck: Die gegenwärtige Lage und die Aufgaben der Partei, in: Protokoll der Verhandlungen des III. Parteitages der Sozialistischen Einheitspartei Deutschlands, 20. bis 24. Juli 1950 in der Werner-Seelenbinder-Halle zu Berlin, 1.-3. Verhandlungstag, Berlin 1951, S. 77.

[174] Ebenda, S. 82.

[175] Ebenda, S. 47.

[176] Ebenda, S. 127 f.

[177] Ebenda, S. 128.

[178] Protokoll des III. Parteitages, 4. und 5. Verhandlungstag, a. a. O., S. 251.

[179] Die in der Entschließung des Kominform-Büro vom Nov. 1949 ausgesprochene Verleumdung Jugoslawiens als faschistischer Staat widerspiegelte die weitere Zuspitzung des sowjetisch-jugoslawischen Konflikts. Diese Situation hatte auf Jugoslawien selbst, das unter Wahrung seiner Unabhängigkeit einen eigenständigen gesellschaftlichen Entwicklungsweg suchte, schwere Auswirkungen. Es kam immer wieder zu Säuberungsaktionen und Inhaftierungen von Kominformanhängern. Die Gesamtzahl der Inhaftierten soll 16.731 Personen betragen haben.- Vgl. Stefano Bianchini: Zwischen Stalinismus und Antistalinismus. Säuberungen und politische Prozesse in Jugoslawien in den Jahren 1948 bis 1954, in: Wolfgang Maderthaner/Hans Schafranek/Berthold Unfried (Hrsg.): „Ich habe den Tod verdient", a. a. O., S. 57 ff.

[180] Statut der SED, in: Protokoll des III. Parteitages, 4. und 5. Verhandlungstag, a. a. O., S. 307.

[181] Die Verantwortungsbereiche des ZK gehörten von Anfang an zu den Domänen des Politbüros und Sekretariats, die die Entscheidungen vorbereiteten bzw. durchsetzten.

[182] Blieb bis 1954 gültig.

[183] SAPMO, BArch, ZPA, IV 2/1/080, Bl. 42.

[184] Walter Ulbricht, am 30.6.1893 geb., von Beruf Tischler, 1912 SPD, 1915/18 Kriegsdienst, 1919 KPD, seit 1923 Mitglied der Zentrale bzw. des ZK der KPD, seit 1928 Mitglied des Deutschen Reichstages, 1928/43 Kandidat des EKKI, seit 1929 Mitglied des Politbüros des ZK der KPD, 1929/33 Politischer Leiter der Bezirksorganisation der KPD Berlin-Brandenburg-Lausitz-Grenzmark, ab 1932 Mitglied des Sekretariats des ZK der KPD, 1933 wegen antifaschistischer Tätigkeit verfolgt und in die Emigration gezwungen, 1933/35 Mitglied der Auslandsvertretung der KPD in Paris, 1935/38 Leiter der Operativen Leitung des ZK der KPD in Prag, 1938/43 Vertreter des ZK der KPD beim EKKI in Moskau, 1943/45 Mitglied und Funktionär im NKFD. Apr. 1945 Rückkehr nach Deutschland und Leiter der Initiativgruppe des ZK der KPD für Berlin, seit 1946 Mitglied des Parteivorstandes bzw. ab 1950 Mitglied des ZK der SED, 1946-1950 Mitglied des Zentralsekretariats der SED und mit Max Fechner stellv. paritätischer Vorsitzender der SED, 1949/73 Mitglied des Politbüros der SED, 1950/53 Generalsekretär und 1953/71 Erster Sekretär des ZK der SED, ab 1949 Abgeordneter der Provisorischen bzw. der Volkskammer der DDR, 1949/55 Stellv. des Vorsitzenden des Ministerrates und 1955/60 1. Stellv. des Vorsitzenden des Ministerrates, 1960/71 Vor-

sitzender des Nationalen Verteidigungsrates und 1960/73 Vorsitzender des Staatsrates, am 1.8.1973 verstorben.

[185] Dem am 25. Juli gewählten Politbüro gehörten als Mitglieder Franz Dahlem, Friedrich Ebert, Otto Grotewohl, Hermann Matern, Fred Oelßner, Wilhelm Pieck, Heinrich Rau, Walter Ulbricht und Wilhelm Zaisser sowie als Kandidaten Anton Ackermann, Rudolf Herrnstadt, Erich Honecker, Hans Jendretzky, Erich Mückenberger und als Kandidatin Elli Schmidt an.

[186] SAPMO, BArch, ZPA, IV 2/2/105, Bl. 3.

[187] Ebenda, NL 70/1, Bl. 32. - Lex Ende, eigentlich Alexander Ende, geb. 6.4.1899, Journalist, 1918 USPD, danach KPD, bei verschiedenen Zeitungen tätig, u. a. bei dem „Ruhrecho" und bei der „Roten Fahne", Dez. 1933 Emigration nach Paris und Prag, Sept. 1939 Internierung in Frankreich, 1940 Flucht aus dem Lager, zeitweiliger Stützpunktleiter in Marseille, dann in der Resistance, wegen angeblicher Feigheit von der Französischen KP aus der Partei ausgeschlossen. Okt. 1945 Rückkehr nach Deutschland, bis Juli 1946 beim Deutschen Bauernverlag, mit Unterstützung von Pieck Aufnahme in die SED, auf Beschluß des Zentralsekretariats der SED vom 24.6.1946 als 3. Chefredakteur bei der Redaktion des „Neuen Deutschland" (bis 1.5.1949) eingesetzt, seit Juni 1949 Chefredakteur der Wochenzeitung „Friedenspost" der Gesellschaft für Deutsch-Sowjetische Freundschaft, ab Nov. 1950 Arbeit im Betrieb Muldenhütte der VVB Buntmetalle (Wismut), 15.1.1951 verstorben - nach Aussagen Walter Jankas in einer Fernsehdokumentation 1990 durch Freitod aus dem Leben geschieden (Wiederholung der Sendung im ORB am 27.3.1995).

[188] SAPMO, BArch, ZPA, IV 2/1/086, Bl. 119.

[189] Ebenda, Bl. 125.

[190] Ebenda.

[191] Erklärung des Zentralkomitees und der Zentralen Parteikontrollkommission zu den Verbindungen ehemaliger deutscher politischer Emigranten zu dem Leiter des Unitarian Service Committee Noel H. Field, in: Dokumente der SED, Bd. III, Berlin 1952, S. 212.

[192] Leo Bauer wurde schon am 23. Aug. 1950 verhaftet. Paul Merkers Inhaftierung erfolgte im Zusammenhang mit dem Slánsky-Prozeß am 30. Nov. 1952. - Vgl. Peter Brandt (Mitarb.): Karrieren eines Außenseiters. Leo Bauer zwischen Kommunismus und Sozialdemokratie 1912-1972, Berlin/Bonn 1983. - Hans Teubner: Exilland Schweiz. Dokumentarischer Bericht über den Kampf emigrierter Kommunisten 1933-1945, Berlin 1975. - Wolfgang Kießling: „Partner im Narrenparadies". Der Freundeskreis um Noel Field und Paul Merker, Berlin 1994.

[193] Willi Kreikemeyer, 11.1.1894 geb., Beruf Dreher, 1918 USPD, 1919 KPD, seit 1928 Funktionen in der KPD und zeitweilig verhaftet, ab 1928 Geschäftsführer beim Neuen Deutschen Verlag, ab 1933 für den Verlag illegal in der

Schweiz tätig, dann Emigration nach Frankreich, in die Tschechoslowakei und nach Luxemburg, Hauptmann im Ernst-Thälmann-Bataillon der Internationalen Brigaden, 1939/40 interniert, danach in der Emigrationsleitung der KPD für Südfrankreich. Seit Febr. 1946 persönlicher Referent beim Stellv. des Generaldirektors der Deutschen Reichsbahn bzw. im Personaldezernat der Reichsbahndirektion Berlin, seit 1.3.1947 Präsident bzw. Generaldirektor der Deutschen Reichsbahn. Eingaben von Frau Marthe Kreikemeyer wegen der Schuld und über den Verbleib ihres Mannes an die Präsidialkanzlei von Pieck in den Jahren 1950/52 nahm Pieck in das ZK mit, „um die Angelegenheit mit Zaisser zu besprechen" (SAPMO, BArch, ZPA, NL 36/663, Bl. 122.). Eine Antwort war jedoch nie ergangen. Nach einem Brief vom 4.4.1956 an Grotewohl und einem am 3.8.1956 im „Kurier" publizierten Offenen Brief sowie nach einem Schreiben an Käthe Dahlem vom 12.4.1957 übermittelte Mielke am 28.5.1957 an Ulbricht den Offenen Brief. Im Juli 1957 teilte das Oberste Gericht der DDR Marthe Kreikemeyer mit, daß ihr Mann am 31.8.1950 in der Haft in Berlin verstorben sei. In zeitlicher Nähe dieser Korrespondenz findet sich im Archiv eine formlose, undatierte und ungezeichnete Notiz: „Nach Auskunft der zuständigen Organe der *UdSSR* ist der am 25.8.1950 verhaftete deutsche Staatsbürger Kreikemeyer Willi, geboren am 11.1.1894 in Magdeburg, während seines Aufenthaltes im Gefängnis erkrankt und verstorben." (SAPMO, BArch, ZPA, J IV 2/2025, o. Bl.) In der im Frühjahr 1956 eingesetzten Kommission des ZK der SED zur Überprüfung der Angelegenheiten von Parteimitgliedern habe Mielke auf eine Anfrage von Bruno Haid nach Kreikemeyer geantwortet, daß er in der Zelle den Freitod gewählt habe.

[194] SAPMO, BArch, ZPA, J IV 2/3/133, Bl. 3.

[195] Ebenda, IV 2/2/106, Bl. 2 ff. - Dokumente der SED, Bd. III, a. a. O., S. 202 f.

[196] Vgl. Ulrich Heyden: Säuberungen in der KPD 1948 bis 1951, in:Wolfgang Maderthaner/Hans Schafranek/Berthold Unfried (Hrsg.): „Ich habe den Tod verdient", a. a. O., S. 139 ff.

[197] Alfred Drögemüller, 22.9.1913 geb., vor allem in der sozialistischen und kommunistischen Arbeiterjugend aktiv, ab 1934 Emigration in Dänemark und Arbeit im „Komitee für die Opfer des Hitlerfaschismus", 1937 Emigration nach Schweden und bis 1940 Leiter der illegalen KPD-Gruppe in Göteborg, nach der deutschen Besetzung Dänemarks und Norwegens 1940 Rückkehr nach Deutschland. Nach 1945 Chefredakteur der KPD-Zeitung „Wissen und Tat". Nach seiner Entlassung am 16.9.1953 Verbleib in der DDR, 1956 interne parteimäßige Rehabilitierung und Aufnahme in die SED. Nach langjährigem schweren Lungenleiden als Haftfolge am 8.7.1988 gestorben.

[198] U. a. wurde ihm auch ein 1946 verfaßtes Schulungsmaterial über den „besonderen deutschen Weg zum Sozialismus" als trotzkistische Propaganda vorgeworfen.

[199] Erinnerungsbericht von Alfred Drögemüller, S. 6. - Kopie des Berichts im persönlichen Archiv der Autorin. Sie wurde ihr freundlicherweise von Frau Grete Drögemüller überlassen.

[200] Ebenda, S. 9.

[201] Ebenda, S. 8.

[202] Vgl. Protokoll der Verhandlungen des III. Parteitages, 1.-3. Verhandlungstag, a. a. O., S. 81, 99.

[203] Vgl. SAPMO, BArch, ZPA, IV 2/202/9, o. Bl. - Der Hinweis auf die Prozesse bezog sich sicher 1. auf den Fall des sog. Antisowjetischen vereinigten trotzkistisch-sinowjewschen Zentrums, bei dem im Aug. 1936 16 Angeklagte vor dem Militärkollegium des Obersten Gerichts der UdSSR standen und zur Höchststrafe verurteilt worden waren. Unter ihnen G. Sinowjew, L. Kamenew und die Deutschen F. David, V. Olberg; 2. auf den Gerichtsprozeß gegen den „Antisowjetischen rechtstrotzkistischen Block", bei dem im März 1938 21 Personen zur Höchststrafe verurteilt worden waren, unter ihnen die Kampfgefährten Lenins N. Bucharin und A. Rykow. - Vgl. Schauprozesse unter Stalin 1932-1952. Zustandekommen, Hintergründe, Opfer (Übersetzung aus dem Russischen), Mit einem Vorwort von Horst Schützler, Berlin 1990.

[204] Dieser Paragraph schlüsselte als Straftaten konterrevolutionäre Handlungen, bewaffneten Aufstand, Beziehungen zu ausländischen Staaten, Unterstützung der internationalen Bourgeoisie, Konspiration mit dem Ausland, Spionage, Unterhöhlung der Wirtschaft, terroristische Handlungen, Sabotage, konterrevolutionäre Propaganda und Agitation, Vorbereitung von Verbrechen, Nichtanzeige von konterrevolutionären Verbrechen, Kampf gegen die Arbeiterklasse und die revolutionäre Bewegung und konterrevolutionäre Sabotage auf.

[205] In der DDR war es erst ab 1989 möglich, die Moskauer Prozesse öffentlich kritisch zu hinterfragen und erlittene Schicksale deutscher Antifaschisten in der Sowjetunion zu erforschen. Ein Autorenkollektiv des Instituts für Geschichte der Arbeiterbewegung (Berlin) erarbeitete damals eine entsprechende Publikation. - Vgl. In den Fängen des NKWD. Deutsche Opfer des stalinistischen Terrors in der UdSSR, Berlin 1991. - Auch die volle Offenlegung des Nichtangriffsvertrages zwischen Deutschland und der UdSSR vom 23. Aug. 1939 mit seinen vier geheimen Zusatzprotokollen, dem Deutsch-sowjetischen Grenz- und Freundschaftsvertrag und der gemeinsamen Erklärung der Deutschen Reichsregierung und der Regierung der UdSSR vom 28. Sept. 1939 sowie deren kritische Kommentierung konnte erst im Mai 1990 erfolgen. - Vgl. Kurt Pätzold: Der Pakt an der Schwelle zum Kriege, in: Die Weltbühne, 22/1990.

[206] Vgl. Heinz Brandt: Ein Traum, der nicht entführbar ist. Mein Weg zwischen Ost und West, München 1967, S. 134 ff.

[207] Ebenda, S. 134.

[208] Der besagte Teil aus dem Gesetz Nr. 10 richtete sich auf Verbrechen gegen den Frieden - Einfall in andere Länder und Angriffskrieg unter Verletzung des Völkerrechts und internationaler Verträge. - Der entsprechende Artikel aus der Direktive 38 besagt: „Aktivist ist auch, wer nach dem 8. Mai 1945 durch Propaganda für den Nationalsozialismus oder Militarismus oder durch Erfindung und Verbreitung tendenziöser Gerüchte den Frieden des deutschen Volkes oder den Frieden der Welt gefährdet hat oder möglicherweise noch gefährdet." - Wie undurchsichtig und verstrickt das alles war, widerspiegeln die unrichtigen Angaben von Georg Hodos, der in seinem Buch „Schauprozesse" auf S. 190/197 schreibt, daß Goldhammer und Sperling 1952 nach dem Artikel 58 des sowjetischen Strafgesetzbuches zu 25. Jahren Zwangsarbeitslager verurteilt und nach Sibirien deportiert worden seien.

[209] Das von Szönyi erwähnte Fräulein Politzer als Verbindung zwischen Deutschen und Ungarn in der Schweiz soll nach Hodos die bereits verhaftete und von mir erwähnte Ibolya Steinberger gewesen sein. Ibolya hieß aber mit Mädchennamen Molnár (auch in der Schweiz). Sie bestätigte bei einer Befragung die Identität mit Politzer nicht und kannte auch keine Frau dieses Namens.

[210] Der 1949 Mitverurteilte Jugoslawe Lazar Brankov berichtete ebenfalls, daß das offizielle Protokoll nicht dem Prozeßverlauf entspricht. Vgl. Wolfgang Maderthaner/Hans Schafranek//Berthold Unfried (Hrsg.): „Ich habe den Tod verdient", a. a. O., S. 36.

[211] Bundesarchiv, Abt. Potsdam, P - 1, MdJ/1321, o. Bl.

[212] Goldhammer erhielt ein Schreiben von Herta Geffke vom 21.6.1956 im Auftrag der Kommission des ZK zur Überprüfung von Angelegenheiten von Parteimitgliedern. Darin wurde ihm mitgeteilt, daß die Kommission am 14.6.1956 den Beschluß faßte, daß er die Arbeit wieder aufnehmen kann und über den Antrag zur Wiederaufnahme in die Partei noch verhandelt werden würde. Am 8.10.1956 informierten ihn Herta Geffke und Matern mündlich über den Beschluß der 28. Tagung des ZK der SED vom Juli 1956, daß das ZK die Entschließung vom 24.8.1950 überprüft „und den Inhalt dieser Erklärung soweit er sich aus den Prozessen Rajk in der Volksrepublik Ungarn und gegen Kostoff in der Volksrepublik Bulgarien ergibt, aufgehoben" hat. Infam war die Mitteilung, daß die Verbindungen mit den amerikanischen Stellen in der Emigration „heute noch entsprechend eingeschätzt werden". Außerdem erfuhr er, daß die Untersuchungen gegen ihn ohne ZPKK und nur von der Staatssicherheit geführt worden seien. 1956/1957 arbeitete Goldhammer als Chefredakteur der „Freiheit" Halle und ab 1957 als Mitglied des Redaktionskollegiums des Verlages Zeit im Bild. Seine Parteimitgliedschaft seit 1922 wurde als ununterbrochen anerkannt. Ab 1957 war Goldhammer schwer krank. Er verstarb am 7. Aug. 1971. Das Verhalten

gegenüber Goldhammer, einschließlich des Zynismus, daß diejenigen, die ihn politisch ausgeliefert hatten, ihm auch den Gnadenerweis überbrachten, entsprach einem allgemeinen Szenarium. Der offiziellen öffentlichen Diskriminierung und Verurteilung folgte keine ebenso offizielle und öffentliche Rehabilitierung.

[213] Vgl. Karl-Heinz Jahnke: „... ich bin nie ein Parteifeind gewesen. Der tragische Weg der Kommunisten Fritz und Lydia Sperling, Bonn 1993.

[214] Sperling wurde am 8. März 1956 als „Begnadigter" entlassen und in ein Krankenhaus überführt. Er verstarb am 21.4.1958.

[215] SAPMO, BArch, ZPA, J IV 2/202/5, o. Bl.

[216] Auf Vorschlag der im Apr. 1956 eingesetzten Kommission des ZK der SED zur Überprüfung von Angelegenheiten von Parteimitgliedern wurden u. a. auch 86 ehemalige SED-Funktionäre begnadigt, die jedoch nicht allein wegen des Field-Komplexes strafrechtlich verfolgt worden waren.

[217] SAPMO, BArch, ZPA, IV 2/4/106, o. Bl.

[218] Ebenda.

[219] Vgl. ebenda, IV 2/2/1369, Bl. 70 ff.

[220] Dokumente der SED, Bd. III, Berlin 1952, S. 239.

[221] SAPMO, BArch, ZPA, IV 2/4/41, o. Bl.

[222] Ebenda, IV 2/2/121, Bl. 36. - Richtlinien für die Arbeit der Kommissionen zur Überprüfung der Parteimitglieder und Kandidaten sowie den Umtausch der Parteimitgliedsbücher und Kandidatenkarten (von der Zentralen Kommission beschlossen), hrsg. vom Sekretariat des Zentralkomitees der SED, S. 9.

[223] Ebenda, S. 11.

[224] Die offizielle Abrechnung der Überprüfung, die mit dem publizierten Bericht Materns an die 7. Tagung des ZK im Okt. 1951 zur Verfügung stand, blieb die gängige Lesart bis fast zum Ende der DDR. Sie operierte nur mit Prozenten und ohne absolute Zahlen.

[225] Nach dem ersten Statut der SED von 1946 war auch die Mitgliedszeit bei der SAP auf die Mitgliedschaft in der SED angerechnet worden.

[226] SAPMO, BArch, ZPA, IV 2/11/156, o. Bl.

[227] Selbst solche Entscheidungen blieben wahrscheinlich nicht ohne familiäre Auswirkungen. Auf einen Beitrag der Autorin im „Neuen Deutschland" schrieb z. B. Frau Dr. Helga Giese aus Berlin im Sept. 1990: „Im Jahr 1952 machte ich an der ABF Berlin mein Abitur und war zum Studium der Biologie in der Sowjetunion vorgeschlagen worden. Der Vorschlag wurde mit der Begründung abgelehnt, daß mein Vater 1945 in amerikanische Kriegsgefan-

genschaft kam bzw. bis 1948 in Frankreich als Kriegsgefangener arbeitete. Ich war somit ein Sicherheitsrisiko."

[228] SAPMO, BArch, ZPA, NL 36/663, Bl. 48.

[229] Ebenda.

[230] Ebenda, IV 2/4/8, Bl. 119.

[231] Es war kein formaler Akt, wenn die Zentrale Schiedskommission der PDS im März, Okt. und Dez. 1990 Mitglieder und Funktionäre der SED und der KPD rehabilitierte, die Anfang der fünfziger Jahre Parteiausschlußverfahren wegen der Zugehörigkeit zur KPD-Opposition oder zur SAP bzw. wegen falscher Anschuldigungen im Zusammenhang mit Field hinnehmen mußten oder in anderer Weise der Säuberungsaktion zum Opfer gefallen waren. Am 31.3.1990 stellte die Schiedskommission u. a. fest: „Diese Parteiausschlüsse dienten ausschließlich der Disziplinierung der SED-Mitglieder im Sinne der stalinistischen Durchdringung. Sie waren ungerechtfertigt." Zu den Rehabilitierten gehörten Leo Bauer, Paul Bertz, Alfred Drögemüller, Lex Ende, Bruno Goldhammer, Ewald Kaiser, Willi Kreikemeyer, Paul Merker, Kurt Müller, Wilhelm Prinz, Hans Schrecker, Fritz Sperling und seine Frau Lydia. - Vgl. Neues Deutschland (B), 2. Apr., 22. Okt. und 10. Dez. 1990.

[232] Der Bundesbeauftragte für die Unterlagen des Staatssicherheitsdienstes der ehemaligen DDR (im folgenden BStU), Zentralarchiv (im folgenden ZA), Dokumentenstelle (im folgenden DSt), 100829, S. 1 (MfS-Zählung).

[233] Vgl. SAPMO, BArch, ZPA, IV 2/5/1369, Bl. 78. - Über jedes Mitglied oder jeden Kandidaten mußten die Kommissionen einen entsprechenden Beschluß fassen, der vier Möglichkeiten bot: 1. Aushändigung des neuen Mitgliedsbuches oder der Kandidatenkarte an jene, die Parteiverbundenheit zeigten, am Aufbauwerk teilnahmen, ehrlichen Willens ihre Fehler überwinden wollten. 2. Zurückversetzung von Mitgliedern in den Kandidatenstand oder Verlängerung der Kandidatenzeit, wenn mangelnde Erfahrung, Schulung oder Pflichterfüllung vorlagen, aber eine positive Weiterentwicklung erwartet werden konnte. 3. Streichung der Mitgliedschaft oder aus der Kandidatenliste. 4. Ausschluß aus der Partei.

[234] Vgl. ebenda, Bl. 111. - Während der Überprüfungszeit wurden keine Neuzugänge in die Partei aufgenommen; ab 1.11.1951 war die Sperre aufgehoben.

[235] Vgl. ebenda, IV 2/2/208, Bl. 25. - Vgl. Anlage 1/2. - Generell ist zu berücksichtigen, daß alle damaligen Zahlenangaben auf einer ungenügenden und sich ständig verändernden Organisationsstatistik basierten.

[236] Vgl. ebenda, IV 2/4/45 o. Bl., IV 2/4/67, o. Bl. - Eine vollständige Analyse würde bedeuten, nach mehr als 150.000 Protokollen zu fahnden und sie auszuwerten.

[237] Vgl. ebenda.

[238] Die Ergebnisse der Überprüfung der Parteimitglieder und Kandidaten. Bericht des Genossen Hermann Matern, Mitglied des Politbüros der SED, auf der 7. Tagung des Zentralkomitees der SED, Berlin 1951, S. 31.

[239] Vgl. ebenda, S. 53. - Im Kreis Chemnitz, einem ausgesprochenen Industriekreis mit 38.276 SED-Mitgliedern, kam es zum Abschluß von nur 500 Selbstverpflichtungen in der Produktion.

[240] Vgl. Carola Stern: Porträt einer bolschewistischen Partei. Entwicklung, Funktion und Situation der SED, Köln 1957, S. 130 ff.

[241] Die Ergebnisse der Überprüfung der Parteimitglieder, a. a. O., S. 43.

[242] Aus der Sicht von Parteimitgliedern gehörten das Manifest der Kommunistischen Partei und die Schrift von Lenin über Karl Marx zu den meistgelesenen und verständlichen Schriften.

[243] Die Schriften reflektierten nicht den neuesten Erkenntnisstand der Natur- und Gesellschaftswissenschaften, regten aber in den fünfziger Jahren auch in der DDR zu philosophischen Diskussionen über weiterführende Ideen an. Bestimmte Axiome wurden jedoch nicht überwunden.

[244] J. W. Stalin: Der Marxismus und die Fragen der Sprachwissenschaft, Berlin 1951, S. 65.

[245] Protokoll der Verhandlungen der II. Parteikonferenz der Sozialistischen Einheitspartei Deutschlands, 9. bis 12. Juli 1952 in der Werner-Seelenbinder-Halle zu Berlin, Berlin 1952, S. 492.

[246] Ebenda, S. 492.

[247] Vgl. zu dem Problem: Dietrich Staritz: Die SED, Stalin und die Gründung der DDR, in: Aus Politik und Zeitgeschichte, B 5/1991, S. 3 ff. - Wilfriede Otto: Sowjetische Deutschlandnote 1952. Stalin und die DDR. Bisher unveröffentlichte handschriftliche Notizen Wilhelm Piecks, in: Beiträge zur Geschichte der Arbeiterbewegung, 3/1991, S. 374 ff. - Rolf Badstübner/Wilfried Loth (Hrsg.): Wilhelm Pieck, a. a. O., S. 23 ff.

[248] Protokoll der Verhandlungen der II. Parteikonferenz, a. a. O., S. 495.

[249] Ebenda, S. 257, 259.

[250] SAPMO, BArch, ZPA, IV 2/5/302, Bl. 193.

[251] Ebenda, Bl. 193.

[252] Vgl. Georg Hermann Hodos: Schauprozesse, a. a. O.

[253] Dokumente der SED, Bd. IV, Berlin 1954, S. 100.

[254] Ebenda, S. 100.

[255] Ebenda, S. 99.

[256] Vgl. SAPMO, BArch, ZPA, IV 2/5/1371, Bl. 89 ff.

[257] Prozeß gegen die Leitung des staatsfeindlichen Verschwörerzentrums mit Rudolf Slánsky an der Spitze, Prag 1953, S. 8.

[258] Zur Rehabilitierung der Verurteilten vgl. Miroslav. Siska: „Verschwörer, Spione, Staatsfeinde ... " Politische Prozesse in der Tschechoslowakei 1948-1954, Berlin 1992, S. 130 ff.

[259] Außenpolitisch hatte die UdSSR einen Kurswechsel gegenüber Israel vorgenommen. Im Sommer 1952 wurden in der Sowjetunion erneut Mitglieder des 1948 aufgelösten „Jüdischen Antifaschistischen Komitees" verurteilt. Der XIX. Parteitag der KPdSU im Okt. 1952 bekräftigte die bisherige Strategie Stalins. Am 13. Jan. 1953 überraschte TASS die Öffentlichkeit mit der Mitteilung über die Verhaftung einer Gruppe von „Ärzteschädlingen" (drei Russen und sechs Juden), die in ihrer Mehrzahl Agenten der „Internationalen jüdischen bürgerlich-nationalistischen Organisation Joint" gewesen seien. Am 4. Apr. 1953 meldete die „Prawda", daß die Ärzte schuldlos und ihre Geständnisse erzwungen worden waren.

[260] SAPMO, BArch, ZPA, IV 2/2/242, Bl. 3 f.

[261] Vgl. zu Merker: Wolfgang Kießling: Paul Merker in den Fängen der Sicherheitsorgane Stalins und Ulbrichts, hefte zur ddr-geschichte 25, Hrsg. „Helle Panke" e. V., Berlin 1995. - Vgl. zu Schrecker: Wilfriede Otto: Antizionismus - übergestülptes Feindbild und antisemitische Haltung, in: Mario Keßler (Hrsg.): Arbeiterbewegung und Antisemitismus. Entwicklungslinien im 20. Jahrhundert, Bonn 1993, S. 95 ff.

[262] Dokumente der SED, Bd. IV, a. a. O., S. 205 f.

[263] Ebenda, S. 210 f.

[264] Die 1914 in den USA gegründete jüdische Hilfsorganisation American Joint Distribution Committee, kurz Joint, war seit dem Zweiten Weltkrieg die internationale Zentralorganisation aller jüdischen Wohlfahrtsverbände. Sie entsandte auch in die DDR Pakete. Sie erhielt das Etikett einer Spionage-, Sabotage- und Schmugglerorganisation.

[265] Am 24. Jan. 1953 teilte der geschäftsführende Vorstand der VVN in „Die Tat" seinen Beschluß mit, von der Hauptkonferenz abzusehen. Am 3. Febr. 1953 faßte das Politbüro den Beschluß über die „Einstellung der Tätigkeit der VVN-Organisation und die weiteren Aufgaben des Vorstandes".

[266] Rolf Badstübner/Wilfried Loth (Hrsg.): Wilhelm Pieck, a. a. O., S. 413.

[267] SAPMO, BArch, ZPA, IV 2/1/115, o. Bl.

[268] Interview der Autorin mit Bruno Haid, 10. Juli 1992. - Auch Karl Schirdewan erinnert sich in seiner Publikation „Aufstand gegen Ulbricht" (Berlin 1994, S. 48), daß Prozesse gegen Dahlem und Merker vorbereitet wurden.

[269] Franz Dahlem, 14.1.1892 geb., als Lehrer tätig, 1913/17 SPD, 1914/18 Kriegsdienst, 1917/20 USPD, ab 1920 Mitglied des Zentralausschusses der VKPD bzw. des ZK der KPD und ab 1929 Mitglied in dessen Politbüro, 1920/24 Mitglied des Preußischen Landtages, 1928/33 Abgeordneter des Deutschen Reichstages, 1933/37 Mitglied der Auslandsleitung der KPD in Paris, 1937/39 Leiter der Politischen Kommission der Internationalen Brigaden in Spanien, 1938/39 Leiter des Sekretariats des ZK der KPD in Paris, 1939/42 Internierungslager in Frankreich, 1942 Gestapohaft, 1943/45 KZ Mauthausen. 1945 Mitglied und Sekretär des ZK der KPD, 1946/53 Mitglied des Parteivorstandes bzw. des ZK der SED, 1946/48 Mitglied des Zentralsekretariats, 1949/53 Mitglied des Politbüros und Sekretär des ZK, 1955/74 Leiter der Hauptabteilung Forschung und stellv. Staatssekretär im Staatssekretariat für Hochschulwesen bzw. 1. Stellv. des Ministers für Hoch- und Fachschulwesen, 1956 politisch rehabilitiert, Febr. 1957 Wiederaufnahme in das ZK der SED, 17.12.1981 verstorben.

[270] Käthe Dahlem wandte sich zu dieser Zeit an Pieck. Doch der war seit Anfang 1953 schwer erkrankt. Er nahm am 17. Febr. zum letzten Mal an einer Politbürositzung teil. Vom 24. 4. bis 1. 8. 1953 weilte er zur Kur in Barwicha.

[271] Dokumente der SED, Bd. IV, a. a. O., S. 394 f.

[272] Ebenda, S. 396.

[273] Ebenda, S. 404.

[274] SAPMO, BArch, ZPA, J IV 2/2/275, Bl. 2.

[275] Das Politbüro entschied am 12. Mai, der ZK-Tagung den Beschluß des Politbüros vom 17. März 1953 zu unterbreiten, der vorsah, daß alle Funktionen Dahlems bis zum Abschluß der Untersuchung durch die ZPKK ruhen.

[276] Paul Merker wurde in Kenntnis der Freilassung und Unschuld von Noel Field, über die das „Neue Deutschland“ selbst am 19.11. und 25.12.1954 berichtet hatte, verurteilt. Bei seiner Verurteilung spielten nun inzwischen Verbindungen zu sog. zionistischen Kreisen während der Emigration eine Rolle. Am 27.1.1956 wurde er entlassen und am 13.7.1956 in einem Wiederaufnahmeverfahren freigesprochen.

[277] Der 1974 verfaßte Abschnitt durfte 1977 in dem ersten Band seiner Erinnerungen nicht veröffentlicht werden. Eine Veränderung der ohnehin schon zurückhaltenden Fassung lehnte Dahlem ab. Der Text erschien erst 1990 in: Beiträge zur Geschichte der Arbeiterbewegung, 1/1990, S. 17 ff.

[278] Ebenda, S. 22.

[279] Ebenda, S. 23.

[280] Ebenda, S. 24.

[281] Karl Schirdewan: Aufstand gegen Ulbricht. Im Kampf um politische Kurskorrektur, gegen stalinistische, dogmatische Politik, Berlin 1994, S. 12.

[282] SAPMO, BArch, ZPA, IV 2/1/115, o. Bl. - Leuschner ging insbesondere auf das Verhältnis von Produktivitätssteigerung und Wachstum der Lohnsumme ein. -ein Problem, um dessen Lösung die DDR in ihrer gesamten Geschichte rang. 1952 hatte sich die Produktivität in der Industrieproduktion auf 108,4 % und die Lohnsumme auf 114,4 % gegenüber 1951 erhöht.

[283] Vgl. z. B. Karl Wilhelm Fricke/Ilse Spittmann (Hrsg.): Der 17. Juni 1953. Arbeiteraufstand in der DDR, Köln 1988. - Manfred Hagen: DDR - Juni ´53. Die erste Volkserhebung im Stalinismus, Stuttgart 1992. - Torsten Dietrich: Putsch-Volksaufstand-Arbeitererhebung. Zur Arbeitererhebung 1953 in der deutschen Geschichtsschreibung, in: Aus Politik und Zeitgeschichte, B 25/ 1993, S. 3 ff. - Angelika Klein: Die Arbeiterrevolte im Bezirk Halle, Heft 1-3, Hrsg. Brandenburger Verein für politische Bildung „Rosa Luxemburg" e. V., Potsdam 1993.

[284] SAPMO, BArch, ZPA, IV 2/1/117, o. Bl.

[285] Ebenda.

[286] Ebenda, IV 2/5/546, Bl. 42.

[287] Zit. nach: Lew Besymenski: 1953 - Berija will die DDR beseitigen, in: Die Zeit, 15. Oktober 1993, S. 83.

[288] Der Fall Berija. Protokoll einer Abrechnung. Das Plenum des ZK der KPdSU Juli 1953. Stenographischer Bericht, hrsg. und aus dem Russischen übersetzt von Viktor Knoll und Lothar Kölm, Berlin 1993, S. 35 f. - Das Protokoll wurde in der UdSSR erstmals 1990 veröffentlicht.

[289] Vgl. SAPMO, BArch, ZPA, IV 2/5/1370, Bl. 264 ff.

[290] 1952 traten 4.112 Mitglieder und Kandidaten aus der SED aus und 16.951 wurden ausgeschlossen; 1954 (ohne IV. Quartal) kam es zu 3.101 Austritten, 16.985 Ausschlüssen und 2.413 Streichungen von Mitgliedern und Kandidaten. - SAPMO, BArch, ZPA, IV 2/5/1371, Bl. 61 ff

[291] Rolf Stöckigt: Ein Dokument von großer historischer Bedeutung vom Mai 1953, a. a. O., S. 651. - An den kompromißlerischen Formulierungen im Dokument lassen sich die seit 1990 bekanntgewordenen kontroversen Positionen in der Führungsspitze der KPdSU, ob nur der forcierte oder der Aufbau des Sozialismus überhaupt abgelehnt werden sollte, ablesen.

[292] Zit. nach Elke Scherstjanoi: „Wollen wir den Sozialismus?" Dokumente aus der Sitzung des Politbüros des ZK der SED am 6. Juni 1953, in: Beiträge zur Geschichte der Arbeiterbewegung, 5/1991, S. 670.

[293] Ebenda, S. 670 f.

[294] Ebenda, S. 669.

[295] Ebenda, S. 671.

[296] Ebenda, S. 678.

[297] Wilfriede Otto: Dokumente zur Auseinandersetzung in der SED 1953, a. a. O., S. 665 ff.

[298] Zit. nach: Lew Besymenski: 1953 - Berija will die DDR beseitigen, a. a. O., S. 81.

[299] Der Beschluß dieses Plenums wurde den eingeladenen Vertretern der verbündeten Parteien mit einer besonderen Geheimhaltungsorder übergeben. So wurde auch im „Neuen Deutschland“ am 10. Juli 1953 nur kurz über das Dokument informiert. Im Wortlaut erschien es in der UdSSR erstmals 1990, in deutscher Sprache erstmals 1993 in: Der Fall Berija, a. a. O.

[300] Vgl. Rudolf Herrnstadt: Das Herrnstadt-Dokument. Das Politbüro der SED und die Geschichte des 17. Juni 1953, hrsg., eingeleitet und bearbeitet von Nadja Stulz-Herrnstadt, Hamburg 1990. - Helmut Müller-Engbergs: Der Fall Rudolf Herrnstadt. Tauwetterpolitik vor dem 17. Juni, Berlin 1991. - Herrnstadt und Zaisser wurden im Januar 1954 aus der SED ausgeschlossen. Die unter der neuen Leitung von Werner Eberlein wirkende ZPKK der SED rehabilitierte Rudolf Herrnstadt postum im November 1989. Nach gründlicher Prüfung rehabilitierte die Bundesschiedskommission der PDS am 25. April 1993 postum auch Wilhelm Zaisser und stellte u. a. fest, daß sich in Zaisser „linkes Engagement, Mut, Hingabe an nichtverwirklichte Ideen und Verantwortung für initiale Fehlentwicklungen diametral gegenüber(stehen)“, und die Schiedskommission im Ergebnis einer mehrstündigen Debatte den Beschluß faßte, „den Ausschluß Zaissers aus der SED aufzuheben, ohne eine Wertung seines Wirkens in staatlichen Funktionen vorzunehmen. Der Vorwurf der ZPKK ..., Genosse Wilhelm Zaisser habe die Einheit, Reinheit und Geschlossenheit der Partei durch parteifeindliche fraktionelle Tätigkeit bedroht, war nicht nur absurd, sondern in höchstem Maße unbegründet.“ - Vgl. Disput, 12/1993, S. 15.

[301] Vgl. SAPMO, BArch, ZPA, J IV 2/2/486, o. Bl.

[302] Das Jahr 1953 verfolgte als Menetekel Honecker bis 1989. Als er im April 1989 aus streng vertraulichen Dokumenten aus seinem persönlichen Panzerschrank einen braunen Kalbslederband binden ließ und den Mitgliedern des Politbüros als internen Lesestoff übergab, befand sich darunter auch die geheime sowjetische Verordnung von 1953.

[303] Am 14. Juli 1953 beschloß das Politbüro in Anwesenheit von Semjonow, Fechner wegen partei- und staatsfeindlichen Verhaltens aus der SED auszuschließen, seines Ministerpostens zu entheben und zu verhaften. In der Öffentlichkeit wurden nur ein Beschluß des Politbüros über die weitere Verbesserung der Lage der Arbeiter und die Mitteilung im Neuen Deutschland am 16. Juli über die Amtsenthebung Fechners bekannt. Die 15. ZK-Tagung (24.-26. Juli) schloß Fechner als Partei- und Staatsfeind aus der SED aus. Die Staatssicherheit ermittelte lange gegen Fechner, da er die gewünschten Beschuldigungen nicht eingestand und die Sicherheit ihm die staatsfeindliche

Tätigkeit nicht nachweisen konnte. Als sich das Politbüro am 17. Aug. 1954 im Tagesordnungspunkt 15 mit den Vorlagen für die Strafverfahren gegen Merker und Fechner befaßte, wurde beschlossen: „Die Vorlagen werden zurückgewiesen, sie sind nochmals zu überarbeiten und dem Politbüro erneut vorzulegen. Verantwortlich: Genosse Plenikowski." (SAPMO, BArch, ZPA, J IV 2/2/377, Bl. 5.) Fechner wurde aufgrund des Artikels 6 der Verfassung, der Kontrallratsdirektive Nr. 38 und des Strafgesetzbuches verurteilt. Am 19.4.1956 wurde Fechner von der Kommission des ZK zur Überprüfung der Angelegenheiten von Parteimitgliedern, in der auch seine Peiniger saßen, zur Entlassung vorgeschlagen. - Karl Wilhelm Fricke hat dankenswerterweise zu Fechner recherchiert (Vgl. Ders.: Justiz im Auftrag der Partei. Der Fall Fechner als Beispiel, in: Rückblicke auf die DDR. Festschrift für Ilse Spittmann-Rühle, hrg. von Gisela Helwig, Köln 1995, S. 26 ff.). Dabei ist offensichtlich eine Fehlinterpretation unterlaufen; denn das Politbüro faßte am 17. Aug. 1954 den von mir zitierten Beschluß. Die Absicht, das Verfahren kurzfristig zu beenden, wie im Arbeitsprotokoll vermerkt, war ein Diskussions- und kein Beschlußpunkt.

[304] Die Verfassung der Deutschen Demokratischen Republik, S. 10. - In das Grundgesetz der Bundesrepublik wurde 1968 mit dem 17. Gesetz zur Änderung des Grundgesetzes in den besonders geschützten Artikel 20 ein neuer 4. Absatz folgenden Inhalts eingefügt: „Gegen jeden, der es unternimmt, diese Ordnung zu beseitigen, haben alle Deutschen das Recht zum Widerstand, wenn andere Abhilfe nicht möglich ist." Der Begriff „diese Ordnung" bezieht sich auf deren verfassungsmäßige Definition in den ersten drei Absätzen des Artikels.

[305] SAPMO, BArch, ZPA, IV 2/4/8, Bl. 132.

[306] Der Name konnte bisher nicht ermittelt werden.

[307] Von der Bildung im Febr. 1950 bis Juli 1953 Ministerium für Staatssicherheit mit Minister Wilhelm Zaisser, Juli 1953 bis Nov. 1955 Staatssekretariat für Staatssicherheit (im Ministerium des Innern) mit Staatssekretär Ernst Wollweber, danach wieder Ministerium.

[308] Vgl. BStU, ZA, DSt, 100891, S. 1 (MfS-Zählung).

[309] Dokumente der SED, Bd. IV, a. a. O., S. 449.

[310] Auch das ZK der Partei der Ungarischen Werktätigen befaßte sich im Juni 1953 kritisch mit der in Ungarn entstandenen Situation. In einem Beschluß stellte es u. a. fest, daß die Politik der schnellen Industrialisierung falsch war, die Interessen der Werktätigen außer acht ließ und Elemente politischen Abenteurertums in sich trug.

[311] Vgl. SAPMO, BArch, ZPA, IV 2/13/443, o. Bl.

[312] Vgl. ebenda.

[313] Vgl. ebenda. Im ganzen Jahr 1953 waren 97.773 Anklagen eingegangen, darunter 8.056 wegen Verbrechen gegen den Staat (z.B. Spionage, Terrorakte, Boykotthetze), 3.476 wegen Verbrechen gegen das Volkseigentum und 19.756 wegen Vergehen nach der Wirtschaftsstrafverordnung.

[314] SAPMO, BArch, ZPA, IV 2/1/119, Bl. 98/99.

[315] Dokumente der SED, Bd. IV, a. a. O., S. 467.

[316] Ebenda, S. 467.

[317] Interne Analysen der SED weisen im Unterschied zur offiziellen zeitgenössischen Fixierung auf den 17. Juni die Tage bis zum 21./22. Juni als die unmittelbare Hauptaktionszeit aus. Darüber hinaus werden sowohl die unmittelbaren Vorläufer seit April/Mai als auch die nachfolgenden Streiks und Proteste bis 5. August 1953 erfaßt.

[318] Bertolt Brecht: Arbeitsjournal 1938-1955, Berlin 1977, S. 691.

[319] Dem ZK wurde der bereits erwähnte Beschluß des Präsidiums des ZK der KPdSU über Berija verlesen.

[320] Vgl. Protokoll der Verhandlungen des IV. Parteitages der SED, 30. März bis 6. April 1954 in der Werner-Seelenbinder-Halle zu Berlin, 5. bis 8. Verhandlungstag, Berlin 1954, S. 915, 982.

[321] Vgl. Christoph Kleßmann: Die doppelte Staatsgründung. Deutsche Geschichte 1945-1955, Bonn 1991, S. 281.

[322] Vgl. SAPMO, BArch, ZPA, IV 2/5/1371, Bl. 61. ff. - Nach wie vor anzutreffende Einschätzungen, daß von 1952 bis März 1954 280.000 ehemalige Sozialdemokraten aus der SED ausgeschlossen worden bzw. ausgetreten seien (Vgl. G. J. Loewy in „Die Brücke", 15.3.1994, S. 4), sind nicht belegbar und stimmen mit der damaligen Realität nicht überein. Von 1952 bis März 1954 schieden 62.272 Mitglieder bzw. Kandidaten wegen Austritt oder Ausschluß aus. In derselben Zeit nahm die SED 108.632 Kandidaten neu auf.

[323] Vgl. Protokoll der Verhandlungen des IV. Parteitages, 5. bis 8. Verhandlungstag, a. a. O., S. 940.

[324] Vgl. ebenda, S. 940.

[325] Inklusive der Abgeordneten von gesellschaftlichen Organisationen fielen der SED 1954 in der Volkskammer von 466 Sitzen 258 zu, darunter 49 für Mitglieder und Kandidaten des ZK. 1954 gehörten von 27 Mitgliedern des Ministerrates 19 der SED an, darunter 11 Mitglieder bzw. Kandidaten des ZK.

[326] Erinnerungen von Dietrich Zboralski, 12. November 1990, im persönlichen Archiv der Autorin.

[327] Christa Wolf: Reden im Herbst, Berlin 1990, S. 41.

[328] SAPMO, BArch, ZPA, IV 2/1/147, Bl. 290.

[329] Vgl. Peter Christian Ludz: Parteielite im Wandel. Funktionsaufbau, Sozialstruktur und Ideologie der SED-Führung. Eine empirisch-systematische Untersuchung, Köln 1970 (3. Aufl.).

[330] Protokoll der Verhandlungen des IV. Parteitages, 1. bis 4. Verhandlungstag, a. a. O., S. 185.

[331] Ebenda, S. 206.

[332] Ebenda, S. 208.

[333] Protokoll der Verhandlungen des IV. Parteitages, 5. bis 8. Verhandlungstag, a. a. O., S. 914.

[334] Vgl. ebenda, S. 961 ff.

[335] Ebenda, S. 982.

[336] Ebenda, S. 973.

[337] Statut der SED, angenommen auf dem IV. Parteitag der SED, Berlin, 30. März bis 6. April 1954, o. O. u. J., S. 3.

[338] Ebenda, S. 9.

[339] Ebenda, S. 32.

[340] Für die KVP und danach für die Nationale Volksarmee (NVA) wurden Politische Hauptverwaltungen gebildet; die Parteiorganisation des seit 1955 wieder selbständigen Ministeriums für Staatssicherheit war einer Kreisleitung gleichgestellt.

[341] SAPMO, BArch, ZPA, IV 2/4/8, Bl. 207.

[342] Robert Havemann: Fragen. Antworten. Fragen. Aus der Biographie eines deutschen Marxisten, München 1970, S. 68.

[343] Erinnerungen von Heinz Göhler, Rostock 1990, S. 4 f. Aufgenommen von Johanna Jarowinski. Kopie im persönlichen Archiv der Autorin.

[344] Vgl. Neues Deutschland (B), 24. Mai 1993.

[345] Vgl. ebenda.

[346] Vgl. SAPMO, BArch, ZPA, J IV 2/2/483, Bl. 42 f.

[347] Verhandlungen des Deutschen Bundestages, II. Legislaturperiode 1953, Stenographische Berichte, Bd. 26, 92. - 107 Sitzung, Bonn 1955, S. 5646.

[348] Auf die Spezifik der Auseinandersetzung um die deutsche Frage geht Peter Grieder in seinem Beitrag ein.

[349] Die Geheimrede basierte auf Ermittlungsergebnissen, die ein Ausschuß unter Leitung des Direktors des Marx-Engels-Lenin-Stalin-Instituts in Moskau erarbeitet hatte. Sie in einer geschlossenen Sitzung vorzutragen, wurde nach mehreren Debatten im Präsidium des ZK der KPdSU erst am 25. Februar, dem

letzten Tag des Parteitages, entschieden. Nach dem Parteitag wurde die Rede in Versammlungen der Partei- und Komsomolorganisationen verlesen. In der sowjetischen Presse erschien der Wortlaut der Rede erst im März 1989.

[350] Chruschtschow erinnert sich. Die authentischen Memoiren, hrsg. von Strobe Talbott, eingel. und kommentiert von Edward Crankshaw, Hamburg 1992, S. 538.

[351] Das Präsidium des ZK der KPdSU war bereits zur Zeit des XX. Parteitages von der Unrechtmäßigkeit der öffentlichen Prozesse gegen Bucharin und andere offiziell informiert. Trotzdem erfolgte nach den Erinnerungen Chruschtschows keine Information und Rehabilitierung, um die Vertreter der kommunistischen Parteien, die damals an den öffentlichen Prozessen teilgenommen hatten, nicht in Mißkredit zu bringen. - Vgl. Chruschtschow erinnert sich, a. a. O., S. 331. - Am 4. Febr. 1988 hob das Plenum des Obersten Gerichts der UdSSR die Urteile des Militärkollegiums des Obersten Gerichts der UdSSR vom 13. März 1938 gegen Bucharin und 10 andere Funktionäre sowie vom 8. Sept. 1941 gegen Rakowski wegen fehlenden Tatbestands eines Verbrechens auf. Die öffentliche Mitteilung darüber erfolgte im Jan. 1989.

[352] W. I. Lenin: Werke, Bd. 36, Berlin 1962, S. 580. - Das sogenannte Testament wandte sich an den XII. Parteitag; es wurde aber erst in den Delegationen des XIII. Parteitages im Mai 1924 verlesen, den Delegierten des XX. Parteitages übergeben und 1956 erstmals veröffentlicht.

[353] Neues Deutschland (B), 3. Juli 1956.

[354] Neues Deutschland (B), 18. März 1956.

[355] SAPMO, BArch, ZPA, J IV 2/2/465, o. Bl.

[356] Ebenda, IV 2/1/156, Bl. 115.

[357] Diese Rede wurde in der DDR bis 1989 nicht publiziert. Das US-Außenministerium veröffentlichte am 4. Juni 1956 den Wortlaut der Geheimrede. Zeitungen der Bundesrepublik übernahmen sie in deutscher Übersetzung. Illegal kursierte unter SED-Mitgliedern eine Beilage aus der Zeitung „Das Parlament".

[358] Neues Deutschland (B), 29. Apr. 1956. - Zur Vorgeschichte dieses Artikels vgl. den Beitrag von Peter Grieder.

[359] Als "anerkannte" Politemigranten zählten ca. 4.600 KPD-Mitglieder - Arbeiter, Ingenieure, Techniker, Architekten, Ärzte, Lehrer, Wissenschaftler, Schauspieler, Schriftsteller, Funktionäre der KPD, Mitarbeiter der Komintern, deren Verlage und Redaktionen sowie Mitarbeiter anderer internationaler Organisationen. Nach einem Bericht vom Apr. 1938 waren zu dieser Zeit 70 % der KPD-Mitglieder verhaftet. darunter auch Kinder von Emigranten. (Reinhard Müller: Die Akte Wehner. Moskau 1937-1941, Berlin 1993). Bekannt sind 261 Erschießungen nach Todesurteil und 126 Todesfälle. Nicht ermit-

telt ist die Zahl der Emigranten, die ohne Urteil in ein Zwangsarbeitslager oder in die Trud-Armee (Arbeitsarmee) kamen bzw. in die Verbannung geschickt wurden und unter diesen Umständen ums Leben kamen. Ebenso gibt es noch keine sicheren Angaben, wieviele deutsche Antifaschisten bzw. Sympathisanten mit der UdSSR von Stalin an Nazideutschland ausgeliefert wurden (bis heute sind 192 bekannt) und z. T. verurteilt bzw. in ein KZ eingewiesen wurden (nach unvollkommenen Forschungsergebnissen 23 Deutsche und Österreicher). Nach Margarete Buber-Neumann (Kriegsschauplätze der Weltrevolution, Stuttgart, 1967) wurden von Ende 1939 bis Juni 1940 ca. 500 deutsche und österreichische kommunistische Emigranten ausgeliefert; nach Hans Schafranek (Zwischen NKWD und Gestapo, Frankfurt/M, 1990) 1936/37 ca. 60 und 1939/41 wenigstens 265 Deutsche. Archivunterlagen belegen, daß Pieck bzw. die SED-Führung nach 1945 keinen Gesamtüberblick über den Verbleib deutscher Emigranten und Verhafteter in der UdSSR besaßen. Aufgrund von Ersuchen für einzelne konnten bis 1949 etwa 40 verfolgte Emigranten aus der Sowjetunion zurückkehren. Danach kamen nur sehr wenige. Ab 1955 setzte eine laufende Rückführung ein, die bis Ende der 50er/Anfang der 60er Jahre im wesentlichen abgeschlossen werden konnte. Sowjetische Justizorgane rehabilitierten besonders ab Mitte der 50er Jahre deutsche Emigranten postum. Die Abteilung Rehabilitierung ausländischer Staatsbürger bei der Hauptmilitärstaatsanwaltschaft der Russischen Föderation überprüft heute auch jedes Urteil gegen einen deutschen Kommunisten oder anderen Antifaschisten und rehabilitiert. Nach dem Umbruch 1989 wurden am damaligen Institut für Geschichte der Arbeiterbewegung 160 Remigranten namentlich ermittelt, die seit 1945 die UdSSR verlassen konnten und in die SBZ/DDR eingereist waren. - Zur Eingliederung der Rückkehrer in das gesellschaftliche Leben der DDR vgl.: Peter Erler: Die Rückführung deutscher Opfer des Stalinismus aus der UdSSR und ihre Eingliederung in das gesellschaftliche Leben der SBZ/DDR, in: Hermann Weber/Dietrich Staritz (Hrsg.): Kommunisten verfolgen Kommunisten, a. a. O., S. 431 ff.

360 Überarbeitetes Protokoll des 28. Plenums des ZK der SED vom 27. bis 29. Juli 1956. Als parteiinternes Material gedruckt, S. 15.

361 Die Akten zu dieser Problematik wurden in der UdSSR seit Ende der 80er Jahre schrittweise freigegeben; im zentralen SED-Archiv seit Mai 1989.

362 Die Bundesschiedskommission der PDS rehabilitierte seit Aug. 1990 Opfer solcher stalinistischen Repressalien. Darunter z. B. auch Grete Wilde, Friedrich Haberl, Helmut König, Fridolin und Horst Seydewitz.

363 Vgl. Dieter Klaut: Antikommunistische Geschichtsschreibung der PDS. Eine Neuerscheinung zum Schicksal der KPD-Emigranten in der Sowjetunion, in: Rote Fahne, 4/1991. - Kurt Gossweiler: Der Antistalinismus - das Haupthindernis für die Einheit aller antiimperialistischen Kräfte und der kommunistischen Bewegung, in: Weißenseer Blätter, 4/1994, S. 38.

[364] Z. B. Hermann Weber: „Weiße Flecken“ in der Geschichte. Die KPD-Opfer der Stalinschen Säuberungen und ihre Rehabilitierung, Frankfurt/M. 1990. - In den Fängen des NKWD, a. a. O. - Hans Schafranek: Zwischen NKWD und Gestapo, a. a. O. - Meinhard Stark (Hrsg.): „Wenn Du willst Deine Ruhe haben, schweige“. Deutsche Frauenbiographien des Stalinismus, Essen 1991. - Margarete Buber-Neumann: Als Gefangene bei Stalin und Hitler, München 1949.

[365] Erinnert sei an einige bekannte Tatsachen, die im Mai 1995 von Oberst des Justizdienstes L. P. Kopalin, Leiter der Abteilung Rehabilitierung ausländischer Staatsbürger bei der Hauptmilitärstaatsanwaltschaft der Russischen Föderation, erneut bestätigt wurden: Während der Entkulakisierung und Kollektivierung in der UdSSR waren über 10 Millionen Menschen von Repressalien betroffen, ein Drittel von ihnen kam ums Leben. Von 28 Amtspersonen, die dem Rat der Volkskommissare der UdSSR angehörten, fielen 1938 20 Personen Repressalien zum Opfer. Etwa 30.000 bester militärischer Führer wurden vor dem Überfall Hitlerdeutschlands auf die UdSSR Opfer des Terrors. Von fünf Marschällen der Sowjetunion wurden drei „Volksfeinde“ erschossen, von 16 Armeeoberbefehlshabern kamen 15 um, von 67 Korpskommandeuren 60, von 199 Divisionskommandeuren wurden 136 Opfer der Repressalien, von 397 Brigadekommandeuren 221, ein Drittel aller Regimentskommandeure wurde verhaftet. Alle Militärs wurden Jahre später postum rehabilitiert. Allein von 1929 bis 1953 wurden 21,5 Millionen Menschen Opfer der politischen Verfolgungen, darunter viele ausländische Bürger. Über 20.000 polnische Offiziere wurden erschossen. Durch den Erlaß des Präsidiums des Obersten Sowjets vom 21. Aug. 1941 wurden Wolgadeutsche in den Osten deportiert. 1942 bis 1944 kamen ganze Nationalitäten nach Sibirien, Mittelasien und Kasachstan. Hunderttausende aus Kriegsgefangenschaft und Zwangsarbeit in Deutschland befreite Sowjetbürger kamen in spezielle NKWD-Lager. Erst durch einen Erlaß des Präsidenten Rußlands am 24. Jan. 1995 wurden diese Menschen rehabilitiert und in ihre gesetzmäßigen Rechte eingesetzt. - Kopie des Materials im persönlichen Archiv der Autorin.

[366] Vgl. SAPMO, BArch, ZPA, J IV 2/202/9, o. Bl.

[367] Vgl. SAPMO, BArch, ZPA, J IV 2/202/8, o. Bl. - Unter der Kategorie Kriegsverurteilte befanden sich 2.652 SMT-Fälle (davon wenigstens 200 ehem. Sozialdemokraten) und Verurteilte nach Befehl Nr. 201 der SMAD von 1947 sowie aus den Waldheimer-Prozessen im Jahre 1950. Die damalige Mitteilung des Presseamtes beim Ministerpräsidenten im Neuen Deutschland vom 21. Juni 1956 entschlüsselte den Begriff Kriegsverurteilte nicht. Mit heutigem Wissen ist zu vermerken, daß die Freilassung „Kriegsverurteilter“ nicht als alleiniges Verdienst der SED anzumerken ist. Laut Beschluß des Ministerrates der UdSSR vom 5. Okt. 1954 waren die Strafen der in der DDR noch einsitzenden SMT-Verurteilten mit dem Ziel der Freilassung der Betroffenen zu überprüfen. Durch einen Beschluß des Präsidiums des Obersten Sowjets

der UdSSR über Begnadigungen verurteilter Deutscher, die in die Sowjetunion transportiert worden waren, kehrten Ende Okt. 1955 wenigstens 3.400 Personen zurück. Darunter nach jetzigen Erkenntnissen vor allem politisch Verurteilte nach Artikel 58 des Strafgesetzbuches der RSFSR. Der Ministerrat der DDR beschloß am 22. Dez. 1955 eine Amnestie für in der DDR Inhaftierte. - Nach dem Gesetz der Russischen Föderation vom 18. Okt. 1991 „Über die Rehabilitierung der Opfer politischer Repressionen" und den dazu erlassenen Ergänzungen vom Dez. 1992 und Sept. 1993 gingen bei der Abteilung Rehabilitierung ausländischer Staatsbürger bei der Hauptmilitärstaatsanwaltschaft der Russischen Föderation von deutschen Bürgern bis 20. Juli 1995 5.507 Anträge auf Rehabilitierung ein. Davon wurden bis Juli 1995 bereits 2.941 Personen rehabilitiert und in 44 Fällen die Rehabilitierung versagt (Angaben des Rechts- und Konsularreferats der Botschaft der Bundesrepublik in Moskau).

368 Karl Schirdewan: Aufstand gegen Ulbricht, a. a. O., S. 81.

369 SAPMO, BArch, ZPA, J IV 2/2/486, o. Bl.

370 Ebenda, o. Bl.

371 Karl Schirdewan, am 14.5.1907 geb., Transportarbeiter, 1925 KPD, ab 1928 Mitglied des ZK des Kommunistischen Jugendverbandes, antifaschistische Tätigkeit, 1934/35 wegen Vorbereitung zum Hochverrat verhaftet und verurteilt, nach Strafverbüßung KZ Sachsenhausen, Mauthausen, Flossenbürg. Seit 1945/46 Mitarbeiter des ZK der KPD bzw. des Parteivorstandes der SED, 1947 Leiter der Westkommission beim Parteivorstand der SED, 1952 Leiter der SED-Landesleitung Sachsen, Dez. 1952 verantwortlich für den Aufbau der Abteilung Leitende Organe der Partei und Massenorganisation beim ZK der SED, Juli 1953 Mitglied des ZK, des Politbüros und Sekretariats des ZK der SED, Febr. 1958 Ausschluß aus dem ZK und strenge Rüge, danach Leiter der Staatlichen Archivverwaltung in Potsdam, 1965 Rentner. Am 20.1.1990 von der Zentralen Schiedskommission der SED/PDS rehabilitiert.

372 Ernst Wollweber, am 28.10.1898 geb., Matrose, 1918 KPD, ab 1921 Mitglied des Zentralausschusses der KPD, danach Polit.-Sekretär des KPD-Bezirks Hessen-Waldeck, Mitarbeiter des ZK der KPD und 1932 Leiter der Organisationsabteilung des ZK der KPD, 1928/32 Abgeordneter des Preußischen Landtages, 1931 Reichsleiter des Einheitsverbandes der Seeleute, Hafenarbeiter und Binnenschiffer und Mitglied des Sekretariats der Internationale der Seeleute und Hafenarbeiter, 1933 Emigration in die UdSSR, seit 1935 im Auftrag Moskaus Chef der sog. internationalen Wollweber-Organisation für illegale antifaschistische Arbeit und Sabotagemaßnahmen gegen den Faschismus, 1940 Verhaftung in Schweden, 1944 Ausweisung in die UdSSR. 1946 Rückkehr nach Deutschland, ab 1947 Leiter der Generaldirektion für Schiffahrt, 1950/53 Staatssekretär im Ministerium für Verkehrswesen, ab Juli 1953 bis Okt. 1957 Staatssekretär bzw. Minister für Staatssicherheit, 1954 Mitglied

des ZK und Febr. 1958 wegen angeblicher Fraktionstätigkeit aus dem ZK der SED ausgeschlossen, strenge Rüge, 3.5.1967 verstorben.

[373] Gerhart Ziller, am 19.4.1912 geb., Beruf Elektromonteur, 1930 KPD, 1930/31 Studienreise durch Europa, 1930/33 Redakteur der KPD-Zeitung „Arbeiterstimme", danach technischer Zeichner bzw. Maschinenbauingenieur, wegen antifaschistischer Tätigkeit wiederholt inhaftiert, 1934/35 Zuchthaus Waldheim, dann Mitglied der Saefkow-Widerstandsgruppe, 1944/45 KZ Sachsenhausen. 1946 SED, Ministerialrat in der Sächsischen Landesverwaltung für Wirtschaft und Arbeit, danach Ministerialrat, stellv. Minister und Minister in der Landesregierung Sachsen, 1950/53 Minister für Maschinenbau und 1953/54 Minister für Schwermaschinenbau der DDR, ab Juli 1953 Mitglied des ZK der SED und Sekretär für Wirtschaft des ZK, 14.12.1957 Freitod, der Zugehörigkeit zur sog. Schirdewan-Wollweber-Fraktion beschuldigt.

[374] Fritz Behrens (Friedrich), am 20.9.1909 geb., Maschinenbauer, 1926 SPD, 1931 SAP, 1931/35 Studium, 1932 KPD, 1935 Promotion, danach Statistiker und Dienstverpflichtung beim Oberkommando der Wehrmacht in Berlin bzw. Referent beim Statistischen Zentralamt in Prag. Nach 1945 Prof. für Statistik und Politische Ökonomie an der Universität Leipzig, Mitbegründer und Dekan der Gesellschaftswissenschaftlichen Fakultät, danach stellv. Direktor des Instituts für Wirtschaftswissenschaften der Deutschen Akademie der Wissenschaften, 1955 Leiter der Staatlichen Zentralverwaltung für Statistik und Stellv. des Vorsitzenden der Staatlichen Plankommission, 1957 Abteilungsleiter am Institut für Wirtschaftswissenschaften der Akademie, 1968 vorzeitig emeritiert, 15.7.1980 verstorben. 1990 parteimäßige Rehabilitierung durch die Zentrale Schiedskommission der PDS.

[375] Arne Benary und Fritz Behrens hatten unter dem Titel „Zur ökonomischen Theorie und ökonomischen Politik in der Übergangsperiode" die Herausgabe einer Broschüre vorbereitet.

[376] Fritz Behrens: Die Planung und Leitung der Wirtschaft - eine Stellungnahme, Juni 1957, BStU, Sekretariat des Ministers (im folgenden SdM), 400, Bl. 150.

[377] Fritz Behrens: Zum Problem der Ausnutzung ökonomischer Gesetze in der Übergangsperiode, in: Wirtschaftswissenschaft 3/1957, Sonderheft, S. 123.

[378] SAPMO, BArch, ZPA, J IV 2/3/540, Bl. 3.

[379] Ebenda, Bl. 3.

[380] Kurt Vieweg, am 29.10.1911 geb., Industrie- und Landarbeiter, Besuch einer Landwirtschaftsschule, 1932 KPD, 1933 Emigration nach Dänemark, 1936/40 Mitarbeiter der illegalen KPD-Abschnittsleitung Nord, 1943 Emigration nach Schweden und wieder Dänemark, Leiter einer KPD-Emigrantengruppe. 1946 Rückkehr nach Deutschland, 1947/52 Generalsekretär der Vereinigung der gegenseitigen Bauernhilfe und bis 1957 Mitglied ihres Zen-

tralvorstandes, 1949/54 Mitglied des ZK der SED, 1950/53 Sekretär für Landwirtschaft beim ZK der SED, 1951 Ordentl. Mitglied der Deutschen Akademie der Landwirtschaftswissenschaften, dort 1953/57 Direktor des Instituts für Agrarökonomik, 1955 Promotion, März 1957 Rücktritt bzw. Ausschluß von allen Ämtern, 27.3.1957 Flucht in die BRD und 19.10. Rückkehr in die DDR, Verhaftung, Mai 1958 Verurteilung und Okt. 1959 Revision sowie wegen „Staatsverrat" vom Obersten Gericht erneut zu 12 Jahren Zuchthaus verurteilt, 1964 Entlassung, als wissenschaftlicher Mitarbeiter tätig, 1971 außerordentl. Prof., 2.12.1976 verstorben, 27.12.1990 postum Aufhebung des Urteils.

[381] Die 28. Tagung des ZK wurde zweimal verschoben, weil das Politbüro forderte, daß Ulbricht den Bericht über die Arbeit des Politbüros nach dem XX. Parteitag selbst geben sollte.

[382] Obgleich die SED-Führung mit den internen Rehabilitierungen wichtige Korrekturen vornahm, war auch sie nicht zur Offenlegung der ganzen Tragik bereit. Am 15.9.1956 gingen beim Büro Ulbricht ein Schreiben des ZK der Partei der Ungarischen Werktätigen sowie zwei Briefe von Noel Field vom 31.7. und 4.8.1956 ein. Die ungarischen Genossen teilten der SED mit, daß alle gegen das Ehepaar Field einst erhobenen Beschuldigungen unhaltbar, weil unbeweisbar waren. Field teilte in seinem Brief vom 31.7. mit, daß er an diesem Tag „durch Zufall" den Text des Dokuments des ZK und der ZPKK der SED vom 24. Aug. 1950 zu sehen bekam und deshalb erklärt, „daß sämtliche in diesem Dokument gegen mich, und damit auch gegen alle anderen darin genannten Genossen, erhobenen Beschuldigungen von A bis Z erfunden sind und jeglicher Wahrheit entbehren." „Als Mensch und Kommunist" forderte er von der SED, alles schnellstens und gründlichst zu revidieren, ihn und die deutschen Genossen öffentlich zu rehabilitieren, „wie sie öffentlich verleumdet wurden". In seinem Brief vom 4.8. stellte Field ausdrücklich fest, daß die Erklärung aus dem Kommuniqué der 28. Tagung seiner Forderung nicht Genüge leistete und faktisch alle Verleumdungen nach den Rajk- und Kostoff-Prozessen bestätigte. Das Büro Ulbricht übermittelte am 17.9.1956 alle drei Briefe an Matern. Öffentlich gemacht wurden sie nie. Die Formulierungen von Field aus dem Brief vom 31.7. lassen fast den Schluß zu, daß er erst nach seiner Haftentlassung 1954 bzw. sogar erst 1956 von dem Ausmaß der stalinistischen Schauprozesse und dem teuflischen Mißbrauch seiner Person erfuhr. - SAPMO, BArch, ZPA, IV 2/4/106, o. Bl.

[383] Am 30.10.1956 zogen sich die sowjetischen Truppen aus Budapest zurück. Am gleichen Tag wurde auf Beschluß des ZK die Partei der Ungarischen Werktätigen aufgelöst. Die Sozialdemokratische Partei und bürgerliche Parteien nahmen ihre Tätigkeit auf. Am 1.11.1956 rief Kádár zur Gründung der Ungarischen Sozialistischen Arbeiterpartei (USAP) auf. Am 4.11.1956 wurde die Bildung der revolutionären Arbeiter-und-Bauern-Regierung unter Leitung von Kádár verkündet. Ein Sonderausschuß der UNO legte am

10. Sept. 1957 der Generalversammlung einen Bericht über die ungarische Revolution und die nachfolgenden Ereignisse vor.

[384] Das Präsidium des ZK der KPdSU schwankte bei seiner Entscheidung über den zweiten militärischen Einsatz mehrmals. In seinen Erinnerungen schildert Chruschtschow die Gespräche mit verantwortlichen Vertretern anderer Parteien. Der Vertreter Chinas war anfangs dagegen, die polnische Delegation trug Bedenken vor, Tito nahm den Einsatz faktisch zur Kenntnis, die Tschechoslowakei, Bulgarien und Rumänien stimmten zu (Chruschtschow erinnert sich, a. a. O., S. 386 ff.). Über die Haltung der SED schwieg sich Chruschtschow aus. Aber auch Ulbricht soll sich für den militärischen Einsatz ausgesprochen haben, da ein Sieg der Konterrevolution unberechenbare Folgen haben würde. Über die Rolle Andropows und des KGB-Chefs Iwan Serow in Ungarn schreiben Christopher Andrew/Oleg Gordiewsky: KGB. Die Geschichte seiner Auslandsoperationen von Lenin bis Gorbatschow, München 1990.

[385] Berliner Stimme, 17. März 1956.

[386] Konrad Adenauer: Erinnerungen 1955-1959, Stuttgart 1967, S. 156, 167.

[387] Die Welt, 17. Okt. 1956.

[388] Herbert Crüger: Verschwiegene Zeiten. Vom geheimen Apparat der KPD ins Gefängnis der Staatssicherheit, Berlin 1990, S. 203. - Auch bei dem am 23.10.1958 verhafteten Historiker-Studenten der Humboldt-Universität Joachim Schmidt spielte bei seiner Verurteilung im Febr. 1959 „wegen Einführung und illegaler Verbreitung staatsgefährdender Schriften“ das Buch von Leonhard eine Rolle. Gemeinsam mit vier anderen Studenten wurde er in Rostock zu zweieinhalbjahren Gefängnis verurteilt.

[389] Vgl. BStU, ZA, DSt, 101106, S. 1 (MfS-Zählung).

[390] „Hoffnung kann enttäuscht werden“. Ernst Bloch in Leipzig, Dokumentiert und kommentiert von V. Caysa/P. Caysa/K.-D. Eichler/E. Uhl, Frankfurt/M. 1992, S. 113.

[391] Ebenda, S. 119 ff.

[392] Wollweber berichtete in seinen Erinnerungen über die Nervosität Ulbrichts wegen der Verbreitung der Rede Gomulkas vom 22.10.1956, was die polnische Staatssicherheit hätte verhindern müssen.

[393] Harich notierte, daß er zu Ulbricht beordert worden sei (Keine Schwierigkeiten mit der Wahrheit. Zur nationalkommunistischen Opposition 1956 in der DDR, Berlin 1993, S. 45.). Schirdewan erinnert sich in „Aufstand gegen Ulbricht“ (S. 105), daß Puschkin Harich empfahl, zu Ulbricht zu gehen. Auch Wollweber hinterließ in seinen Erinnerungen, daß ihn Ulbricht von dem Besuch und den Plänen Harichs informiert habe.

[394] Vgl. Wolfgang Harich: Keine Schwierigkeiten mit der Wahrheit, a. a. O., S. 72 f.

[395] Ebenda, S. 112 ff.

[396] Entschließung „Forderungen der SPD zur deutschen Wiedervereinigung", in: Sonderausgabe Einheit, Hrsg. Ostbüro der SPD, S. 21.

[397] Die Mitteilung im „Neuen Deutschland" vom 1.12.1956 wurde nach den schriftlichen Erinnerungen Wollwebers von Mielke vorbereitet, nachdem Ulbricht mit der Vorlage von Wollweber nicht einverstanden war.

[398] Herbert Crüger: Verschwiegene Zeiten, a. a. O., S. 182.

[399] SAPMO, BArch, ZPA, J IV 2/202 - 7, o. Bl.

[400] Ebenda.

[401] Ähnliche kritische, differenzierte Stellungnahmen gaben neben Führungsgremien der KP Italiens und Jugoslawiens auch Vertreter der KP Belgiens, Chinas, Dänemarks, Österreichs, Schwedens, der Schweiz und der USA ab.

[402] Der Brief Chruschtschows trägt kein genaues Datum. Wann Ulbricht davon Kenntnis erhielt, geht aus den Unterlagen nicht hervor. Möglicherweise geschah es während der Beratungen zwischen Delegationen der SED und der KPdSU unter Leitung der Ersten Sekretäre am 6./7.1.1957 in Moskau.

[403] SAPMO, BArch, ZPA, J IV 2/202/364, o. Bl.

[404] Ebenda.

[405] Vgl. Karl Schirdewan: Aufstand gegen Ulbricht, a. a. O., S. 124 f.

[406] Walter Ulbricht: Grundfragen der Politik der SED. Referat auf der 30. Tagung des ZK der SED am 30. Januar 1957, Berlin 1957, S. 71.

[407] Ebenda, S. 77.

[408] Harich erhielt 10, Steinberger 4 und Hertwig 2 Jahre Zuchthaus. Aufhebung des Urteils und Freispruch durch das Oberste Gericht der DDR am 30.3.1990.

[409] Janka wurde zu 5, Just zu 4, Zöger zu 2 Jahren und 6 Monaten und Wolf zu 3 Jahren Zuchthaus verurteilt. Aufhebung des Urteils und Freispruch durch das Oberste Gericht der DDR am 4./5.1.1990.

[410] BArch, Abt. Potsdam, MdI/HVdVP 11/788, Bl. 21. Für den Strafanfall in der Abteilung I (Staatsverbrechen und antidemokratische Delikte) 1956 wurden aufgeführt: I. Quartal 1.853, II. Quartal 1.088, III. Quartal 577, IV. Quartal 805 Personen.

[411] Ebenda, Bl. 27.

[412] Vgl. SAPMO, BArch, ZPA, IV 2/13/103, o. Bl.

[413] Zur Sicherheitskommission gehörten: Otto Grotewohl, Karl Maron, Hermann Matern, Karl Schirdewan, Willi Stoph, Ernst Wollweber. Erich Honekker war Sekretär der Kommission.

[414] SAPMO, BArch, ZPA, IV 2/12/119, Bl. 32.

[415] Hierüber erschien von Roger Engelmann und Silke Schumann eine Dokumentation in den Vierteljahresheften für Zeitgeschichte, 2/1995. - Wollweber teilte am 24.6.1957 Ulbricht mit, von seiner Ministerfunktion zurückzutreten. Die 33. Tagung des ZK im Okt. 1957 bestätigte den Ministerwechsel.

[416] Zu ihnen gehörten z. B. Ralf Schröder, Harald Lucht, Erich Loest, Ronald Lötzsch und Harry Schmidtke - Bezirksgericht Halle; Herbert Crüger, Heinrich Saar und Erwin Gülzow - Bezirksgericht Potsdam.

[417] Herbert Crüger: Verschwiegene Zeiten, a. a. O., S. 200 f.

[418] Ebenda, S. 214.

[419] Ebenda, S. 220.

[420] Ebenda, S. 220.

[421] Vgl. Waldemar Krönig/Klaus-Dieter Müller: Anpassung, Widerstand, Verfolgung. Hochschule und Studenten in der SBZ und DDR 1945-1961, Köln 1994.

[422] Vgl. SAPMO, BArch, ZPA, IV 2/3 I/104, o. Bl. - Unter den 116.000 Bürgern befanden sich 91.800 im arbeitsfähigen Alter, darunter 44.400 Arbeiter.

[423] Vgl. SAPMO, BArch, ZPA, IV 2/5/1371, Bl. 310. - 1955: 31.225 Ausschlüsse, 4.252 Streichungen, 2.928 Austritte; 1956: 22.898 Ausschlüsse, 15.678 Streichungen, 2.450 Austritte. Verstorben waren 1955 16.357 und 1956 16. 647 Mitglieder bzw. Kandidaten. - Die hier genannten Einzelangaben stimmen allerdings nicht mit der Aufrechnung für das Jahr 1956 in der Anlage 1/4 überein. Bezüglich 1957 führt die Statistik für das IV. Quartal 13.753 Mitglieder bzw. Kandidaten als ausgeschlossen, gestrichen oder verstorben auf.

[424] Vgl. SAPMO, BArch, ZPA, IV 2/1/203, Bl. 107

[425] Vgl. ebenda, Bl. 310.

[426] Zit. nach: Karl Schirdewan: Aufstand gegen Ulbricht, a. a. O., S. 94.

[427] Erklärung der Beratung von Vertretern der kommunistischen und Arbeiterparteien der sozialistischen Länder, die vom 14. bis 16. November 1957 in Moskau stattfand. Beschluß der 34. Tagung des ZK der SED zu den Ergebnissen der Beratungen der kommunistischen und Arbeiterparteien anläßlich des 40. Jahrestages der Großen Sozialistischen Oktoberrevolution, Berlin 1958, S. 6.

[428] Ebenda, S. 13. Außer der führenden Rolle der Partei zählten zu den Gesetzmäßigkeiten: das Bündnis der Arbeiterklasse mit der Hauptmasse der Bauernschaft und anderen Schichten, die Beseitigung des kapitalistischen Eigentums und die Herstellung gesellschaftlichen Eigentums an den wichtigsten Produktionsmitteln, die allmähliche sozialistische Umgestaltung der Landwirtschaft, die planmäßige Entwicklung der Volkswirtschaft, die Verwirk-

lichung der sozialistischen Revolution auf dem Gebiet der Ideologie und Kultur und die Heranbildung einer neuen Intelligenz, die Beseitigung der nationalen Unterschiede und die Herstellung der Freundschaft zwischen den Völkern, der Schutz des Sozialismus gegen Anschläge äußerer und innerer Feinde, der proletarische Internationalismus.

[429] Ebenda, S. 16.

[430] Zur damaligen Zeit existierten 75 kommunistische und Arbeiterparteien mit 33 Millionen Mitgliedern. Von 62 Parteien in kapitalistischen Ländern befanden sich 33 in der Illegalität. - Die Erklärung sozialistischer Länder wurde als gemeinsamer Entwurf der KP Chinas und der KPdSU vorgelegt, in einer Redaktionskommission mit Vertretern der Parteien aus Polen, China, Vietnam, Albanien, der Tschechoslowakei, der DDR (Walter Ulbricht), Bulgarien, der Mongolei, Rumänien, Korea und Italien erörtert sowie den Vertretern der 12 sozialistischen Länder und der 64 kommunistischen und Arbeiterparteien zur Diskussion unterbreitet. Die KP Jugoslawien unterzeichnete das Friedensmanifest, aber nicht die Erklärung. - Das Friedensmanifest ging auf einen gemeinsamen Entwurf der KPdSU und der PVAP zurück und stand auf der Beratung der Vertreter von 64 Parteien zur Debatte.

[431] Gegenteilige Begründungen wie z. B. in dem Buch von Sahra Wagenknecht (Antisozialistische Strategien im Zeitalter der Systemauseinandersetzung. Zwei Taktiken im Kampf gegen die sozialistische Welt, Bonn 1994, S. 34.) halten der historischen Realität schwerlich stand.

[432] Das war eine Abrechnung mit Kritikern aus den Reihen jener Parteifunktionäre, die einst in Nazi-Haft oder einem KZ saßen (Karl Schirdewan, Fritz Selbmann, Gerhart Ziller), in der Westemigration bzw. im Parteiauftrag im westlichen Ausland antifaschistisch tätig waren (Bruno Haid, Margarete Wittkowski, Ernst Wollweber). Nur Oelßner hatte sich seit 1935 in der UdSSR aufgehalten (1935/37 Lehrer an der Internationalen Lenin-Schule, 1937/40 Arbeiter in einer Papierfabrik, dann bis 1945 Leiter der Deutschland-Abteilung beim Moskauer Rundfunk). Oelßner, Selbmann und Wittkowski wurden allerdings nicht der „fraktionellen Gruppierung" zugeordnet. Haid, Stellvertreter des Generalstaatsanwalts der DDR, wurde vom Politbüro am 1.4.1958 seiner Funktion enthoben und von der ZPKK mit einer Rüge bestraft, weil er den Kampf gegen die Feinde der DDR vernachlässigt und in seinem Brief an Ulbricht vom 8.12.1956 in der politischen Einschätzung „konterrevolutionärer Gruppen" die gleichen Positionen wie die Gruppe Schirdewan-Wollweber bezogen habe. Wörtlich heißt es in dem Beschluß der ZPKK u. a., daß Haid die Gruppe um Harich und Janka „mit Ausnahme des Hauptangeklagten Harich, nicht als konterrevolutionäre Verschwörung ansah und ein Komplott ausdrücklich verneinte." Vorgehalten wurde ihm sein Eintreten für Bernhard Steinberger, für eine Leipziger Staatsanwältin gegen Untersuchungsmethoden des MfS und für eine Entschädigung von Hans Schrecker.

[433] SAPMO, BArch, ZPA, IV 2/1/191, Bl. 71.

[434] Diese einseitige Sicht erscheint zynisch, wenn man heute feststellt, daß alle Mitglieder und Kandidaten des ZK der SED mit Schreiben vom 8./9. Juli 1957 umfangreiche Materialien über die Geschehnisse in Ungarn und Polen 1956 erhalten hatten, darunter auch einen Auszug aus der Rede von János Kádár auf der Landeskonferenz der USAP vom 27. bis 29. 6. 1957. Kádár war in seiner Rede auf die fehlerhafte Politik seit 1948, die Aufdeckung von Fehlern 1953 und die tiefe Unzufriedenheit eingegangen, die seit Frühjahr 1956 unter einem großen Teil der Werktätigen des Landes herrschte.

[435] Überarbeitetes Protokoll des 35. Plenums des Zentralkomitees der SED vom 3. bis 6. Februar 1958, als parteiinternes Material gedruckt, S. 101. - Im veröffentlichten Schlußwort fehlt dieser Satz. Vgl. Walter Ulbricht: Entwicklung der SED zur Kampfpartei - den Opportunisten zum Trotz, in: Ders.: Zur Geschichte der deutschen Arbeiterbewegung. Aus Reden und Aufsätzen, Bd. VII, 1957-1959, Berlin 1964, S. 56 ff.

[436] Vgl. SAPMO, BArch, ZPA, J IV 2/2 A/618, o. Bl.

[437] Walter Ulbricht: Die Staatslehre des Marxismus-Leninismus und ihre Anwendung in Deutschland. Aus Referat und Schlußwort auf der staats- und rechtswissenschaftlichen Konferenz in Babelsberg am 2. und 3. April 1958, in: Ders.: Zur Geschichte der deutschen Arbeiterbewegung, Bd. VII, a. a. O., S. 159.

[438] Ebenda, S. 168.

[439] Vgl. SAPMO, BArch, ZPA, IV 2/9.01/349, Bl. 127, 132; IV 2/3/424, o. Bl.; IV 2/9.01/357, Bl. 59 ff.

[440] Vgl. ebenda, IV 2/9.01/357, Bl. 48, 51.

[441] Dokumente der SED, Bd. VII, Berlin 1961, S. 33.

[442] Wilfriede Otto: Ernst Wollweber, a. a. O., S. 375.

[443] Vgl. BStU, ZA, KL-SED, 82, Bl. 33.

[444] Über den Kampf um den Frieden, für den Sieg des Sozialismus, für die nationale Wiedergeburt Deutschlands als friedliebender, demokratischer Staat, in: Dokumente der SED, Bd. VII, a. a. O., S. 259.

[445] SAPMO, BArch, ZPA, J IV 202/335, o. Bl.

[446] Siegfried Prokop: Unternehmen „Chinese Wall". Die DDR im Zwielicht der Mauer, Berlin 1992, S. 61.

[447] Vgl. SAPMO, BArch, ZPA, IV 2/5/35, Bl. 462.

[448] Vgl. dazu die Angaben in Anlage 1/4. - Neben ausgeschlossenen und gestrichenen wäre auch an verstorbene Mitglieder zu denken.

[449] SAPMO, BArch, ZPA, IV 2/4/8, Bl. 303.

[450] Vgl. André Steiner: Auf dem Weg zur Mauer? Ulbricht an Chruschtschow im November 1960, in: Utopie kreativ, 31/32 1993, S. 64 ff.

[451] SAPMO, BArch, ZPA, IV 2/5/1662, Bl. 1.

[452] Vgl. ebenda, Bl. 2. - Der Hauptanteil bei Streichungen und Ausschlüssen lag in Betrieben (3.988), in Wohnparteiorganisationen (5.130) und in der Land- und Forstwirtschaft (2.218).

[453] SAPMO, BArch, ZPA, IV 2/4/8, Bl. 311.

[454] Der Tagung wohnten auch Vertreter aus den sozialistischen Ländern Asiens bei. Auf dieser Beratung fiel die gemeinsam von der SED- und KPdSU-Führung getroffene Entscheidung über die Schließung der Staatsgrenze der DDR zu Westberlin am 13. August 1961.

[455] SAPMO, BArch, ZPA, J IV 2/201/1216, o. Bl.

[456] Ebenda, J IV 2/2/766, o. Bl.

[457] Chruschtschow erinnert sich, a. a. O., S. 427.

Personenverzeichnis

Abkürzungsverzeichnis

AAU	Allgemeine Arbeiterassoziation
ABF	Arbeiter-und-Bauern-Fakultät
AdW	Akademie der Wissenschaften
AfNS	Amt für Nationale Sicherheit
APO	Abteilungsparteiorganisation
BfV	Bundesamt für Verfassungsschutz
BL	Bezirksleitung
BPK	Bezirks-Parteikontrollkommission
BPO	Betriebsparteiorganisation
BRD	Bundesrepublik Deutschland
CDU	Christlich-Demokratische Union
CIA	Central Intelligence Agency
CSS	Centrale Sanitaire Suisse
CSR	Tschechoslowakische Republik
CSSR	Tschechoslowakische Sozialistische Republik
CSU	Christlich-Soziale Union
DBD	Demokratische Bauernpartei Deutschlands
DDR	Deutsche Demokratische Republik
DFD	Demokratischer Frauenbund Deutschlands
DSF	Gesellschaft für Deutsch-Sowjetische Freundschaft
DSV	Deutscher Schriftstellerverband
DVdI	Deutsche Verwaltung des Innern
DWK	Deutsche Wirtschaftskommission
EKKI	Exekutivkomitee der Kommunistischen Internationale
EVG	Europäische Verteidigungsgemeinschaft
EWG	Europäische Wirtschaftsgemeinschaft
FDGB	Freier Deutscher Gewerkschaftsbund
FDJ	Freie Deutsche Jugend
FDP	Freie Demokratische Partei
Gestapo	Geheime Staatspolizei
GI	Gesellschaftlicher Informant
GIM	Gruppe Internationale Marxisten
GM	Gesellschaftlicher Mitarbeiter
GPG	Gärtnerische Produktionsgenossenschaft
GSSD	Gruppe der Sowjetischen Streitkräfte in Deutschland
HU	Humboldt-Universität
IFM	Initiative für Frieden und Menschenrechte
IKP	Italienische Kommunistische Partei
IM	Inoffizieller Mitarbeiter
ISK	Internationaler Sozialistischer Kampfbund
Joint	American Joint Distribution Committee
KAP	Kommunistische Arbeiterpartei
KGB	Komitee für Staatssicherheit (UdSSR)
KI	Kommunistische Internationale
Komsomol	Kommunistischer Jugendverband (UdSSR)

KP	Kommunistische Partei
KPD	Kommunistische Partei Deutschland
KPD-O	Kommunistische Partei Deutschlands - Opposition
KPdSU	Kommunistische Partei der Sowjetunion
KPF	Kommunistische Partei Frankreichs
KPKK	Kreis-Parteikontrollkommission
KPTsch	Kommunistische Partei der Tschechoslowakei
KSZE	Konferenz für Sicherheit und Zusammenarbeit in Europa
KVP	Kasernierte Volkspolizei
KZ	Konzentrationslager
LDP	Liberal-Demokratische Partei
LDPD	Liberal-Demokratische Partei Deutschlands
LPG	Landwirtschaftliche Produktionsgenossenschaft
LPKK	Landes-Parteikontrollkommission
MAD	Militärischer Abschirmdienst
MdB	Mitglied des Bundestages
MdI	Ministerium des Innern
MfS	Ministerium für Staatssicherheit
MGB	Ministerium für Staatssicherheit (UdSSR)
MWD	Ministerium des Innern (UdSSR)
NATO	Nordatlantikpakt
ND	Neues Deutschland
NDPD	Nationaldemokratische Partei Deutschlands
NKFD	Nationalkomitee „Freies Deutschland“
NKGB	Volkskommissariat für Staatssicherheit (UdSSR)
NKWD	Volkskommissariat des Innern (UdSSR)
NÖS/NÖSPL	Neues Ökonomisches System der Planung und Leitung
NVA	Nationale Volksarmee
ÖLB	Örtlicher Landwirtschaftsbetrieb
OSS	Office of Strategic Services
PB	Politbüro
PDS	Partei des Demokratischen Sozialismus
PEN	International Association of Poets
PGH	Produktionsgenossenschaft des Handwerks
PV	Parteivorstand
PVAP	Polnische Vereinigte Arbeiterpartei
RGW	Rat für Gegenseitige Wirtschaftshilfe
RSFSR	Russische Sozialistische Föderative Sowjetrepublik
SA	Sturmabteilung
SAG	Sowjetische Aktiengesellschaft
SAP	Sozialistische Arbeiterpartei
SBZ	Sowjetische Besatzungszone
SDAG	Sowjetisch-Deutsche-Aktiengesellschaft
SDP	Sozialdemokratische Partei der DDR
SED	Sozialistische Einheitspartei Deutschlands
SIS	Secret Service
SKK	Sowjetische Kontrollkommission in Deutschland

SMA	Sowjetische Militäradministration (Orstkommandanturen)
SMAD	Sowjetische Militäradministration in Deutschland
SMT	Sowjetisches Militärtribunal
SPD	Sozialdemokratische Partei Deutschlands
SS	Schutzstaffel der NSDAP
Stasi	Staatssicherheit
UdSSR	Union der Sozialistischen Sowjetrepubliken
USA	Vereinigte Staaten von Amerika
USAP	Ungarische Sozialistische Arbeiterpartei
USC	Unitarian Service Committee
USPD	Unabhängige Sozialdemokratische Partei Deutschlands
VVN	Vereinigung der Verfolgten des Naziregimes
ZAIG	Zentrale Auswertungs- und Informationsgruppe des MfS
ZK	Zentralkomitee
ZPKK	Zentrale Parteikontrollkommission